Casal em Foco:
Um Olhar Clínico,
Abrangente e Integrativo

Silvana Ricci Salomoni

TraumaClinic
Edições

Casal em Foco:
Um Olhar Clínico, Abrangente e Integrativo

Silvana Ricci Salomoni

TraumaClinic Edições

Título: Casal em Foco: Um Olhar Clínico, Abrangente e Integrativo

© 2017 TraumaClinic Edições, Primeira Edição

TraumaClinic Edições

ISBN-13: 978-1-941727-57-7
ISBN-10: 1-941727-57-3

TraumaClinic Edições
SEPS 705/905 Ed. Santa Cruz sala 441
70390-055 Brasília, DF Brasil

www.traumaclinicedicoes.com.br
info@traumaclinicedicoes.com.br

Arte: Éderson Luciano Santos de Oliveira
Colaboração especial: Carla Cramer
Layout: Marcella Fialho
Revisão gramatical: Fabrícia Eugênia de Souza

Sumário

APRESENTAÇÃO IX

CAPÍTULO 1 - HISTÓRICO DA PSICOTERAPIA DE CASAL............................1

VIAGEM NO TEMPO COM MARTIN E JENNIFER 1

CAPÍTULO 2 - AS PRIMEIRAS INTERAÇÕES DA CRIANÇA COM SEUS CUIDADORES **9**

O CÉREBRO E SEU FUNCIONAMENTO..13

TEORIA DO APEGO 21

INTELIGÊNCIA EMOCIONAL 34

CAPÍTULO 3 - TRAUMAS E TERAPIA EMDR **41**

TRAUMA 43

TERAPIA EMDR..56

CAPÍTULO 4 - DINÂMICAS FAMILIARES BÁSICAS E SUAS REPERCUSSÕES NO DESENVOLVIMENTO PSICOLÓGICO **75**

DE CASAL PARA FAMÍLIA 76

FUNCIONAMENTO FAMILIAR 83

REDE SOCIOCULTURAL 93

CAPÍTULO 5 - ASPECTOS DO DESENVOLVIMENTO PSICOLÓGICO...........**97**

INFÂNCIA 98

ADOLESCÊNCIA 114

FASE ADULTO JOVEM..124

FASE ADULTA, ENQUANTO SOLTEIRO 130

CAPÍTULO 6 - PRINCIPAIS DINÂMICAS DO CASAL, COM CONSIDERAÇÕES CLÍNICAS **139**

ESCOLHA DE PARCEIRO 145

FASE DA PAIXÃO INICIAL..154

FASES SEGUINTES DO RELACIONAMENTO 162

CAPÍTULO 7 - PSICOTERAPIA DE CASAL **203**

MODELO ADOTADO..209

LEVANTAMENTO DE DIFICULDADES E RESILIÊNCIAS 213

INTERVENÇÃO NO SISTEMA CONJUGAL 216

AJUSTES NA DANÇA DO CASAL..227

CAPÍTULO 8 - ATENDIMENTOS FEITOS A PARTIR DO MODELO ADOTADO **231**

CELSO E MOEMA..232

Tadeu e Nanci..266
Fechamento do capítulo 277

CAPÍTULO 9 - O PSICOTERAPEUTA DE CASAL 281

CAPÍTULO 10 – REENCONTRO COM MARTIN E JENNIFER..........289

REFERÊNCIAS...293

SOBRE A AUTORA..303

MAIS LIVROS DA TRAUMACLINIC EDIÇÕES 304

Para conhecer mais o material da TraumaClinic Edições visite nosso site:
www.traumaclinicedicoes.com.br

Para receber mais notícias e aviso de promoções do nosso material,
inscreva-se aqui: http://bit.ly/2wEzW2j

Agradecimentos

Agradeço a Carla Cramer, que, com seu olhar atento e percepção acurada, gentilmente leu vários capítulos e registrou dois comentários no texto. Com ela, tenho trocado ideias há tempos, e isso intensificou-se enquanto estive trabalhando no livro **Casal em Foco**.

Agradeço o carinho e a generosidade de Daniela Bertoncello de Oliveira, Regina Lúcia Nogueira, Sirley Bittu e Rita Silva e Silva, por terem lido partes do texto e oferecido os comentários que estão registrados no livro.

Sou grata às muitas pessoas que, ao longo de décadas, confiaram em mim como psicoterapeuta. Agradeço especialmente a todos que me autorizaram a escrever sobre seus processos psicoterápicos, em partes maiores ou mais reduzidas.

Agradeço à editora Esly Carvalho, pelo incentivo para que eu escrevesse.

Sou grata aos meus pais, por me fazerem acreditar que "eu sou capaz".

Obrigada a meus filhos, genro, nora e neta, elos fundamentais de amor e de compartilhamento na minha vida.

Sou grata ao meu marido, companheiro de uma dança conjugal iniciada há bastante tempo, com quem tenho recriado passos, mantendo a confiança em nossa conexão.

Agradeço a Deus por tudo o que vivenciei e que me encaminhou a escrever o livro **Casal em Foco**.

Apresentação

O cenário atual da psicoterapia de casal revela clínicos que trabalham com base em escolas consagradas de forma bem definida e outros que integram determinados modelos de psicoterapia, formatando sua atuação de maneira flexível e criativa. Há ainda os achados da neurociência com conhecimentos já comprovados a serem considerados, ainda não incluídos nos estudos e na prática de muitos profissionais. Com todos esses elementos em jogo, nós, psicoterapeutas de casal, necessitamos de conhecimento e experiência crescentes para evitar o risco de nos perdermos nesse movimento complexo.

Tenho acompanhado com entusiasmo o fortalecimento da psicoterapia de casal ao longo do tempo, com a ampliação dos olhares, saberes e atuações. Como tantos colegas, vejo cada casal como um sistema em movimento, cuja dança reflete encaixes e desencaixes, possibilidades e limitações, gerando padrões funcionais e disfuncionais. Mas há ali também dois indivíduos com histórias, potenciais, limitações, crenças e idiossincrasias culturais, religiosas e sociais. Com base em todas essas variáveis, entendo que o olhar do psicoterapeuta de casal deve ser abrangente, sem perder-se nas muitas possibilidades de atenção.

Casal em Foco foi concebido como um convite para olhar o casal em sua dimensão individual, relacional e sistêmica com base em minha vivência clínica. Desejo que seja uma contribuição a mais, no sentido de integrar de forma prática o que há de relevante na psicoterapia de casal da atualidade. No livro, estão incluídos achados da neurociência e observações provenientes da teoria do apego sobre o estabelecimento das primeiras interações a partir do nascimento. Aparecem também as fases do ciclo vital do ser humano e suas relações familiares como base para o desenvolvimento de relacionamentos adultos. São observadas as dinâmicas de formação de um casal e a continuidade dessa dança relacional, o que inclui os traumas e suas repercussões.

Atuo com a terapia sistêmica correlacionada com a terapia EMDR. Pratico a psicoterapia sistêmica que aborda multiníveis com espaço para o intrapsíquico, interpessoal e intergeracional, mantendo olhares para as relações do casal e para cada um deles assim como para o meio sociocultural do qual os dois são parte. Na terapia EMDR, trabalho com os indivíduos que formam o casal.

A integração de diferentes teorias na clínica psicoterápica é apregoada por diversos autores significativos do campo, como: Scheinkman, com a abordagem multinível; Schwartz, com a abordagem de sistemas internos de famílias; Johnson e Whiffen, com a articulação entre a terapia sistêmica de casal e a teoria do apego;

Knudsen, com a integração da teoria de Bowen e da terapia EMDR; Koedam, com a união da terapia estrutural e a terapia EMDR, entre outros. Levo em conta também a importância dos ensinamentos da neurociência, como enfatiza Fishbane.

Durante minha trajetória profissional, ora estive olhando mais para o casal como um sistema em movimento, ora estive focando mais nos indivíduos que formam o casal, o que resulta em uma dança com variadas teorias, autores, cursos, parcerias de estudo e de trabalho. Nesse percurso, houve momentos de maior ou menor aproximação de determinados aspectos, mas mantive a visão sistêmica como pano de fundo de minha própria dança multinível.

Este livro poderia partir de qualquer ponto do sistema, uma vez que o foco de observação adotado é o casal como um subsistema. Contudo, considerando o critério didático, optei por acompanhar o indivíduo já nas suas primeiras interações, seguindo seu desenvolvimento psicológico em cada fase do ciclo vital até que ele chegue a ser parte de um casal. Os temas abordados ao longo do texto são ilustrados com recortes de casos atendidos no consultório.

Na sequência, vamos focar nas dinâmicas de estruturação do casal e na continuidade de sua dança relacional, que carrega reflexos de tudo o que foi ou do que deixou de ser vivido. Apresento o relato de dois casais atendidos com as devidas considerações clínicas, para mostrar como funciona na prática o modelo de trabalho que adoto. Há também um capítulo sobre o psicoterapeuta conjugal.

Os casos clínicos cujos relatos aparecem no todo ou em parte sofreram alteração de nomes e outros elementos que pudessem permitir o reconhecimento das pessoas.

Sou grata aos clientes que gentilmente me autorizaram a publicar seus processos psicoterápicos e que, para isso, assinaram o consentimento assistido, de forma a garantir os preceitos éticos pertinentes.

Espero que **Casal em Foco** nos aproxime de alguma forma; você está convidado a seguir viagem comigo e com os autores citados no texto.

Capítulo 1 - Histórico da Psicoterapia de Casal

Viagem no tempo com Martin e Jennifer

Transcorria a década de 1950 quando Martin e Jennifer, casados há cinco anos, ele com 35 e ela com 33 anos, procuraram ajuda para seus problemas conjugais. O casal residia em São Paulo e buscou auxílio com um conselheiro matrimonial, indicado pelo médico ginecologista de Jennifer. Desde o nascimento de Alice, no momento com três anos, Jennifer não dormia direito - e a situação agravou-se com a chegada de Davi dois anos mais tarde.

Durante a consulta de rotina ao ginecologista, ela descontrolou-se e chorou muito, reclamou da solidão em que se encontrava e das brigas frequentes que tinha com o marido todas as vezes que tentava conversar sobre sua infelicidade no casamento. Martin aguardava a esposa na sala de espera e, quando Jennifer saiu, ele foi convidado a entrar no consultório para que o médico relatasse o que acabara de acontecer ali. Martin cobriu o rosto com as mãos por alguns segundos e, quando descobriu a face, estava ruborizado e enraivecido. Queixou-se de Jennifer dizendo que não sabia mais o que fazer; mesmo trabalhando muito para suprir a família, era sempre incompreendido e só recebia reclamações e desprezo de sua esposa. Falou que ela ficava no conforto da casa com os filhos enquanto ele enfrentava o trabalho duro todos os dias em uma gráfica, cumprindo uma jornada de muitas horas. Ao voltar para casa, só queria sossego, o que quase nunca conseguia.

O médico lhe passou um cartão com nome e endereço de um conselheiro matrimonial, que recebeu o casal na primeira consulta e, em seguida, atendeu Jennifer em consultas semanais durante dois meses. O conselheiro buscava referência para seu trabalho na teoria psicanalítica e atuava com base no que aprendeu em um curso feito nos Estados Unidos após a conclusão da faculdade de Medicina no Brasil.

Saltamos para a década de 1960 e encontramos Martin e Jennifer vivendo a mesma situação e procurando ajuda. Estão exatamente na mesma fase da vida, com os mesmos cinco anos de casamento e residindo no mesmo local. O médico psiquiatra que os atendeu baseava seu trabalho na teoria psicanalítica e agia em sintonia com as mudanças da situação política do País e do mundo, que influenciavam suas crenças pessoais e seus pressupostos a respeito das dinâmicas conjugais. Ele estava estudando um material, que ainda iria ser publicado, a respeito da importância de olhar para a relação conjugal além das duas pessoas.

Com base nessas leituras, o médico havia alterado sua prática clínica; na verdade, ele olhava para os dois indivíduos no casamento.

Atendeu o casal em conjunto algumas vezes e depois passou a marcar sessões somente com Jennifer, para quem receitou um antidepressivo. Segundo Olson (1970 apud FÉRES-CARNEIRO; DINIZ-NETO, 2008), na década de 1960 ainda não havia princípios testados empiricamente para basear a prática de atendimento conjunto. Isso deixava o psicoterapeuta do casal sem referência nesse sentido, mesmo sabendo que essa forma de trabalho começava a ser delineada. O modelo de atendimento individual predominou até a década em questão, de 1960, mesmo quando o objetivo era lidar com dificuldades conjugais.

Viajamos no tempo novamente e encontramos Martin e Jennifer nos anos 1970, em sua busca por melhorar a vida. O casal procurou uma psicóloga após indicação da vizinha, estudante de Psicologia.

Martin chegou contrariado ao consultório, por causa da insistência de Jennifer para que ele a acompanhasse na sessão. Ela estava com raiva do marido, achando que ele se importava pouco com a felicidade do casal. A psicóloga era uma mulher de meia-idade que havia trabalhado como conselheira matrimonial até surgir o curso de Psicologia no Brasil, quando então se profissionalizou. Ela estava fazendo leituras a respeito do trabalho de Ackerman, Bateson, Minuchin e Haley, autores que iniciaram as publicações no campo da terapia familiar.

A psicóloga fez a primeira entrevista com o casal e sugeriu que, na semana seguinte, os filhos viessem junto com eles para o consultório. Conforme vários autores, na década de 1970 a abordagem sistêmica de família foi o pano de fundo que sustentou a psicoterapia de casal. Nessa época, também surgiram estudos teóricos a respeito das questões conjugais, de autores como Jackson, Haley, Satir e Bowen, todos significativos para a teoria e prática da terapia com casais. (GURMAN; FRAENKEL, 2002). Fortemente influenciada pelo que havia de mais marcante nessa área na época, a psicóloga de Martin e Jennifer trabalhou as dinâmicas da família, principalmente a partir da linha de terapia familiar estrutural de Minuchin, concentrando-se em avaliar e modificar as fronteiras, alianças e triangulações familiares. Ao focar no trabalho com o casal, baseou-se na teoria das comunicações de Bateson e buscou a solução de problemas a partir da linha estratégica de Haley e Madanes e dos princípios sistêmicos de modo geral.

Vamos retomar nossa viagem no tempo. Agora desembarcamos na década de 1980 e lá estão Martin e Jennifer, na busca por mudanças que promovam melhorias na vida conjugal. Eles ouviram relatos de um casal que frequenta o mesmo clube que eles a respeito da terapia de casal que fizeram e que foi bem-sucedida. Ao pesquisar sobre psicólogos de casal, encontraram várias referências e, para escolher um deles, usaram o critério de endereço mais próximo à sua residência. Jennifer tinha lido alguma literatura sobre o feminismo, estava mais firme quando falou com o marido sobre sua decisão de mudar a maneira como viviam e se relacionavam, chegando inclusive a ameaçá-lo com separação conjugal.

Martin teve mais uma de suas crises de descontrole emocional e iniciou as reclamações costumeiras sobre seu sofrimento e solidão.

A psicóloga que os atendeu trabalhava com famílias e também com casais, dependendo das queixas de seus clientes. A terapia de casal passava por um período de desenvolvimento, com publicação de estudos sobre conjugalidade. Surgiam os primeiros centros de pesquisa e treinamento de terapeutas de casal.

No processo de terapia que acontecia nos anos 1980, além de basear-se nos pressupostos teóricos usados na década de 1970, a profissional estava atenta às questões de gênero e história de vida de cada um deles antes do casamento. Ela agia como se estivesse pesquisando saídas junto com o casal, em vez de ter como base somente uma teoria adotada.

Como lembram Féres-Carneiro e Diniz-Neto (2008), o campo da psicoterapia foi fortemente influenciado nessa época por três forças transformadoras. Uma delas foi o movimento feminista, com sua forte crítica em relação às dimensões socialmente construídas e às diferenças entre os gêneros; a outra foi o aumento da atenção para a diversidade das experiências do casal; e a terceira foi o pós-modernismo, que enfatiza as interferências do observador com sua bagagem de crenças, uma vez que a realidade não é mais vista como sendo objetiva e independente de quem a observa.

Voamos no tempo novamente, desta vez para a década de 1990, e encontramos Jennifer e Martin no momento de sua procura por mais satisfação no casamento.

O psicólogo procurado ouviu atentamente os dois, avaliando o que seria útil para eles. Construiu hipóteses e buscou formas de atuar a partir destas, mantendo-se aberto na procura por outras saídas caso percebesse que o caminho escolhido não estava apresentando resultado satisfatório. Encorajou Jennifer e Martin a manifestar seus sentimentos com honestidade e observou como elaboravam suas narrativas, mostrando-se muito interessado pelos significados que cada um dava às questões trazidas e como construíam suas falas. Essa abordagem - denominada narrativa - parte do princípio de que os problemas não estão nas pessoas ou nos relacionamentos, mas em pontos de vista dos indivíduos e de suas situações. Ou seja, as formas pelas quais são iluminados determinados fatos em detrimento de outros muitas vezes acabam construindo uma história saturada de problemas.

Na década de 1990, Martin e Jennifer encontraram um profissional acostumado a atender casais com base em um quadro plural de teorias e abordagens, usando as ferramentas que lhe parecesse mais adequadas a cada casal, inclusive fazendo articulação de modelos teóricos. Nessa década, entraram em voga dois modelos de terapia de casal experiencial. Um deles foi a terapia com foco emocional, que valoriza a expressão de sentimentos e a individualidade, surgida na década de 1960 com Satir e Whitaker, mas que perdeu espaço com a morte de seus criadores e depois ressurgiu no fim da década de 1980 com Greenberg e Johnson. A outra forma foi o modelo sistêmico familiar interno, que é uma abordagem integrativa desenvolvida por Breulin, Schwartz e Mac Kune-Karrer. (NICHOLS; SCHWARTZ, 2007).

Vamos deixar Martin e Jennifer por enquanto, para reencontrá-los mais tarde!

A psicoterapia de casal surgiu em torno de 1930 nos Estados Unidos, como aconselhamento conjugal, e desde então vem sendo impulsionada, modificada e nutrida por vários autores, pesquisas, teorias e intervenções. Durante esse processo, com a inclusão de novos modelos foi ocorrendo a ampliação das possibilidades de atuação dos psicoterapeutas de casal, mas ao mesmo tempo manteve-se a separação de escolas, teorias e modelos até a década de 1980. A partir daí, começaram a surgir propostas de acoplamento de modelos, e algumas dessas conjugações continuam evoluindo e sendo aperfeiçoadas até os dias atuais.

Gurman e Fraenkel (2002), em uma revisão histórica, discorrem sobre as quatro fases principais da terapia de casal, as quais se sobrepõem no tempo. A primeira fase é o período de aconselhamento conjugal, de 1930 até 1963. A segunda fase é marcada pelo surgimento de experiências no atendimento de casais a partir do pensamento psicanalítico, de 1931 até 1966, com novo impulso a partir de 1985 e permanência até a atualidade, porém de forma mais fragmentada. A terceira fase é inaugurada pela incorporação da terapia familiar, que apareceu com mais força de 1963 até 1985, mas seguiu fazendo parte do campo. A partir de 1986, tem-se a quarta fase, em que os modelos de terapia de casal passaram por aprimoramento, diversificação e integração, e esse movimento segue vigorando até hoje.

Minuchin (2007, p. v) ressalta:

> Mesmo com toda a diversidade das décadas de 1960 e 1970, que testemunharam a nova prática clínica chamada terapia familiar assumir uma variedade de nomes – sistêmica, estratégica, estrutural, boweniana, experiencial –, também havia uma notável solidariedade nas crenças compartilhadas que definiam o campo. Os pioneiros estavam unidos em sua rejeição à psicanálise e abraçavam o pensamento sistêmico, por maiores que fossem suas diferenças nas técnicas terapêuticas.

O desenvolvimento da psicoterapia de casal não pode ser descrito de forma linear e absoluta ao longo do tempo, uma vez que foi construído por muitos estudiosos da área, em lugares diferentes, muitas vezes focando predominantemente alguns aspectos da relação. Há registros do surgimento de teorias e datas que por vezes se sobrepõem ou até contradizem umas às outras; mesmo assim, existem esquemas disponíveis de apresentação de forma didática.

Féres-Carneiro e Diniz-Neto (2008) analisaram várias publicações sobre o assunto para buscar concordâncias no desenvolvimento histórico. Com base nesses estudos, organizaram uma sequência de quatro fases metodológicas e conceituais do tratamento de casais: aconselhamento matrimonial, a partir da década de 1930 até a década de 1960; psicanálise na terapia de casal, da década de 1940 até o final da década de 1960; enfoque sistêmico, da década de 1960 até a metade dos anos 1980; e, depois disso, o surgimento de outros enfoques e articulações entre os modelos existentes.

Entre esses novos modelos e articulações surgidos a partir de meados da década de 1980, destacam-se o enfoque comportamental, as abordagens experienciais e as abordagens psicodinâmicas. Féres-Carneiro e Diniz-Neto (2008) citam também as principais articulações entre modelos de psicoterapia de casal, que passaram a acontecer a partir dos anos 1980: conjugações entre diferentes abordagens de psicoterapia de casal; entre psicoterapia de casal e psicoterapia breve; entre psicoterapia de casal e terapia sexual; entre psicoterapia de casal e teoria do apego.

Os primeiros registros de aconselhamento conjugal são oriundos da década de 1930, resultantes das teorias psicológicas disponíveis, ainda carentes de organização em algum modelo mais integrado, voltado para o casal. Era comum que os conselheiros tivessem suas profissões, além de atuarem paralelamente no aconselhamento conjugal. Esse formato de trabalho fazia com que suas crenças e julgamentos pessoais fundamentassem grande parte das intervenções usadas, uma vez que ainda faltava consistência às teorias adotadas na época. As crenças e julgamentos pessoais estavam contextualizados no que de mais relevante estava acontecendo na sociedade americana: conservadorismo e família nuclear patriarcal, com marcada divisão de papéis entre homens e mulheres. Acreditava-se, segundo Bertrando e Toffanetti (2004), que, através da educação e aconselhamento, viver-se-ia "corretamente" a vida conjugal, com repercussões positivas para a vida familiar.

A teoria psicanalítica surgiu no trabalho com casais trazendo um modelo teórico para fundamentar a prática com mais embasamento do que vinha acontecendo até então. Contudo, havia dificuldades para aplicar o modelo individual da teoria psicanalítica ao casal e suas interações. Embora alguns autores tenham atuado com o casal e suas dinâmicas a partir da psicanálise, o mais comum era cada membro do casal ser atendido por um profissional, ou pelo mesmo clínico em momentos diferentes. Com o surgimento da terapia de família e a valorização do foco nas relações familiares, inclusive nas relações do casal, o modelo de atendimento individual dos membros do casal sofreu uma retração. Mesmo assim, a importância da teoria psicanalítica permaneceu e ressurgiu no atendimento de casais na década de 1980 em conjunção com outros modelos.

A terapia familiar, conforme ressaltam Nichols e Schwartz (1998), absorveu a terapia de casal. Desde seus primórdios, a terapia familiar criou intervenções para os casais, mas só lentamente as relações conjugais foram conquistando maior espaço para estudos e práticas no seio da terapia familiar. Lebow (2013) comenta que casais são subsistemas sujeitos às mesmas forças e fatores de sistemas, assim como as famílias; além disso, muitos casais são subsistemas de sistemas familiares. Entretanto, o autor ressalta a importância de considerar que os casais apresentam temáticas específicas, como amor romântico, sexo, infidelidade, divórcio, entre outras. Ainda assim, ele lembra que a psicoterapia de casal permaneceu periférica dentro da terapia sistêmica familiar por um bom tempo desde seu surgimento. Finalmente, a demanda por atendimento de casais forçou a busca por mais e melhores intervenções específicas para o casal.

Quando o enfoque comportamental surgiu no desenvolvimento da terapia de casal, priorizava-se o treinamento das habilidades de comunicação e a solução dos problemas. Na continuidade, esse enfoque passou a valorizar também a aceitação mútua e autorregulação, inclusive estimulando alterações no comportamento de um dos cônjuges a partir de mudanças no outro membro do casal, com monitoramento das respostas fisiológicas dos dois em interação, conforme o trabalho desenvolvido por Gottman.

As abordagens experienciais incluem a terapia de casal focada na emoção, que busca melhorar a comunicação emocional para facilitar a resolução dos conflitos conjugais, vistos essencialmente como reflexos de ligação afetiva insatisfatória. Nessa categoria, inclui-se a terapia de casal orientada para o *insight*, na qual tanto os processos intrapessoais quanto os interpessoais são relevantes, e o terapeuta objetiva levar o casal a perceber as dificuldades em suas origens, sejam elas das primeiras interações, sejam elas de fases posteriores do desenvolvimento.

As abordagens psicodinâmicas apregoam a relevância dos processos inconscientes que transcorrem nas relações conjugais e que foram muitas vezes negligenciados em outras formas de terapia.

O movimento de integração de modelos reflete a busca por articular a dança relacional do casal e suas questões individuais concomitantemente, uma vez que a individualidade dos membros interfere nessa dança e é por ela afetada. Nessa proposta de articulação, estão presentes os aspectos intrapsíquicos, inter-relacionais, comportamentais, biológicos, familiares, intergeracionais e socioculturais. A priorização de certos aspectos em detrimento de outros configura diferentes propostas de intervenção.

As integrações entre teorias podem trazer aprimoramento e enriquecimento aos modelos teóricos se há ressonância e complementação nas teorias de base e intervenções propostas. Tal postura encontra-se de acordo com o que propõem Bertrando e Toffanetti (2004) quando diferenciam ecletismo de integração. Dessa forma, podem ser gerados novos espaços de diálogos exploratórios e criativos.

Entre as articulações de modelos surgidas a partir dos anos 1980 citadas por Féres-Carneiro e Diniz-Neto (2008), está a junção de diferentes abordagens de psicoterapia de casal. Os autores ressaltam a terapia integrada de múltiplos níveis, que promove sessões individuais e conjuntas com atenção a aspectos psicodinâmicos, comportamentais, sistêmicos e biológicos. A terapia integrativa centrada no problema usa determinados modelos em diferentes momentos, incluindo o cognitivo, comportamental, de relações objetais e boweniano, entre outros. A paleta terapêutica preconiza a escolha de certas teorias em dado momento, com opção para mudança de teoria em outras fases, seguindo as necessidades de cada caso. O modelo integrativo de Nichols adota teorias de desenvolvimento, relações objetais, comportamentais, entre outras. A abordagem de sistemas internos de famílias foca em aspectos intrapsíquicos, inter-relacionais, intergeracionais e socioculturais, adaptando-se, caso a caso, conforme as temáticas trazidas ao contexto terapêutico. O modelo de esculturas recíprocas usa esculturas de modelos e comportamentos de cada cônjuge, com exploração de conteúdo consciente e inconsciente. O modelo intersistêmico volta a atenção para o individual, inter-relacional e intergeracional do casal. Baseia-se nas relações objetais, multigeracionais, no desenvolvimento adulto e na aprendizagem social. Há ainda outras propostas de integração, como a que acopla a abordagem sistêmica e psicanalítica para complementar o intrapsíquico e interacional.

Féres-Carneiro e Diniz-Neto (2008) citam ainda outras articulações, como psicoterapia de casal e psicoterapia breve; psicoterapia de casal e terapia sexual. Há também a conjunção da psicoterapia de casal com a teoria do apego, que vem se fortalecendo com a produção de várias pesquisas e publicações. Essa forma de terapia promove a visão das experiências individuais e das experiências de interação do casal.

Uma nova forma de articulação teórica na clínica de casais surgiu com a incorporação da terapia EMDR, desenvolvida na década de 1980, com a terapia sistêmica, conforme está descrito na continuidade do livro.

Na bibliografia sobre psicoterapia de casal e família, encontramos as duas formas de denominação: "terapia de casal" e "psicoterapia de casal". Féres-Carneiro e Diniz-Neto (2008, p. 487) relacionam esse fato com a forma como se deu o desenvolvimento do campo: "A evolução das abordagens, metodologias e teorias não foi linear, o que impede uma descrição simples da história do campo. Tal fato se reflete, por exemplo, na escolha do uso dos termos 'terapia de casal' e 'psicoterapia de casal'".

Para esses autores, a expressão "psicoterapia de casal" parece mais adequada pela ênfase psicológica do tratamento. Eu concordo com essa posição, embora adote as duas denominações de acordo com o que é praticado pelos autores do campo.

Capítulo 2 - As Primeiras Interações da Criança com Seus Cuidadores

O cérebro e seu funcionamento
Teoria do apego
Inteligência emocional

"As diferentes abordagens psicológicas têm se dedicado a promover a plasticidade cerebral, mesmo quando este fenômeno era desconhecido pela Psicologia e pela própria Neurociência. A mente, a consciência, a psique, os processos psicológicos, a personalidade, os diferentes comportamentos têm um substrato: o sistema nervoso. Assim, o conhecimento sobre o sistema nervoso, incluindo o cérebro, permite uma compreensão cada vez mais abrangente dos fenômenos psicológicos e, por consequência, amplia, refina e aprofunda a prática clínica. A autora, ao considerar a importância do diálogo entre a Psicologia e a Neurociência para uma terapia de casal efetiva, mostra seu comprometimento com uma Psicologia baseada em evidência científica e, sobretudo, com o aprimoramento do processo psicoterapêutico."

Regina Lúcia Nogueira[1]

"A capacidade de estabelecer vínculos saudáveis relaciona-se às vivências de busca de vinculação e cuidados desde a tenra infância. As representações mentais registradas a partir dessas experiências funcionam como crivos, moldando a forma pessoal de relacionar-se na vida adulta, prevendo condutas e deduzindo intenções. Os padrões vinculares são utilizados para se relacionar amorosamente. As experiências traumáticas vivenciadas durante a vida interferem significativamente na capacidade de relacionar-se de forma saudável. A influência da situação traumática no desenvolvimento desses padrões é abordada pela autora de forma esclarecedora e abrangente, configurando uma importante fonte de esclarecimento sobre o tema, para clínicos e pesquisadores.

A psicoterapia de casal tem no sistema de apego uma importante forma diagnóstica e possibilidade de intervenção. A autora descreve de forma assertiva a complexidade e profunda importância da

---

[1] Psicóloga Clínica. Pós-Doutora em Neurociência. Premiada pelo Institute of Scientific Information (ISI, dos Estados Unidos) pelo artigo brasileiro mais citado na década do cérebro. Psicóloga do Tribunal de Justiça do Distrito Federal e Territórios (TJDFT).

teoria do apego no entendimento das relações humanas e no delicado trabalho a ser realizado na terapia de casais para promover a saúde relacional entre pares."

Sirley Bittu[2]

Ao pretendermos tratar das interações ocorridas na relação de um casal, certamente precisamos considerar as principais variáveis que interferem nesse espaço psicológico, interligado com tantos aspectos que fazem parte ou que se relacionam ao subsistema conjugal. Nosso percurso começa no desenvolvimento do ser humano e suas possíveis repercussões no espaço de interação do casal.

Na busca pela compreensão do desenvolvimento psicológico do ser humano, os profissionais do campo não podem deixar de considerar aspectos biológicos, tais como os processos cerebrais, sejam quais forem as premissas teóricas adotadas em suas práticas de trabalho. A inclusão de achados da neurociência, ainda que se limitem aos princípios mais básicos desse conhecimento, amplia de forma significativa a percepção clínica dos profissionais da saúde mental.

Sobre isso, Kandel (2014, p. 1178) comenta: "A tarefa para os próximos anos é produzir uma psicologia ainda mais interessada em problemas de representação mental, dinâmicas cognitivas e estados subjetivos da mente, mas fortemente baseada na neurociência empírica".

Todos nós sabemos que as crianças, logo nos primeiros dias de vida, já demonstram características diferentes umas das outras, até mesmo os irmãos gêmeos, embora os gêmeos idênticos apresentem maior similaridade. Deparamo-nos com frequência, na clínica e em outras situações cotidianas, com pais perplexos em relação ao modo de agir de seus filhos. É comum afirmarem que, mesmo que cada filho tenha nascido ou chegado na família em um momento específico, os pais cuidaram basicamente da mesma forma de todos. Esses pais não compreendem como os resultados, por vezes, são quase opostos em certos aspectos. Transparece em suas falas a confusão de pensamentos e sentimentos sem chegar a uma resposta tranquilizadora: O que cada um deles aprendeu em casa com a família? O que deu errado com Fulano? Como pode a mesma educação ter funcionado tão bem com Beltrano?

Kandel (2014, p. 35-36) afirma:

[...] os comportamentos altamente evoluídos dos seres humanos são limitados por propriedades inatas especificadas pelos genes. Os

---

[2] Psicóloga Clínica. Terapeuta, Supervisora e Facilitadora de EMDR. Psicodramatista Didata e Supervisora de Psicodrama. Instrutora do curso de educação continuada "Apego, Trauma e EMDR".

genes não controlam o comportamento diretamente, mas os RNAs e as proteínas codificadas pelos genes atuam em diferentes momentos e em muitos níveis, afetando o encéfalo. Os genes especificam programas de desenvolvimento, que estruturam o encéfalo e são essenciais para as propriedades de neurônios, e sinapses, que permitem o funcionamento dos circuitos neuronais. [...] Embora os genes especifiquem o desenvolvimento e as propriedades iniciais do sistema nervoso, a experiência de um indivíduo e a atividade resultante em circuitos neurais específicos, podem, por si só, alterar a expressão de genes. Desse modo, influências ambientais são incorporadas na estrutura e na função dos circuitos neurais.

Portanto, os genes criam o que os neurocientistas chamam de maquinaria, a qual permite que as experiências vividas mudem o cérebro ao longo da vida. Isso ocorre porque o encéfalo, ainda que realize tarefas computacionais mais sofisticadas que os computadores eletrônicos, se autoconstrói nas conexões sinápticas.

Quanto à plasticidade neuronal, Izquierdo (2011, p. 58) esclarece: "Plasticidade é o conjunto de processos fisiológicos, em nível celular e molecular, que explica a capacidade das células nervosas de mudar suas respostas a determinados estímulos". Esse processo, chamado de neuroplasticidade, resulta na criação de novas conexões e no enfraquecimento ou fortalecimento de conexões já existentes. A mente é vista como um conjunto de operações realizadas pelo encéfalo.

A neuroplasticidade se manifesta no crescimento, desenvolvimento e integração das redes neurais. Tais mecanismos são subjacentes às formas como as pessoas constroem e sustentam suas relações interpessoais e em como desempenham as funções parentais e conjugais, interferindo inclusive nos processos de psicoterapia, além de outros mais. (BERGMANN, 2014).

O conceito de neuroplasticidade é recente e ainda não é amplamente conhecido pelas pessoas. Muitos continuam achando que as mudanças no cérebro, no sentido de potencializarem seu funcionamento, ocorrem somente na infância, e não por toda a vida. Mas os achados de pesquisas da neurociência estão tornando-se cada vez mais acessíveis, graças a autores como os que são citados neste livro, os quais traduzem os novos conhecimentos para uma linguagem de possível compreensão a um número cada vez maior de pessoas.

Quando refletimos a respeito das primeiras interações humanas, o tema dos estilos de apego é também um dos pilares básicos. Os clínicos, de modo geral, concordam que ter uma vinculação segura, um bom apego com os mais próximos é uma das necessidades humanas fundamentais, sejam pessoas próximas, como pais, filhos, parceiros conjugais, sejam outras pessoas que assumam o papel de cuidar do bebê nos primeiros tempos de vida.

O referencial teórico conhecido como teoria do apego ou teoria da vinculação, ou mais recentemente, teoria da autorregulação, está cada vez mais valorizado para a compreensão das formas como as pessoas se vinculam nos relacionamentos afetivos próximos. Johnson (2012, p. 4) salienta que o apego nas relações adultas ultimamente tem recebido muita atenção dos estudiosos do campo e observa:

> [...] até o final da década de 1980, quando os primeiros artigos sobre o apego adulto surgiram (HAZAN; SHAVER, 1987; JOHNSON, 1986), a natureza do amor entre os parceiros e os membros da família estava essencialmente no âmbito da literatura e da imprensa popular.

Atualmente, a psicoterapia de casal tem se valido com frequência dessa teoria para fazer a leitura das relações conjugais no que se refere às formas de vinculação. Ignorar esse referencial, que possibilita aprofundar a compreensão da trama conjugal, parece mesmo alijar o processo psicoterápico.

Vamos seguir com uma breve reflexão sobre a complexidade dos processos vividos pelas pessoas até chegarem ao ponto de estabelecerem-se como parte de um casal com outro adulto. Iniciaremos nossa análise no nascimento, pela escassez de pesquisas suficientes de vida intrauterina para sustentar reflexões clínicas bem embasadas, embora, por vezes nos atendimentos clínicos, fique evidente a correlação de aspectos da vida intrauterina com certos sintomas persistentes em muitos clientes já adultos, especialmente nos tratamentos de traumas. Na atualidade, vários pesquisadores começam a interessar-se mais pelos processos de interação dos fetos.

Em um TED intitulado *"What we learn before we're born"*, Annie Paul (2011) pergunta: Quando começa o aprendizado? Ela apresenta estudos que indicam o início do aprendizado no útero materno e que a saúde e a longevidade são diretamente afetadas pelo tempo vivido no útero. O feto incorpora elementos compartilhados com a mãe, como a comida que ela ingere, a bebida que consome, o ar que respira, os químicos aos quais se expõe, as emoções que experimenta. Paul (2011) relata, com base em pesquisas, que os elementos incorporados no útero materno podem funcionar como informações que indicarão como o bebê será protegido e alimentado. Um dos estudos apresentados nesse TED foi feito um ano após a tragédia ocorrida em 2001, em Nova York, com algumas das mulheres grávidas entre as 1.700 que estavam nas proximidades do World Trade Center na manhã do dia 11 de setembro daquele ano. Os pesquisadores encontraram muitos bebês com transtorno de estresse pós-traumático (TEPT) que carregavam uma marca de suscetibilidade a esse transtorno recebida de mães que, naquele momento, estavam no terceiro trimestre da gravidez. Uma explicação dada pela palestrante foi a de que essa transmissão pré-natal do risco de TEPT seria adaptativa ao feto, no sentido de permanecer hipervigilante em relação ao contexto trágico instalado.

Após o nascimento, as experiências precoces interferem já nas primeiras interações do bebê com seus cuidadores, e as primeiras interações são elementos que também nos constituem como pessoas, fazendo com que cada um de nós seja um ser singular no planeta. Portanto, havendo mudança nos estados traumáticos e na desregulação para situações de maior regulação emocional, os mapas neurais são também afetados, conforme possibilita a neuroplasticidade cerebral.

Além da preponderância de traços de temperamento herdado e das aprendizagens que provavelmente já se iniciam no útero materno, o desenvolvimento emocional do ser humano vai se dando desde cedo, também com a formação dos estilos de apego. E estes vão sendo privilegiados nas interações familiares, a partir de elementos como o temperamento de cada um ao nascer e até mesmo as influências de gerações anteriores, como veremos no transcorrer do texto. Nesse processo, são construídas as bases para o desenvolvimento da inteligência emocional de cada indivíduo ao longo do ciclo vital. Na continuidade, a inteligência emocional pode ser fortalecida à medida que o tempo passa. Progressivamente, a rede de relacionamentos se amplia e a pessoa interfere cada vez mais, através de seu processo de diferenciação.

O cérebro e seu funcionamento

"Nossos cérebros são os órgãos sociais de nossos corpos."
Daniel Siegel

A complexidade dos processos cerebrais vem fascinando gerações ao longo do tempo. Nas últimas décadas, o cérebro teve seu funcionamento básico melhor compreendido de forma marcante se comparado com o que se conheceu sobre o tema até então. Os achados recentes da neurociência estão sendo integrados progressivamente às várias áreas do conhecimento. Kandel (2014) comparou o encéfalo humano com o universo ao afirmar que existem 1.000 vezes mais sinapses em um encéfalo do que os 100 bilhões de estrelas na galáxia.

Os genes definem o sistema nervoso, modos de funcionamento mental e tipos de funções corporais que poderão controlar. Porém, as maneiras específicas de pensar, sentir e agir em cada situação não estão predeterminadas pelos genes; há também o envolvimento de muitos outros fatores. (LEDOUX, 2011).

Siegel (2016, p. 1) ressalta:

> Nos primeiros anos de vida, as interações interpessoais moldam as conexões importantes no nosso cérebro, que, por sua vez, influenciam nosso senso interno de *self* e nossa capacidade para relacionamentos saudáveis com outras pessoas. O interno e o interpessoal são entrelaçados durante os primeiros anos e esses domínios de experiência continuam a tecer um tapete dos nossos estilos de vida ao longo da nossa existência. Em termos clínicos, "autorregulação" é o caminho pelo qual manejamos e equilibramos coisas, tais como emoções, funcionamento corporal, pensamentos e até mesmo nossos padrões de comunicação com os outros.

Na bibliografia sobre o tema, alguns autores referem-se ao encéfalo e ao cérebro como se fossem sinônimos, embora o cérebro seja parte do encéfalo. Eu reproduzo aqui a nomenclatura usada pelos autores consultados. Portanto, segundo Kandel (2014), o encéfalo é um poderoso processador de informações, com uma complexa interconexão de células nervosas; já o cérebro "[...] é um órgão biológico multifacetado de vastas habilidades computacionais que constrói nossas experiências sensoriais, regula nossos pensamentos e emoções e medeia as nossas ações". (BERGMANN, 2014, p. 5).

O desenvolvimento do cérebro é explicado por Siegel (2012b p. 68):

> Durante a gestação, o cérebro se forma de baixo para cima, sendo o tronco encefálico o primeiro a amadurecer. Quando nascemos, os sistemas límbicos estão parcialmente desenvolvidos, mas os neurônios do córtex não possuem conexões bem desenvolvidas entre eles. Essa imaturidade – a falta de conexões dentro e entre as diferentes regiões cerebrais – é o que nos dá essa abertura para a experiência que é tão crucial para a aprendizagem.

O cérebro humano é estruturado em três camadas, com os níveis de complexidade aumentando de baixo para cima. A parte mais básica é o tronco cerebral, que regula respiração, batimentos cardíacos e alertas gerais do corpo. O sistema límbico é a segunda camada, que inclui amígdala, cingulado anterior e hipocampo, e é onde ocorre muito do nosso processo emocional. O neocórtex constitui a terceira camada, e especialmente no neocórtex pré-frontal ocorrem os pensamentos e funções executivas. As interconexões entre essas áreas são numerosas e normalmente bidirecionais, com emoções, pensamentos e processamentos corporais afetando-se mutuamente. (FISHBANE, 2007).

As conexões que ligam os neurônios vão se formatando em circuitos neurais e são fortalecidas com a repetição de sequências de interação que acontecem na rotina da criança. Na continuidade de tais sequências, são estabelecidas rotas automáticas. Depois de formada, a rota neural, ou circuito, não se desfaz (GOLEMAN, 2007), mas, conforme haja repetição ou mudança de experiências, alguns circuitos podem perder a força de conexão e outros podem ser formados e fortalecidos por disparos sinápticos. As experiências incluem os estímulos emocionais, novidades, repetições e focos de atenção que a pessoa privilegia. Assim, o cérebro continua a ser redesenhado ao longo da vida. (SIEGEL, 2014).

A informação que circula de um neurônio para o outro é codificada em sinais elétricos e carregada pelo neurônio ao longo do axônio para a sinapse. Os sinais são então transportados através da fenda sináptica por um ou mais mensageiros químicos. As sinapses elétricas promovem transmissão instantânea de sinais, e as sinapses químicas podem amplificar os sinais. A eficácia das duas formas de transmissão, que são resultado de processos químicos e elétricos, é aumentada ou diminuída pela atividade celular.

A ligação do hemisfério cerebral esquerdo com funções precisas e do hemisfério direito com a criatividade não é tão absoluta como apregoa o senso comum. Conforme tem sido enfatizado pelos neurocientistas, não há uma divisão restrita de tarefas entre os hemisférios cerebrais. Nicolelis (2015, p. 6) esclarece: "O que nós estamos vendo é que a atividade dos neurônios é sempre probabilística".

LeDoux (2011) arremata:

> [...] em última análise o confronto entre pensamento e emoção pode ser solucionado não apenas pela predominância das cognições neocorticais sobre os sistemas emocionais, mas pela integração mais harmoniosa entre razão e paixão no cérebro, evolução esta que permitirá aos seres humanos do futuro conhecerem melhor seus verdadeiros sentimentos e utilizá-los de maneira mais eficaz no dia a dia.

Kandel (2014) fala em refinamento de conexões sinápticas. O autor comenta como as experiências precoces apresentam efeitos a longo prazo nos comportamentos sociais. Ao nascer, o sistema nervoso do bebê já é funcional, contudo as funções motoras, perceptivas e cognitivas demoram para amadurecer. No período embrionário, a conectividade do sistema nervoso é um "esboço rudimentar" dos circuitos neurais do adulto. O refinamento, que começa com o nascimento, depende de experiências. A conectividade determinada geneticamente e a posterior reorganização resultam em desenvolvimento neural adequado ao ambiente em que se vive. Áreas corticais bem desenvolvidas permitem bom processamento de informação. Informações mal-adaptativas nesse período podem levar a situações difíceis de modificar.

Os achados de pesquisas realizadas com gêmeos idênticos salientam a importância da genética no que diz respeito a timidez, medo de estranhos, introversão e extroversão social, entre outras características. Da mesma maneira, os distúrbios compulsivo-obsessivos, fóbicos e de ansiedade costumam repetir-se nos membros da família e são mais encontrados nos gêmeos idênticos do que nos fraternos. No entanto, ainda assim a manifestação do gene dependerá em grande medida da dieta alimentar, educação e demais genes da composição de cada pessoa. (LEDOUX, 2011).

Com base em pesquisa feita por Kagan, Goleman (1995, p. 238) comenta:

> [...] mesmo os padrões emocionais inatos podem mudar em certa medida. A criança que nasce com tendência a se assustar pode aprender a ser mais tranquila, ou mesmo aberta, diante do desconhecido. O medo – ou qualquer outro temperamento – pode, em parte, ser um dado biológico para a nossa vida emocional, mas não estamos necessariamente limitados por nossos traços hereditários a um cardápio emocional específico. Há uma gama de possibilidades mesmo dentro dessas limitações genéticas. Como observam os geneticistas comportamentais, os genes, por si só, não determinam o comportamento; o ambiente em que vivemos, sobretudo quando experimentamos e aprendemos enquanto crescemos, molda a maneira de uma predisposição temperamental manifestar-se no desenrolar da vida. Nossas aptidões emocionais não são um fato determinado; com o aprendizado certo, podem ser aperfeiçoadas. Isso está ligado à maneira como o cérebro humano amadurece.

A experiência traz disparos neurais que criam ou fortalecem conexões. Os neurônios que são disparados juntos ficam ligados em circuitos sinápticos. (SIEGEL, 2014). O autor comenta que, quando a pessoa vive experiências positivas e gratificantes no início da vida, pode ter seu sistema nervoso alterado para melhor, resultando em aumento da resiliência emocional. Experiências negativas, além de não favorecerem a resiliência futura, podem diminuir a capacidade da criança de enfrentamento dos momentos difíceis de seu cotidiano infantil.

Fishbane (2007) lembra que a ligação neuroquímica de neurônios que já dispararam juntos e ficaram ligados em circuitos é responsável pela criação de hábitos que podem ser de difícil alteração, uma vez que dependem de mudanças sinápticas. Mas a mudança pode ocorrer durante a vida inteira pelos processos de neurogênese e neuroplasticidade: respectivamente, a criação de novos neurônios e de novas conexões neurais. Dessa forma, aprender algo novo tem o poder de mudar a estrutura física do cérebro. Assim, graças à plasticidade cerebral, podemos construir ou fortalecer circuitos específicos em qualquer idade, via nossas experiências, alcançando mais saúde e harmonia.

Mesmo com a preservação da plasticidade do sistema nervoso frente às experiências ao longo da vida, alguns períodos são mais suscetíveis a modificações do sistema nervoso - são chamados de períodos críticos. Nesses períodos, são necessárias certas experiências, as quais, em caso de privação, resultam em efeitos adversos, difíceis de serem mudados mais tarde. A privação social no início da infância, por exemplo, apresenta efeitos duradouros nas relações humanas, conforme achados de muitas pesquisas publicadas, incluindo as que deram origem à teoria da formação do apego. Estudos recentes levantam possibilidades de prolongar ou reabrir períodos críticos com uso de treinamento ou até com medicamentos. (KANDEL, 2014).

Contrariando o senso comum de que o cérebro sempre funciona em espaços bem delimitados, a neurociência atual mostra que conhecimento e memória não ficam em estruturas cerebrais específicas. Ao contrário, como assinala Bergmann (2014), conhecimento e memória estão refletidos em padrões neurais, em mapas de ativação forjados pela força das conexões sinápticas de grupos de neurônios, que podem ser modificados pela percepção e aprendizagem.

As redes neurais não estão localizadas somente no cérebro, mas também no interior de todo o corpo.

Os genes proporcionam as matérias-primas a partir das quais as emoções são erigidas. (LEDOUX, 2011).

Emoções são programas automatizados, são mapas neurais do que ocorre em grande parte em nossos corpos, posturas, expressões faciais, mudanças na fisiologia e vísceras. As informações sensoriais complexas chegam ao cérebro vindas do corpo todo, trazendo elementos para formar os mapas viscerais, que se traduzem em intuição. Portanto, quando vivenciamos emoções, ocorrem respostas fisiológicas no encéfalo e no resto do corpo, gerando alterações nos mecanismos reguladores do organismo. Aparecem mudanças no nível de alerta e em funções cognitivas como atenção, processamento de memória e estratégias de decisão, com marcante envolvimento da amígdala. (BERGMANN, 2014).

LeDoux (2011) observou que os cientistas têm muito a dizer sobre as emoções. Alguns deles falam da emoção como reações físicas que se desenvolveram na luta pela sobrevivência através das gerações. Outros descrevem as emoções como estados mentais surgidos quando as reações corporais são "sentidas" pelo cérebro. Para outros, as reações físicas são secundárias na emoção, já que o mais importante ocorre no cérebro. Outra posição científica defende que as emoções são formas de agir ou de falar. Outros cientistas ainda apregoam que, no âmago de uma emoção, estão presentes impulsos inconscientes. Outras teorias apontam a importância das decisões conscientes. Há uma concepção bem atual de que as emoções são ideias sobre as situações em que as pessoas se encontram, além de outra que aponta as emoções como resultado das construções sociais.

LeDoux (2011) sintetiza todas essas posições com a observação de que as emoções funcionam em algum espaço psíquico e neural ao qual a consciência não tem livre acesso e de que emoção e cognição são melhor compreendidas como funções mentais interativas mas distintas, ambas mediadas por sistemas cerebrais, também interativos mas distintos.

Alterações no padrão de atividade neural causadas por emoções podem ser percebidas em imagens obtidas por tomografia (PET), ressonância magnética (RM) e cintilografia (SPECT), desde que o estudo do funcionamento mental foi incrementado com o desenvolvimento dessas ferramentas.

As emoções são traduzidas e expressas em sentimentos, os quais participam na formação do significado que atribuímos ao que é por nós vivido. Assim, os sentimentos são como significados das emoções, e os hormônios participam desse processo carregando informações corporais. O desejável é que emoção e sentimento atuem em conjunto, já que as emoções fornecem dicas rápidas sobre comportamentos adequados ao indivíduo, e os sentimentos orientam o planejamento de ações futuras, que são então avaliadas pelas partes mais racionais do cérebro. Em conjunto, ambos direcionam nossas decisões e julgamentos.

A partir de estudos de Damásio, Fishbane (2007) comenta o envolvimento da amígdala e de informações provenientes do corpo ao nos conectarmos de forma não-verbal conosco e com os demais. Assim, as emoções vão informando a razão enquanto nos relacionamos. A integração do córtex pré-frontal com o sistema límbico resulta em bem-estar emocional e bons relacionamentos. Para que isso se torne uma forma natural de agir, é preciso cultivar a autorregulação, autoconhecimento e empatia humana, o que favorece uma forma mais consciente de estar no mundo e de viver em sociedade. Portanto, reconhecer e nomear nossos sentimentos é algo que precisa ser aprendido, e tal aprendizagem é um importante ponto de partida para a construção de nossa inteligência emocional.

Percebemos que algumas emoções já são mais favorecidas desde o começo da vida em consequência de padrões cerebrais específicos. Tais padrões cerebrais são resultado de combinações genéticas e condições de gravidez. Essa afirmação está em sintonia com a citação de Kandel já registrada, o qual afirma que os genes especificam as propriedades iniciais do sistema nervoso, mas as experiências vividas promovem mudanças nos circuitos neurais, podendo alterar a expressão dos genes. Esse fato coloca peso nas formas de socialização infantil exercidas pelas famílias e escolas e põe em destaque a importância do aprendizado emocional, que fará muita diferença no processo de desenvolvimento durante todo o ciclo de vida, resultando em inteligência emocional.

O processo de amadurecimento cerebral que acontece enquanto a criança vai crescendo promove o que Siegel (2014) chama de superprodução de neurônios e sinapses e segue até por volta dos 12 anos de idade, quando a adolescência chega. Nessa fase, inicia-se uma mudança cerebral marcante, em um processo que vai até em torno de 24 anos, quando ocorre poda de neurônios e sinapses não usadas, e os circuitos que permanecem ficam mais integrados e sofisticados. Em consequência, o adolescente passa a ter maior interesse na busca por novidades e por convívio social frequente e apresenta maior intensidade emocional.

Como é sabido, o incremento dessas características resulta no aumento de escolhas que oferecem riscos, causando efeitos negativos como os que aparecem nos altos índices de acidentes e dependência química nessa faixa etária. O autor ressalta que, ao contrário do que costuma ser apregoado pelo senso comum, a maior responsabilidade pelas mudanças ocorridas na adolescência não é dos hormônios, mas, sim, do cérebro.

As mudanças cerebrais da adolescência permitem melhor consciência de si próprio, mais empatia, equilíbrio emocional e flexibilidade. Porém, para que esses estados sejam alcançados, o adolescente precisa encontrar canais de expressão. Na mesma obra, Siegel enumera três atitudes que favorecem a expressividade: aumento de autoconsciência em processos reflexivos; possibilidade de ser ouvido pelos responsáveis; participação em atividades que proporcionem prazer e tragam novidades. Com isso, a tendência é diminuir a exposição aos perigos a que frequentemente os adolescentes se expõem.

O ser humano é social por natureza; sua identidade é construída já desde o início da vida, em grande parte com influência do que aparece refletido no olhar de seus cuidadores principais a respeito de si próprio. O processo fica cada vez mais complexo e intrincado na rede familiar, escolar e sociocultural e permanece ativo em nossas vidas. "Somente pela conversação permanente com os que lhe são próximos é que o indivíduo desenvolve um senso de identidade ou uma voz interior". (HOFFMAN, 1998, p. 14). A autora enfatiza que ideias, conceitos e memórias são elementos mediados pela linguagem e participam na construção da identidade de cada um.

As crenças vigentes na família e no entorno fornecem elementos que participam na formação da identidade das pessoas. Por exemplo, uma família que é parte de uma sociedade que estimula a saída dos adolescentes de casa dará apoio a seus filhos para agirem dessa forma; já um adolescente que vive em uma outra sociedade na qual a mesma atitude é condenável provavelmente sofrerá pressões familiares se ousar tal movimento antes de tornar-se adulto.

A neurociência atual explica o que vivemos há séculos, mas que nunca foi tão compreensível como atualmente. Nossos traços hereditários não nos limitam necessariamente a uma vida emocional específica. A neuroplasticidade cerebral possibilita a construção ou fortalecimento de circuitos específicos em qualquer idade. Os circuitos cerebrais correspondem aos nossos pensamentos, sentimentos e comportamentos, que, portanto, podem ser alterados de forma a nos encaminharem para uma vida mais feliz.

Bergmann (2012, p. 261, grifos do autor) observa:

> Lembre-se de que, durante o amadurecimento e o desenvolvimento, **estados** emocionais que são continuamente mantidos eventualmente tornam-se **traços** caracterológicos, constituindo a base (mapas neurais) do funcionamento intrapsíquico e interpessoal. Portanto, os estados calmos e continuamente regulados eventualmente tornam-se traços (mapas neurais) de autorregulação. Por outro lado, estados traumáticos e cronicamente desregulados, se mantidos e não regulados novamente, eventualmente tornam-se traços de desregulação.

"A mente humana é um processo relacional e incorporado que regula o fluxo de energia e informações". (SIEGEL, 2012a, p. 81). As percepções que nos chegam pelos sentidos, as nossas memórias, os sentimentos, tudo isso flui como energia em nós e nos outros. Essa dinâmica ocorre em parte em nosso corpo e podemos agir sobre isso, modificando para melhor. O processo relacional depende muito da empatia, cuja base foi entendida a partir de pesquisas com neurônios de macacos, as quais facilitaram a compreensão da atuação dos neurônios-espelho.

Conforme explica Siegel (2012a), ao percebermos a intenção de um comportamento básico de alguém, nosso cérebro cria representações da mente da pessoa, assim como o faz criando imagens do mundo físico. Esse mecanismo, que é desenvolvido no córtex pré-frontal, fortalece a ligação com nosso mundo interior e com os demais, além de favorecer a percepção de elementos culturais de nosso entorno. Os mapas neurais que envolvem neurônios-espelho são criados de forma automática, não dependem de consciência e já nos acompanham desde o nascimento. Além de funcionarem antecipando as intenções de comportamentos dos outros, atuam da mesma forma em relação a estados emocionais.

Segundo Golemann (2007, p. 5):

> A neurociência descobriu que o próprio *design* do cérebro o torna sociável, inexoravelmente atraído para uma íntima ligação cérebro a cérebro sempre que nos entrosamos com outra pessoa. Essa ponte neural nos deixa afetar o cérebro – e, portanto, o corpo – de todas as pessoas com quem interagimos, exatamente como elas fazem conosco [...] Quanto mais forte nossa ligação emocional com outra pessoa, maior é a força mútua. As trocas mais potentes ocorrem com as pessoas com as quais passamos a maior parte do tempo, ano após ano – sobretudo as pessoas que nos são mais queridas.

A mãe que amamenta aumenta a produção de oxitocina, o hormônio que favorece a conexão humana. Da mesma forma, os casais apaixonados aumentam a liberação de oxitocina, como mostram pesquisas feitas com casais em interações românticas.

Muitas pesquisas que são divulgadas atualmente revelam o valor de intencionalmente melhorarmos o funcionamento cerebral por intermédio de práticas diversas, como exercícios físicos, desenvolvimento da espiritualidade, melhora nos relacionamentos, atividades novas, busca por prazer e por saúde emocional. E a psicoterapia é um ótimo caminho para a alteração de circuitos cerebrais. Todas essas medidas favorecem a melhor utilização dos recursos cerebrais que muitas vezes são pobremente usados por tantas pessoas.

As relações familiares são muito poderosas, inclusive na formação e em mudanças ocorridas no cérebro de crianças, adolescentes e adultos em todas as idades. As conexões humanas criam conexões neurais, e o cérebro das pessoas é fundamental na construção das inter-relações familiares e sociais, com suas repercussões de funcionamento saudável ou disfuncional dos indivíduos.

Ajudar os clientes na compreensão do funcionamento básico dos processos mentais colabora na construção do espaço psicoterápico. No trabalho com casais, entender os processos mentais subjacentes a pensamentos, emoções e comportamentos do outro e de si próprio, mesmo que de forma rudimentar, aumenta a tolerância e diminui a culpa em relação ao que é desaprovado no outro e em si próprio, além de apontar possibilidades de mudança.

Teoria do apego

"O sistema de apego está presente em nossas vidas, do berço ao túmulo."
John Bowlby

O apego é um processo inato ao ser humano; desenvolve-se na interação com a pessoa disponível a prover a maior parte dos cuidados maternais ao bebê. Portanto, a ligação não se estabelece sempre da mesma forma, uma vez que resulta das interações entre o bebê e seu cuidador principal, que na nossa cultura comumente é a mãe, já que é ela quem mais oferece tais cuidados. Entre outros aspectos, a importância da teoria do apego reside no fato de mostrar que estar próximo de outro ser humano é vital para a sobrevivência e central para a construção da personalidade.

O apego é um mecanismo de preservação da espécie, que tanto permite quanto fortalece a cultura como natureza humana.

A teoria do apego surgiu em meados do século XX, desenvolvida pelo médico psicanalista inglês John Bowlby, que partiu da etologia e valeu-se também da biologia evolucionária, psicologia do desenvolvimento, ciências cognitivas e teoria do controle de sistemas, conforme aponta Bastard (2013). Essa teoria reflete a propensão dos seres humanos para a construção de ligações afetivas fortes com o seu cuidador principal, bem como as consequências decorrentes das falhas nessas ligações. As primeiras interações com os cuidadores formatam o modelo básico das ligações afetivas próximas para a vida toda.

Com base em experimentos feitos com bebês e suas mães, Bowlby apresentou quatro fases de desenvolvimento do apego ocorridas na relação mãe-bebê.

Na **primeira fase**, o bebê apresenta capacidade de discriminar pessoas usando o olfato e a audição: orientação de sinais com discriminação limitada de figura.

Na **segunda fase**, ele intensifica o comportamento amistoso com a mãe ou cuidador principal: orientação de sinais dirigidos para uma figura discriminada (ou mais de uma).

Na sequência, na **terceira fase**, segue mostrando mais apego com certas pessoas do que com outras quando a mãe está ausente: manutenção da proximidade com uma figura discriminada, por meio de locomoção ou de sinais.

Na **quarta fase**, a figura materna passa a ser vista como um objeto independente, que persiste no tempo e no espaço: formação de parceria corrigida para a meta.

Segundo Bowlby (2006, p. 169):

> Os méritos que se atribuem à teoria do apego são que, embora seus conceitos sejam psicológicos, eles são compatíveis com os da neurofisiologia e da biologia do desenvolvimento, e que, também, se conforma aos critérios habituais de uma disciplina científica.

Nos três primeiros anos de vida, o desenvolvimento do cérebro é mais intenso no hemisfério direito, justamente no qual são promovidas as funções de apego e regulação dos estados corporais e afetivos, além de outras funções vitais, como o processamento de informações socioemocionais. Mas esse processo depende de experiências de apego entre a criança e seu cuidador primário, as quais permitem o desenvolvimento de capacidades reguladoras adaptativas. Portanto, a teoria do apego diz respeito à regulação de afetos. O bebê instável necessita da regulação de um cuidador seguro. (Bergmann, 2014).

Ainda com base no mesmo autor (p. 131):

> [...] a mãe segura em um nível intuitivo inconsciente está continuamente regulando os níveis de excitação instável do bebê e, portanto, dos estados emocionais. Aparentemente, a mãe parece fornecer uma sincronização neural mediada inconscientemente de seu hemisfério direito com o hemisfério direito subdesenvolvido de seu filho.

Dessa forma, o apego e sua sincronização entre os hemisférios da mãe e do bebê promovem a regulação afetiva da criança. Segundo estudos de outros autores, Bergmann (2014) informa que essa sincronização neural parece dar-se em grande parte pelo olhar com pupilas dilatadas da mãe, que provoca mais sorrisos e relaxamento no bebê, levando à aprendizagem de autorregulação. Baseando-se em PanKsepp, Bergmann (2014) afirma que as interações mãe-bebê em sincronia afetiva dos hemisférios direitos parecem promover crescimento de neurônios e aumento de sinapses, estimulando a identidade do bebê.

Isso nos lembra da importância do olhar nos olhos um do outro, o que acontece nos casais; os olhares diretos nos olhos indicam interesse do parceiro e reforçam as conexões emocionais, que auxiliam na autorregulação um do outro nos momentos em que se encontram mais fragilizados.

Quando a criança começa a caminhar e vivenciar limites e imposições da socialização, como o controle de esfíncteres, ocorrem muitos períodos de estresse e ela necessita de constante regulação via sincronização e olhares mútuos de seus cuidadores. Essas interações vão criando memórias para a vida toda, que serão necessárias nos momentos de perdas e dificuldades futuras. Nessa fase do desenvolvimento infantil, em que há frequente colocação de limites, acontecem alterações cerebrais que favorecem a continuidade do amadurecimento do cérebro da criança, o que depende também das experiências vividas.

> [...] regulação emocional e apego parecem andar de mãos dadas. Assim, a teoria do apego é essencialmente uma teoria afeto-reguladora, com a organização do 'self' do cérebro em desenvolvimento ocorrendo apenas no contexto de um relacionamento com outro cérebro. (BERGMANN, 2014, p. 147).

Portanto, a autorregulação começa de fora para dentro e serve como modelo para a criança, até que ela própria vá progressivamente desenvolvendo a capacidade de autorregular-se de forma mais independente. Mas, para que nessa fase sejam atendidas as necessidades infantis, é preciso que o cuidador consiga manter-se sintonizado com as demandas da criança. Assim, esta vai acumulando registros de memória implícita, os quais são consequência de experiências em que teve suas necessidades atendidas, e usa esses modelos de vinculação para autorregular-se.

As experiências repetitivas tornam-se codificadas em memória implícita sob a forma de expectativas. Posteriormente, organizam-se como modelos mentais ou esquemas de apego, que servem para a criança formar um senso interno de base segura no mundo. (MONTEIRO, 2016).

A forma como a criança vive essa fase influirá nas maneiras de enfrentar futuras situações de rejeição, separação e perda, já que o comportamento de apego apresenta função biológica vital durante toda a existência, influenciando padrões de afeto e relacionamentos na fase adulta.

Com bom desenvolvimento da autoconsciência e autorregulação, está traçado um caminho saudável para chegar ao autoconhecimento; e, com boa consciência dos estados internos, é possível fazer uma melhor gestão da vida emocional.

Johnson (2012) comenta que, devido ao estilo de apego não ser considerado uma característica individual, talvez fosse melhor mudar a denominação: em vez de "estilo de apego", deveríamos nomear como "estratégias de apego" ou, então, "formas de comprometimento", expressões que indicam melhor a natureza do conceito, com suas características interpessoais. A autora afirma: "Essas formas de comprometimento podem mudar, e efetivamente mudam, quando os relacionamentos mudam e são melhor pensadas como contínuas e não absolutas". (JOHNSON, 2012, p. 8).

A mesma autora cita dez princípios básicos da teoria do apego: apego é uma força motivadora inata; dependência segura complementa a autonomia; apego oferece um porto seguro; apego oferece uma base segura; acessibilidade e receptividade constroem vínculos; medo e incerteza ativam as necessidades de apego; o processo de sofrimento pela separação é previsível; podem ser identificadas formas de relacionamento de apego inseguro; apego envolve modelos funcionais do eu e do outro; isolamento e perda são inerentemente traumatizantes.

Enquanto vai percebendo-se como alguém separado de seus cuidadores, a criança vivencia aumento de sua consciência cognitiva e isso a assusta, fazendo com que, nesses períodos críticos do seu desenvolvimento, ela necessite de autorregulação com mais frequência. (BERGMANN, 2014).

Quando perde o contato com o seu cuidador, a criança tenta restabelecê-lo e, se não consegue, sente raiva; se a dificuldade de contato persistir, vem a tristeza; e se a dificuldade de contato continua, aparece o desespero, que pode levar ao desapego.

A criança mostra-se mais ou menos responsiva já nos primeiros meses de vida, dependendo de elementos como condições de gestação, temperamento e forma como é cuidada. É preciso lembrar também das expectativas dos pais e da família toda quanto à aparência física do filho e condições de saúde, entre outras questões, as quais interferem nas interações com o bebê. Há ainda as situações de traumas dos cuidadores, que podem carregar feridas e limitações provenientes de lembranças traumáticas, dificultando o processo de desenvolvimento de apego com o bebê.

Os impedimentos dos pais no sentido de oferecer disponibilidade com segurança e consistência aos filhos podem ocorrer, ainda, porque os próprios pais tiveram problemas em relação ao apego no início de suas vidas, ou mesmo por questões de doença ou morte na família ocorridas no começo da vida dos filhos.

A cultura também exerce sua influência, com crenças a respeito dos cuidados a serem ou não dispensados aos filhos - e isso tudo interfere precocemente na vida do bebê através da disponibilidade dos pais. Dependendo da cultura de inserção das famílias, existem diferenças como maior ou menor aproximação física e manifestação de afeto. A boa interação requer cuidador empático, disponível para funcionar como uma base segura, encorajando a exploração do ambiente na medida em que a criança vai se desenvolvendo. Ao mesmo tempo, os cuidadores devem ser porto seguro, oferecendo conforto e segurança quando a criança precisa.

Ao final do primeiro ano de vida do bebê, o par mãe-bebê normalmente estabeleceu um padrão característico de interação com boas probabilidades de persistir, mas o processo permanece ativado e, portanto, bem acessível a alterações até a criança completar três anos. A partir daí, a instabilidade diminui, tornando-se mais difícil alterar a organização construída, seja ela qual for. Contudo, essa alteração continua sendo sempre possível.

Ao criar a teoria do apego, Bowlby possibilitou o nascimento de um novo paradigma clínico, que na continuidade recebeu contribuições provenientes dos estudos de outros teóricos e pesquisadores, com destaque para o trabalho de Ainsworth e Main.

Ainsworth realizou estudos com bebês e suas mães, os quais foram separados e reunidos de forma controlada e monitorada em eventos chamados de "Experimento da situação estranha". Com os achados desses estudos, na década de 1970 ela apresentou uma classificação das relações de apego infantil: apego seguro; apego inseguro ansioso evitativo; apego inseguro ansioso ambivalente.

As crianças participantes dos estudos controlados classificadas com o estilo de **apego seguro** se mostraram capazes de regular a aflição resultante da separação da mãe, restabelecendo contato com ela em sua volta para a sala de experimentos, retomando as brincadeiras de forma confiante. Quando a mãe se mostra disponível para o bebê, ele demonstra mais tranquilidade e desprendimento para explorar ao redor. Nesse caso, a mãe funciona como uma base segura para a criança voltar sempre que estiver assustada ou cansada. Com o desenvolvimento, a criança pode ir aumentando o tempo e distância de afastamento das pessoas que ama e a oferecem base segura, já que, à medida que fica mais velha, amplia seus interesses e a vinculação com outras pessoas.

Amen (2000) nos lembra a importância da conexão física com toques no processo de ligação entre pais e filhos, além dos olhos nos olhos. O bebê precisa de amor e afeto para desenvolver caminhos saudáveis no sistema límbico profundo do cérebro e assim aprender a se ligar e confiar nas pessoas.

O padrão de apego seguro facilita a integração das diferentes experiências que a criança vive enquanto cresce, desenvolvendo um sentido de si própria coeso e centrado, em bases que favorecem regulação emocional e estilo de interação adequado ao longo do ciclo vital.

Quando os pais não conseguem prover tal segurança a um filho no começo da vida, a base segura fica comprometida e a ligação se estabelece de forma distorcida. A matriz de relacionamento construída tende a não suprir as necessidades básicas infantis, favorecendo a formação do **apego inseguro**.

O estilo de apego na criança é mais relacional do que intrínseco, e o apego inseguro significa que os pais não estão oferecendo experiências que façam sentido para o filho por não focarem na natureza interna da experiência da criança, conforme comenta Siegel no livro conjunto com Goleman: *"Bether parents, bether spouses, bether people"*. (SIEGEL; GOLEMAN, 2012).

Com essa matriz de relacionamento, há grande probabilidade de que a criança torne-se uma pessoa emocionalmente distante, em consequência de sua descrença de que alguém possa tranquilizá-la nos casos de necessidade; ou, ainda, pode apresentar comportamentos conflitantes, agindo de forma excessivamente dependente de outros, ansiosa e insegura, sem conseguir usufruir dos momentos em que o outro lhe dispensa atenção e cuidados.

As crianças classificadas nos experimentos com apego inseguro foram divididas em duas categorias: apego inseguro ansioso evitativo e apego inseguro ansioso ambivalente.

Nas publicações sobre apego, são usadas duas terminologias para a mesma categoria. Alguns autores mencionam "estilo de apego inseguro **evitativo**" e outros referem-se a "estilo de apego inseguro **evitante**". Fica aqui definida a opção por "estilo de apego evitativo" para figurar a maior parte das vezes no texto.

Porém, o "estilo de apego evitante" será também mencionado em menor proporção.

As crianças rotuladas com o estilo de **apego inseguro ansioso evitativo** no experimento citado apresentaram sinais fisiológicos de sofrimento e demonstraram pouca emoção quando as mães se afastaram e também no retorno delas. Quando a insegurança em relação aos cuidados esperados dos pais vai sendo reforçada e prolongada ao longo do tempo, a criança pode desligar-se emocionalmente como defesa e antecipação do afastamento que receia que vá acontecer mais uma vez. É uma tentativa de evitar a dor do abandono.

Crianças exigidas além de sua maturidade também tendem a ficar inseguras e a desenvolver apego inseguro ansioso evitativo. Sem serem atendidas em suas necessidades, sentem que o cuidador não é capaz de supri-las e, em consequência, amadurecem cedo. São crianças que geralmente mostram-se obedientes e não despertam preocupação quanto ao seu comportamento, já que não reclamam nem incomodam. Tendem a demonstrar mais ansiedade, mais vigilância ao ambiente, que exploram pouco, na tentativa de anteciparem possíveis perigos.

No estilo de **apego inseguro ansioso ambivalente**, a criança apresenta características de agarramento ao cuidador com muita ansiedade, junto com características do apego inseguro ansioso evitativo. Aparece em crianças que vivem experiências conflitantes com seus cuidadores, que por vezes mostram-se disponíveis; porém, inesperadamente tornam-se inacessíveis para a criança. Esses cuidadores geralmente são bem preocupados com eles mesmos e têm muita dificuldade para centrar-se nas necessidades dos filhos. (MONTEIRO, 2016). Nesse caso, a criança percebe a falta de disponibilidade de seus cuidadores e, por esse motivo, tende a aumentar a ansiedade e o medo de perda, com consequente tentativa de grudar-se aos seus cuidadores.

No estilo de apego inseguro ansioso ambivalente, a mesma pessoa que interage positivamente com a criança, protegendo e cuidando, também atua com negligência e abuso. A criança não consegue reagir a duas condutas tão distintas do seu cuidador, já que essa pessoa é fundamental em sua vida. Em ressonância ao que percebe, ela pode fazer representações dissociadas de si própria, como se ela mesma fosse duas em uma, do mesmo modo que percebe seu cuidador. Cada uma dessas suas partes vai relacionar-se com uma parte do cuidador.

Há ainda o estilo de **apego desorganizado**, que surgiu posteriormente na literatura, a partir da repetição do experimento da situação estranha de Ainsworth por Main. A pesquisa revelou crianças que não se encaixavam nos modelos de apego descritos até então.

No apego desorganizado, as crianças vivem situações de negligência emocional por falta de resposta em seus momentos de maior tensão. Muitas vezes experimentam maus tratos emocionais, resultado de condutas físicas intrusivas, ou sofrem abuso sexual e, não raro, tudo isso junto. Eventos traumáticos ameaçam as ligações de apego. (BAITA, 2012).

Apoiando-se em outros autores, Baita relata que mais de 80% das crianças maltratadas apresentam padrão de apego desorganizado.

O apego desorganizado leva a pessoa a ativar circuitos emocionais que não funcionam juntos. Frente à ameaça, ativa-se o circuito primitivo do tronco encefálico, o que resulta em reação de sobrevivência, com impulso de fuga, luta ou paralisia. Ao mesmo tempo, é ativado o sistema de apego na área límbica, o que impulsiona a buscar proteção na figura de apego. Como essa situação não apresenta possibilidade de se resolver, já que não dá para aproximar-se e fugir da figura de apego ao mesmo tempo, fica favorecido o processo de dissociação. (SIEGEL, 2014).

Ao avançar no desenvolvimento e entrar na adolescência, as necessidades de apego são transferidas em grande parte aos amigos e parceiros românticos, embora o adolescente continue necessitando ser aceito e tranquilizado para sentir-se seguro. Nessa fase, cabe aos pais dar apoio ao mesmo tempo em que favorecem a independência dos filhos. Tal atitude parental fornece o necessário porto seguro para o qual o adolescente possa voltar quando precisar, mas, ao mesmo tempo, concede uma base sólida que encoraja os movimentos de exploração típicos da adolescência, fortalecendo a personalidade dos filhos e resultando em melhor preparo para os momentos difíceis que possam vir no futuro.

A pessoa que desenvolveu padrão de apego seguro acredita ser merecedora de receber atenção e ajuda em caso de necessidade e sente-se capaz de oferecer apoio a outros, mostrando-se mais resiliente frente às dificuldades. O que observamos na prática é que a pessoa com apego seguro consegue manter atenção em suas metas e realizações próprias, ao mesmo tempo em que se apoia e oferece apoio em seus relacionamentos mais importantes. Isso se dá de forma alternada e sem grandes conflitos. Quando um adulto desenvolveu esse tipo de apego, está preparado para fornecer aos seus descendentes a mesma disponibilidade. Pode permitir a exploração ao redor, permanecendo disponível quando a criança retorna, necessitando de acolhimento e cuidados.

Alguém com estilo de apego seguro que viva uma experiência negativa intensa naturalmente pode desorganizar-se. Porém, consegue se tranquilizar assim que o perigo passa, com menos sofrimento do que as pessoas com apego inseguro.

Pessoas com apego inseguro, ao longo do ciclo vital, podem apresentar fortes sintomas de carência emocional, dificuldade exacerbada para lidar com perdas, fobias, síndrome do pânico, problemas com alimentação ou sono. Com frequência, comportam-se de maneira marcadamente insegura e ciumenta.

Siegel (2014) observa que, tanto os estudos científicos como seu trabalho clínico, sugerem que pessoas com apego inseguro ansioso evitativo apresentam o hemisfério cerebral direito menos desenvolvido. Nesse hemisfério, estão as memórias autobiográficas, emoções e necessidades básicas. Isso resulta em dificuldades na compreensão da comunicação não-verbal, captada nos sinais enviados e recebidos primordialmente pelo hemisfério direito.

Adultos com apego inseguro ansioso evitativo tendem a desenvolver atitudes que denotam marcado afastamento emocional, inclusive dos mais próximos, demonstrando desligamento e certa inacessibilidade afetiva. Mostram-se muito reticentes quanto a confiar em alguém e a receber apoio, mesmo nos momentos de necessidade. Comumente enfrentam fortes dificuldades para levar um casamento ao longo do tempo de forma gratificante para si próprio e para o outro, uma vez que não se conectam para valer.

Quando adulto, o apego inseguro ansioso ambivalente imprime muita dificuldade na convivência com os demais; essas pessoas demonstram desejo de aproximação, mas, quando isso acontece, podem facilmente repelir o outro de forma abrupta.

Caso clínico: Renato marcou e desmarcou horário para psicoterapia várias vezes durante duas semanas até que finalmente confirmou e compareceu, justificando sua presença como uma tentativa de forçar a vinda de Anete. Contou que seu trabalho incluía viagens esporádicas e estava exausto com todas as reclamações de Anete sempre que precisava viajar. Mas, quando dispunha de tempo para ficar com ela, Anete reagia ao marido com mau humor, reclamava por pequenas coisas, como, por exemplo, se ele guardasse alguma louça um pouco fora do lugar em que ela organizara.

Na semana seguinte, os dois vieram à sessão de psicoterapia, e Anete confirmou o sofrimento do casal, afirmando que se sentia abandonada e sozinha no mundo todas as vezes que o marido viajava a trabalho. Chorando muito, disse que ela também não aguentava mais aquela situação e que, nas últimas semanas, havia insistindo com ele para que pedisse demissão do emprego, porém, no fundo, esperava que ele não a ouvisse porque não queria ver o marido desempregado e o tempo todo dentro de casa.

Após algumas sessões de psicoterapia de casal, ambos puderam compreender as dinâmicas perversas que lhes causava sofrimento. Essas dinâmicas estavam baseadas, em grande parte, nos estilos de apego inseguro dos dois: ele com apego inseguro ansioso evitativo e ela com apego inseguro ansioso ambivalente. Compreenderam como essas formas de relacionamento foram desenvolvidas em suas famílias de origem, depois os atraíram de forma complementar e agora estavam acabando com os dois. No início da relação, Renato se mantinha distante e Anete se agarrava a ele de forma infantil, mas se afastava assim que ocorria qualquer pequeno aborrecimento, dando espaço emocional para o namorado, que se via como o forte da relação. Esse padrão de interação se repetia muitas vezes e confirmava a Anete que ela estava em um tipo de relacionamento que conhecia bem.

Renato, seguindo o *script* previsível para quem funciona a partir de apego inseguro ansioso evitativo, pediu que a esposa fizesse psicoterapia por um tempo. Disse que voltaria às sessões assim que passasse a fase difícil que enfrentava, já que estava cursando uma especialização.

Nas sessões individuais de Anete, trabalhamos vários traumas de abandono que começaram na infância e seguiram na sua adolescência. Os pais de Anete se separaram quando ela tinha quatro anos e a mãe entrou em depressão, afastando-se da filha, enquanto seu pai mudou-se para outro país e nunca mais a procurou. Ela morou uma época com a avó, depois com uma tia paterna e voltou para a casa da mãe, que pedia muito para que a filha lhe fizesse companhia. Quando adolescente, sua mãe casou novamente e Anete foi muito bem acolhida pela família do padrasto - até que, dois anos depois, a mãe separou-se mais uma vez e proibiu a filha de conviver com a nova família que ela aprendera a amar e sentia como se fizesse parte há muito tempo.

Foram muitas sessões de atendimento semanal reprocessando os vários traumas de apego de Anete, que aos poucos foi tornando-se mais segura. Seis meses mais tarde, Renato envolveu-se na psicoterapia e lidou com sua história de solidão e distanciamento emocional. Seus pais o estimularam a sair muito cedo de casa, da mesma maneira que fizeram com seu irmão mais novo. Ainda adolescente, Renato mudou-se para a Europa com o objetivo de aprender idiomas e trabalhar para tornar-se independente. Para proteger-se da solidão e do abandono que vivenciava, reforçou a couraça emocional desenvolvida na primeira infância. Após seu envolvimento no processo psicoterápico, passamos mais um ano incluindo sessões individuais de Renato e Anete, alternando com algumas sessões conjugais, até que os dois conseguiram desenvolver novas formas de relacionamento, com mais segurança de ambas as partes. Mesmo sem ter ocorrido uma mudança completa nos padrões de apego dos dois, com certeza eles desenvolveram novas possibilidades mais saudáveis de interação, com diminuição de conflitos, o que resultou em incremento marcante na satisfação conjugal de ambos.

O modelo empregado com Anete e Renato está descrito no capítulo sobre psicoterapia conjugal.

De acordo com estudos de outros autores, Barstad (2013) comenta que as interações vividas na infância com as figuras de apego, ao serem repetidas, geram representações mentais que ficam armazenadas na memória. Esses modelos representacionais orientam a pessoa em relação ao que deve ser esperado nas futuras interações em dada relação, e assim a pessoa vai se ajustando automaticamente para o que antecipa que vai haver em determinado relacionamento. Portanto, podemos ter mais de um modelo de apego, que será ativado dependendo do contexto e da pessoa com a qual estamos nos relacionando. É o relacionamento, com suas trocas emocionais próprias, que desencadeia, modifica ou mantém os estilos de apego de alguém.

Podemos ter mais de um modelo de apego, desenvolvido com diferentes cuidadores. Cada um dos modelos fica registrado no cérebro, com ativação em diferentes situações. (SIEGEL, 2014).

Em outra obra, Siegel (2012a, p. 91) evidencia:

> Em termos de desenvolvimento, se os padrões de comportamento que vemos em nossos tutores são previsíveis, podemos, então, mapear as sequências com segurança, sabendo o que pode acontecer em seguida, incorporando intenções de carinho e cuidado e, portanto, criando em nós mesmos uma lente de visão mental focada e límpida. Se, por outro lado, temos pais confusos e difíceis de "ler", nossos circuitos de sequências podem criar mapas distorcidos. Então, desde nossos primeiros dias, o circuito básico de visão mental pode ser estabelecido com uma fundação sólida, ou criado em terreno instável.

As ligações com apego firmadas na infância funcionam como uma matriz para os relacionamentos mais próximos da pessoa na vida toda, embora os estilos de apego não sejam imutáveis. Podem sofrer alterações, principalmente na adolescência e nos relacionamentos íntimos ao longo da vida. Porém, a primeira forma de ligação que foi consolidada como um estilo de apego comumente permanece como uma matriz, mesmo que mude posteriormente, em relacionamentos com características que favoreçam tais mudanças.

Portanto, o apego inclui a perspectiva individual, com seus modelos internos que resultam nas maneiras como vemos os outros, e a perspectiva relacional, que é alterada nas interações ocorridas em nossas relações mais íntimas.

O mundo individual interior, com suas crenças, sentimentos, potenciais e limitações, se cruza com os padrões de interação que a pessoa vive. Em consequência, o indivíduo, com sua singularidade, é fundamental na criação e manutenção dos apegos com as pessoas mais próximas, mas as relações mais próximas também modelam o mundo interior de cada um.

Os modelos de apego desenvolvidos na infância e na adolescência tendem a se manterem fortes o suficiente para imprimir seus estilos nos relacionamentos da pessoa já adulta. Quanto mais emoção houver em um novo vínculo, mais esse vínculo tende a se conectar com um modelo de apego já estabelecido. No entanto, as formas de apego podem mudar e mudam, já que são relacionais, e não estanques. A receptividade e a constância de outra pessoa significativa que seja confiável favorece um melhor ajustamento emocional e social em qualquer idade.

O apego no relacionamento do casal foi estudado em 1987 por Hazan e Shaver e, a partir de então, muitos estudos foram feitos sobre a função dos estilos de apego no casal. Historicamente, a pesquisa sobre apego conjugal baseou-se na classificação de estilo de apego seguro, ansioso e evitativo, em concordância com a nomenclatura originalmente utilizada. (SANDBERG; BRADFORD; BROWN, 2015).

"Da mesma forma que essas formas habituais de relacionamento podem ser modificadas por novos relacionamentos, elas também podem moldar os novos vínculos, tornando-se assim autoperpetuadoras". (JOHNSON, 2012, p. 8). Os processos psicoterápicos também são situações possíveis de alteração de estilos de apego, mas sabemos o quanto é desafiador trabalhar com nossos clientes quando é preciso alterar padrões de apego, de tal forma que essas mudanças resultem realmente em relacionamentos mais nutridores e saudáveis.

Sobre o tratamento psicoterápico que envolve questões de apego, Siegel (2016, p. 3, grifo do autor) comenta a validade do uso integrado da terapia sistêmica familiar e da terapia EMDR:

> Nunca é tarde para o desenvolvimento de uma história de vida coerente. Processos que adicionam a integração do cérebro e facilitam o desenvolvimento de narrativas coerentes na vida de alguém, assim como o EMDR, podem ser bastante efetivos em ajudar os pais a explorar a natureza de seu próprio apego, para que eles **ganhem** segurança em suas próprias vidas (Siegel & Hartzell, 2003). Terapia familiar sistêmica pode ajudá-los na modificação de seu comportamento parental para que seus filhos se desenvolvam muito bem.

Um adulto com apego seguro não está "vacinado" contra os sofrimentos que ocorrem a todos nós, os comuns ou os extraordinários, porém tende a apresentar estratégias de enfrentamento das dificuldades com boa segurança interior e capacidade de autorregulação emocional. O estilo de apego seguro permite aos parceiros conjugais a sensação de existir na ausência um do outro ao mesmo tempo em que se percebem desfrutando a presença um do outro.

A pessoa com estilo de apego inseguro ansioso evitativo vivenciou falta de disponibilidade e comprometimento emocional no início de sua vida e reagiu a isso procurando reprimir suas necessidades e evitando proximidade com figuras de apego emocional. Portanto, esta será uma tendência marcante de conduta em seus relacionamentos conjugais. São pessoas que evitam proximidade emocional com o parceiro, guardando distância nos momentos em que o outro mais anseia por proximidade.

Alguém com apego inseguro ansioso ambivalente tende a mostrar agarramento ansioso ao parceiro conjugal, podendo perseguir, sufocar emocionalmente e até mesmo ameaçar o outro caso ele se afaste mais do que a pessoa consegue suportar. No entanto, ao estar próximo do ser amado, demonstra dificuldade para usufruir a intimidade emocional com o outro.

A continuidade da relação tende a ser muito penosa para quem partilha a vida com alguém que funciona sob o apego inseguro ansioso ambivalente. A pessoa com esse estilo de apego confunde o outro com sua inconstância, provoca aumento de estresse com a falta de estabilidade de afetos e mostra impedimentos na proximidade emocional.

O apego desorganizado aparece com frequência em adultos que apresentam traumas precoces. Muitas dessas pessoas vivenciaram situação de abuso continuado por suas figuras de apego primário. Negligência ou maus tratos sofridos por uma criança são desorganizadores. O trauma rompe a linha natural de desenvolvimento infantil, encaminhando a criança para riscos persistentes de desregulação.

O casal com um dos membros marcadamente traumatizado vive situações e consequências que interferem de várias formas na relação. A pessoa com trauma pode apresentar muitos sintomas e limitações, incluindo doenças psicossomáticas e dificuldades variadas até mesmo quando precisa resolver coisas cotidianas da vida. Esse tema está explanado no capítulo sobre traumas.

Faz muita diferença viver com alguém que desenvolveu apego seguro e com as repercussões geradas no relacionamento conjugal no dia a dia, ou relacionar-se e organizar a vida com alguém a partir do apego inseguro. Certamente, o processo de psicoterapia é mais longo e trabalhoso com as pessoas que apresentam apego inseguro, mas é possível e muito importante. Os traumas de apego, quando reprocessados, costumam promover diferença marcante na vida de muitos, como relatado no capítulo sobre traumas.

Hazan (2003, p. 56) afirma:

> Os laços entre os parceiros humanos, bem como entre crianças e cuidadores, compartilham características-chave que os distinguem de outros tipos de relacionamentos sociais. O período de tempo e os processos pelos quais cada tipo de laço se desenvolve são

essencialmente os mesmos. As separações evocam uma dinâmica emocional semelhante em ambos. Os efeitos de cada um no bem-estar físico e psicológico individual são igualmente profundos e difusos. E assim por diante. É abundante e muito forte a evidência de que ambos os tipos de relacionamentos sejam regulados pelo mesmo mecanismo desenvolvido: o sistema de apego.

As trocas emocionais mais potentes, feitas com as pessoas próximas a nós, promovem o que Bergmann (2007) chama de tango emocional de sentimentos. Os sentimentos do outro se reproduzem em nós e secretam hormônios que regulam sistemas biológicos como coração e sistema imunológico, interferindo na saúde física, além do funcionamento emocional.

Ainda que os estilos de apego sejam centrais na relação de um casal, as maneiras pelas quais os cônjuges se organizam dependem também de outros aspectos, como o temperamento de cada um deles, a cultura da qual fazem parte, as estruturas familiares, o nível de diferenciação e espiritualidade, entre outros.

O apego pode aparecer ou não em cada um dos vínculos afetivos que fazem parte da vida dos adultos e se manifesta nos vínculos mais próximos, com maior nível de intimidade emocional.

Como o relacionamento conjugal é comumente tão importante na vida das pessoas, a ponto de balizar em grande medida a avaliação do quanto suas vidas são felizes e saudáveis, a vivência do apego no casamento naturalmente é profundamente relevante. Voltaremos a esse assunto outras vezes no decorrer do texto.

O relacionamento conjugal pode ser curativo, mas também pode ser tóxico! Eis a importância da psicoterapia de casal.

Inteligência emocional

"Passar do modo de luta pelo poder para o empoderamento relacional significa que ambos tentam tirar o melhor de si em vez de "melhorar" o outro."
Mona Fishbane

Ao pensarmos no funcionamento cerebral ligado aos comportamentos e relacionamentos humanos, não podemos deixar de lado a inteligência, cujo conceito tem mudado ao longo do tempo nas diferentes sociedades humanas, dependendo de qual ideal de ser humano é mais ou menos valorizado. Conforme comenta Gardner (2001), para os antigos gregos a agilidade física, racionalidade e comportamentos virtuosos eram muito importantes. Os romanos valorizavam a coragem máscula, e o soldado santo era muito importante para os seguidores do Islã. Os chineses apreciavam os poetas, músicos, calígrafos, arqueiros e desenhistas.

A sociedade ocidental dos últimos séculos tem valorizado as pessoas inteligentes, mas esse conceito muda com o tempo e o contexto. O que se espera de uma pessoa inteligente é diferente, por exemplo, em uma escola tradicional ou em uma empresa. Gardner (2001) aponta duas profissões que passaram a ser mais valorizadas na virada do milênio: analista de símbolos e mestre de mudança. O analista de símbolos ganhou valor porque consegue passar horas em frente ao computador; e o mestre de mudança, porque se adapta com facilidade a novas realidades.

A teoria das inteligências múltiplas foi lançada por Gardner em 1983; seu livro apresentou as inteligências lógico-matemática, linguística, musical, espacial, físico-sinestésica, interpessoal, intrapessoal e naturalista.

A inteligência emocional, composta por habilidades como a regulação dos próprios sentimentos e a compreensão das emoções de outras pessoas, foi um conceito disseminado em 1990, com o lançamento do livro de Daniel Goleman. Mesmo sendo muito importantes, só a partir do trabalho de Goleman foi que as inteligências passaram a ser mais valorizadas e a inteligência emocional tornou-se um tema bastante conhecido.

Estudiosos da área continuam afirmando a importância da inteligência geral, segundo retratado por Rezende (2015) em artigo sobre o assunto. A inteligência geral pode ser vista como um potencial que aparece mais ou menos desenvolvido de acordo com os traços de personalidade que a pessoa apresenta. Certamente, o potencial de inteligência geral e seus aspectos particulares, combinados com traços individuais de personalidade, são fundamentais para a compreensão do ser humano em seus relacionamentos e nas demais situações cotidianas da vida.

Aos pensarmos nos processos conjugais, os aspectos ligados à inteligência emocional são definidores dos relacionamentos; por esse motivo, vamos nos ater a essa forma de inteligência com mais atenção.

Quando Goleman lançou o livro "Inteligência emocional", o conceito foi usado como uma estrutura para realçar a neurociência afetiva. Em seguida, vieram outras publicações suas, sempre ligadas às pesquisas que continuou realizando sobre o cérebro e as emoções. Conforme o próprio autor salienta, atualmente pesquisadores do cérebro identificaram circuitos distintos para a inteligência emocional.

Desde que os estudos sobre esse tema começaram a ser difundidos, a literatura na área da saúde mental tem refletido os ensinamentos de Goleman, mostrando que, de certa forma, temos como inteligências mais marcadas a racional e a emocional. Todos nós conhecemos pessoas inteligentes racionalmente que não conseguem desenvolver seu potencial satisfatoriamente porque lhes falta inteligência emocional.

Quanto ao sucesso na vida, a inteligência emocional é mais importante do que a inteligência racional, segundo apontam as pesquisas de Davidson (2012).

Goleman (1995, p. 42):

> Em geral, a complementariedade do sistema límbico e neocórtex, amígdala e lobos pré-frontais significa que cada um é um parceiro integral na vida mental. Quando esses parceiros interagem bem, a inteligência emocional aumenta – e também a capacidade intelectual.

Com a continuidade dos estudos e publicações, Goleman ampliou a teoria incluindo outras inteligências além da racional e emocional, como a inteligência social; e apontou outras mais, com base em relatos de pesquisadores da área.

Nem precisamos recorrer a pesquisas para estar convencidos de que a capacidade para lidar com frustrações, emoções e relacionamentos faz muita diferença na forma de conduzir a vida enquanto crescemos e na fase adulta. Goleman define inteligência emocional como a capacidade de criar motivações para si próprio e persistir em um objetivo apesar das dificuldades; controlar impulsos e saber aguardar pela satisfação dos desejos; manter-se em bom estado de espírito e impedir que a ansiedade interfira na capacidade de raciocínio, empatia e autoconfiança.

A inteligência emocional afeta muito as outras inteligências, já que autorregulação, motivação e persistência nos fortalecem no sentido de sermos exitosos na vida. Amadurecer essas competências é fundamental para os relacionamentos. Até mesmo as pessoas que se mostram intelectualmente privilegiadas podem viver relacionamentos desastrosos um atrás do outro.

Caso clínico: Dionísio fez contato comigo dizendo que precisava resolver uns problemas, mas não sabia se a terapia poderia ajudá-lo. Sempre se sentiu muito sozinho, achava difícil mudar aos 63 anos. Mas como seu médico havia insistido para que ele buscasse ajuda psicoterápica, resolveu tentar. Contou ter crescido em uma pequena cidade, filho de pai dependente químico, e que poucas vezes viu seu pai. Nas raras ocasiões em que o pai esteve em sua casa, foi para pedir alguma comida ou dinheiro. A mãe, sobrecarregada, criou os filhos com dificuldades constantes, sempre afirmando que não seriam "boa coisa", assim como o pai não era.

Desde bem jovem, Dionísio trabalhou como auxiliar em um comércio local e foi excelente aluno, muito elogiado por sua inteligência e facilidade em aprender tudo o que pudesse. Foi guardando algum dinheiro e logo montou sua primeira lojinha seguida de muitas outras nas cidades da região. Quando começou a namorar a esposa, a família dela se opôs, pois o rapaz era conhecido como um dos maiores encrenqueiros do local, brigava por qualquer coisa e não tinha amigos. Porém, frente à paixão da filha pelo namorado, os pais acabaram aceitando a união e o casamento aconteceu após três meses de namoro. Tiveram quatro filhos, Dionísio aumentou muito os negócios da família e manteve seu imenso amor pela esposa, mas sentia culpa por ser absurdamente exigente e ciumento com ela durante todo o tempo. Ele estava certo de que ela não pediria o divórcio por saber que ficaria sem nenhum amparo financeiro, devido às providências práticas que Dionísio havia tomado.

Não tinha amigos, só funcionários que se mantinham longe dele, da mesma forma como os filhos se relacionavam com o pai; todos temiam seus ataques de fúria, que surgiam com muita facilidade.

Sua inteligência racional era realmente brilhante e nosso trabalho psicoterápico foi intenso durante quase um ano, visando desenvolver as capacidades básicas da inteligência emocional. Iniciamos trabalhando com muitas de suas memórias infantis que resultaram em um estilo de apego inseguro, para só então desenvolver suas habilidades de relacionamento. Foram necessários mais de cinco meses de investimento constante na reconstrução do relacionamento familiar e alguns movimentos para fazer amizades. Certamente, ao ler este pequeno relato, todos os leitores já pensaram em várias pessoas com marcante inteligência racional, mas precária inteligência emocional e social.

Dionísio sofreu muito em consequência de suas dificuldades com autocontrole emocional. Ele carecia de um atributo que todos precisam desenvolver para viver em sociedade, que é a capacidade para resistir aos impulsos, controlar-se e adiar a satisfação de desejos.

O pesquisador Mischel (2014) comenta uma experiência que conduziu e que ficou famosa, feita na década de 1970 em Stanford. A pesquisa foi realizada com crianças de quatro anos, que foram acompanhadas até o final do segundo grau, ou ensino médio nos dias atuais. A experiência foi replicada em outros locais com resultados semelhantes.

As crianças tinham duas opções frente a uma bandeja de doces: aguardar o pesquisador realizar uma tarefa e, na sua volta, ganhar dois *marshmallows*, ou ganhar um *marshmallow* imediatamente. O tempo de espera pela volta do pesquisador era de 15 minutos e não havia outras distrações na sala. Algumas crianças não aguentaram esperar; outras usaram estratégias de autoproibição, como cobrir os olhos, cantarolar, mexer nas mãos ou pés. Como resultado da experiência, as crianças que resistiram tornaram-se adolescentes mais capazes de enfrentar frustrações, com melhores relacionamentos sociais e mais persistentes nos objetivos fixados para si próprios do que as crianças que não aguentaram esperar e receberam um doce imediatamente.

Mischel (2014, p. 77) afirma:

> Em última instância, todos os processos biológicos são influenciados pelo contexto, inclusive o ambiente sociopsicológico. O ambiente inclui tudo, desde o leite materno, passando pelas verduras e gorduras ingeridas e pelas toxinas absorvidas, até as interações sociais, as tensões emocionais, as derrotas, os triunfos, assim como as relações e depressões experimentadas ao longo da vida. E a influência do ambiente ainda é mais forte no começo da vida.

O mundo moderno, da forma como está constituído, parece um convite para atitudes sem controle, e as pessoas impulsivas precisam fazer um esforço enorme para resistir a tentações de toda ordem. Mas a inteligência emocional pode ser treinada desde a infância, conforme assinala Goleman. Podemos propor atividades infantis em que se premia o adiamento de gratificação, além do uso de jogos e brincadeiras para perceber os próprios sentimentos e os sentimentos dos outros, com melhoria no autocontrole. O número de escolas com programas para desenvolver as competências emocionais está crescendo em várias partes do mundo, incluindo atividades de consciência plena, rituais para acalmar-se, prática de ioga, jogos desenvolvidos para treino de atenção concentrada e outros.

Quem apresenta bom nível de inteligência emocional é capaz de focar em si, nos demais e no entorno, segundo requeira a situação, de forma flexível e concentrada. Ter bom autocontrole depende de muitas variáveis e também do prazer a que estamos resistindo. Se for alguma coisa muito convidativa para a pessoa, demanda maior esforço e desgaste emocional para alcançar o êxito desejado.

Existem pesquisas que apontam que, se alguém passa o dia inteiro controlando-se para não brigar com um colega de trabalho, por exemplo, terá maior dificuldade para resistir a um petisco do qual planejou manter-se longe, já que "gastou" esse recurso de resistência durante o dia todo. (SCORPIN, 2015).

Portanto, eleger com clareza as prioridades da vida ajuda a ter bom êxito nos resultados quando eles demandam autocontrole. Também sabemos o quanto faz bem, por vezes, simplesmente dar uma trégua na disciplina, deixando de lado uma tarefa exigente para bater um papo relaxante com um bom amigo, ou seja, simplesmente desfrutar o momento presente. Enfim, quando escolhemos a quais tentações ceder e a quais resistir, fica mais fácil persistir e viver com as escolhas feitas. É melhor focar no que importa no momento e resistir.

Desde o berço, as crianças já começam o desenvolvimento da inteligência emocional e precisam iniciar a compreensão dos próprios sentimentos para chegar a fazer sua autorregulação. Goleman (2011) ensina que as emoções surgem da amígdala e de outras áreas subcorticais. A forma de expressá-las depende de circuitos inibitórios do córtex pré-frontal; esse é o significado de autorregulação no nível neural. Segundo o autor:

> Durante o período crítico entre dez meses e um ano e meio, a área órbito frontal do córtex pré-frontal está formando rapidamente as ligações com o cérebro límbico, que o transformarão numa chave liga-desliga para a perturbação. O bebê que, em incontáveis episódios em que é consolado, recebe ajuda para aprender a acalmar-se, especula-se, terá ligações mais fortes nesse circuito para controle da perturbação, e assim, por toda a vida, saberá controlar-se quando perturbado. (GOLEMAN, 2011, p. 241).

Caso clínico: Quando Paola chegou ao consultório com sua filhinha Joana de três anos e meio, estava muito assustada. Relatou sentir-se sobrecarregada e incapaz de dar conta de todas as demandas de sua vida, principalmente em relação aos cuidados com a filha. A gravidez foi fruto de um breve relacionamento que começou e terminou de forma abrupta, deixando Paola grávida e em um trabalho que não lhe dava condições financeiras para arcar com a criação da filha. Joana estava com três meses quando a mãe recebeu uma ótima proposta de trabalho, que chegou justo quando Paola mais precisava, só que o novo emprego exigia muitas horas de dedicação. Contra a sua vontade, mas sem outra opção, Paola entregou o apartamento em que morava e voltou para a casa da mãe, em busca de apoio para criar Joana e manter-se no emprego em que ganhava satisfatoriamente, porém em que trabalhava muito.

A procura pela psicoterapia foi motivada pela confusão absoluta de Paola quanto às condutas a serem adotadas nos cuidados com a filha. Contou que a menina gritava, se jogava no chão e rolava sempre que era contrariada. Paola tinha colocado a filha "para pensar" algumas vezes, seguindo orientação escolar, mas recuou porque sua mãe a recriminava todas as vezes em que fazia isso, aumentando a culpa de Paola por não dar conta da vida. Resolveu ouvir o conselho de uma tia para ignorar as crises de Joana, mas a menina começou a ter dificuldades para dormir e acordava chorando várias vezes durante a noite.

Realizamos nove sessões psicoterápicas no total, incluindo o trabalho com a mãe e a filha, algumas conjuntas e outras individuais. A avó participou em uma das sessões. Após breve fase de avaliação, iniciamos o desenvolvimento de autorregulação de Joana com a participação da mãe e da avó, depois que as duas compreenderam a importância desse trabalho. A mãe foi orientada a ajudar Joana a perceber quando ela estava sendo inundada por sentimentos ruins e ir ao seu lugar especial para acalmar-se. Paola criou esse lugar com a filha usando uma almofada, um bichinho de pelúcia, som relaxante, livrinhos, bolinhas de algodão para soprar e outras coisas que elas foram acrescentando aos poucos. Essas intervenções funcionaram muito bem, e a garotinha voltou a dormir normalmente uma semana após a mudança de atitude da mãe.

A partir daí, mãe e avó foram buscando outras formas de ajudar Joana a treinar a autorregulação, que é ponto de partida para uma boa inteligência emocional. A psicoterapia seguiu no trabalho com as adultas da família com o objetivo de definir papéis, de fortalecer Paola na função de mãe e também de criar uma parceria mais funcional entre mãe e avó.

Quando a criança consegue desenvolver autoconsciência e autorregulação, está no caminho para chegar ao autodomínio. Goleman (2012, p. 37) ressalta que "as bases do autodomínio são a consciência de nossos estados interiores e a gestão desses estados". A autogestão emocional permite o bom gerenciamento de nossas emoções e a motivação concentrada nas metas que definimos para nós mesmos, com boa capacidade de adaptação e iniciativa.

Viver um relacionamento conjugal gratificante requer boa inteligência emocional. Os dois membros do casal necessitam de autoconhecimento suficiente para apresentar clareza em suas expectativas em relação ao outro, autodomínio para manter-se conectados, empatia para oferecer e receber o que necessitam e foco triplo de atenção para as negociações conjugais, incluindo atenção aos próprios processos internos, aos processos do outro e ao exterior.

Capítulo 3 - Traumas e Terapia EMDR

Traumas
Terapia EMDR: Dessensibilização e Reprocessamento por meio
de Movimentos Oculares, ou *Eye Movement Desensitization and*
Reprocessing

> "Trauma, palavra forte que nomeia sofrimento psíquico. Terapia
> EMDR, abordagem que tem ajudado muitas pessoas a superarem
> eventos difíceis da vida, transformando a si mesmas e as relações.
> As mudanças ocorridas nos indivíduos sistemicamente repercutem
> nos casais e nas famílias, transformando percepções com
> aprendizado e alívio, ou, até mesmo, com eliminação do sofrimento
> associado.
> A autora, de forma sublime, decodifica as facetas do trauma.
> Apresenta-nos os conceitos de forma clara, contribuindo para
> inovar a prática psicoterápica com a mudança de paradigmas da
> terapia EMDR. O resultado é a transformação dos indivíduos e
> consequentemente dos casais."
>
> Rita Silva e Silva[3]

O trauma, com suas repercussões, é um tema indispensável quando
pensamos no ser humano, nos relacionamentos mais próximos ou distantes e na
sociedade em geral. Ainda assim, as amplas consequências das memórias
traumáticas permanecem pouco compreendidas e até mesmo minimizadas por
muitos.

Apesar da farta divulgação de informações atuais relativas ao trauma,
seguimos convivendo com noções errôneas a esse respeito, por exemplo, a crença
de que as pessoas podem deixar todos os traumas no passado por decisão
consciente, como se isso fosse sempre uma escolha possível.

A esse respeito, Bergmann (2014, p. 201) assinala:

> Ao invés de compreender que nossa história como raça humana é
> difusamente traumática, escolhemos acreditar que temos sobrevivido
> e nos adaptado. Aplicamos a mesma falta de visão para os nossos
> filhos, acreditando que aconteça o que acontecer, eles são resilientes.

---

[3] Psicóloga Clínica. Pós-Graduada em Neurociências e Comportamento. Terapeuta, Supervisora e
Facilitadora de grupos de EMDR. Membro da Diretoria de EMDR Brasil (2012-2016) e da EMDR
Iberoamérica (2013-2016). *Full Trainer* em treinamento de EMDR.

A trajetória da humanidade está permeada por eventos potencialmente traumáticos, como guerras, massacres, escravidão, abusos e injustiças de toda ordem. Sem dúvida, as pessoas muitas vezes conseguem adaptar-se e superar adversidades, mas as experiências traumáticas e suas consequências ficam entranhadas na sociedade. Além de alterar o funcionamento biológico e psicológico dos indivíduos, os traumas também mexem constantemente com as dinâmicas conjugais, familiares e sociais.

Consequentemente, o estudo do trauma inclui questões socioculturais e abrange noções do que é aceitável ou não quanto a certo e errado, ao bem e mal. Essas questões estão interligadas a padrões de interação e normas de relacionamento com aspectos biológicos, familiares e sociais. Além disso, a natureza traumática de uma experiência é também determinada pelos significados que a pessoa dá ao evento, e a atribuição de significados, por sua vez, está relacionada com valores socioculturais.

"O trauma como experiência onipresente de um grupo social supera largamente a definição de 'doença psiquiátrica'". (SCAER, 2005, p. 3).

"Curar traumas, curar a humanidade" foi o tema de uma apresentação do economista para desenvolvimento Rolf Carriere, em um TED em 2013. Carriere comentou ter realmente compreendido a importância do trauma na década de 1990, quando era representante da Unicef em Bangladesh, dadas as condições de vida da população local. Ele chamou a atenção da plateia para o quanto os traumas continuam pouco compreendidos e são confundidos, por exemplo, com transtornos de depressão, ansiedade e personalidade, ficando consequentemente sem tratamento adequado.

A pessoa traumatizada como resultado de violência apresenta risco aumentado de tornar-se violenta com os demais; violência gera violência. Muitas pessoas com marcada resiliência conseguem passar por situações bem difíceis, mesmo na ausência de assistência médica ou psicológica. Mas há uma quantidade enorme de indivíduos expostos a eventos potencialmente traumáticos, os quais incluem refugiados, envolvidos em desastres naturais, violência criminal e política, pessoas na pobreza absoluta e que sofreram abusos de toda ordem – esses males afetam milhões de pessoas todos os dias.

O palestrante encerrou a apresentação afirmando que, se os traumas fossem curados, certamente o mundo seria bem menos violento, já que o trauma tem impacto devastador no desenvolvimento humano, na economia e na paz. Carriere apontou e qualificou a terapia EMDR para tratar traumas e consequentemente diminuir a violência mundial. Ele citou o reconhecimento internacional concedido pelo Departamento de Saúde Americano em 2011, que considerou a terapia EMDR como uma abordagem terapêutica baseada em evidências, cientificamente validada para o tratamento de traumas.

Trauma

"No trauma, o cérebro perde a capacidade de distinguir o passado do presente e, como resultado, não consegue adaptar-se para o futuro."
Robert Scaer

As formas de entendimento e enfrentamento dos traumas, por vezes, nos colocam muito perto do inexplicável, das tragédias da vida, da maldade humana e de nossa imensa vulnerabilidade frente a tudo isso.

Levine (2012, p. 19):

> Por maior que seja nossa autoconfiança, em uma fração de segundos a vida pode ser totalmente destruída. Como na história bíblica de Jonas, as forças incompreensíveis do trauma e da perda podem nos engolir por inteiro, arremessando-nos para o fundo de sua barriga escura e fria. Capturados e ainda perdidos, ficamos irremediavelmente congelados pelo medo e pelo desespero.

Essa questão também é afetada pela diversidade de contextos históricos, bem como pelo sistema de crenças das sociedades. Muitos traumas são ocultados por agressores e mesmo por vítimas, como nos casos de violência doméstica e abuso sexual. Em decorrência disso, o trauma envolve segredo, atribuição de culpa a vítimas, jogos de poder e outros movimentos que ao longo do tempo vêm interferindo nas maneiras pelas quais é visto e tratado.

Assim, com diversos elementos entrelaçados, a visibilidade dos traumas tem sido oscilante, e eles têm sido observados e abordados a partir de diferentes visões por teóricos e pesquisadores e, mais recentemente, com a inclusão de importantes achados da neurociência.

Gonzalez (2014, p. 99) comenta: "Nos últimos anos, avançou-se bastante no que diz respeito à compreensão dos processos normais e patológicos que o sistema nervoso produz ante o trauma". No entanto, a autora pondera que a complexidade do cérebro humano só tem permitido a compreensão de alguns aspectos, sem uma explicação completa do fenômeno.

O "Manual diagnóstico e estatístico de transtornos mentais" (DSM-5) enquadra os traumas na categoria: transtornos relacionados a trauma e transtornos relacionados a estressores. Na descrição dada pelo DSM-5, aparece que:

> Os transtornos relacionados a trauma e a estressores incluem transtornos nos quais a exposição a um evento traumático ou estressante está listada explicitamente como um critério diagnóstico e reúnem o transtorno de apego reativo, o transtorno de interação

social desinibida, o transtorno de estresse pós-traumático (TEPT), o transtorno de estresse agudo e os transtornos de adaptação. A disposição deste capítulo reflete a relação íntima entre esses diagnósticos e transtornos dos capítulos adjacentes: transtornos de ansiedade, transtorno obsessivo-compulsivo e transtornos relacionados, e transtornos dissociativos. (DSM-5, 2015, p. 265).

Já a "Classificação de transtornos mentais e de comportamento" (CID-10) enquadra os traumas na categoria: reações a estresse grave e transtornos de ajustamento. A seguir, o quadro geral do trauma é descrito e inclui o que segue: "Esses transtornos podem, portanto, ser considerados como resposta mal adaptável a estresse grave ou continuado, porque eles interferem com mecanismos de adaptação bem-sucedidos e assim levam a problemas no funcionamento social". (CID-10, 1993, p. 144).

Os transtornos incluídos no CID-10 são: reação aguda a estresse; transtorno de estresse pós-traumático; transtorno de ajustamento; outras reações a estresse grave; reação a estresse grave não especificada.

Para além das classificações oficiais, que de tempos em tempos mudam o enquadramento desses transtornos, de acordo com os vários aspectos já mencionados, sabemos que o trauma atinge a experiência humana de forma ampla e complexa, com consequências que podem atravessar gerações.

O trauma tem o potencial de afetar nosso sentimento básico de estabilidade, segurança, confiança em nós mesmos, nos demais e na vida em geral. As pessoas traumatizadas desenvolvem crenças negativas e percebem seu horizonte estreitar-se com a limitação de escolhas que julgam estar a seu alcance e ao alcance dos demais.

É natural ao ser humano antecipar-se ou reagir aos diferentes elementos do entorno como resultado do instinto de sobrevivência, que está no tronco cerebral. Essa parte do cérebro existe em todos os animais e gerencia os impulsos. O tronco encefálico julga se responderemos às ameaças mobilizando energias para lutar, fugir ou congelar. (BARRETT; FISH, 2014).

Quando percebemos uma ameaça ou perigo, nossa amígdala é ativada e ficamos prontos para lutar contra o perigo, fugir da ameaça ou, se nada disso parecer possível, congelar em busca de proteção. A fisiologia é automaticamente disparada e pode ser protetiva ou reativa. Entre outras alterações, a boca fica seca, as pupilas dilatam e muda a temperatura do corpo.

Levine (2012, p. 15) ressalta que "o trauma não é uma doença, mas uma experiência humana enraizada nos instintos de sobrevivência". Quando um animal selvagem passa por um desses momentos frente a seu predador, se não for morto, sai ileso, podendo inclusive aprender a evitar situações ou lugares com ameaças parecidas àquelas que viveu. Já os humanos, quando enfrentam experiências de perigo mortal impactante sem possibilidade de fugir ou lutar, passam por congelamento ou desmaio e sofrem consequências posteriores. Ao sair da situação, é comum as pessoas não conseguirem retomar a vida de forma plena, ficando como se estivessem presas ao ocorrido. Essa paralisia causa pavor e pode se tornar um padrão de reação em situações que de alguma forma lembrem a experiência traumática vivida. Portanto, a paralisia temporária corre o risco de tornar-se, com o tempo, um traço de personalidade.

Levine explica:

> O trauma surge quando as respostas de imobilidade de uma pessoa não se resolvem; ou seja, quando ela não consegue fazer a transição de volta à vida normal e a resposta de imobilidade se acopla cronicamente ao medo e a outras emoções negativas intensas como pavor, repulsa e desamparo. Depois que esse acoplamento foi estabelecido, as próprias sensações físicas de imobilidade evocam o medo. A pessoa traumatizada se condicionou a ter medo de suas sensações internas (físicas) que agora geram o medo que prolonga e aprofunda (potencializa) a paralisia. O medo gera paralisia, e o medo das sensações de paralisia gera mais medo, provocando uma paralisia ainda mais profunda. Dessa forma, uma resposta adaptativa de duração limitada se torna crônica e desajustada. O ciclo de *feedback* se fecha em si mesmo. Nessa espiral descendente, nasce o vórtice do trauma. (LEVINE, 2012, p. 72).

> Em suma: o trauma ocorre quando estamos muito amedrontados e somos fisicamente contidos ou nos sentimos aprisionados. Nós congelamos, paralisados, e/ou entramos em colapso em um desamparo avassalador. (LEVINE, 2012, p. 56).

No entanto, o quanto nos sentimos amedrontados e as maneiras como reagimos estão ligadas a fatores específicos. O que representa perigo não é necessariamente igual para todos os indivíduos. O que ameaça uma pessoa não ameaça necessariamente todas. Assim, os modos de luta, fuga e congelamento não aparecem do mesmo jeito em todas as pessoas e situações, além de sofrer alterações ao longo do tempo, dependendo dos contextos em que vivemos.

A natureza traumática das experiências é determinada pelos significados que a pessoa lhes atribui, e esses significados são baseados em eventos negativos já vividos, especialmente no período da infância, com toda a vulnerabilidade característica dessa fase. Assim, o trauma é um contínuo de variadas experiências negativas de vida. (SCAER, 2005).

As percepções, pensamentos e experiências possuem base fisiológica no contínuo cérebro/mente/corpo. Dependendo das vivências prévias do indivíduo, da natureza dos acontecimentos e de seus desdobramentos, o trauma pode levar a mudanças fisiológicas disfuncionais tanto no cérebro quanto no corpo. A interação dinâmica do cérebro/mente/corpo, por sua vez, envia sinais para a mente e afeta os sentimentos, percepção e comportamentos da pessoa. (SCAER, 2005).

O autor enfatiza: "[...] o trauma em si existe de forma contínua e vários eventos que, em cenário normal, não seriam considerados ameaçadores podem ser traumáticos, dependendo do contexto de vida e das experiências anteriores da pessoa". (SCAER, 2005, p. 205).

Em uma situação ideal, frente a um evento traumático, o contínuo cérebro/mente/corpo aprende e desenvolve resiliência para enfrentar futuros eventos similares. Mas, isso só ocorre se a mente e o corpo não foram condicionados e sensibilizados para reagir de determinada forma em dada situação. Caso contrário, a mente percebe perigo em situações nas quais ele não existe, de acordo com a percepção de outras pessoas que estejam passando pela mesma experiência.

Por isso, algumas pessoas vivenciam situações bem complicadas, porém conseguem superar as dificuldades, e outras ficam traumatizadas com experiências que a princípio parecem ser relativamente simples. Portanto, as reações individuais frente a eventos potencialmente traumáticos estão relacionadas com as experiências prévias da pessoa. Ficar traumatizado ou não vai depender da forma como o indivíduo se sente em relação à ameaça enfrentada, das suas experiências de vida e do contexto em que o evento ocorreu.

Francine Shapiro, a criadora da terapia EMDR, lembra que nos consultórios de psicoterapia encontramos uma grande quantidade de adultos aprisionados em respostas emocionais provenientes de traumas infantis. "Muitas experiências de infância são infundidas de um sentimento de impotência, falta de opção, perda de controle e inadequação". (SHAPIRO, 2007, p. 77).

Conforme vários autores do campo, as vivências infantis que dificultam o desenvolvimento, mesmo que não representem necessariamente ameaça à vida, podem causar variados problemas emocionais durante todo o ciclo vital. Os eventos negativos ocorridos na infância costumam ser mais prejudiciais por impedir o desenvolvimento natural com os traumas que causam, repercutindo no funcionamento cerebral, interações, autoestima, padrões de apego, aprendizagens e estruturação da personalidade de forma geral.

Os eventos adversos de vida ocorridos na infância foram pesquisados pelo grupo de investigação norte-americano *Adverse Childhood Experiences* (ACE), que realizou estudos com cerca de 17 mil participantes nos quais foram levantados eventos adversos ocorridos até os 18 anos de idade que envolvam situações de abuso emocional, físico e sexual; exposição à violência doméstica e ao abuso de substâncias no ambiente familiar; prisão; doença mental ou suicídio de um membro da família; negligência física e/ou emocional. Os pesquisadores encontraram relação entre as experiências adversas até os 18 anos com indicadores de perturbação psicológica na fase adulta.

Logo, as experiências infantis negativas potencialmente traumatizantes dizem respeito às vivências de abuso e negligência com sofrimento além do tolerável pela criança: "[...] estados traumáticos e cronicamente desregulados, se mantidos e não regulados, eventualmente tornam-se traços, constituindo o andaime do funcionamento intrapsíquico e interpessoal". (BERGMANN, 2014, p. 188).

Conforme está registrado no capítulo 2, as experiências de vida interferem na genética, ativando genes. Durante o desenvolvimento da criança, certas experiências precisam necessariamente ocorrer em um período denominado de janela de oportunidade, que é mais comum na primeira infância. Se não acontecerem, comprometem o desenvolvimento natural da personalidade, gerando traumas de desenvolvimento.

O acúmulo de experiências negativas molda a personalidade, escolhas feitas, profissão, modo de vestir-se, de alimentar-se, comportamentos sociais, postura e, mais especificamente, saúde física e mental. Por vezes, uma pessoa manifesta sintomas de trauma frente a um evento aparentemente inócuo; contudo, o evento só aflorou emoções e sensações físicas anteriores, relacionadas a um trauma bloqueado na memória. É comum pessoas traumatizadas repetirem comportamentos associados com traumas antigos. (SCAER, 2005).

Isso explica muitas reações que a princípio podem parecer fora de contexto, mas são claramente resultantes de traumas. Os exemplos se sucedem nos consultórios psicológicos e nas nossas relações familiares e sociais: uma explosão emocional desmedida de alguém muito criticado na infância frente a uma avaliação profissional feita por seu chefe. Ou um adulto que na infância sentia-se muito só em sua casa com goteiras e se apavora frente a algo natural, como uma chuva que se anuncia. Ou, ainda, a dificuldade para conversar com um homem de estatura alta manifestada por uma mulher adulta que durante a infância conviveu com um pai excessivamente impositivo.

Assim, ligar a definição de traumas somente a eventos que ameaçam a vida, como ataques violentos, acidentes graves, desastres naturais, guerras, abusos na infância, seria uma definição "estreita", como apontam Grand e Goldberg (2011).

Com base em uma visão "não estreita", mas olhando para o trauma como o resultado de um contínuo de eventos que potencialmente podem ser traumáticos, a definição e complexidade dos traumas se ampliam bastante.

As consequências de um trauma geralmente pioram de acordo com alguns fatores, como idade da vítima, intensidade do evento, tempo de exposição ao trauma e proximidade do causador. Lembro-me de clientes que fugiram de cativeiros após sequestro, sofreram assalto ou outras experiências intensas. Muitas dessas pessoas, mesmo tendo vivenciado situações graves, necessitaram de tratamento mais breve do que tantas outras com transtornos ou queixas que costumeiramente não são vistos como de base traumática. Já as pessoas que apresentam transtornos ou sintomas relacionados a experiências com eventos negativos que ocorreram cedo na vida ou de forma repetida, ou foram causadas por familiares - ou, ainda, todos esses elementos juntos - requerem tratamentos mais demorados, por envolverem traumas complexos.

Adultos que sofreram negligência infantil ou carregaram responsabilidade desde cedo, como cuidar de uma mãe deprimida ou um pai dependente químico, viveram situações potenciais para desenvolver traumas complexos, cujo tratamento costuma exigir um tempo bem maior. Às vezes, apresentam queixas de depressão, pânico, dificuldades de relacionamento, ansiedade excessiva e tantos outros sintomas que podem estar ligados a traumas.

Quando o trauma é resultante de um acontecimento da natureza ou da vida de forma geral, como uma enchente, é classificado pelos especialistas como trauma impessoal. Já o trauma pessoal é provocado por pessoas. Pode ser resultado de um único evento ocorrido ou pode ser um trauma repetido até ficar crônico e, nesse caso, seus efeitos são cumulativos.

Os traumas complexos – ou transtornos de estresse pós-traumático (TEPTs) complexos - são originados de eventos traumáticos invasivos, por vezes ocorridos de forma contínua e interpessoal. Podem incluir exposição a abuso sexual, físico ou psicológico durante a infância e que muitas vezes foram imputados pelos próprios cuidadores. Mas os sintomas dos traumas complexos nem sempre aparecem em seguida ao evento, às vezes surgem mais tarde. Relações de violação, abuso e negligência podem resultar em funcionamento mental difuso. (BARRETT; FISH, 2014).

Esse tipo de trauma é definido por Knipe (2016) como um padrão complexo de perturbação emocional decorrente de extensa e repetida ocorrência de traumas e negligência na infância. Foi primeiramente descrito por Herman (1992). Também é denominado como transtorno de trauma de desenvolvimento por Van der Kolk (2005, 2014). Estão incluídos aí os transtornos dissociativos, transtornos significativos de apego, transtornos de personalidade e problemas somáticos.

Quando as pessoas que deveriam cuidar das crianças causam traumas, o resultado são seres vulneráveis duplamente expostos, sem a proteção de quem supostamente as defenderia de situações ameaçadoras. Além dos abusos do trauma, a criança convive com a falta de acolhimento após o evento, situação que também carrega potencial traumatizante.

Os portadores de trauma complexo apresentam memórias traumáticas armazenadas de modo disfuncional tipicamente desde a infância; são tanto memórias explícitas quanto implícitas.

De acordo com Izquierdo (2011, p. 11): "Memória significa aquisição, formação, conservação e evocação de informações". A singularidade de cada pessoa é fruto do acervo de suas memórias, que são armazenadas através de modificações da forma e função das sinapses das redes neurais de cada memória. O autor define memórias explícitas e memórias implícitas: "As memórias adquiridas sem a percepção do processo denominam-se implícitas. As memórias adquiridas com plena intervenção da consciência se chamam explícitas". (IZQUIERDO, 2011, p. 31).

Stickgold (2013) relaciona o processamento de memórias com as fases do sono e com os sonhos. Quando há um evento traumático, é gerada uma memória traumática. Em condições desejáveis, com a passagem dos dias e meses, essa memória vai sendo naturalmente processada, especialmente enquanto a pessoa dorme - e o trauma se resolve. Dessa forma, a memória passa a fazer parte do contexto de vida, ocorrendo aprendizagem e resiliência.

Porém, quando um trauma e suas memórias são muito intensos, o processamento natural de informações não ocorre e a memória fica estática, com todas as emoções ligadas a ela, sem haver mudança de significado. Para Stickgold, o problema com o trauma não é o fato de não se esquecer do que passou, mas, sim, a impossibilidade de compreender o evento traumático e chegar a um tipo de paz com o trauma. A memória tem mais a ver com o futuro do que com o passado; é preciso poder recordar para que possamos usar essas informações no futuro.

Quanto ao trauma, Pasale (2007, p. 125) comenta que a memória explícita nos permite lembrar de coisas que fizemos ou pensamos, ao contrário da memória implícita:

> A memória explícita (ou declarativa) se refere a um tipo de memória que pode ser levada à consciência e seu conteúdo pode ser declarado; ou seja, refere-se à evocação consciente e é o tipo de memória que nos referimos quando utilizamos a palavra "memória". É a recordação – susceptível de se fazer explícita – dos conteúdos de informação, da informação resultante desse fazer e pensar. Permite-nos lembrar do que fizemos ou pensamos.

Já a memória implícita se refere a outro tipo de memória, o qual envolve muitas áreas e circuitos cerebrais que não requerem conhecimento consciente dos eventos envolvidos no processo de condicionamento, como observa Scaer (2005).

Pasale (2007, p. 124-125) discorre sobre o funcionamento da memória implícita:

> A memória implícita funciona desde os primeiros anos de vida. Diferentes estudos têm demonstrado que os bebês são capazes de conseguir o armazenamento de experiências, emoções e percepções, sem conseguir explicar a sucessão de procedimentos que descartaram em tais aprendizagens. Com a repetição de experiências, o cérebro do bebê está capacitado para concluir semelhanças, diferenças e generalizações. Estas generalizações formam a base dos modelos mentais denominados esquemas cognitivos, que permitem compreender a experiência presente e antecipar o futuro. Esses modelos mentais surgidos de generalizações feitas sobre a base de experiências passadas e de maneira implícita são a essência da aprendizagem. Foram geradas no passado, moldam nossa experiência presente e antecipam nosso futuro. Na experiência de apego geram-se esquemas mentais de apego (gerados e funcionando de maneira implícita) que são produto do desenvolvimento de generalizações em torno do esperável da mãe ou cuidador e modelam a expressão emocional futura.

Há estudos atuais que demonstram que tanto o feto quanto o recém-nascido são capazes de reconhecer a voz da mãe no nascimento e já mostram evidências de consciência. O cérebro do feto é vulnerável ao insulto físico, à dor e ao trauma; ele vivencia variações na intensidade do vínculo com a mãe. (SCAER, 2005).

Conforme discorremos no capítulo 2, os modelos de interação desenvolvidos desde o início da vida do bebê e mesmo na vida intrauterina são fundamentais na formação da autoestima e nos padrões de apego, os quais vão orientar os relacionamentos no futuro. Portanto, os relacionamentos interpessoais refletem os traumas carregados pelos envolvidos, traumas esses que, por vezes, parecem ter tido início na vida intrauterina.

Monteiro (2016) comenta a transmissão de traumas entre as gerações, segundo estudos de outros autores com filhos e netos de sobreviventes de guerras e campos de extermínio, principalmente na Europa. Essas pessoas mostraram-se mais vulneráveis a traumas do que os demais. A família transmite aos descendentes os estilos de modulação de afetos, modelos de interação, valores e crenças familiares, formas de interpretar e significar os acontecimentos. Isso tudo vai definindo as maneiras de estar no mundo desde a infância. Sabemos que as características individuais da criança, como o seu temperamento, também influem nas interações que se formam desde cedo, mas a família é preponderante nesse processo.

Além das crenças e atitudes transmitidas de uma geração para a outra, pode haver transmissão de expectativas. Algumas pessoas relatam falta de sentido na vida e um incômodo difuso mesmo não conseguindo precisar o que há de errado com seu modo de viver. Nesses casos, podem estar carregando expectativas herdadas de gerações anteriores. (MONTEIRO, 2016).

Quando alguém passa por uma situação potencialmente traumatizante e não se recupera espontaneamente, ficando traumatizado, as consequências às vezes surgem de forma evidente e em outras vezes são mais sutis, podendo não aparentar ligação direta com o ocorrido. Alguns eventos carregam um enorme potencial traumatizante, não poupando os envolvidos, mesmo que sejam adultos com personalidade bem estruturada.

Logo após a experiência traumatizante, em muitos casos ocorre aumento de sudorese e frequência cardíaca, problemas de respiração, aumento de tensão muscular, irritabilidade, alterações no sono, alimentação e concentração. Podem surgir dificuldades nas interações pessoais, descontrole emocional e também sintomas de dissociação, como amnésia parcial ou total do ocorrido. Os especialistas em traumas complexos apontam a dissociação como elemento comumente encontrado nesses casos. Segundo Barret e Fish (2014), a dissociação crônica é um dos indicadores mais importantes de trauma complexo.

Contudo, a dissociação, em certos termos, é considerada como manifestação natural da vivência emocional humana; porém, "em pequena dose", como afirma Carvalho em livro sobre o tema: "Na verdade, existe o que podemos chamar de dissociação adaptativa". (CARVALHO, 2012, p. 51). A autora cita o exemplo de alguém que se imagina estando em uma linda praia com sons do mar e brilho do sol enquanto faz uma ressonância magnética.

Noricks (2016) também comenta o assunto e lembra que várias teorias enfatizam a multiplicidade até certo ponto normal da mente. Cita como exemplos a terapia dos estados de egos, de John e Helen Watkins; terapia dos sistemas familiares internos, de Richard C. Schwartz; diálogo vocal, de Hal e Sidra Stone; trabalho de John Rowan com subpersonalidades; e psicossíntese, de Roberto Assagioli.

A escolha de nomenclatura "estados de ego" ou "partes" depende da abordagem teórica adotada. Esse conceito corresponde a uma estrutura interna com seu conjunto de memórias, crenças, sentimentos e atitudes que podem orientar a resposta da pessoa em determinadas situações. Noricks observa que cada parte tem uma submente, que se retrai ou se mistura em relação ao núcleo do eu de acordo com o momento vivido.

Os estados dissociativos emergem como caminhos para organizar a consciência. Cuidadores responsivos ajudam as crianças a transpor esses estados com o uso de flexibilidade, permitindo que o processo torne-se estável. No caso de crianças vítimas de traumas complexos, há o desenvolvimento de "estados alterados", cujo principal componente psicopatológico da desordem resulta de desregulação do processo de transição de estados. (BARRETT; FISH, 2014).

Carvalho (2012, p. 53) nomeia como "galera interna" o conjunto de partes de uma pessoa. "Ninguém tem uma personalidade completamente integrada. O conceito de galera interna é uma manifestação normal dos papéis que se desenvolvem dentro de nós".

A dissociação pode ser considerada disfuncional em três situações básicas, como aponta Carvalho, com base em Haddock: quando uma pessoa não tem consciência ou não é capaz de controlar suas respostas dissociativas; quando as respostas dissociativas aparecem em situações inapropriadas; quando a intensidade e a duração da dissociação atrapalham severamente o cotidiano da pessoa.

> Devemos lembrar que a dissociação é uma defesa emocional que nos protege quando não conseguimos suportar o sofrimento emocional. É uma estratégia de sobrevivência, mas nos casos de dissociação grave é o caso onde eventualmente o feitiço vira contra o feiticeiro: a dissociação "protege" do sofrimento, mas impede que seja processado e arquivado porque desconecta a experiência das ferramentas neurobiológicas (e emocionais) que permitiriam sua resolução adaptativa. (CARVALHO, 2012, p. 54).

Sobre trauma e dissociação, Bergmann (2014) salienta que a dissociação é um conceito fundamental para o entendimento dos traumas. O transtorno de estresse pós-traumático (TEPT) agudo, transtorno de despersonalização, amnésia dissociativa, fuga dissociativa e transtorno dissociativo de identidade (TDI) são vistos como um espectro da dissociação estrutural da personalidade.

Gonzalez (2014) chama a atenção para a quantidade de pessoas com quadros dissociativos severos que recebem diagnósticos alternativos, já que esse é um tema em geral pouco compreendido.

A **dissociação primária**, segundo Bergmann, está relacionada ao TEPT tipo I, em que aparecem recordações intrusivas, pesadelos e *flashbacks*. Isso ocorre como consequência da impossibilidade de integrar completamente um evento traumático na consciência, havendo somente integração parcial.

A **dissociação secundária** aparece como resultado da convivência com cuidadores que não conseguem manter constância nos cuidados da criança, que fica exposta a traumas que se repetem, vivendo situações de abuso ou negligência. Dessa forma, os cuidadores não promovem a regulação do cérebro infantil, que depende dessas interações para regular-se, conforme descrito no capítulo 2.

A **dissociação terciária** resulta de maior quantidade e/ou severidade de vivências traumáticas e de desregulação parental.

Gonzalez (2014, p. 95) assinala que o apego desorganizado/desorientado está relacionado com os transtornos dissociativos, conforme diversos autores:

> As crianças que demonstram um padrão de apego desorganizado/desorientado tendem a construir vários modelos do eu que são incoerentes ou incompatíveis. Suas mães às vezes ficam assustadas e, às vezes, agressivas com a criança. A criança pode ver seu cuidador como desamparado e vulnerável, e a si mesma como má por causar mal-estar na mãe. Em outras ocasiões, veem a mãe como ameaçadora e elaboram, como consequência, uma imagem de si mesmas como vulneráveis e desamparadas.

As crianças necessitam ser expostas a certa quantidade de estresse, dentro de suas possibilidades e recursos, de tal forma que as fortaleça para futuras dificuldades. Só gradualmente, com os cuidados responsivos de adultos, é que podem ir desenvolvendo habilidade para modular respostas emocionais até poderem acalmar-se sozinhas quando assustadas, com raiva, medo ou vergonha. Sem esse desenvolvimento gradual, tendem a desenvolver sintomas como hiperatividade e autodestrutividade. (BARRETT; FISH, 2014).

Os altos níveis de estresse estão sendo cada vez mais correlacionados com doenças variadas. Sobre os efeitos do estresse no cérebro, Golemann (2012, p. 49) discorre a respeito das consequências de vivermos situações frequentes de estresse extremo: "[...] os circuitos de alarme disparam a resposta lute-fuja-ou-pare que bombeia hormônios de estresse para o corpo com uma série de resultados negativos, como baixar a eficácia de nossa resposta imunitária".

E segue mais adiante:

> Se tivermos estresse constante em nossas vidas, esse fluxo de cortisol de fato desconecta as redes neurais existentes; podemos ter perda de memória. Esse tipo de perda extrema de memória tem sido visto em condições clínicas como transtorno de estresse pós-traumático e depressão extrema. (GOLEMANN, 2012, p. 67).

Apoiado em pesquisas, o autor cita várias doenças relacionadas com o estresse ruim, como o aumento de gordura abdominal e resistência à insulina; doenças coronárias e bloqueio de artérias; além de prejuízo ao sistema imunológico.

> O cortisol degrada o revestimento da mielina que cobre as vias dos nervos, debilitando a transmissão de sinais de uma área do cérebro para outra. Em suma, os efeitos neurais, cognitivos e biológicos do estresse extremo são ainda piores do que se pensava. (GOLEMANN, 2012, p. 68).

Barrett e Fish (2014) chamam atenção para um estado mental de sobrevivência desenvolvido por muitas pessoas com histórico de trauma complexo. Essa situação resulta da vivência infantil com quantidade de estresse que a criança não consegue lidar, pela falta de um cuidador que a ajude a modular a excitação; isso ocorre em famílias disfuncionais ou violentas. Sem conseguir organizar a experiência com atribuição de significado, falta sentido e coerência. Assim, torna-se indivíduo incapaz de controlar bem suas emoções, cognições, comportamentos e relações. Funciona no modo de sobrevivência e se percebe como fraco, descontrolado, com pouco valor e desconectado. Reage ao estresse, mesmo que em pequenas doses, lutando, fugindo ou congelando, que são as respostas de sobrevivência.

Já no estado mental comprometido, a pessoa tem acesso a ferramentas para regular afetos, cognições, comportamentos e relações. Percebe-se como forte, no controle, com boa autoestima e conectada consigo mesma, com os demais e com a vida. Reconhece seus recursos e vulnerabilidades, podendo lidar melhor com o estresse. Portanto, percebe a si e ao outro. Pode se comprometer em relacionamentos e viver de forma mais otimista.

Bergmann (2014, p. 187) acentua:

> Lembre-se de que interações afetivas reguladas com um cuidador primário conhecido e previsível criam não só uma sensação de segurança, mas também, mais importante, uma curiosidade positiva que alimenta a exploração do *"self"* em expansão dos novos ambientes socioemocionais e físicos. Além disso, esta habilidade é um marcador essencial de saúde mental infantil adaptativa.

Por outro lado, o autor ressalta que, quando a dissociação é iniciada na infância, a pessoa pode lembrar-se de um evento traumático como sendo um observador, com pouca ou nenhuma consciência do ocorrido, assim como da dor sofrida. Esses casos são comuns ao tratarmos traumas complexos que requerem manejo cuidadoso, para que a pessoa consiga reparar, ao menos em parte, danos tão precoces na estruturação de sua personalidade. Muitas vezes, já estive frente a pessoas que lidavam com situações de abuso sexual, abandono infantil ou outras experiências terríveis ocorridas quando eram crianças. Ainda assim, no início do processo muitas parecem estar tratando de coisas simples até que consigam entrar em contato com os fortes sentimentos envolvidos. Acompanhar a elaboração desse sofrimento profundo e com frequência de forma acelerada, como acontece na terapia EMDR, tem sido marcadamente gratificante para mim.

Levine (2012) explica que, quando a criança não consegue obter os cuidados que necessita de seus cuidadores, se não puder fugir ou lutar, acaba tendo acionado um sistema de desligamento e dissociação. O autor acentua: "O apego é praticamente a única defesa das crianças pequenas, já que em geral elas não conseguem se proteger lutando ou fugindo. O apego para criar segurança costuma ser uma estratégia de sobrevivência de mamíferos e primatas contra predadores". (LEVINE, 2012, p. 99).

As crianças expostas a dificuldades que não conseguem lidar precisam acreditar que há alguma coerência e segurança em seus cuidadores, já que dependem deles para sobreviver. Caso contrário, acabam achando que são más, que fizeram algo errado. Com isso, encontram algum sentido para serem tratados com abuso e negligência por seus responsáveis.

Quando adulta, a pessoa que desenvolveu o apego desorganizado vive dificuldades para manter sua parte ou estado de ego adulto no controle executivo de sua vida. Bergmann (2014, p. 200) declara:

> Padrões de apego progridem de desorganizados para caóticos. Alguns alters anseiam por vinculação, enquanto outros congelam com um simples toque. Alguns sentem medo de contato sexual, enquanto outros podem procurá-lo obsessivamente, às vezes das formas mais destrutivas e vergonhosas.

Essas pessoas conseguem funcionar muito bem em determinadas áreas da vida e de forma disfuncional em outras.

Nós nos relacionamos com as pessoas mais próximas a partir de expectativas que estão muito ligadas às nossas experiências infantis, e isso ocorre de forma automática. Afinal, "[...] a memória emocional e suas emoções resultantes não são declarativas, pois a memória emocional é derivada de experiência, mas é expressa como uma mudança no comportamento ou no estado emocional, e não como uma recordação". (BERGMANN, 2014, p. 156). Por isso, é comum ouvirmos queixas no consultório, particularmente a respeito de parceiros conjugais, de que, por exemplo, o outro é simpático, atencioso ou paciente com colegas de trabalho, mas se relaciona de forma oposta no casamento e na família.

Em suma, a relação entre o evento traumático e a vivência da pessoa é subjetiva; o mesmo pode ocorrer em determinados momentos do ciclo vital e resultar de forma diferente. Depende do momento de vida, do estilo de apego, da autoestima, das crenças adotadas, do entorno familiar e sociocultural, das vivências anteriores e da rede de apoio disponível.

A maneira como a pessoa se percebe está na base da construção dos seus relacionamentos; é comum buscarmos outros que confirmem nossas crenças a respeito de nós mesmos.

A abrangência dessas questões é crucial nos sistemas humanos, especialmente nas relações mais íntimas, como é o caso do relacionamento conjugal. Isso explica situações como a escolha de mulheres abusadas pelo pai que se ligam a um parceiro conjugal abusador.

Para tratar pessoas com traumas, precisamos fazer com que deixem de falar no trauma com seus detalhes. Afinal, comportamentos resultantes de traumas com memórias implícitas dificilmente são alterados em processos que dependam basicamente da consciência. O objetivo deve ser promover o processamento dessas memórias até que cheguem ao ponto de serem integradas a seus contextos de vida, adquirindo significado. (STICKGOLD, 2013).

Muitos dos casais que buscam psicoterapia já tentaram resolver suas dificuldades conjugais por meio de compreensão e superação sem obter o resultado almejado. Lembro-me de casos em que ouvi lamentos do tipo "eu não quero gritar ou perder o controle a cada pequena discussão, mas acabo sempre agindo assim e sentindo culpa em seguida" ou, então, "eu amo meu marido, quero ter com ele um casamento forte, mas quando percebo já me afastei dele, mais uma vez". Essas queixas comumente denotam sintomas de vivências traumáticas antigas, geralmente envolvendo memórias implícitas.

Portanto, o tratamento de traumas pode libertar os membros de um casal para a vivência de relações conjugais muito mais criativas, com maiores possibilidades e menos impedimentos advindos de traumas.

Terapia EMDR

"Personalidade não é uma rocha imutável, mas um acúmulo de reações de memórias-base que podem ser processadas."
Francine Shapiro

A terapia EMDR (*Eye Movement Desensitization and Reprocessing*), ou dessensibilização e reprocessamento por meio de movimentos oculares em português, foi desenvolvida por Francine Shapiro a partir do final da década de 1980, na Califórnia, Estados Unidos.

A princípio, Shapiro descobriu uma forma de promover dessensibilização de incômodos emocionais e, assim, criou uma técnica que chamou de EMD. Seguiu pesquisando e aperfeiçoando o modelo e, em 1990, incluiu o conceito de processamento de memória e aprendizagem, e a terapia passou a se chamar EMDR. Nessa época, já estava claro que a técnica não se limitava a promover somente dessensibilização; envolvia também o processamento de informações.

Shapiro (2007, p. 25-26) esclarece:

> A utilização inicial dos movimentos oculares na terapia não teve como base a teoria, nem dados experimentais, mas, sim, uma observação casual. O desenvolvimento subsequente do método e sua fundamentação teórica aconteceram a partir da exploração de efeitos consistentes alcançados no tratamento.

Além de tratar traumas de evento único, o EMDR foi progressivamente sendo adaptado para traumas complexos de toda ordem e continua sendo expandido com o desenvolvimento de novos protocolos, estudos, publicações e na clínica em geral.

Em 2011, o Departamento de Saúde Americano reconheceu essa forma de terapia como uma abordagem terapêutica baseada em evidências, cientificamente validada para tratamento de traumas. Em 2013, o EMDR foi integrado ao guia da Organização Mundial da Saúde (OMS) como primeira opção no tratamento de TEPT em adultos, crianças e adolescentes, entre outras recomendações internacionais recebidas[4].

Sobre a atuação da terapia EMDR, Shapiro (2007, p. 39) explica:

> Um princípio crucial à prática do EMDR (mas não especificado em outras teorias) e muito sugerido pela consistente aplicação do procedimento é que existe em todos nós um sistema inerente, fisiologicamente acionado, para processar as informações até um estado de saúde mental. Essa resolução adaptativa significa que as emoções negativas são aliviadas e que o aprendizado ocorre, sendo apropriadamente integrado e ficando disponível para uso futuro. O sistema pode tornar-se desequilibrado devido a um trauma ou por estresse engendrado durante um período de desenvolvimento. Entretanto, uma vez que esse sistema seja adequadamente ativado e

---

[4]As informações citadas e outros reconhecimentos internacionais, assim como pesquisas que envolvam a terapia EMDR, podem ser vistos em: <http://www.emdr.com>, <http://www.emdr.org> e <http://www.emdria.omeka.net>.

mantido num estado dinâmico por meio do EMDR, a informação é transmutada para um estado de resolução terapêutica apropriada. A dessensibilização e a reestruturação cognitiva são vistas como subprodutos do reprocessamento adaptativo, que se dá em um nível neurofisiológico.

Mas, segundo a autora, nós podemos considerar que todas as modalidades clínicas trabalham com informações armazenadas fisiologicamente no cérebro. Logo, a terapia EMDR, com seu paradigma do processamento de informações, costuma ser integrada com outras abordagens sem maiores dificuldades.

Bergmann (2014, p. 3-4) compara:

> [...] consciência e EMDR estão inextricavelmente interligados, e nos oferecem um paradigma de processamento de informação que fornece uma abordagem integrada que pode incorporar e interpretar aspectos-chave de diversas modalidades como a Psicodinâmica, Comportamental, Cognitiva, Gestalt, Estados de Ego e as Terapias Corporais. Se a neurobiologia da consciência permite a compreensão da inter-relação neural entre o *self* e o objeto, a Terapia EMDR nos deu ao mesmo tempo ferramentas e mistérios para solucionar no processo de reparação do *self* e em sua relação com seus objetos.

Conforme está descrito no capítulo 2, a nossa consciência e o processamento de informações dependem da base biológica que é formada pelas redes de sistemas neurais. Também já vimos que percepção, conhecimento e memória são expressos por um padrão neural. Bergmann (2014) ressalta que, ao pensarmos sobre memórias episódicas específicas, nós restabelecemos o padrão de ativação ou mapa neural, que inclui elementos sensoriais e do contexto, a emoção e outras memórias que fizeram parte da informação quando foi registrada. O autor salienta que: "[...] a memória é essencialmente a recriação do padrão do mapa neural (pesos de conexão) que foi criado durante a codificação daquela informação". (BERGMANN, 2014, p. 58).

Portanto, a memória é a recordação de algo que foi experimentado e codificado como uma memória. Vai se alterando em sintonia com o que é vivido ao longo do ciclo vital. As memórias são vivas e combinam com o sistema de crenças de cada um.

Já as memórias traumáticas são memórias que não participam na composição das narrativas da pessoa; o significado da memória de trauma não evolui da mesma forma que acontece naturalmente com nossas memórias, ou seja, não se integra às redes de memórias.

Os fenômenos clínicos que ocorrem na terapia EMDR são explicados pelo Processamento Adaptativo de Informações (PAI), segundo Shapiro. Em relação ao modelo, a autora observa:

> Consistente com achados neurobiológicos, ele postula que, para dar sentido ao estímulo que entra, novas experiências são assimiladas dentro de redes de memória já existentes. Por exemplo: ao manipular uma xícara, a pessoa deve ter experiência prévia para saber o que fazer com o objeto. Do mesmo modo, uma experiência de desilusão amorosa é assimilada dentro das redes de memória associada com relacionamentos, e adiciona à base de conhecimento as coisas relacionadas com expectativas e possíveis sinais. (SHAPIRO, 2016, p. 19).

Quando um evento traumático sobrecarrega o sistema nervoso e prejudica o processamento natural de informações, a memória do evento, com sua carga negativa de emoções, pensamentos e sensações, fica fora da rede de experiências processadas, sem chegar a uma situação funcional de aprendizagem. "Isso estrutura a base para respostas futuras inapropriadas (disfuncionais) a eventos similares: torna-se o evento modelo para qualquer experiência associada". (SHAPIRO, 2016, p. 19).

Com o avanço nas pesquisas e na prática de psicoterapeutas de EMDR espalhados pelo mundo, a abordagem tem sido progressivamente enriquecida. Os resultados são cada vez mais promissores, os protocolos de trabalho são aperfeiçoados e são criados recursos específicos para situações particulares. Logo, a terapia EMDR está evoluindo na medida em que aumenta a compreensão sobre as dinâmicas do trauma e do processamento de informações e também com os progressos no campo da neurobiologia interpessoal, da neurociência da afetividade, das abordagens corporais e da teoria do apego. (LALIOTIS, 2015).

Siegel (2016, p. 5) afirma:

> A eficácia poderosa do EMDR pode ser entendida a partir de uma perspectiva da neurobiologia interpessoal. Durante o EMDR, tanto o protocolo quanto a estimulação bilateral contribuem para a ativação simultânea de elementos previamente desconectados nos processos neural, mental e interpessoal. A ativação espontânea, então, incentiva o sistema a atingir novos níveis de integração.

No consultório, durante a fase de processamento, o cliente vai mudando as crenças e emoções negativas a seu respeito relacionadas com a memória que está sendo processada.

Caso clínico: Leandra mora em um estado bem distante do meu. Veio passar alguns dias na casa de sua irmã, que fora minha cliente, a qual insistiu para que ela fizesse algumas sessões de psicoterapia após uma conversa franca que haviam tido um mês antes, quando se encontraram em uma viagem de final de semana. Com 15 anos, Leandra sentia-se desanimada e retraída. Gostava de estar com suas duas amigas, mas, se algum garoto se aproximasse, imediatamente ela se calava e voltava para casa. Teríamos somente oito sessões; depois disso, Leandra voltaria para sua cidade e seu cotidiano.

Organizei o trabalho dentro do tempo que teríamos juntas. A primeira sessão foi usada no estabelecimento do vínculo e início da tomada de sua história. No final da segunda sessão, eu já estava com o plano de trabalho feito e começara a preparar a garota para o processamento de uma queixa antiga que surgiu como um trauma importante. Quando estava com 12 anos, Leandra foi levar marmita para seu pai na obra em que trabalhava como pedreiro, atendendo a um pedido da mãe. Quando estava saindo de casa, a mãe mandou que ela trocasse a bermuda curta por uma calça comprida, mas Leandra foi como estava, apressada para cumprir a tarefa que não queria realizar, já que era um dia de forte calor e ela estava com fome. Chegando lá, chamou pelo pai, que não estava, mas um outro homem abriu o portão e mandou que ela entrasse para deixar lá a encomenda para seu pai. Assim que entrou, foi abusada sexualmente pelo estranho, que cobriu sua boca e, quando terminou, abriu o portão e saiu do local. Leandra levou mais alguns minutos para se recompor. Gemendo de dor e medo, sentia-se paralisada e atordoada, torcendo para que o pai chegasse; mas ele não apareceu.

Quando conseguiu voltar para casa, sua mãe havia saído para trabalhar. Leandra nunca contou para ninguém o que acontecera, sentindo-se culpada por não ter trocado de roupa, conforme a mãe a instruíra. Além disso, temia que o pai tivesse saído da obra para encontrar uma amante e a mãe viesse a descobrir, o que causaria mais uma briga entre seus pais. Calou-se por três anos, até que por fim conseguiu conversar com a irmã, que já estava fora de casa desde a aprovação em um concurso público.

Fizemos seis sessões de processamento, em que foquei a memória em partes, considerando a grande carga emocional que suscitava em Leandra. As emoções surgidas foram culpa, tristeza, medo, raiva e decepção. As crenças negativas autorreferentes eram: sou culpada, sou suja, sou fraca, não tenho valor. As sensações corporais eram fortes, havia muito choro e sofrimento envolvido. Vieram outras memórias mais antigas de abandono e solidão conectadas com esse abuso. Algumas vezes precisei parar e atuar para que ela voltasse para sua janela de tolerância, ou zona de resiliência, como dizem Barret e Fish, para então prosseguir. Ela voltava a acessar a memória e o processamento continuava.

As emoções, as crenças negativas e as sensações corporais foram mudando assim que cada parte da memória do abuso chegava a um ponto adaptativo do processamento. Com o passar do tempo, Leandra foi afirmando: eu não sou culpada; eu era uma menina magrinha e não podia segurar o homem; eu saí com a roupa que as meninas da minha cidade usam; eu sou obediente; fui fazer o que minha mãe mandou. Estou bem, já passou, eu sou limpa. Posso me cuidar melhor agora.

Eu gostaria que ela pudesse ficar mais alguns dias para que seguíssemos trabalhando um pouco mais, verificando as consequências que o trauma havia tido em sua vida, com as adaptações feitas em suas formas de agir e reagir. No entanto, nosso tempo juntas havia acabado e confiei que ela seguiria bem, já que muitas vezes os resultados alcançados repercutem, gerando outros benefícios na vida da pessoa.

Sobre esse tipo de situação, Shapiro (2007, p. 79) comenta:

> Uma vez que a informação seja ligada associativamente, muitas memórias similares podem ser afetadas durante a sessão de tratamento, e os novos afetos positivos e cognições positivas podem passar a ter um efeito generalizador sobre todos os eventos agrupados na neurorrede.

Dois meses depois, fiz contato com Leandra e soube que ela estava mais alegre, fazendo amizades com outras adolescentes e, aos poucos, aceitando interações com alguns garotos da vizinhança e da escola. Ela já tinha um amigo e estava cantando na hora do banho.

Shapiro (2007, p. 43) acrescenta:

> Os constructos de identidade se modificam à medida que a informação embutida se altera: conforme a informação perturbadora se transforma, há uma mudança concomitante na estrutura cognitiva, no comportamento, no afeto, na sensação e daí por diante. A experiência clínica demonstrou que, uma vez que as memórias específicas são reprocessadas, os sensos de autovalorização e autoeficácia do cliente sofrem uma transformação automática. Isso leva espontaneamente a comportamentos novos, mais engrandecedores. O modelo de Processamento Acelerado de Informações defende que as memórias perturbadoras subjacentes são as principais responsáveis pelas características patológicas de personalidade e que estas podem ser estruturalmente alteradas. Essa teoria tem grande poder de previsão. Além disso, é consistente com as descobertas feitas por clínicos de EMDR, de que até mesmo graves transtornos de personalidade podem sofrer abrandamento e modificação de forma comparativamente rápida quando são

focalizadas e reprocessadas as memórias-chave (com a óbvia exceção de origem química ou orgânica).

As pesquisas sobre EMDR publicadas nos Estados Unidos entre 1989 e 2014 foram revisadas por Navarro e outros estudiosos, que produziram um artigo a respeito, publicado em 2016 na Espanha. O objetivo dos autores foi rever as hipóteses sobre os mecanismos de ação da terapia. Também avaliaram as evidências científicas disponíveis sobre sua eficácia clínica em pacientes adultos diagnosticados com TEPT em comparação com tratamentos não-específicos, em lista de espera, com outras intervenções específicas ou com tratamento farmacológico.

Os autores relatam que a maioria dos estudos que exploraram os mecanismos de ação do EMDR concentrou-se na estimulação bilateral ou, mais especificamente, nos movimentos oculares, mas eles representam somente uma parte da terapia. Esses estudos sugerem principalmente três efeitos da estimulação bilateral que muitas vezes se sobrepõem uns aos outros: sobrecarga de memória; diminuição da excitação ou da fisiologia; e aumento da conectividade dos hemisférios cerebrais. Eles informam que há uma quantidade crescente de estudos clínicos confirmando a eficácia e segurança do tratamento com EMDR nos casos de TEPT ou de eventos traumáticos que resultam em adições, transtorno bipolar e depressão, por exemplo. No entanto, ainda são necessárias mais pesquisas para que as bases neurobiológicas sejam compreendidas e se possa confirmar a eficácia do EMDR.

Em entrevista concedida ao site <http://www.psychoterapy.net>, Shapiro informa que há estudos que mostram como o cérebro funciona antes e depois da terapia EMDR que revelam diferenças marcantes. Aparecem crescimento do hipocampo e mudança na ativação límbica. A autora acredita que ainda vai levar um bom tempo para que fique clara a forma como ocorrem as alterações cerebrais após o tratamento com terapia EMDR e que isso só deve acontecer quando as imagens cerebrais forem muito mais sensíveis do que as disponíveis na atualidade. Shapiro comenta que há três estudos que demonstram remissão de 84% a 100% do TEPT em vítimas de trauma único com aproximadamente cinco horas de tratamento com a terapia EMDR.

Não são somente os portadores de TEPT que necessitam tratar os seus traumas. Os eventos difíceis da vida, ou seja, as memórias traumáticas comumente precoces podem gerar muitas dificuldades, sintomas e transtornos; seus portadores podem beneficiar-se muito com a terapia EMDR.

Shapiro (2012, p. 10) salienta:

> Nós vivemos todos em uma sequência contínua de sofrimento e felicidade, de doença e saúde, lidando com famílias que contribuem para os nossos problemas e com outras que são apoiadoras e afetuosas. De forma semelhante, os tipos de experiências que enfrentamos variam desde as mais comuns de humilhações na infância, fracassos, rejeição e brigas até os acontecimentos mais graves, que dão origem ao transtorno de estresse pós-traumático (TEPT), como acidentes graves, abuso físico, sexual ou emocional, combates ou catástrofes naturais.

A autora designa como traumas "t" os traumas resultantes das experiências infantis de abandono e abuso. Já os traumas "T" são eventos comumente reconhecidos como traumas, por exemplo, um assalto à mão armada ou um acidente grave. Ela esclarece que traumas "t" não são menos traumáticos ou duradouros, mas são universais. Há mais sintomas de TEPT relacionados com eventos de vida do que com eventos classificados nos manuais diagnósticos e estatísticos de transtornos mentais, conforme apontou uma amostra de 832 pessoas pesquisadas.

Shapiro observa que as experiências de evento de vida podem estar abaixo do nível da consciência, ou seja, sob a forma de memórias implícitas, porém são elas que movem muitos de nossos clientes a buscar ajuda. Eles não nos dizem que estão ali porque tiveram uma infância ruim, mas porque suas vidas estão difíceis: fazem o que não querem ou sentem-se bloqueados para fazerem o que desejam. Alguns problemas podem ser situacionais, no entanto a maioria é resultante de memórias não processadas. (SHAPIRO, 2016).

Por outro lado, Siegel (2012a) nos lembra de que a simples ausência de sintomas e disfunções não resulta automaticamente em uma sensação tranquila de bem-estar que seja reconhecida nas várias culturas. A psicologia positiva tem identificado características de pessoas felizes, as quais incluem a gratidão, compaixão, mente aberta e curiosa.

O autor acentua:

> Ao longo dos últimos vinte anos, passei a acreditar que a integração é o mecanismo-chave por trás da ausência de doenças quanto da presença de bem-estar. A integração – a ligação de elementos diferenciados de um sistema – ilumina um caminho reto na direção da saúde. É o caminho em que evitamos uma vida de rigidez insossa e enfadonha, por um lado; ou de caos explosivo, por outro. (SIEGEL, 2012a, p. 95).

Essa afirmação faz eco ao que é percebido nas pessoas tratadas com a terapia EMDR. Promovemos o processamento de memórias com o objetivo de trabalhar questões determinadas, mas a pessoa relata melhora de outros temas que foram também atingidos e mais integrados.

Como já colocado anteriormente, não se trata de que toda e qualquer experiência difícil de infância resulte em trauma; tudo depende da forma como a experiência é processada. Memórias processadas não são necessariamente memórias felizes.

A esse respeito, Laliotis (2015) exemplifica com uma situação em que um pai grita com sua filha pequena porque ela derramou leite. Sem outras informações, essa memória é inadequadamente processada devido à sobrecarga de medo, susto e vergonha. No entanto, se na mesma experiência a mãe ouve e diz "está tudo bem, seu pai está tendo um dia ruim hoje", a informação já tem outro registro junto, que pode fazer com que a memória seja armazenada de forma adaptativa.

A terapia EMDR, ao tratar as memórias não processadas adaptativamente, abrange a dimensão cognitiva, com os pensamentos e decisões; a dimensão emocional, com os sentimentos, que precisam ser expressos e articulados para assim valorar a experiência; a dimensão sensório-motora, com a capacidade de processar e orientar as sensações físicas através do corpo, os impulsos, as mudanças de postura, os movimentos sequenciais que possibilitam contato com funções que dão sustentação à vida. Todos esses mecanismos são originalmente conectados, porém se desconectam quando estamos sobrecarregados. (LALIOTIS, 2015). No entanto, nem sempre esses elementos da memória estão disponíveis no momento da terapia, já que nem todas as memórias são conscientes. Mesmo assim, a terapia EMDR alcança também memórias que estejam fora da consciência.

Os altos níveis de estresse gerados no cérebro por experiências sensoriais específicas podem ir se ligando a outras experiências similares. Na entrevista já mencionada, Shapiro ilustra a questão ao comentar que alguém que sofreu *bullying* e armazenou essa memória sem ter sido adaptativamente processada, se tiver uma experiência parecida, mesmo após muito tempo, pode ter suas percepções do evento atual conectadas com a antiga memória não processada. Isso vai funcionar como um disparador para a vivência do *bullying*, com as emoções, crenças e sensações físicas que foram com ela registradas.

Ainda que as pessoas não façam a ligação de suas dificuldades no presente com memórias não processadas, os sentimentos surgem automaticamente, pois, como Shapiro afirma na entrevista, "nós realmente estamos à mercê de nossa rede de memórias e, se uma experiência não foi processada, nós ficamos sujeitos aos sentimentos e às emoções negativas que a envolveram". Por isso, às vezes nos parece incompreensível que alguns eventos aparentemente neutros causem fortes reações em determinadas pessoas. Contudo, uma experiência pode ter sido o gatilho para emoções antigas e sensações físicas relacionadas a um trauma, mesmo que ele esteja fora da consciência.

Shapiro (2016, p. 22) observa:

> Conceitualmente, o indivíduo é moldado por uma interação de genética e experiências. As condições pré-natais, incluindo o fluxo hormonal da mãe, podem impactar o feto em desenvolvimento. Às vezes, condições físicas também estão em jogo, incluindo níveis de fadiga e desenvolvimento físico. Alguns sistemas de processamento de informação podem ser constitucionalmente predispostos a se manter mais frágil ou mais forte, como o sistema cardíaco ou respiratório. Isso pode explicar porque alguns eventos impactam mais certas crianças do que outras. Outros fatores incluem as primeiras interações da criança, que moldam o senso de si através do qual o resto do mundo é interpretado. Essas primeiras experiências são armazenadas na memória e tornam-se a base para as redes dentro das quais outras experiências são articuladas. A criança criada dentro de uma família que engendra um senso de inadequação interagirá com amigos e na escola de modo muito diferente. Ela terá uma série de comportamentos e emoções, e escolherá a forma que mais a faça se sentir estimada. Essas experiências precoces fixam a base para favorecer traumatismo ou resiliência.

Caso clínico: Edite faria uma viagem com o marido, mas uma vez mais tentava convencê-lo a mudar o destino para diminuir o tempo de permanência na aeronave. Já havia viajado de avião outras vezes, porém sempre com muito sofrimento por não conseguir urinar no apertado toalete disponível. Suspendia a ingestão de líquidos várias horas antes do embarque e só tomava água novamente ao chegar no destino. Por ser uma mulher inteligente perto de completar 50 anos, buscava distrair-se com leitura e música, além dos exercícios de respiração para relaxar. Quando começavam as dores no abdômen junto com a sensação de bexiga muito cheia, seguia para a toalete, fechava os olhos e imaginava-se em outro local, tentando relaxar ao máximo. No entanto, nada disso adiantava. Saía de lá frustrada, andava pelo corredor e conversava com alguém, mas o desconforto só aumentava.

Ao rastrearmos as memórias que poderiam estar na base desse comportamento, veio a lembrança de uma situação de infância em que teve vontade de ir ao banheiro quando estava na igreja com sua mãe. Porém, a mãe lhe disse que não deveria ir porque meninas não podem usar banheiros fora de casa. Enquanto processávamos essa memória, foram surgindo outras. Lembrou-se de que, quando já estava entrando na adolescência, sua mãe a forçava a acompanhá-la em visitas às suas amigas, mesmo contra a vontade de Edite – e ela, por mais de uma vez, ficou sentada fora da casa, com raiva e com a bexiga cheia, esperando pela mãe. Processamos essa memória e ela lembrou também dos dias de procissão, em que a mãe não permitia que ela parasse para ir ao banheiro na casa de alguém ou em outro local possível até que a procissão terminasse.

Durante as sessões em que trabalhamos com essas memórias encadeadas, Edite chorou, sentiu muito incômodo no abdômen, vivenciou a raiva contida da mãe, que a fez passar por essas situações cujas consequências carregou por tanto tempo. Depois foi liberando os sentimentos negativos até poder compreender as limitações de sua mãe, filha de imigrantes que vivia em uma pequena cidade, cuidava sozinha da filha a maior parte do tempo, já que o pai de Edite trabalhava com vendas pela região e, portanto, viajava muito.

Na semana seguinte, Edite chegou animada, com mais brilho nos olhos. Contou-me que havia feito uma viagem de automóvel com o marido a um local que fica em torno de quatro horas de distância. Sentiu vontade de urinar e pediu que o marido parasse em um posto de gasolina. Ele estranhou, já que ela jamais aceitara usar banheiro durante uma viagem. Edite entrou no banheiro com a maior tranquilidade, e lá havia um homem fazendo a manutenção. Ela perguntou se o cone que estava no chão sinalizava que ele já havia liberado os primeiros banheiros para uso. Sem esperar a resposta, entrou e urinou de forma tranquila e natural, não se importando com o homem ouvindo o ruído do lado de fora. Rimos juntas da situação e ela comentou: "depois disso, toalete de avião é moleza, deixe comigo!".

Eis um exemplo de como o cérebro vai acessando as memórias traumáticas relacionadas com as dificuldades do presente, mesmo que a pessoa não esteja consciente da ligação. Acompanhei Edite para que chegasse a essas memórias antigas a partir da sensação de desconforto abdominal sentida nas viagens.

Para aprender e praticar a terapia EMDR, é exigido um treinamento específico. A Associação Brasileira de EMDR só reconhece os profissionais treinados dentro do modelo desenvolvido por Francine Shapiro, que, através de seu instituto, credencia os psicoterapeutas após serem treinados nos cursos oficiais. Como todas as abordagens psicoterápicas, há muitas variações e adaptações necessárias, dependendo do cliente. Atualmente, contamos também com vários cursos de educação continuada oferecidos após o treinamento básico, os quais preparam para o trabalho com populações específicas, por exemplo, crianças, pessoas com traumas de desenvolvimento, pessoas com comportamentos de adição, entre outras.

De forma geral e bem simplificada, em uma sessão de terapia EMDR, durante a fase de processamento, acontecem conexões rápidas com as emoções, crenças e sensações físicas, passando por transformações até chegarem a um nível de aprendizado e resiliência.

Nós buscamos identificar e processar as experiências traumáticas mais antigas ligadas a cada uma das queixas trazidas ao consultório, mas nem sempre isso é possível já no início do tratamento, que precisa ter seu ritmo adaptado à janela de tolerância de cada cliente.

A abordagem está estruturada em oito fases que compõem o processo. Após ter estabelecido o vínculo psicoterápico, começamos com o levantamento da história, das dificuldades, dos sintomas, das questões sistêmicas. Para a construção do plano de tratamento, rastreamos as memórias antigas que possam estar causando os problemas trazidos para a terapia. Porém, se as memórias antigas não estão ao alcance consciente do cliente, podemos partir de dificuldades do presente e deixar que o cérebro faça as conexões necessárias com as memórias traumáticas de base, embora em muitas situações sejam necessárias intervenções específicas.

Depois do levantamento da história e da montagem preliminar do plano de tratamento, vem a preparação com o uso de técnicas de estabilização ou mudança de estado emocional, para que possam ser usadas entre as sessões ou mesmo na sessão, se for necessário.

A seguir, identificamos uma memória com os seus diferentes aspectos. A imagem, os pensamentos negativos associados, as emoções, os locais do corpo em que o desconforto se manifesta.

Feito o acesso da memória, promovemos a estimulação do sistema de processamento de informações, que resultará em novas conexões. Esse processo envolve atenção dual e os estímulos bilaterais.

Na terapia EMDR, privilegiamos o andamento natural do processo de cura intrínseca de cada indivíduo enquanto ele vai fazendo as associações pertinentes. Mas, por vezes, precisamos interferir para reiniciá-las.

Seguimos com a instalação e fortalecimento de crenças positivas ligadas com a experiência e escaneamento corporal, que avalia a necessidade de mais intervenções, caso se evidencie que devemos prosseguir com o processamento. Depois vem a fase de fechamento, quando buscamos a volta para a estabilização da pessoa, com técnicas apropriadas.

Na sequência, reavaliamos o que foi processado, e a terapia segue seu curso dentro do plano de trabalho estabelecido, que deve ser realinhado sempre que houver necessidade. O plano da psicoterapia inclui as queixas do presente, memórias traumáticas do passado e projeções para o futuro.

O tempo de tratamento depende da quantidade de memórias a serem processadas, mas, como as memórias funcionam em rede, o processamento de cada uma tende a generalizar-se na rede de memórias, promovendo o processamento de outras, mesmo que de forma parcial, além da memória-alvo que estamos tratando.

Shapiro (2012, p. 70) discorre a esse respeito:

> As pessoas buscam o auxílio da terapia devido a algo no presente. Basicamente, elas estão fazendo, sentindo, ou pensando em alguma coisa que sabem ser destrutiva, mas não conseguem parar. A maioria das pessoas acredita que, mesmo se tivessem tido uma infância infeliz, muito tempo já se passou e isso deveria ser irrelevante. Mas é esse "deveria" que piora ainda mais o quadro, porque acreditar que "eu deveria estar fazendo, sentindo ou pensando de forma diferente" deixa as pessoas sentindo-se ainda mais fracassadas e aumenta qualquer visão negativa que elas tenham de si próprias.

Após as fases iniciais da terapia e a formulação de um plano de trabalho, ainda que o cliente seja um adulto que chegou com queixa de um trauma único, como uma fobia, e nos garanta que o trauma ocorreu na fase adulta de sua vida, não é raro aparecerem memórias traumáticas antigas durante o reprocessamento. Podem emergir memórias antigas de infância com muita emoção negativa associada.

> [...] os tratamentos por EMDR podem estabelecer como alvo: memórias remotas de infância, traumas posteriores ou situações atuais para a obtenção de efeitos terapêuticos positivos, pois a neurorrede apresenta elos associativos com todos os eventos similares. (SHAPIRO, 2007, p. 78-79).

Experiências de infância como humilhações, conflitos domésticos, negligência, abuso e tantas outras podem estar na origem de traumas complexos. Esses eventos ficam registrados no cérebro, muitas vezes com sentimentos e pensamentos que travam a vida das pessoas de muitas formas. A ocorrência de traumas pode provocar transtornos bem antes do aparecimento da memória declarativa, em fases pré-verbais de desenvolvimento; porém, mesmo em fases posteriores da vida, pode haver memórias somáticas dissociadas da cognição.

Caso clínico: Gisele chorava bastante nas primeiras sessões. Além das dificuldades de aprendizagem, relatou o enorme desânimo sentido, que a prendia na cama por várias horas durante muitas tardes nas quais deveria estar estudando. Ao buscar sua história, ela revelou ter sido adotada assim que nasceu, mas, quando perguntei por fotografias, disse que na mais antiga que vira ela já estava com alguns meses de vida. Isso me chamou atenção devido ao histórico de sua família e de suas condições de vida. Seguimos com o curso da psicoterapia, e as primeiras memórias processadas foram relativas às questões de aprendizagem, que requeriam superação urgente na sua visão.

Quando percebi que ela já se encontrava mais estruturada e fortalecida para o enfrentamento de memórias antigas, preparei-a para processar seus primeiros meses, mesmo com as poucas informações que ela tinha a respeito dessa fase da vida. Foram duas sessões lidando com fortes sensações corporais, em que relatava aperto no peito, dificuldades para respirar, aperto nos braços e mãos. Mesmo com emoções e sensações corporais intensas, ela queria seguir processando, e eu a acompanhava e me certificava de que as coisas estavam acontecendo dentro da faixa de tolerância de Gisele.

Os sentimentos de medo brotavam de forma natural, mas foram sendo progressivamente processados. Antes do término de cada sessão, a cliente foi estabilizada emocionalmente para ir embora.

No final da segunda sessão, já tendo processado sensações corporais que de alguma forma estavam relacionadas com os seus primeiros meses de vida, estava sorridente e bem mais animada. Gisele conversou com a mãe: soube que permaneceu na UTI pós-natal e teve mais de uma parada cardíaca logo após seu nascimento.

A partir dali, voltamos a trabalhar com as dificuldades para aprender, incluindo várias lembranças de *bullying* e outras situações carregadas de sentimentos de inadequação, mas os sintomas de depressão diminuíram vertiginosamente. Reprocessar essas memórias de trauma precoce foi um marco significativo que a fortaleceu para a continuidade da psicoterapia.

Como os traumas não raramente originam-se em eventos pré-verbais, basear um tratamento em psicoterapias verbais limita os resultados alcançados. Bessel van der Kolk, clínico e pesquisador da área do trauma e fenômenos relacionados, em entrevista concedida ao site **www.psychoterapy.net**, acentuou que falar pode facilitar a compreensão dos acontecimentos em relação às formas pelas quais fomos afetados, ajudando-nos a adquirir uma melhor perspectiva do evento. No entanto, devido ao fato de o trauma impactar a parte de sobrevivência do cérebro, ficamos hiperativados ou hipoativados frente aos sinais de perigo. Portanto, falar sobre o trauma não é o suficiente para superá-lo, já que tem muito a ver com as partes inconscientes do cérebro.

Nós também precisamos considerar o risco de retraumatização apontado por Levine (2012). O autor pondera que expor um paciente a suas lembranças traumáticas para que ele as reviva pode ser retraumatizante, pois reduz a integração e sentimentos de controle e bem-estar.

Por não estar baseada nos processos de linguagem, a terapia EMDR não depende de que a pessoa fale muito nem que relate detalhes do trauma. Muitos carregam acentuados sentimentos de vergonha ou culpa ligados com memórias traumáticas. Poder superar traumas sem falar nos detalhes dos acontecimentos costuma facilitar a aderência ao processo para diversos clientes.

Quando lidamos com traumas ou TEPT complexo, as dificuldades tendem a aumentar se comparadas com o enfrentamento de um trauma de evento único, como um desastre. O TEPT complexo, segundo os especialistas em traumas, abarca os transtornos de apego, como descrito por Gonzalez (2014), e também as dificuldades com marcos de desenvolvimento que não foram alcançados nos momentos necessários e as formas como as pessoas vão se organizando para driblar essas dificuldades, segundo Laliotis (2015). Esse tipo de transtorno inclui ainda os problemas com a aprendizagem interpessoal que travam o desenvolvimento da inteligência emocional e as defesas psicológicas exacerbadas, como explica Knipe (2016).

Portanto, são traumas que pessoas geralmente próximas da criança causaram, ou expuseram-na a eventos traumatizantes, seja com uma ação direta, seja com omissões, deixando-a abandonada ou negligenciada.

Especialista em traumas precoces, Laliotis (2015) ressalta que as pessoas que carregam traumas resultantes de déficits no seu desenvolvimento precisam adaptar-se às suas situações. Essas adaptações tendem a ficar bem marcadas até virarem hábitos problemáticos. Portanto, é necessário processar as experiências formadoras do apego afetivo nas quais o cliente aprendeu tais adaptações. Por vezes, faltam experiências positivas nas quais os marcos de desenvolvimento teriam sido atingidos.

Quando há o envolvimento de traumas de apego, frequentemente precisamos seguir um bom tempo preparando o terreno até chegar ao momento de iniciar as sessões de processamento. Em alguns casos, fazemos poucos minutos de processamento e, em seguida, o cliente já demanda estabilização emocional. Muitas vezes precisamos circular pelas fases do protocolo com cuidado e muita empatia. A esse respeito, Gonzalez (2014, p. 96-97) comenta:

> A sensação que temos é que curar um trauma é como ajudar a cicatrizar uma ferida. Reconstruir um apego inseguro ou instável na idade adulta é uma tarefa mais complexa. É como se tentássemos curar um órgão pouco danificado ou regenerá-lo a partir do zero. Ainda que a relação com o terapeuta influencie todos os aspectos da terapia, nesse último caso ela será peça-chave. Pode ser que a relação com o terapeuta seja a primeira oportunidade de desenvolver uma relação interpessoal estável, de apoio.

Os recortes de casos clínicos aqui relatados, com o devido cuidado ético de autorização documentada e alteração de dados que poderiam possibilitar identificação, foram selecionados por questões didáticas de clareza na exposição dos fatos. Porém, nem sempre os processamentos acontecem de forma direta. Muitos clientes demandam recursos adicionais nas intervenções, conforme esclarecido no texto.

O acesso às memórias armazenadas disfuncionalmente, ou seja, às memórias traumáticas, pode ficar bloqueado por defesas psicológicas conscientes ou inconscientes. Muitas vezes precisamos fazer o processamento dessas defesas para que só depois o cliente sinta-se seguro para focar diretamente suas memórias traumáticas mais antigas. (KNIPE, 2016).

Quando estamos trabalhando com uma memória-alvo, o cliente vai trazendo à consciência vários elementos dessa memória. Podem aflorar informações dissociadas, com as emoções e as sensações físicas vivenciadas no momento em que ocorreu o evento. Mas também acontece de a pessoa não trazer à consciência certas memórias traumáticas ou parte delas, e mesmo assim haver o reprocessamento.

Shapiro (2007, p. 83) ilustra:

> As sessões de EMDR têm demonstrado que um processamento efetivo pode ocorrer sendo ou não a informação liberada na forma de uma imagem na percepção consciente do cliente. Falando de maneira metafórica, o videoteipe pode estar correndo (isto é, a informação pode estar sendo processada) com ou sem o monitor ligado.

Caso clínico: Amarilis estava com 48 anos. Ela já havia passado por outro processo de psicoterapia quando me procurou, no qual resolveu algumas situações específicas que a incomodavam, mas havia algo que não gostaria de carregar pela vida e não conseguira solucionar no tratamento anterior.

Um dia, ao fazer um passeio com outras pessoas, visitou uma casa antiga com uma escada muito íngreme, que subiu sem problema algum. Mas, ao descer, sentiu uma forte vertigem, com o suor escorrendo pelo peito. Voltou imediatamente para recompor-se e depois desceu apoiada em uma amiga. Ela contou que, assim que colocou os pés no primeiro degrau para iniciar a descida antes da vertigem, teve um *flash* de lembrança de uma cena em que era empurrada de uma escada, porém isso veio de forma distante e confusa. Depois de ter saído de lá, teve a impressão de que sua mãe estaria envolvida naquela lembrança, e com isso ficou bastante incomodada.

Após as fases de preparação necessárias, montei o protocolo com ela e iniciamos o processamento. Amarilis chorou muito enquanto a lembrança ganhava forma e era acrescentada de detalhes naquele momento. Quando adolescente, teve uma discussão com a mãe, que uma vez estava colada na porta de seu quarto para ouvir suas conversas com as amigas. Ao ser surpreendida pela filha, a mãe, descontrolada, empurrou-a de uma escada. Amarilis caiu e bateu as pernas e os glúteos degrau por degrau até chegar à parte inferior da escada. A mãe correu para acudir e verificar se não havia fraturas. Quando se certificou de que a filha estava andando, disse para que ela não fosse nunca mais "boca dura" daquela forma com sua mãe e afastou-se dali. Amarilis foi a um posto de saúde e fez uma consulta médica. Ficou muitos dias passando remédios e mancando, com dores pelo corpo todo.

Nas sessões de terapia, ela chorava, sentia muita raiva, medo e dores no peito. Foram três sessões de processamento daquela memória cheia de registros corporais. Na terceira sessão, o trabalho com a memória antiga e por tanto tempo dissociada foi concluído. Emocionada, Amarilis relatava sentir choquinhos em suas pernas e depois veio uma sensação de sangue pulsando. Percebeu suas pernas se tornarem mais roliças naquele preciso momento; era como estivessem se arredondando, do mesmo modo que seus glúteos. Passava as mãos nas pernas, incrédula e muito feliz.

Contou que sua professora de pilates se dissera intrigada com a diferença que Amarilis demonstrava ao fazer exercícios com a parte superior e a parte inferior de seu corpo, com insuficiente consciência de integração corporal de suas pernas e glúteos.

Bastante emocionada, ela comentou ter percebido as consequências que carregou por conta desse acontecimento: "Acho que escolhi me manter calada desde então e dali para frente chorava muito no meu quarto, mas não reclamava mais com minha mãe. Depois disso, muitas vezes eu queria falar algumas coisas quando me sentia incompreendida ou injustiçada, mas ficava calada. Só depois de adulta fui mudando isso, aos poucos".

Na semana seguinte, ela chegou rindo e dizendo que tinha algo muito legal para me contar. Vestiu uma calça *jeans* antiga, que já havia usado e lavado muitas vezes. Porém, dessa vez, ao sentar com a calça, sentiu algo incomodando no bolso e só então percebeu uma etiqueta com textura costurada dentro do bolso com três pequenos botões. Isso sinalizou o quanto a sensibilidade mudara nessa parte de seu corpo. Na manhã seguinte, estava estendendo uma peça de roupa no varal e seu marido passou as mãos nela por trás. Amarilis abriu o maior sorriso me contando o quanto sua sensibilidade mudara, sentindo inclusive cócegas nas solas dos pés, o que não se lembrava de haver vivenciado antes. Nos dias seguintes, percebeu que a sensibilidade de suas mãos também havia aumentado.

Esse caso ilustra a importância do olhar sistêmico, que observa as interações da pessoa dentro de seu sistema, mesmo na terapia individual. O marido de Amarilis conseguiu compreender e adaptar-se rapidamente às mudanças de sua parceira, mas nem sempre as coisas acontecem assim. Por vezes, é preciso envolver o parceiro em alguma fase da terapia, conforme ilustrei anteriormente, ao comentar um outro caso clínico.

Shapiro (2007, p. 110) ressalta a necessidade de atenção clínica na repercussão da liberação de traumas nos sistemas de relacionamento da pessoa:

> Os traumas reprocessados podem ter resultado em novos comportamentos por parte do cliente, exigindo que o clínico trabalhe problemas que surjam na família ou no sistema social. A fase de reavaliação guia o clínico por meio de vários protocolos do EMDR e do plano completo de tratamento. Um tratamento bem sucedido só pode ser determinado após uma reavaliação satisfatória dos efeitos comportamentais e do reprocessamento.

Considerando as repercussões que uma alteração de atitude de uma pessoa pode provocar em seu subsistema conjugal, ficam evidentes os cuidados necessários ao tratar os traumas de somente um dos componentes de um casal. Os encaixes emocionais dos dois, de acordo com a história passada de cada um deles, podem ser abalados rapidamente com o processamento de seus traumas. As pessoas precisam estar conscientes disso e se preparar aos poucos no processo psicoterápico para lidar com os ecos de suas mudanças e com a possível necessidade de realinhamento da relação.

Os casais também desenvolvem muitos traumas gerados em relações conjugais conflituosas de desrespeito, abuso ou abandono.

Tudo o que nos chega de fora é comparado com nossas molduras internas de referência, estabelecidas desde o nascimento nas interações com os cuidadores primários. Sem o estabelecimento de apego seguro na infância, ou a alteração da capacidade de conexão até o momento da ligação com o parceiro, a insegurança vai aparecer nas relações conjugais. Essa comparação automática resulta na percepção que cada pessoa tem das experiências cotidianas, interferindo nas escolhas e na construção da vida de modo geral.

Shapiro (2012) lembra que o casal sempre pode decidir romper a relação sem superar os traumas, mas há um risco enorme de que levem os problemas consigo para relações seguintes. Ela exemplifica com a situação de alguém que carregue crenças negativas de não ter merecimento para ser aceito ou ser amado. Facilmente, mesmo sem intenção do parceiro, o fato de o cônjuge não responder imediatamente a uma mensagem, por exemplo, já confirma as suas crenças autorreferentes. Nesses casos, processar os traumas subjacentes pode promover mudanças no sentido da identidade das pessoas.

Quando trabalhamos com casais, nem sempre os dois carregam traumas que estejam afetando diretamente o relacionamento, mas muitas vezes o processo terapêutico demanda o aprofundamento da dimensão individual de um deles ou dos dois com o processamento de traumas. O protocolo de uso da terapia EMDR com casais requer adaptações, descritas no capítulo 7.

Nesse sentido, Shapiro evidencia:

> Os fatores genéticos podem certamente ter algum peso, mas a maneira como percebemos o mundo e interagimos com outros é em grande parte baseada nas nossas experiências individuais de vida. Elas ficam armazenadas nas redes de memória que são a base de nossas percepções, atitudes e comportamento. Essas redes conectam acontecimentos similares. (SHAPIRO, 2012, p. 19).

> Nós não temos o poder de mudar a genética, mas podemos focalizar diretamente nossas experiências de vida. (SHAPIRO, 2012, p. 71).

As memórias que carregamos são a base de nossa percepção do mundo, incluindo as felizes e as mais difíceis. Entre estas, existem as que foram processadas adaptativamente e as que permaneceram armazenadas sob a forma de memórias traumáticas. Portanto, os traumas fazem parte de nossos "óculos" usados para ver a vida e a partir deles nos relacionarmos com os parceiros conjugais.

Processar traumas precoces que favoreçam as relações de apego ou mesmo traumas mais tardios, o que resulta em maior estabilidade e mais alternativas de ação, amplia as possibilidades de renegociar pontos de atrito na relação de casal.

Capítulo 4 - Dinâmicas Familiares Básicas e Suas Repercussões no Desenvolvimento Psicológico

De casal para família
Funcionamento familiar
Rede sociocultural

"A relevância do tema 'Família', ao se pensar no indivíduo e no casal, torna-se um território surpreendente. Evoca transformações sucessivas e traz sentido para muitas questões sobre essas identidades. A abordagem da Família sob a ótica da Terapia Sistêmica significa poder traçar um mapa dessas diversas dinâmicas, desde seu funcionamento através da configuração e estrutura familiar, passando pelo ciclo vital com suas variadas tarefas e chegando progressivamente a sistemas maiores, tais como a cultura e a história. O desafio de desprender-se do sistema familiar de origem para construir os sistemas conjugal e parental traz um impacto natural, gerando fragilidades e fortalezas. Ambas são texturas do processo de diferenciação que deve ocorrer dentro da própria família.

A autora, baseada em seu entorno conceitual, apresenta de forma pertinente como ocorrem tais processos no sistema familiar e conjugal, ilustrando com delicadeza como seus membros atuam frente a tais aprendizagens. Seu estilo terapêutico nos presenteia com dimensões clínicas fundamentais na prática com famílias e casais."

Daniela Bertoncello de Oliveira[5]

O ser humano desenvolve sua identidade na interação com os primeiros cuidadores e segue constituindo-se como indivíduo e como parte de uma teia de relacionamentos que fica progressivamente mais ampla e complexa com a inclusão de novos elementos e sistemas humanos.

À medida que crescemos, vamos compreendendo a família da qual somos parte, com aspectos que nos agradam e outros mais difíceis de conviver. O único relacionamento familiar que podemos escolher é o conjugal, mas ainda assim a escolha é limitada por aspectos conscientes e outros inconscientes, como veremos

---

[5] Psicóloga Clínica. Especialista em Família e Casal. Presidente da Associação Paranaense de Terapia Familiar (APRTF), biênio 2014-2016. Coordenadora do Conselho Deliberativo e Científico (CDC) da Associação Brasileira de Terapia Familiar (ABRATEF), biênio 2016-2018.

ao tratar da seleção de parceiros. Mesmo quando ocorre a separação conjugal, o outro continua sendo ex-cônjuge; ainda é uma forma de ligação.

"Diferentemente de todas as outras organizações, as famílias incorporam novos membros apenas pelo nascimento, adoção ou casamento, e os membros podem ir embora somente pela morte, se é que então", afirmam Carter e McGoldrick (1999, p. 9). Essa declaração por si só já esclarece a importância dos relacionamentos familiares com suas funções, papéis e dinâmicas próprias.

A família é a matriz da identidade, como ensina Minuchin (1988); é o contexto básico no qual ocorre o desenvolvimento individual das pessoas. Para ele, assim como para muitos outros psicoterapeutas familiares estudiosos do assunto, há dois elementos básicos na experiência da identidade: o sentido de pertencimento e o sentido de ser separado, ou seja, de autonomia. Esses elementos são trabalhados já desde o nascimento de forma decisiva, na família e na rede social na qual a pessoa está inserida. "Em resumo, a família sadia oferece aos seus membros a liberdade de serem eles mesmos". (NICHOLS; SCHWARTZ, 2007, p. 209).

Portanto, não podemos deixar de considerar aqui os pontos fundamentais das dinâmicas familiares, ainda que o objetivo seja tratar de relações conjugais. Vamos acompanhar o indivíduo em seu percurso até a vida adulta, incluindo as possibilidades e interdições que vão sendo estabelecidas e que no futuro vão interferir na formação e manutenção de seu sistema conjugal.

De casal para família

"A relação dos pais com os filhos não se caracteriza apenas por dar ou ensinar, mas também por receber e aprender."
Maria Tereza Maldonado

Quando duas pessoas unem-se pelo casamento para viver a vida juntas, trazem consigo valores, crenças e modos de relacionar-se forjados e desenvolvidos em famílias com diferentes configurações, estruturas e modos de funcionamento. Ainda que os dois já tenham passado muito tempo juntos antes do casamento, principalmente em finais de semana e viagens, como comumente ocorre na atualidade, seja essa união com ou sem os rituais tradicionais do casamento, ainda assim o início da vida comum requer adaptação e enfrentamento de novos desafios.

Mesmo casais com idades próximas podem apresentar graus bem diferentes de maturidade, formas de vinculação e prontidão para iniciar uma nova família. Estão incluídos aí o temperamento de cada um, apegos desenvolvidos, dinâmicas vivenciadas na família e na rede social, crenças adotadas, existência de possíveis traumas e outros fatores que incluem situações trágicas, como acidentes e doenças que nos acometem sem aviso prévio. Contudo, as demandas de adaptação costumam aumentar quando o casal apresenta diferença significativa de idade ou quando um dos dois ou ambos trazem filhos de relações anteriores, além de várias outras situações específicas.

No capítulo sobre casais, estão descritas as principais dinâmicas conjugais. Vamos seguir acompanhando o desenvolvimento humano até a pessoa chegar ao momento de ser parte de um subsistema conjugal. Na busca por esse objetivo, trataremos da criança que já começa a existir na fantasia dos pais e mesmo antes, em suas brincadeiras infantis e devaneios adolescentes. Enquanto pensa sobre ter um filho, o casal vai criando espaço emocional para a criança, nos casos de gravidez planejada.

Antes da chegada do primeiro filho, é desejável que o casal consiga dar conta das tarefas principais da fase de seu ciclo vital e, assim, adquirir prontidão para comprometer-se com o novo subsistema formado. Carter e McGoldrick (1995) apontam, de forma resumida, os principais desafios que se apresentam ao casal nesse momento: formar o subsistema conjugal e realinhar os relacionamentos com as famílias ampliadas e com os amigos para incluir o cônjuge.

O mundo atual oferece variadas opções de engajamento e desenvolvimento para as pessoas de forma geral, especialmente para os mais jovens. O tempo todo correm notícias com possibilidades de cursos, viagens, aprendizagens diversas e outras vivências. Ao mesmo tempo, as ofertas de emprego estão diminuindo, forçando homens e mulheres a serem cada vez mais flexíveis e empreendedores na construção de seu espaço profissional. Essas mudanças sociais colocam mais peso na decisão de ter um filho, já que certamente a criança vai requerer muito tempo e modos mais rotineiros de vida, limitando possíveis atividades de lazer, trabalho e desenvolvimento pessoal de seus pais. Vai bem longe o tempo em que tinha algum sentido o conhecido ditado que apregoava que uma pessoa estaria realizada após ter tido um filho, plantado uma árvore e escrito um livro.

Sobre as incertezas relativas ao ato de ter filhos, Bauman (2004, p. 62) evidencia: "As alegrias da paternidade e da maternidade vêm, por assim dizer, num pacote que inclui as dores do autossacrifício e os temores de perigos inexplorados".

Além das mudanças e desafios que o casal visualiza para si quando pensa em ter um filho, aparecem as antecipações no que diz respeito à vida que seu filho poderá ter. As preocupações são muitas, a começar pela capacidade de resistência do planeta a toda a ação predatória que vem sofrendo, cujos efeitos nos últimos tempos estão alarmando as pessoas mais conscientes. O pensamento e as ações radicais religiosas assolam o mundo, multidões de pessoas não conseguem conviver com tantas exigências absurdas e deslocam-se sem destino certo, enfrentando toda sorte de dificuldades, conforme temos acompanhado pelo noticiário.

> Um espectro paira sobre o planeta: o espectro da xenofobia. Suspeitas e animosidades tribais, antigas e novas, jamais extintas e recentemente descongeladas, misturaram-se e fundiram-se a uma nova preocupação, a da segurança, destilada das incertezas e intranquilidades da existência líquido-moderna. (BAUMAN, 2004, p. 145).

Ademais, convivemos com o consumo exagerado e a excessiva valorização do mercado, que podem forçar grande investimento de dinheiro e trabalho para atender às demandas de um filho.

Os motivos que levam um casal a ter o primeiro filho variam entre as pessoas, famílias, comunidades ao longo do tempo, mas sempre incluem motivações conscientes e inconscientes. Por vezes, o bebê chega na família após uma decisão seguida de um tempo de espera, que na atualidade tem sido dilatado. Outras vezes a gravidez acontece repentinamente. No entanto, enquanto imaginamos e ponderamos sobre ter um filho, pode ocorrer um processo bem interessante: o casal vai gerando espaço emocional e físico para a criança ao mesmo tempo em que cada um se prepara para o novo papel de pai ou mãe. À medida que a transição de casal para família vai sendo gestada, a relação a dois é transformada em uma relação a três – o casal vai lidando com expectativas e medos, enfim, com as mudanças antecipadas relativas ao futuro.

A ambivalência de sentimentos, que é natural no ser humano, fica aumentada nessa fase, frente à complexidade da situação de tornar-se pais. Isso pode causar muito espanto ao casal por envolver também sentimentos negativos relacionados com o próprio filho.

É comum haver aumento da insegurança pessoal. É preciso conviver com o medo de gerar um filho com dificuldades como limitações físicas e emocionais, possíveis ameaças de aborto espontâneo, medo do parto e dúvidas em relação à própria competência para cuidar do bebê. Em caso de adoção, há também os medos ligados ao que a criança possa carregar de carga genética e problemas de parto, além de traumas de abandono. Nesse momento delicado, as carências afetivas ficam mais visíveis e situações antigas mal resolvidas por vezes aparecem de forma intensa em homens e mulheres. O papel de filho e filha dos adultos precisa encolher para dar lugar ao papel de pai e mãe. Se as relações com os próprios pais ainda não chegaram a resoluções adaptativas, podem gerar conflitos entre as gerações, justamente quando o casal necessita do apoio dos seus próprios pais para assegurar a sua competência para cuidar do bebê.

Algumas vezes, a criança é gerada com a expectativa de solucionar conflitos entre seus pais. Já que isso é impossível de realizar, ela pode acabar tornando-se alvo de raiva de um deles ou dos dois, mesmo que de forma inconsciente.

Quando o casal conseguiu estabelecer uma relação gratificante com boa comunicação e aceitação mútua, há mais permissão para que as ambivalências de sentimentos, pensamentos e desejos possam ser expressas e questionadas, o que favorece o processo. Porém, muitas vezes os temores são calados pela impossibilidade de expressão, aumentando a solidão e a distância entre o homem e a mulher, justamente quando os dois estão em momento vulnerável, necessitando muito um do outro.

Ainda que o significado do nascimento de um filho seja único para cada pessoa e diferente a cada filho que chega, o mais velho inaugura a família e, portanto, promove as mudanças mais significativas nesse sentido. As vivências mais comuns dos pais nessa fase podem ser listadas de forma geral, mas são mescladas e vividas de forma particular. Tornar-se pai e mãe "[...] modifica o equilíbrio entre trabalho, amigos, irmãos e pais. Além disso, esse estágio tem um significado profundamente diferente para o homem e a mulher". (BRANDT, 1995, p. 206).

A variação do significado do nascimento do primeiro filho para o homem e para a mulher costuma aumentar as diferenças de gêneros. A mulher pode sentir-se madura e adulta por ser capaz de ter um filho, mas ao mesmo tempo mais dependente e insegura por necessitar de apoio e proteção. Ela fica sobrecarregada no início com todas as demandas do bebê que chegam ao mesmo tempo, enquanto ainda está aprendendo a tomar conta do filho. Nessa fase, faz muita diferença poder contar com o apoio de familiares com quem tenha liberdade e segurança. Poucas redes de apoio conseguem oferecer o que a mãe precisa e por vezes acabam sobrecarregando a nova família com visitas e solicitações fora de hora e de contexto. Ou, ao contrário, deixam de prestar o apoio tão necessário nesse momento de transição. As atividades dentro de casa aumentam muito com a chegada de um bebê, e esse reino ainda pertence muito mais às mulheres do que aos homens.

A mãe facilmente tende a assumir o bebê como sendo sua propriedade depois de ter tido o filho ligado fisicamente a ela por tanto tempo, sem deixar espaço para o pai – e esse processo já pode ter começado na gravidez. Nesses casos, há risco de distanciamento do pai pela dificuldade de entrar na relação mais fusionada, ocorrendo ruptura do equilíbrio que havia sido estabelecido na relação do casal. Observamos também muitas mães que não conseguem dar conta de tantas necessidades recém-chegadas com o novo papel e passam a delegar muito a outras pessoas, sofrendo um afastamento grande do bebê, nocivo tanto aos filhos quanto a si próprias.

Segundo Gottman (2001, p. 179), há estudos que mostram que o envolvimento do pai já na gravidez de seus filhos favorece o relacionamento com a criança, além de fortalecer o relacionamento conjugal:

> À luz dessas descobertas, os pais que desejarem uma relação sólida com seus filhos devem preparar o terreno durante a gravidez e os primeiros meses de vida do bebê. No entanto, os pais de primeira viagem devem saber que cuidar de um bebê é uma coisa que se aprende basicamente com a prática, é um aprendizado na base da tentativa e erro. O que é bonito no envolvimento desde o primeiro dia é permitir que pai e mãe aprendam juntos a conhecer o filho precioso. E como a comunicação entre pais e filhos tem duas vias, o recém-nascido também começa cedo a aprender com o pai.

É desejável que o homem busque o fortalecimento do vínculo com seu filho mesmo que de forma lenta, à medida que acontece o desenvolvimento da criança. Isso geralmente se dá em graus variados de envolvimento, dependendo de fatores individuais do homem assim como de dinâmicas familiares e sociais, como a relação com o seu próprio pai, conforto no papel de pai, relacionamento conjugal, expectativas culturais.

Portanto, a chegada do primeiro filho requer que seja estabelecido um novo jogo de relações e, para que isso ocorra, o casal enfrenta desafios e tarefas. Novos ajustes são exigidos para que a família consiga organizar-se de forma a atender às várias necessidades do filho recém-nascido ao mesmo tempo em que cuida para que o subsistema conjugal permaneça vivo e saudável.

Caso clínico: Denise trouxe para a psicoterapia sua queixa de falta de ar e insônia, surgida há três meses. Na fase de investigação e levantamento da história pessoal e familiar, ficou clara a relação da queixa com uma fase marcante do ciclo de vida da família: o nascimento de sua filha, na época com cinco meses.

Denise e seu marido Tiago moravam em uma casa acolhedora e gostavam muito de cozinhar. Desde o início da união do casal, todos os sábados eles reuniam os pais e os sogros. Serviam almoços requintados e lanches caprichados no início da noite. Com o nascimento do bebê, veio a vontade das avós e dos avôs de conviverem com a netinha, que começaram a chegar mais cedo no sábado e irem embora mais tarde do que faziam anteriormente, saindo somente após assistir ao banho de Suelen, deixando toda a sujeira para trás. Boa parte do domingo do casal era gasto arrumando e limpando tudo, e no restante do tempo cuidavam de Suelen.

Iniciei o levantamento e leitura clínica do caso com o uso do genograma, sob a perspectiva do ciclo de vida, associado com algumas intervenções familiares. Após as primeiras sete ou oito sessões, os sintomas de Denise começaram a ceder.

As intervenções foram basicamente para que o casal compreendesse as necessidades do momento da mãe, do pai e da filha e como essa família, a partir das gerações anteriores, caminhou para esse modelo de relacionamentos. Os três careciam de tempo e espaço para organizarem-se como uma família. Naquela fase, o casal precisava do apoio dos pais, ao contrário do que estava ocorrendo.

Denise conseguiu trabalhar nas fronteiras familiares com mais facilidade do que seu marido. Atendi Tiago em sessões individuais para manejar dívidas impagáveis de lealdade que carregava em relação à sua mãe, e aos poucos ele foi atuando de forma mais diferenciada com os pais, especialmente a mãe. Trabalhamos essa questão por uns três meses. Durante esse período, fizemos mais algumas sessões conjugais para ajustar a relação do casal em face das mudanças individuais de Tiago e, em seguida, o processo de psicoterapia foi encerrado.

Poderíamos fazer aqui várias outras leituras e considerações clínicas com base em diferentes vertentes da terapia familiar, mas deixo de fazê-lo, já que o objetivo do relato foi exemplificar dificuldades vividas no momento da chegada do primeiro filho.

Segundo os estudiosos da família, o nascimento do primeiro filho força mudanças no jogo das relações habituais, pois promove novos papéis aos pais e outros membros da família, como avós e tios, permitindo a formação de alianças e triangulações inusitadas até então. A criança muda as relações no interior do subsistema conjugal, bem como as relações com a família extensa. Ela carrega a responsabilidade de ensinar o casal a situar-se diante de uma terceira pessoa que depende deles. Ainda que ocorra separação do casal, a família, com seu jogo de relações, não deixará de existir.

A criação dos filhos em nossa cultura sempre ficou muito mais ao encargo da mãe do que do pai, ainda que os dois tenham graus de exigência profissional equivalentes. Isso dificulta o desenvolvimento de intimidade emocional entre o pai e seus filhos. Até mesmo casais que estabelecem relações mais igualitárias no início da convivência, muitas vezes passam a agir de formas mais estereotipadas e sexistas quando chega o primeiro filho.

A experiência de ser pai e mãe comumente acontece em uma fase da vida em que as pessoas estão sedimentando seu papel profissional e muitas vezes ainda se encontram em franco desenvolvimento da identidade. Com isso, deixam de viver essa fase do ciclo vital com maior entrega.

Conforme temas tratados no capítulo sobre as primeiras interações, o bebê nasce com temperamento próprio e as primeiras interações são definidoras, em grande medida, de padrões pelos quais a criança vai aprender a vincular-se com as pessoas. Mesmo que seus cuidadores consigam prover apego seguro para a criança, haverá crises em seu processo de desenvolvimento psicológico. Quando toda a família está envolvida, há uma melhor distribuição de papéis entre pais, avós e tios, além dos recursos advindos da rede sociocultural, que criam dinâmicas mais ricas para todos os envolvidos.

A prontidão do casal para ter filhos e os processos que cada um deles viveu em sua família de origem e nas redes às quais pertencem vão delineando as maneiras de entender, sentir e elaborar todas essas mudanças em curso quando se tornam pai e mãe.

Desenvolver uma narrativa forte a respeito da história familiar e transmiti-la aos filhos fortalece a autoestima das crianças e a crença de que a família funciona, unindo a todos no enfrentamento das dificuldades da vida. Feiler (2013) apresenta uma pesquisa cujos achados indicam a importância de as crianças conhecerem as respostas para perguntas como: Onde seus avós cresceram? Onde seus pais se conheceram? Você sabe sobre alguma doença ou algo terrível que tenha acontecido em sua família? Você conhece a história do seu nascimento?

As narrativas familiares construídas por meio das respostas são apresentadas em três categorias. As narrativas ascendentes transmitem observações do tipo: "Filho, quando chegamos a este país não tínhamos nada, mas nossa família trabalhou e abrimos uma loja. Seu avô foi para a escola, seu pai foi para a faculdade e agora você". As narrativas descendentes incluem informações tais como: "Costumávamos ter tudo, mas perdemos tudo". As narrativas saudáveis se constituem assim: "Nós tivemos altos e baixos em nossa família, construímos um negócio familiar. Seu avô era um pilar na comunidade e sua mãe estava no conselho do hospital. Mas tivemos contratempos, um de seus tios foi preso e tivemos uma casa queimada. Seu pai perdeu o emprego. Mas não importa o que aconteceu, nós sempre ficamos juntos, como uma família". Esse último tipo de narrativa familiar fortalece nos filhos a sensação de fazer parte de algo maior do que eles, um "eu intergeracional".

A narrativa ascendente tende a transmitir rígidas expectativas de que o filho deve progredir além do que o fizeram as gerações anteriores. Já a narrativa descendente passa a mensagem de que a continuidade dos membros da família sugere fracasso. Mas a narrativa saudável reflete a possibilidade familiar de vencer os percalços que naturalmente acontecem a todos. Adolescentes e adultos que conseguem ressignificar suas histórias familiares na psicoterapia podem construir narrativas mais saudáveis a serem integradas na continuidade familiar, beneficiando a si próprios e aos seus descendentes.

A cada fase da vida da criança, a família tem novos desafios e, entre eles, educar os filhos adequadamente exige muita dedicação dos adultos responsáveis. A educação é papel primordial da família, complementado pela escola e outros sistemas que podem ir entrando na vida da criança à medida que ela vai ficando mais velha. Porém, a família é o sistema principal, é onde a criança recebe os fundamentos de seu desenvolvimento. Quando as funções familiares são desenvolvidas de forma muito limitada, os outros sistemas ganham mais espaço com seus valores e paradigmas. Brandt (1995, p. 214) pondera:

> Superenfatizar os relacionamentos com o cônjuge e amigos e negligenciar os relacionamentos pais-criança, significa correr o risco de negligenciar os filhos e as pessoas mais velhas, e sacrificar as lições e a nutrição da continuidade. Superenfatizar os relacionamentos pais-criança, significa por em risco o casamento e pode levar a vínculos emocionais excessivamente intensos entre pais e filhos. Reequilibrar a distribuição de tempo, energia e conexões psicossociais, pode ativar poderosos recursos em um sistema para curar a si próprio.

Funcionamento familiar

"A família mudará, mas também permanecerá porque é a melhor unidade humana para sociedades rapidamente mutáveis."
SalvadorMinuchin

Mesmo sem explorar com profundidade as relações familiares, veremos os princípios básicos de funcionamento das famílias ocidentais de tradição judaico-cristã com base na visão sistêmica. Ainda assim, não temos pretensão de dar conta, nem mesmo de forma superficial, das diversas configurações familiares que convivem no planeta.

Para Andolfi (1984, p. 18):

> A família é um sistema ativo em constante transformação, ou seja, um organismo complexo que se altera com o passar do tempo para assegurar a continuidade e o crescimento psicossocial de seus membros componentes. Esse processo dual de continuidade e crescimento permite o desenvolvimento da família como unidade e, ao mesmo tempo, assegura a diferenciação de seus membros. A necessidade de diferenciação entendida como a autoexpressão de cada indivíduo funde-se com a necessidade de coesão e manutenção da unidade no grupo com o passar do tempo. Teoricamente, o indivíduo é membro garantido em um grupo familiar que seja suficientemente coeso e do qual ele possa se diferenciar progressivamente e individualmente, tornando-se cada vez menos dependente em seu funcionamento do sistema familiar original, até poder separar-se e instituir, por si mesmo, com funções diferentes, um novo sistema.

O entendimento da família como um sistema vivo e aberto surgiu a partir de conceitos derivados da teoria geral dos sistemas e da cibernética, que tiveram desenvolvimento paralelo no decorrer do século XX. (VASCONCELLOS, 2002). A teoria sistêmica percebe a interação da família com o meio ambiente em trocas de matéria, energia, informações, valores, além de outros elementos. Dessa forma, as ações de cada pessoa influenciam ao mesmo tempo em que são influenciadas pelas ações dos demais. O sistema familiar faz parte de outros sistemas mais amplos, incluindo as gerações que precederam a família e os sistemas provenientes dos contextos social, cultural e econômico, entre outros.

Nas décadas de 1960 e 1970, a terapia familiar assumiu uma variedade de nomes – sistêmica, estratégica, estrutural, boweniana, experiencial, com crenças compartilhadas e outras específicas de cada escola. (NICHOLS; SCHWARTZ, 2007). Veremos apenas alguns dos conceitos fundamentais referentes à família, sem explorar cada uma das escolas citadas nem tampouco outras mais que surgiram na sequência. Várias dessas escolas foram mencionadas no histórico da psicoterapia de casal. O que comumente ocorre é a família sendo observada pelos estudiosos do campo com base em vários conceitos provenientes de diferentes linhas, os quais se mesclam na prática.

Sobre isso, Kaslow (2016, p. 42-43) comenta:

> Muitos profissionais da área de família integram atualmente uma gama de modelos teóricos e as técnicas de intervenção associadas com as diferentes escolas de terapia familiar dentro do seu tratamento. Outro indicador dessa tendência é o ressurgimento da ênfase na significância do indivíduo no sistema familiar e o reconhecimento de impacto mútuo e recíproco sobre a família, e a família sobre o indivíduo. Um corolário disso é concernente à compreensão e à coevolução do indivíduo e da família, de forma que todas as suas necessidades diferentes são consideradas e equilibradas.

Levando em conta a amplitude do conceito de família, torna-se necessário diferenciarmos configurações familiares de estruturas familiares.

A configuração familiar diz respeito ao conjunto dos membros que compõem uma família e inclui várias possibilidades, como famílias monoparentais, homoafetivas, com ou sem laços consanguíneos, com ou sem filhos de outros relacionamentos, entre outras. A pluralidade familiar coexiste e força maior aceitação de diferenças, promovendo o questionamento de crenças e paradigmas nas sociedades das quais faz parte.

Já a estrutura familiar é a forma como a família funciona, com regras explícitas e implícitas que geram interações familiares. A estrutura da família não dita as maneiras pelas quais as pessoas interagem, mas estabelece alguns limites e organiza as formas pelas quais preferencialmente funcionam. (MINUCHIN; NICHOLS, 1995).

Minuchin (1998, p. 58) evidencia:

> Mas a estrutura da família deve ser capaz de se adaptar, quando as circunstâncias mudam. A existência continuada da família, como um sistema, depende de uma extensão suficiente de padrões, de acessibilidade de padrões transicionais alternativos e da flexibilidade para mobilizá-los, quando necessário. Desde que a família deve responder às mudanças internas e externas, deve ser capaz de transformar-se de maneiras que atendam às novas circunstâncias, sem perder a continuidade, que proporciona um esquema de referência para seus membros.

A repetição dessas interações estabelece padrões de relacionamento, e esses padrões vão formatando papéis que, segundo Nichols e Schwartz (2007), instauram a previsibilidade nas formas de agir e reagir dos membros da família. A tendência de repetição dos padrões de interação é chamada de homeostase e ocorre mesmo que existam padrões alternativos no sistema. Contudo, havendo transformação, os padrões familiares de interação são ampliados, como assinala Calil (1987).

A convivência com a crescente diversidade de configurações familiares por vezes desperta estranheza em comunidades mais tradicionais. A esse respeito, Wagner (2011) comenta que a configuração familiar não explica por si só o padrão de funcionamento da estrutura de cada família. Com base em estudos de outros autores, a autora afirma: "[...] independentemente de quem compõe a família, a demarcação de fronteiras nítidas, que caracteriza as relações com hierarquias bem definidas e bons níveis de funcionamento e saúde familiar, tem sido uma dificuldade recorrente entre as famílias em geral". (WAGNER, 2011, p. 23). Isso evidencia a importância da atenção dos pais no estabelecimento e manutenção de fronteiras definidas e regras claras, com flexibilidade e afeto, para fornecer segurança aos filhos. Ser pai ou mãe não é o bastante; é necessário assumir os papéis parentais de forma plena, como está apontado nos capítulos sobre as primeiras interações da criança, e isso inclui alguns dos elementos relevantes do desenvolvimento psicológico em cada fase.

Em síntese, a família pode ser definida como um sistema configurado pelo conjunto de seus membros, cuja formatação na atualidade apresenta várias possibilidades. O que acontece com uma ou mais pessoas do sistema familiar impacta a todas de alguma forma. Cada família funciona a partir de uma estrutura própria, e as interações entre seus membros são construídas abarcando vários elementos, com regras e crenças herdadas, rejeitadas ou adaptadas de gerações anteriores. Essas interações geram padrões relacionais que, na repetição, instauram previsibilidade nas formas de agir e reagir dos membros da família.

O sistema familiar, com idiossincrasias próprias, força revisões sociais em seu contexto ao mesmo tempo em que reflete crenças, regras e paradigmas dos sistemas dos quais faz parte, incluindo os escolares, religiosos, recreativos, associações de classe e outros contextos mais amplos. Ele vai se transformando à medida que se move no tempo, com a entrada e a saída de membros e com eventos marcantes, sejam os previsíveis de acordo com o ciclo vital, sejam os inesperados, como os traumas. Portanto, a família precisa seguir adaptando-se a mudanças em sua configuração e alterando sua estrutura; só assim consegue permanecer funcional e adaptativa às necessidades de todos os envolvidos.

A coesão, a flexibilidade e a comunicação indicam o grau de funcionalidade de uma família. Esses elementos devem ser observados em relação aos estágios do ciclo de vida e ao contexto sociocultural do qual a família faz parte, segundo Kaslow (2016, p. 42):

> Famílias funcionando otimamente são coesivas, com estrutura de funcionamento clara e flexível, favorecendo proximidade e autonomia apropriada para a idade. Famílias saudáveis adaptam sua estrutura de poder, papéis relacionais e regras em resposta a emergências situacionais e desenvolvimentais, e novas informações do meio. Uma distribuição relativamente igual de poder é normatizada pelos cônjuges, e uma clara hierarquia de poder existe entre o subsistema parental e os filhos; isto é modificado de acordo com a mudança dos estágios de desenvolvimento dos filhos. Padrões para regulação de comportamento são modificados com negociação e resolução de problemas. Funções familiares são desempenhadas de maneira que os membros não são sobrecarregados com muitas incumbências e há flexibilidade de papéis. A comunicação sobre assuntos afetivos e instrumentais é clara, com congruência entre conteúdo, intenção e processo de comunicação.

Famílias disfuncionais carecem de flexibilidade e mostram dificuldade para relacionar-se intimamente, assim como para movimentar-se com autonomia. Se estão vivenciando desafios, precisam fazer esforços para manter estabilidade. (NICHOLS; SCHWARTZ, 1998).

Quando se trata de disfuncionalidade familiar, o psicoterapeuta deve considerar singularidades relativas a valores socioculturais diferenciados para não correr o risco de escorregar em posições preconceituosas, que adotam como referência os valores emanados das crenças do próprio profissional.

O sistema familiar engloba diferentes subsistemas compostos por membros que se organizam a partir de variáveis distintas. Entre os subsistemas, estão o conjugal, parental, fraterno, feminino, masculino e outras variações possíveis, por exemplo: geração, sexo, papel ou interesses comuns, sempre com funções ou demandas próprias. Os subsistemas também se modificam, acompanhando as transformações familiares ao longo do ciclo vital.

O conjunto de irmãos forma o subsistema fraterno. Nas famílias grandes, podemos encontrar subsistemas de irmãos mais velhos e mais novos, homens e mulheres, filhos do mesmo pai ou da mesma mãe, entre outros.

Na família, são aprendidos os conceitos básicos de relacionamento, como os conceitos de lealdade, de fronteiras entre os subsistemas e de alianças, especialmente no subsistema fraterno. Mas, mesmo em caso de filho único, contrariando o senso comum, o que encontramos em pesquisas e na clínica é que as crianças podem vivenciar situações propícias a esses aprendizados em interações com amigos e parentes de idade próxima, desde que cresçam em condições favoráveis para que isso ocorra.

O subsistema conjugal passa por várias transformações, e os mesmos membros que o compõem vão formar o subsistema parental com a chegada do primeiro filho. Em famílias recasadas, um dos membros ou os dois podem formar um subsistema conjugal com uma pessoa e parental com outra. Independentemente da configuração familiar, é preciso flexibilidade para que o subsistema conjugal permaneça vivo enquanto se adapta às mudanças familiares.

Dependendo da posição que uma pessoa ocupa na sua família, ela vivencia mais possibilidades de desenvolver certas características e habilidades, como também de enfrentar determinados desafios. Crescer entre irmãos, ser filho único, ser filho mais velho ou caçula são características que geralmente propiciam diferentes experiências.

Simon (1995) enfatiza a relevância das questões de parceria e paternidade ao pensarmos no funcionamento familiar, sem menosprezar as demais interações. "O relacionamento entre os sexos, entretanto, é de especial interesse, porque atinge diretamente todas as outras questões, e em virtude de sua variação ao longo do ciclo de vida". (SIMON, 1995, p. 101).

A família tem sido descrita pelos estudiosos sob várias perspectivas, como origem, configuração, estrutura, inserções socioculturais e outras mais, incluindo o ponto de vista do ciclo de vida familiar. Entre os diferentes modelos de ciclo de vida publicados pelos autores do campo, o mais divulgado é o modelo de Carter e McGoldrick (1995) apresentado em seu conhecido livro "As mudanças no ciclo de vida familiar", baseado nas famílias norte-americanas de classe média. As autoras consideram como família o sistema emocional que inclui de três a quatro gerações, não se restringindo aos membros de determinada estrutura doméstica.

As autoras esclarecem:

> [...] as três ou quatro diferentes gerações devem acomodar-se simultaneamente às transições do ciclo de vida. Enquanto uma geração está indo para uma idade mais avançada, a próxima está lutando com o ninho vazio, a terceira com sua idade adulta jovem, estabelecendo carreiras e relacionamentos íntimos adultos com seus iguais e tendo filhos, e a quarta está sendo introduzida no sistema. (CARTER; MCGOLDRICK, 1995, p. 11).

Na obra, o ciclo familiar é apresentado a partir da perspectiva do esperado que aconteça em cada fase, com situações específicas que geralmente ocorrem durante a transição de uma fase para a outra do ciclo. Nesses momentos, o estresse tende a aumentar, chegando a causar sintomas e disfunções, com efeitos que podem manifestar-se por muito tempo caso a família não dê conta de fazer a transição adequada para a fase seguinte do ciclo. Assim, há um fluxo de ansiedade "horizontal", que vai ocorrendo com o avanço da família no tempo e com a vivência das transições no ciclo de vida, incluindo as previsíveis, como a saída dos filhos de casa, e as inesperadas, como mortes repentinas ou divórcio. Há ainda o fluxo de ansiedade "vertical", que é transmitido através das gerações pelos processos de triangulação, com padrões repetitivos de relacionamento e funcionamento, por exemplo, a triangulação resultante da valorização excessiva do filho homem em detrimento das mulheres.

Para Carter e McGoldrick, os momentos de transição familiar são: saindo de casa - jovens solteiros; união de famílias no casamento - novo casal; famílias com filhos pequenos; famílias com adolescentes; lançando os filhos e seguindo em frente; famílias no estágio tardio da vida. Cada uma dessas fases é ligada a um processo emocional de transição, relacionado com as mudanças exigidas para que a família siga de forma funcional. As autoras citam algumas situações que requerem ações extras para promover a continuidade do ciclo vital, como divórcio, reorganização da família pós-divórcio e formação de família recasada.

Com base nessa visão, são propostas intervenções psicoterápicas que visam restabelecer o desenvolvimento dentro do ciclo vital de acordo com os problemas e as forças de cada família. Os rituais e celebrações, tanto religiosos quanto culturais, ajudam a marcar os momentos de transição. Nos períodos próximos às transições familiares, muitas vezes há maior abertura para mudanças na família. As autoras enfatizam que, nesses momentos, "[...] o processo subjacente central a ser negociado é a expansão, a contração e o realinhamento do sistema de relacionamentos para suportar a entrada, a saída e o desenvolvimento dos membros da família de maneira funcional". (CARTER; MCGOLDRICK, 1995, p. 15-16).

Caso clínico: Manoela estava com 54 anos quando me procurou. Tinha uma fala fácil e relatou como queixa principal o vazio existencial em que se encontrava, com sintomas de depressão. Ela era funcionária pública que exercia um cargo de chefia há vários anos, no qual era responsável pela coordenação de uma equipe com 13 pessoas. Estava em licença fazia pouco mais de dois meses - esse afastamento fora praticamente imposto por seu diretor, alegando que o setor precisava de uma reestruturação, com informatização mais eficiente. Após essa fala, o diretor acrescentou que talvez fosse o momento de ela sair de licença e descansar um pouco, já que ele havia preparado uma pessoa para realizar o trabalho até então feito por ela. Manoela sabia que chegara o momento de requerer aposentadoria; na verdade, ela vinha percebendo isso nos últimos meses, mas seguiu trabalhando da mesma forma, sem dar atenção a esses sinais.

Seu marido, sempre dependente dela para qualquer decisão, já estava aposentado e permanecia o dia todo em casa, assistindo televisão a maior parte do tempo. O casal tinha três filhos: uma das filhas já era casada e morava em outra cidade; a outra preparava-se para o casamento; o filho, solteiro, tinha muitas atividades, trabalhava bastante e havia comprado um apartamento para onde pretendia se mudar assim que terminasse de mobiliá-lo. Ao falar sobre a fase que vivia, Manoela começou a chorar e a lamentar-se; não conseguia se ver em casa com o marido e também não imaginava onde mais poderia estar dali para a frente. Contou que passava os finais de semana cozinhando para os filhos adultos, lavando suas roupas, organizando e limpando seus quartos. Porém, eles agora estavam fora de casa ou a ponto de sair.

Manoela e sua família estavam tipicamente na fase de ninho vazio. Ela fizera algumas tentativas de se envolver excessivamente na vida dos filhos quando entrou em licença do trabalho, mas foi rechaçada. Tentou cobrar iniciativas do marido no sentido de que ele buscasse trabalhar fora em alguma nova atividade, e ele respondeu que até gostaria de fazer outras coisas, desde que fosse junto com ela. Assim, o sofrimento de Manoela só aumentou, pois ela não se imaginava começando nada no ritmo lento do marido e também não tinha ideia do que poderia ser.

Ao focarmos em sua queixa, vieram várias memórias de abandono durante a infância pobre e muita sobrecarga no cuidado com os irmãos menores. Dos seis aos oito anos, ela fora encarregada pela mãe de vigiar a porta da casa da amante de seu pai, vizinha da família, e avisar a mãe quando ele chegasse ou saísse de lá. Aos dez anos, começou a trabalhar como babá dos filhos gêmeos de uma vizinha - e nunca mais parou de trabalhar desde então. Quando passou no concurso público e começou a ter férias de um mês ao ano, gastava esse tempo trabalhando na loja de um irmão, na qual organizava estoque e ganhava um dinheiro extra.

Processamos várias memórias antigas, e Manoela foi se dando conta do quanto tinha vivido sobrecarregada pela família de origem, pela família que constituiu e pelo trabalho. Isso havia preenchido sua vida sempre, embora carregasse sintomas de depressão que por vezes ficavam mais aparentes, mas ela ignorava e seguia em frente, ocupando-se o tempo todo. Agora que dispunha de tempo, caíra em um vazio.

Durante o processamento das memórias ligadas à sua queixa usando a terapia EMDR (descrita em capítulo próprio), Manoela foi se percebendo com mais vigor e entrando em contato com seus desejos e seu potencial criativo. Decorridos quatro meses do início do processo, ela começou a fazer planos para o futuro, que logo em seguida decidiu colocar em prática. Comprou um automóvel para transportar crianças para escolas e envolveu o marido, que gostava muito de dirigir. Porém, dessa vez o tempo investido no trabalho foi decidido; ela não mais se sentia sufocada, queria ter tempo livre. Um mês depois, contou que os dois estavam mais próximos, usufruindo os finais de semana em pequenos passeios que lhe traziam muita alegria. Manoela reviu sua história, livrou-se de incômodos provenientes de memórias traumáticas que carregou através dos anos e começou a administrar sua vida em consonância com a fase do ciclo vital em que se encontrava.

Sobre o ciclo de vida familiar estruturado em seis etapas apresentado por Carter e McGoldrick, Cerveny e Berthoud (2004, p. 24) afirmam:

> Nenhuma dessas seis classificações contempla a enorme diversidade e as inúmeras configurações que temos hoje em dia nas nossas famílias, mesmo aquelas consideradas típicas. Os jovens solteiros que vão constituir uma nova família existem, mas temos também os solteiros de meia-idade que cuidaram de suas carreiras antes de assumir o casamento e a aquisição de filhos, temos os recasamentos e as famílias reconstituídas que têm de recomeçar novamente, temos os filhos separados que muitas vezes voltam para a casa dos pais carregando ou não os netos, temos os casais que adotam tardiamente crianças, as famílias monoparentais e as homoafetivas, sem falar nas outras formas de famílias.

Cerveny e Berthoud (2004) propõem outra estruturação do ciclo vital, a qual inclui quatro etapas, com base em pesquisa realizada no Brasil: família na fase de aquisição; família na fase adolescente; família na fase madura; e família na fase última. Essa proposta é interessante por apresentar maior abrangência na inclusão de diferentes famílias em cada fase do ciclo de vida familiar classificado.

Contudo, de acordo com o objetivo de seguir o indivíduo até o momento de sua inserção em um sistema conjugal, vamos centrar a atenção em aspectos relevantes das vivências da criança, do adolescente, do adulto jovem e do adulto, segundo o ciclo vital familiar proposto por Carter e McGoldrick. Dessa forma, veremos o ciclo vital individual entrelaçado com o ciclo de vida familiar e acompanharemos os principais processos emocionais e as tarefas de desenvolvimento em cada fase da vida até que o indivíduo chegue a fazer parte de um subsistema conjugal.

Durante todo o processo de amadurecimento emocional do ser humano, é fundamental perceber-se parte de uma família que, de forma geral, consiga manter um ambiente de acolhimento, com respeito a cada um de seus membros. A boa convivência familiar depende de atitudes empáticas. A empatia promove compreensão, ajuda mútua e sentimentos de ser visto, valorizado e amado.

Goleman (2013) classifica a empatia em três tipos: empatia cognitiva, que nos capacita a perceber os sinais emocionais do outro e a compreender seu estado mental, ao mesmo tempo em que se administra as próprias emoções; empatia emocional, que promove a união com outra pessoa, permitindo sentir junto com ela; preocupação empática, uma atitude compassiva que nos mobiliza a ajudar o outro no que for preciso.

> Essa atitude compassiva se forma numa parte profunda do cérebro, nos sistemas primários de baixo para cima vinculados ao afeto e ao apego, ainda que eles se misturem com circuitos mais reflexivos, de cima para baixo, que avaliam o quanto valorizamos o bem-estar alheio. (GOLEMAN, 2013, p. 99).

Portanto, ser empático depende também de intenção no sentido de querer desenvolver empatia, além da necessidade de ter afeto pelos familiares. Mas a empatia só é alcançada quando trilhamos o caminho da inteligência emocional iniciado com a autorregulação, incluídos aí os processos de apego.

As ligações de apego sinalizam as formas pelas quais as pessoas processam e lidam com suas emoções. O apego é preponderante nos relacionamentos familiares.

Whiffen (2012), assim como outros estudiosos do tema, defende que a teoria do apego é integrativa e pode ser vista como uma teoria dinâmica individual. Na perspectiva relacional:

> A teoria do apego oferece aos clínicos um mapa rodoviário para os sistemas complexos, que se reforçam mutuamente, que são as famílias e os casais. A teoria do apego nos diz que o problema fundamental em famílias e casais infelizes é o apego inseguro. Ela nos diz como essa insegurança se desenvolveu e mostra-nos como se manifesta nos sintomas de sofrimento emocional que alguns membros do sistema experimentam. (WHIFFEN, 2012, p. 375).

Wesslmenn (2016, p. 101) apoia-se em outros autores para relacionar os padrões de apego e as interações familiares no que diz respeito a possíveis alterações ao longo do tempo:

> Tanto os sistemas familiares quanto os modelos de apego defendem o ponto de vista de que os estilos de apego e comportamentos interpessoais dentro de famílias, uma vez estabelecidos, são autorreforçadores e persistentes (BOWLBY, 1989; HALEY, 1963; P. MINUCHIN, 1985; S. MINUCHIN, 1974), mesmo através de gerações (BOWEN, 1978; VAN IJZENDOORN, 1992).

As quatro categorias de apego relacionam-se aos quatro padrões familiares de proximidade e distanciamento observadas por Minuchin: adaptativa, superenvolvida, desengajada e caótica. A família adaptativa tem fronteiras adequadas, favorecendo ligação e autonomia comparável ao apego seguro. A família superenvolvida tem fronteiras difusas, compatível com apegos ambivalentes. A família desengajada, com suas ligações tênues, está relacionada com apego evitativo. A família caótica revela desorganização nos apegos. (WESSLMENN, 2016).

Os processos de apego são subjacentes aos relacionamentos humanos e ressoam fortemente nas relações mais significativas de todos nós. Relacionamentos familiares com apego seguro facilitam o desenvolvimento saudável do sentido de pertencimento e de autonomia de seus membros. Segundo os psicoterapeutas familiares sistêmicos, esses dois elementos são básicos para a formação e desenvolvimento da identidade, conforme vimos anteriormente.

A família que possibilita e fomenta o desenvolvimento de apego seguro oferece um tesouro aos seus membros, que é a sensação de segurança interna geradora do combustível básico para uma autoestima que dure a vida toda. Quando cumpre bem as funções de desenvolver uma estrutura coerente e flexível com oportunidades de pertencimento e autonomia, a família estimula a criação de dinâmicas familiares que levam ao aumento de resiliência para uma vida saudável e gratificante aos seus membros.

Rede sociocultural

"Fazemos muitas coisas sozinhos, inclusive alguns de nossos atos mais heroicos, mas somos definidos e sustentados por uma rede de relacionamentos humanos."
Nichols e Schwartz

A família, com sua estrutura e suas dinâmicas complexas, pode ser vista como um microcosmo que reflete sistemas maiores enquanto se move no tempo. Ela não existe no vazio; é um subsistema que interage com outros subsistemas que integram diferentes sistemas, formando parte significativa da existência humana.

Conforme Court (2005, p. 23):

> Junto com a transmissão da vida, ocorre também na família a transmissão da cultura e da tradição, que tem a mesma fragilidade que a existência humana. Ninguém escolhe onde nascer, nem em que tempo e lugar, nem qual será seu idioma materno. E, sem embargo, ninguém nasce em um mundo desabitado e a ser construído. A família pode moldar-se a partir da vida humana, precisamente porque conta com a tradição e experiência de sua cadeia ontogenética. Contudo, diferente da informação biológica que se reproduz por via genética, a cultura exige um longo e voluntário processo de aprendizagem. Em certo sentido, cada nova geração começa a vida humana de novo, desde o princípio, posto que tem que aprender a falar, a ler e a escrever, a se comunicar com seu entorno, sem que ocorra para ele nenhum automatismo biológico. Tal aprendizagem seria, não obstante, impossível para uma vida finita e limitada, se não fosse pela boa disposição de conviver entre as distintas gerações, a transpassar a quem se incorpora à vida a imensa experiência e sabedoria acumulada por muitas gerações ao longo do processo histórico. Com ela, as palavras, os símbolos, as metáforas, as imagens, as perguntas com resposta e as respostas que buscam sua pergunta, em uma palavra, a identidade humana que, como é sempre particular e contingente, não pode se separar da identidade de um povo, de uma cultura, de uma história.

Até mesmo "[...] o momento das fases do ciclo de vida e a importância das diferentes transições variam de acordo com o *background* cultural da família", como sustentam Carter e McGoldrick (1995, p. 26).

A fase de ninho vazio, por exemplo, em certas famílias e culturas praticamente não existe, já que as mulheres passam grande parte da vida tendo filhos e ajudando a criar netos. Já em outras culturas, há incentivo para que as mulheres centrem a vida no cuidado dos filhos e, quando essa atividade cessa, podem cair em um vazio, com chances aumentadas de surgimento de processos depressivos e outros sintomas psicossomáticos. Mas também existem culturas com incentivo social para que essa fase seja vivida de forma criativa, como oportunidade para a busca de sonhos e projetos que ficaram no tempo, além da experimentação de atividades novas. Naturalmente, as forças sociais não definem a trajetória de vida das pessoas, mas interferem nas famílias e em cada indivíduo em graus variados.

Fishbane (2007) ressalta a importância de levarmos em conta o impacto potencialmente negativo de situações sociais como pobreza, violência e traumas, que podem interferir já na formação dos cérebros das crianças. A autora lembra que, apesar de as conexões entre os cuidadores e seus bebês serem imprescindíveis no início da vida, nós continuamos necessitando de ligações seguras mesmo depois de adultos, especialmente nos momentos de maior vulnerabilidade. Por outro lado, o contexto mais amplo de redes sociais pode oferecer várias possibilidades de apoio e recursos, fazendo muita diferença na vida das pessoas. Os sistemas religiosos são apontados por Fishbane como diferenciais que podem permitir a construção de bons vínculos.

Caso clínico: Letícia foi encaminhada para a psicoterapia por sua líder religiosa. A queixa relatada pela moça de 20 anos foi a dificuldade de concentrar-se para estudar. Ela precisava dedicar-se muito aos estudos para entrar no curso escolhido, por intermédio de um dos vestibulares mais concorridos do País. Letícia mudou-se para longe de seu estado natal, carregando consigo lacunas de aprendizagem que deveriam ser vencidas, mas o mais difícil, com certeza, era superar as consequências das marcas que carregava após muitas situações de *bullying* e memórias de desproteção. Eram vários traumas vividos de forma repetida desde que começou a vida escolar; levamos várias sessões processando um a um de seus traumas.

Letícia foi fortalecida por seus vínculos com pessoas da rede religiosa da qual faz parte, e isso foi fundamental para ela desde o início. Estava em uma cidade estranha e tinha dificuldade em fazer amizades e manter relacionamentos. Mas a sua rede ofereceu acolhimento e apoio sempre, até mesmo quando ela demonstrava reações desmedidas por coisas das quais não gostava. Essa é uma das consequências comumente demonstradas por pessoas que passam por traumas semelhantes aos vividos por Letícia.

O processo de psicoterapia mexe com situações dolorosas, e a rede de apoio é sempre importante. Letícia estava longe de sua família e, certamente, foi o sistema religioso do qual faz parte que lhe deu sustentação. Assim, ela pode aliviar seu estresse nos momentos mais difíceis do processo psicoterápico. Trabalhamos com lembranças bem dolorosas, por exemplo, quando ela fez um trabalho escolar e o deu para um colega pelo qual nutria uma paixão, ainda que tenha ficado sem nota. Algum tempo depois, ouviu desse mesmo colega quando declarou seus sentimentos para ele: "se enxergue, imagine só se eu iria gostar de uma gorda". À medida que ela ia superando os traumas, foi mudando as formas de relacionar-se, sendo sempre aceita e nutrida por sua rede. A abordagem usada para tratar os traumas de Letícia está descrita em capítulo específico sobre a terapia EMDR.

McGoldrick enfatiza que família e etnicidade interagem o tempo todo. A autora define etnicidade como a condição de um grupo segundo a combinação de raça, religião e cultura, que é transmitida de uma geração para a outra e reforçada pela rede social à qual a pessoa pertence. A autora afirma:

> Ela envolve processos conscientes e inconscientes que preenchem uma profunda necessidade psicológica de identidade e continuidade histórica. Ela une aqueles que se consideram semelhantes em virtude de sua ascendência comum, real ou fictícia, e que são assim considerados pelos outros.

Hoffman (1998) lembra que, para os teóricos da construção social, a linguagem faz a mediação do conhecimento que é produzido entre as pessoas, incluindo ideias, conceitos e recordações. O senso de identidade, a voz interior é burilada no meio dos que são próximos, fundamentado no caldo de cultura que lhes é próprio. Assim, os sistemas humanos geram linguagem e sentido.

Dessa forma, o sentido e o entendimento são construídos socialmente: "[...] as crenças mantidas pelos indivíduos constroem as realidades, e estas são sustentadas por meio da interação social, a qual, por sua vez, confirma as crenças que se originam socialmente". (FRUGGERI, 1998, p. 55). Portanto, a identidade das pessoas fundamenta-se em grande parte na dimensão social. Minuchin (1995) também ressalta que o comportamento humano, além de outras influências, é fundamentalmente formado pelo contexto social.

Essas dinâmicas envolvem a padronização de crenças e sentimentos que organizam a vida das pessoas, os quais definem formas de relacionamento e modos de vida. É impossível ser totalmente isento quando interpretamos. Os pensamentos são permeados pela cultura da qual fazemos parte, ou seja, o contexto no qual estamos inseridos. Além de quem somos, importa como estamos emocionalmente e, nesse aspecto, participam as crenças e motivação pessoal.

Conforme Anderson e Goolinshian (1998, p. 36): "Nós não alcançamos ou possuímos um sentido ou um entendimento até realizarmos uma ação comunicativa, ou seja, envolvermo-nos em algum diálogo ou discurso gerador de sentido, dentro do sistema para o qual uma comunicação é relevante".

Então, as narrativas que usamos para definir o quanto apreciamos ou não participar dos subsistemas aos quais pertencemos também dependem das maneiras como tudo é compreendido pelo nosso entorno e do caldo de cultura no qual a família está inserida. MacName e Gergen (1995, p. 3) assinalam que "enfrentamos as situações da vida munidos de códigos, pré-estruturas de entendimento que sugerem, elas mesmas, como devemos distinguir o problemático do perfeito".

Isso destaca a importância do olhar sistêmico do psicoterapeuta para compreender as dificuldades das pessoas como participantes de dada cultura, com suas idiossincrasias. É preciso considerar também os elementos culturais que cada um carrega de gerações precedentes e de contextos prévios nos quais tenha vivido. Não é raro recebermos clientes em sofrimento, pois tomaram certas decisões pessoais sem motivação ou preparo adequado, com a finalidade de adaptarem-se a pressões sociais, ainda que muitas vezes com insuficiente consciência de suas atitudes.

Caso clínico: Claudia casou-se após uma viuvez recente para não criar filhos em uma "família incompleta". Perdeu a chance de vivenciar seu luto adaptativamente, superar certas dificuldades pessoais de enfrentamento e lidar com as expectativas das pessoas em relação a ela. Se o tivesse feito, poderia alcançar maior clareza a respeito do desejo ou não de outro possível relacionamento.

Assim, Claudia conduziu sua vida a partir de crenças sociais que não foram por ela devidamente avaliadas e filtradas, em consequência de falhas em seu processo de diferenciação. Ao mesmo tempo, ela também contribuiu para a perpetuação de tais crenças.

A rede social pode promover mais ou menos autoestima, segurança, flexibilidade e resiliência familiar, além de sustentação, com suas crenças e valores. A rede social que discrimina mais do que apoia tende a aumentar o estresse da família.

Capítulo 5 - Aspectos do Desenvolvimento Psicológico

Infância
Adolescência
Fase adulto jovem
Vida adulta, enquanto solteiro

Quando duas pessoas formam um casal, conforme apregoa o senso comum, cada uma delas está casando também com a família da outra. Na verdade, o casamento engloba, em certo grau, elementos e repercussões das dinâmicas vivenciadas até então pelas famílias de cada uma delas. Mesmo que um dos membros do casal ou ambos tenham se afastado completamente de sua família antes de unir-se ao outro, ainda assim a pessoa carrega em seu mundo psicológico os ecos de tudo o que viveu e do que não viveu até chegar a essa fase da vida.

O amadurecimento psicológico do ser humano acontece como resultado da combinação de temperamento, dinâmicas familiares vivenciadas, estilos de educação adotados por seus responsáveis, prontidão dos pais e demais familiares para cuidar adequadamente dos filhos e outras variáveis, como aquelas relativas ao meio sociocultural e possíveis traumas familiares ou individuais. A base da personalidade se faz na infância, principalmente nos três primeiros anos de vida, mas graças à plasticidade cerebral pode ser modificada a vida toda. Até os 24 anos, as possibilidades de mudança são mais abrangentes, como visto na parte deste livro em que tratamos do funcionamento cerebral. A chegada da adolescência traz novos desafios, que em muitas famílias são encarados como problemas. A fase adulta possibilita a criação de relações mais estáveis e permanentes, incluindo os relacionamentos conjugais.

Portanto, cada uma das fases precedentes à formação do casal está de alguma forma refletida na relação do casal. O que foi vivido por homens e mulheres enquanto cresciam e desenvolviam-se emocionalmente ecoa nas dinâmicas adotadas no relacionamento conjugal. Por essa razão, vamos refletir sobre alguns dos aspectos mais fundamentais de cada fase do ciclo até chegar aos anos de vida adulta.

Infância

"Assim como uma árvore é afetada pela qualidade do ar, da água e do solo em seu meio ambiente, a saúde emocional da criança é determinada pela qualidade dos relacionamentos íntimos que a cercam."
John Gottman

O exercício da parentalidade tornou-se progressivamente mais complexo, principalmente nas últimas décadas. Mudanças aceleradas na sociedade forjaram a inclusão de muitas demandas e questionamentos, restando poucas certezas em relação a como criar os filhos, mesmo levando em conta a diversidade decorrente de cultura e classe social, além de outras particularidades.

De modo geral, entre as principais necessidades dos filhos consideradas pelos pais estão: escolaridade com boa qualidade e inclusão, se possível, de alguma experiência internacional quando ficam mais velhas; criação de crianças obedientes, mas que também tenham iniciativas criativas e decisões firmes; formação de cidadãos capazes de fincar raízes e também de exercer certa liderança onde estiverem, com flexibilidade para viverem e adaptarem-se em diferentes contextos culturais. Há ainda outras necessidades eleitas, que variam de acordo com a rede sociocultural da qual os pais são parte.

Os questionamentos também mudam conforme a cultura e classe social com seus valores familiares, mas comumente os pais se perguntam até que ponto impor disciplina e como fazê-lo, qual tipo de educação adotar e qual a idade para fazer quais concessões.

Então, qual a melhor forma de educar nesses tempos tão incertos, de valores movediços e amores líquidos?

Ainda que a maioria dos pais ame seus filhos e queira o melhor para eles, esse é só o ponto de partida. As crianças precisam sentir que são amadas; é isso que afeta positivamente o seu desenvolvimento. Ser pai e mãe é sem dúvida uma responsabilidade complexa, mas é sempre uma oportunidade preciosa de crescimento pessoal com vivências enriquecedoras.

Stirbulov e Laviano (2015) comparam a educação dos filhos com uma pintura sobre tela, na qual são pinceladas várias tonalidades com "três cores" fundamentais: hereditariedade, influências socioculturais e vivências individuais. De acordo com essa analogia, a hereditariedade funciona como o pano de fundo e a individualidade é o que a pessoa faz com a tela à medida que assume cada vez mais a administração de sua vida. Quando os pais estão atentos para o resultado da combinação das cores, podem atuar com as tintas empregadas para acrescentar ou modificar algo. O resultado da tela vai dependendo cada vez mais do filho e menos dos seus responsáveis. No entanto, os pais estarão sempre refletidos na mescla colorida da vida; são parte indissociável da obra.

A criação de filhos não é um processo linear, já que desde bebê a criança também direciona o que o cuidador faz. As trocas emocionais operam nas duas direções, embora certamente o poder exercido pelos cuidadores é muito mais potente do que o poder que o bebê consegue exercer. Pais de bebês que nascem mais ansiosos, por exemplo, tendem a mostrar-se também mais ansiosos nas interações com o filho. Pais de bebês mais relaxados tendem a cuidar da criança de forma menos ansiosa. Porém, é preciso lembrar-se dos ensinamentos de neurocientistas como Siegel (2014), de que a experiência pode modificar o cérebro ao construir ou fortalecer circuitos específicos em qualquer idade, graças à plasticidade cerebral. Assim, pais relaxados que consigam manter essa atitude na interação com filhos mais ansiosos podem ajudar a modificar o funcionamento cerebral do filho nesse aspecto.

Sobre a empatia entre pais e filhos que é requerida desde o nascimento do bebê, Goleman (2013, p. 104) acentua: "Os ingredientes de uma relação empática começam com um foco total compartilhado entre duas pessoas, o que leva a uma sincronia física inconsciente que, por sua vez, gera uma sensação agradável".

Como vimos no capítulo sobre as primeiras interações, nessa fase ocorre crescimento exuberante do hemisfério cerebral direito da criança, resultando em modelagem do cérebro emocional. Conforme Goleman (2012), isso funciona como uma rodovia emocional primitiva. Nesse processo, vai havendo mudança nos cérebros de ambos, bebê e cuidador principal, além dos sentimentos de prazer e união, com liberação de endorfinas.

A sociedade atual geralmente conhece a importância e o valor de suas crianças, mas não consegue criar mecanismos de apoio que facilitem a capacitação das pessoas para criar cidadãos confiantes e seguros que possam viver significativamente e desenvolver relações saudáveis com seus semelhantes, integrados sistemicamente ao contexto mais amplo. "À medida que crescemos, uma trama intrincada de informações genéticas, o acaso e a experiência no cérebro formam aquilo que chamamos de 'personalidade', com todos os hábitos, gostos, desgostos e padrões de respostas". (SIEGEL, 2012a, p. 69). Das variáveis citadas por Siegel, somente a experiência que os pais proporcionam aos filhos está sob seu controle, ainda que somente em parte.

De forma geral, os educadores apontam algumas atitudes como desejáveis para serem adotadas na socialização de filhos, e todas elas requerem pais com condições de autorregulação e empatia – pelo menos com certa constância – para estabelecer e principalmente para manter essas atitudes na correria cotidiana da vida. Entre as atitudes incentivadas, está a necessidade de estabelecer regras e fazer com que sejam cumpridas. Os educadores orientam que seja feita a seleção do que é mais importante em cada fase da vida da criança de acordo com o que ela consegue cumprir, mantendo atitudes tolerantes quanto ao restante. Apontam a necessidade de deixar claro o que se espera, dando tempo para que a criança faça sozinha o que puder. Aconselham que os pais devem manter-se atentos e apoiadores quando necessário, incentivando e reconhecendo o que foi feito. Outro ponto valorizado é ajudar a criança a compreender os resultados de seus comportamentos, sem poupá-la das consequências, respeitando sua capacidade de compreensão e sem ameaças, mas sem retirar o afeto, o que seria um ato de condenação da criança, e não da sua atitude. A criança precisa sentir que é amada simplesmente porque nasceu, e não porque corresponde às expectativas parentais.

Briggs (2000) acentua:

> Acreditar na própria importância simplesmente porque se existe é básico. Quando uma criança sente que não é amada, as provas de sua competência ou valor podem ter pouco significado. (BRIGGS, 2000, p. 39).

> O amor estimulante é o cuidado carinhoso – é a valorização da criança apenas porque ela existe. (BRIGGS, 2000, p. 61).

A educação das crianças com crenças e normas que resultem em valores familiares e sociais sem dúvida gera aprendizagem. Mas há uma outra forma de aprendizado que se infiltra no indivíduo; é o proveniente das experiências. A experiência vivenciada é muito mais rica, pois envolve os significados atribuídos aos fenômenos ao longo do ciclo vital. Na vida adulta, carrega-se primordialmente aquilo que é vivido nas inter-relações familiares. (GUIMARÃES, 2010).

Um dos ingredientes muito apontado pelos educadores como básico na formação de uma personalidade sadia é a autoestima bem consolidada. Sua importância decisiva para uma personalidade mais funcional ou disfuncional salta aos olhos das pessoas observadoras.

> A ideia que seu filho faz de si mesmo influencia a escolha dos amigos, a maneira pela qual se entende com os outros, o tipo de pessoa com quem se casa e a produtividade que terá. Afeta a sua criatividade, integridade, estabilidade e até mesmo a possibilidade de ser um líder, ou um seguidor. Seus sentimentos do seu próprio valor formam a essência de sua personalidade e determinam o uso que fará de suas aptidões e habilidades. Sua atitude para consigo mesmo tem influência direta sobre a maneira pela qual vive todos os aspectos de sua vida. Na verdade, a autoestima é a mola que impulsiona a criança para o êxito ou fracasso como ser humano. A importância da autoestima na vida de nossos filhos dificilmente poderá ser exagerada. Todo pai que se preocupa deve ajudar seu

filho a criar uma fé firme e sincera em si mesmo. (BRIGGS, 2000, p. 5).

Esse especialista em autoestima cita as duas principais crenças pessoais que formam a base da autoestima: "eu posso ser amado" ("sou importante e tenho valor porque existo") e "eu tenho valor" ("posso dirigir a mim mesmo e a meu ambiente com competência. Sei que tenho alguma coisa a oferecer aos outros").

Nós, clínicos, conhecemos bem a importância da autoestima e sabemos como o trabalho psicoterápico pode ser árduo quando demanda fortalecimento de autoestima. Essa situação aparece constantemente nos consultórios de psicoterapia.

Assim, não basta declarar para a criança que ela é digna de ser amada, ela precisa sentir que tem especial valor. As experiências vividas consolidam e também podem abalar nossas crenças, como aparece, por exemplo, em situações de traumas, conforme capítulo que trata desse assunto.

Branden (2000), outro estudioso da autoestima, discorre sobre comportamentos de pais e de crianças com autoestima saudável em seu livro sobre os pilares da autoestima. Segundo o estudo de outro autor, Branden ressalta que os pais dessas crianças comumente são também dotados de boa autoestima e propiciam experiências de aceitação dos pensamentos e sentimentos infantis, além de estabelecerem limites aos filhos de forma clara e justa, resultando em segurança. As crianças são tratadas com respeito, sem ameaças ou humilhações, ao mesmo tempo em que são apoiadas e desafiadas.

Crianças com baixa autoestima, segundo Briggs, atuam preferencialmente de três formas ou combinações que reduzem a plenitude da vida: criam disfarces para seus sentimentos de inadequação; aceitam a inadequação como fato, tornando-se mais apagadas; retraem-se usando fantasias para compensar as rejeições sofridas. As formas pelas quais lidam com baixa autoestima variam de acordo com o temperamento, as dinâmicas familiares e outras experiências de vida. Portanto, crianças com atitudes de isolamento ou máscaras sociais comumente necessitam de muito acolhimento e aprovação.

Afeto e bom humor são desejáveis sempre no convívio humano e principalmente familiar, mas, ao educar uma criança, são ainda mais significativos e imprescindíveis, porque alimentam sua autoestima. Como acentua Minuchin, a família não é uma democracia e os pais precisam assumir a responsabilidade por uma paternidade consciente. Isso inclui a atenção ao clima familiar que costuma imperar na maior parte do tempo.

Como os pais são responsáveis pelas crianças e adolescentes até que fiquem adultos, também é sua função filtrar os valores socioculturais que participam na formação da personalidade de seus filhos. A esse respeito, a pesquisadora e educadora Gomide (2014, p. 52-53) assinala:

> Os pais são os principais mediadores entre a criança e o mundo. A criança aprende sobre o mundo pelos olhos dos pais, de suas reações, de suas experiências. São os pais que ensinam as crianças a serem seguras, a terem boa autoestima, a resolverem problemas. Ensinar a criança, desde tenra idade, a solucionar problema é um excelente caminho para desenvolver a sua segurança, inibindo, consequentemente, o aparecimento de distúrbios sérios como a depressão infantil. Quando uma criança ou adolescente acredita que nada do que possa fazer alterará seu mundo, pode entrar em depressão. A depressão é a representação deste fracasso imaginado e sentido, de que não é capaz de mudar o meio, de que não consegue se fazer compreender, de não se sentir amada.

O fortalecimento da autoestima implica ajudar a criança a reconhecer seus sentimentos negativos, como tristeza e raiva, e a expressá-los. No entanto, é preciso fazer isso encontrando maneiras de dar vazão aos sentimentos sem ultrapassar limites razoáveis. Briggs (2002) comenta:

> Eis a fórmula para tratar os sentimentos de maneira construtiva: quando surgirem as emoções – sejam positivas ou negativas – você estará trabalhando de forma saudável, se ouvir a criança empaticamente, se aceitar seus sentimentos e se lhe proporcionar válvulas de escape aceitáveis. (BRIGGS, 2002, p. 121).

> Não somos, é evidente, os únicos espelhos na vida de nossos filhos. Qualquer pessoa que passe longos períodos com eles afeta a sua autoimagem. Pouco importa se essa pessoa é parente, vizinho, babá ou empregada. Os professores contribuem muito para a imagem que a criança faz de si mesma, já que há um contato constante e também por exercerem acentuado poder sobre elas. Irmãos e irmãs são outros espelhos. Embora a criança não dependa deles para suas necessidades físicas e emocionais, eles oferecem estímulo social, competição e são parte íntima da sua vida cotidiana. (BRIGGS, 2002, p. 17).

Algumas crianças dependem de cuidados de irmãos mais velhos mesmo para atender às necessidades básicas. Tradicionalmente, as mulheres são as mais responsáveis por cuidar das pessoas em todas as idades. O irmão mais velho que cuida do mais novo de forma parental pode sentir-se sobrecarregado por tarefas para as quais ainda não tem preparo emocional para desempenhar, e o mais novo não recebe o trato que necessita devido aos limites emocionais e até mesmo físicos de sua irmã ou irmão. Tal situação potencialmente pode levar a traumas.

À medida que a criança cresce e chega perto da adolescência, intensifica-se a necessidade de apoio social de outras pessoas além da família.

> A imagem que toda criança tem de si mesma é produto de numerosos reflexos que fluem de muitas fontes: o tratamento que recebe das pessoas à sua volta, o domínio físico sobre si mesma e sobre o ambiente, e o grau de realização e reconhecimento em áreas que são importantes para ela. Esses reflexos são como instantâneos de si mesma que ela cola num álbum imaginário de retratos, e que formam a base de sua identidade. Tornam-se a sua autoimagem ou autoconceito – suas respostas pessoais à pergunta "Quem sou eu?". (BRIGGS, 2000, p. 19).

O que a criança percebe que os outros pensam a respeito de sua capacidade é mais importante do que ter essas ou aquelas características. Perceber que os outros sentem pena ou desprezo, por exemplo, interfere muito na imagem que uma criança tem sobre si mesma. Ser exitosa em áreas que sejam significativas no contexto em que vive resulta em mais autoestima para a criança do que sair-se bem em áreas que traduzam pouca importância em seu entorno.

As vivências escolares são preponderantes na infância. Os modelos de apego desenvolvidos até então direcionam em grande parte os relacionamentos e os resultados que a criança alcançará em sua jornada escolar.

Em artigo que relaciona a prática de *bullying* com a teoria do apego, Castelatto (2012) faz comentários a partir de observações oriundas de seu trabalho clínico e acadêmico. A autora aponta que, entre as crianças agressoras, o estilo de apego mais comumente encontrado é o inseguro evitativo; já entre as crianças vítimas, a maioria reflete o estilo de apego inseguro ambivalente.

No caso das crianças agressoras, o apego evitativo resulta em:

> [...] reação defensiva, evitando o contato íntimo, pois têm como experiência que, ao procurar o apoio do cuidador, não encontrarão uma resposta positiva e sim um ato de rejeição, tendendo a mostrar como defesa uma atitude de autossuficiência emocional. (CASTELATTO, 2012, p. 46).

Em relação às crianças vítimas, a autora esclarece que:

> [...] tendem a apresentar ansiedade de separação e a mostrarem-se receosas em sua exploração do mundo, uma vez que internalizaram de suas experiências iniciais uma intensa e frequente ambiguidade da disponibilidade emocional da figura de apego. Elas se sentem responsáveis pelo medo/agressão/rejeição que percebem em suas

figuras de apego quando se aproximam delas e, portanto, se percebem merecedoras dessa resposta insuficiente. (CASTELATTO, 2012, p. 46).

A autora segue enfatizando a complementariedade de tal situação:

[...] uma agride porque não se sente merecedora de uma relação de intimidade satisfatória e estável e, por meio da agressão, estabelece o controle e antecipa o fim da relação, diminuindo a ansiedade e tensão que isso lhe causa. A outra permite a agressão porque entende que é o preço que deve pagar por não ser suficientemente boa e merecedora do amor satisfatório e assim reforça a ambiguidade que internalizou de relações anteriores. Portanto, as respostas comportamentais de ambos atendem aos respectivos mundos presumidos e, assim, estabelece-se o ciclo e a repetição. (CASTELATTO, 2012, p. 47).

Os pais devem estar atentos ao que seus filhos estão vivenciando na escola, para interferir e ajudar sempre que necessário.

A criança, em certa medida, fica também sujeita ao que vem do contexto cultural para além da escola, e esse é outro aspecto que requer a atenção de seus responsáveis. Sabemos o quanto a cultura impõe modelos de beleza, atributos físicos, desempenho e vários outros. Por isso, é necessário que a família use filtros de acordo com seus valores, levando em conta a idade da criança, seu temperamento e outros aspectos da vida familiar. Conforme vimos no capítulo que trata da inteligência emocional, desenvolver de forma consistente os componentes dessa dimensão da inteligência fortalece a resiliência e ajuda a enfrentar cobranças e julgamentos sociais injustos. Sem boa inteligência emocional, a criança que passa por situações de preconceito pode sofrer arranhões na autoestima.

Gottman (2001, p. 41) comenta:

A inteligência emocional da criança é determinada até certo ponto pelo temperamento - isto é, os traços de personalidade com os quais se nasce - mas ela é também moldada pelas interações da criança com os pais. Essa influência começa nos primeiros dias de vida, enquanto o sistema nervoso imaturo da criança está se formando. A experiência que a criança tem com a emoção enquanto seu sistema nervoso parassimpático ainda está em formação pode ser muito importante para o desenvolvimento do tônus do seu vago – e, por conseguinte, para seu bem-estar emocional – no futuro.

Após muitos anos de pesquisa com pais e mães em laboratórios, Gottman selecionou cinco atitudes básicas parentais que aparecem em homens e mulheres, os quais ele chamou de "preparadores emocionais" dos filhos. Essas atitudes são postas em marcha quando os filhos apresentam emoções infladas. Segundo as pesquisas, o autor afirma que as crianças que, desde tenra idade, têm suas emoções trabalhadas pelos pais tornaram-se emocionalmente inteligentes: regulam melhor suas emoções, desenvolvem menos doenças infecciosas, têm mais concentração, estabelecem melhores relacionamentos e apresentam melhor desempenho acadêmico. Além disso, passam melhor pelas crises conjugais dos pais.

Sobre as pesquisas de Gottman, o autor informa que foram estudadas 119 famílias observando-se as reações de pais e filhos em momentos de ânimos exaltados. As crianças foram acompanhadas dos quatro anos de idade até a adolescência. Ao mesmo tempo, foram acompanhados 130 jovens casais de pais, que revelaram basicamente dois grupos distintos: um deles era composto por pais que orientavam seus filhos em relação às emoções; o outro, por pais que não o faziam.

Os pais que observam e lidam com os sentimentos dos filhos foram chamados de preparadores emocionais. O segundo grupo foi classificado em três tipos de pais incapazes de desenvolver a inteligência emocional dos filhos: pais simplistas, que ignoram ou não dão importância para as emoções negativas das crianças; pais desaprovadores, que criticam e podem castigar a demonstração de emoções negativas; pais *laissez-faire*, que são empáticos e aceitam as emoções dos filhos, mas não os orientam nem colocam limites.

O autor enfatiza que pais preparadores emocionais usam basicamente cinco passos principais para estimular a inteligência emocional dos filhos. O primeiro passo é compreender a emoção; o segundo, enxergar aí um momento para desenvolver intimidade e apoiar com sua experiência; o terceiro, permitir a expressão dos sentimentos de forma empática; o quarto, ajudar o filho a reconhecer e diferenciar suas emoções; e, por fim, o quinto, impor limites e ajudar a resolver os problemas da criança.

Gottman (2001, p. 104-105) ainda assinala:

> Estudos indicam que o ato de rotular as emoções pode ter um efeito calmante sobre o sistema nervoso, ajudando a criança a se recuperar mais rápido de incidentes desagradáveis. Embora não saibamos ao certo como se dá este efeito calmante, tenho a teoria de que falar sobre uma emoção na hora em que a estamos sentindo ocupa o hemisfério esquerdo do cérebro, que é o centro da linguagem e da lógica. Isso, por sua vez, pode ajudar a criança a se concentrar e a se acalmar [...] A criança capaz de se acalmar sozinha desde cedo revela vários sinais de inteligência emocional: tem mais capacidade de concentração, relaciona-se melhor com os colegas, tem melhor desempenho acadêmico e é mais saudável.

No caso de os pais terem muita dificuldade com a autorregulação, podem pedir um tempo para o filho e prometer que vão voltar a conversar sobre essa questão quando estiverem mais calmos; nesse caso, cabe ao pai ou mãe retomar o tema. Pedir perdão a um filho também pode ser uma experiência boa para os pais e para a criança. O adulto deve explicar o que sentia naquele momento de forma que a criança possa entender, sem a intenção de fazer um desabafo. Afinal, ser pai e mãe é estar presente nos momentos importantes, com empatia e compreensão.

Entendo que, além do trabalho com as emoções de forma geral, precisamos perceber as fortes emoções que se repetem e buscar as possíveis fontes alimentadoras, as quais por vezes são memórias implícitas, como está explanado no capítulo sobre traumas.

Algumas emoções como culpa e vergonha estão muito entranhadas também no meio sociocultural. Determinados comportamentos que são considerados vergonhosos e inaceitáveis em determinadas culturas não o são em outras. No entanto, ainda que existam diferenças culturais com respeito às formas de expressar e lidar com emoções, as pessoas sentem emoções em todas as culturas. Gottman (2001, p. 81) nos lembra: "Sem dúvida nenhuma, pessoas de todos os meios culturais têm a capacidade de perceber os sentimentos dos filhos".

Em relação às diferenças entre homens e mulheres no tocante às formas de vivenciar as emoções, o autor afirma:

> Embora a mitologia popular às vezes mostre o homem como insensível e rude, alheio aos sentimentos de seus parceiros e filhos, pesquisas de psicologia nos mostram outra coisa. Estudos realizados em nossos laboratórios e em outras instituições mostram que pode haver uma diferença na forma como homens e mulheres expressam as emoções, porém a forma como as sentem é mais ou menos a mesma. (GOTTMAN, 2001, p. 81).

A indicação feita pelo autor, a partir dos achados de suas pesquisas, para que os pais eduquem seus filhos como preparadores emocionais aponta um excelente caminho, uma vez que inclui todos os pontos mais validados pelos educadores de forma geral. Lidar com as emoções negativas aumenta a autoestima e estar presente de forma empática favorece o estabelecimento de apego seguro. No treino da inteligência emocional dos filhos, estão incluídos também o estabelecimento de limites e regras. Gottman indica a importância das trocas ocorridas já nas primeiras interações com o filho, porém, a preparação emocional deve ser exercitada de forma continuada, já que as experiências infantis preparam o terreno para as vivências ocorridas na continuidade da vida. Como observa Siegel (2014), a experiência pode modificar o cérebro ao construir ou fortalecer circuitos específicos em qualquer idade, graças à plasticidade cerebral.

O treino da inteligência emocional não elimina os conflitos familiares nem acaba com a necessidade de imposição de limites. Contudo, aumenta a colaboração para a busca de soluções possíveis para os problemas, além de fortalecer a comunicação e a proximidade entre os familiares.

> Pouco importa que o casal seja casado, separado ou divorciado. Quando os pais vivem se tratando com hostilidade e desprezo, os filhos sofrem. Porque o clima de um casamento – ou divórcio – cria uma espécie de "ecologia emocional" para os filhos. Assim como uma árvore é afetada pela qualidade do ar, da água e do solo em seu meio ambiente, a saúde emocional da criança é determinada pela qualidade dos relacionamentos íntimos que a cercam. O relacionamento conjugal dos pais influencia as atitudes dos filhos e suas realizações, sua capacidade de se relacionar e de regular as emoções. Em geral, quando os pais se dão bem, a inteligência emocional dos filhos desabrocha. Mas os filhos que constantemente presenciam as desavenças dos pais correm graves riscos. (GOTTMAN, 2001, p. 143).

O que faz alguém ser um bom pai ou mãe é demonstrar interesse pelas emoções dos filhos e ter empatia e colaboração mútua para a solução de problemas. Portanto, mesmo com vários estudos que apontam que o divórcio é prejudicial para os filhos, o problema não é necessariamente o divórcio, mas a hostilidade forte e continuada, com problemas constantes na comunicação do casal. Certamente, no momento da ruptura ocorrem dificuldades maiores que facilmente transbordam para os filhos, mas é preciso buscar caminhos para restabelecer a parceria parental.

Baseado em seus estudos com os casais preparadores emocionais, Gottman constatou que esses casais viviam relacionamentos conjugais mais satisfatórios do que os outros pais participantes da pesquisa e levantou a hipótese de que o clima de respeito com as emoções também fosse bastante exercitado no relacionamento do casal, refletindo na qualidade dos vínculos com os filhos.

O autor indica algumas atitudes aconselháveis nos momentos de conflito conjugal: não usar os filhos para colocá-los na posição de tomar partido entre pai e mãe; deixar os filhos de fora do conflito e usar a preparação emocional para entender de forma empática o que o filho está sentindo em relação a isso; avisar aos filhos quando os problemas tiverem sido resolvidos; criar rede de apoio emocional para ajudar nos momentos de crise, em que os pais ficam menos disponíveis; usar o treinamento da emoção para ajudá-los a lidar com suas emoções frente aos conflitos dos pais; permanecer ligado nas rotinas dos filhos; procurar manter-se emocionalmente disponível, já que essa atitude é ainda mais necessária em tempos de crise familiar.

A tarefa de criar filhos é bastante exigente e fica mais difícil quando é feita somente pelo pai ou pela mãe. Na nossa sociedade, é comum que crianças sejam criadas somente pela mãe, muitas vezes com ajuda da sua própria mãe ou outros parentes. Hoje, muitos homens estão se revelando pais dedicados e adequados e outros se debatem com essa tarefa e não ficam à vontade no papel, até mesmo por falta de referências sociais que possam dar-lhes certa segurança de que estão em bom caminho.

Conforme Omer (2002), os três aspectos fundamentais da presença parental são: empreender uma ação efetiva; desenvolver sentimento de autoconfiança; sentir-se apoiado pelo entorno. Os pais precisam saber que podem agir, acreditar que sabem o que é adequado em cada situação e que não estão sozinhos.

Para além de estudos que relatam a importância do pai na vida das crianças, é visível que muitos pais estão presentes só fisicamente, mas isso não basta. Um pai fará diferença na vida dos filhos estando emocionalmente presente.

A situação ainda se complica quando o pai é abusivo, frio ou muito crítico. Com certeza, algumas pessoas não deveriam embarcar na aventura de terem filhos se não possuem as condições mínimas necessárias que lhes permita desenvolver tal papel. Mas ser abusivo, frio ou muito crítico, por si só, não impede alguém de ser um bom pai ou mãe, contanto que esteja verdadeiramente disposto a mudar.

Caso clínico: Alfredo estava completando 27 anos quando decidiu fazer psicoterapia. Logo na chegada, ao começar a falar, já não conseguiu segurar o choro, por mais que tenha tentado muito. Tinha saído de casa e do casamento há uma semana, deixando para trás a esposa Cléa e João, o filho de um ano e oito meses de idade. Alfredo amava a esposa e o filho e passava por grande sofrimento.

Decidiu afastar-se da família por julgar que dessa forma estaria protegendo João. Contou que nos últimos quatro meses tinha gritado várias vezes com o filho, além de segurar fortemente o garoto pelos braços em algumas situações. Temendo que, com o crescimento de João, as agressões e gritarias aumentassem, achou melhor afastar-se da família. Revelou que lutava contra o que chamou de "mau gênio" desde o final de sua adolescência e que já tinha participado de um grupo terapêutico com o objetivo de controlar a agressividade exagerada que costumava manifestar. Essa experiência aconteceu em torno dos seus 20 anos de idade e resultou em uma melhora dos sintomas por uns dois anos, mas aos poucos voltou a agir do modo antigo.

A história de Alfredo era pontilhada de agressões impostas por seu pai da infância até a adolescência, quando o pai morreu em um acidente na estrada, viajando com seu caminhão. A mãe era uma dona de casa amorosa, mas sem condições emocionais de colocar limites no marido em relação à sua agressividade desenfreada, e ela também sofreu abusos físicos e verbais nas ocasiões em que tentou defender o filho.

Após quatro sessões levantando a história, avaliando e preparando Alfredo para a fase de intervenções psicoterápicas propriamente ditas, fomos trabalhando com cada um dos traumas vividos na relação com seu pai através da terapia EMDR. O processo todo aconteceu em seis meses, com sessões semanais. Após dois meses do início da psicoterapia, Alfredo voltou para casa com muito entusiasmo e disposição para construir uma relação de respeito, amor, apoio e mais proximidade com João, entendendo que suas atitudes abusivas com o filho eram resultado de traumas vividos dos quais ele começava a sentir-se liberto.

As duas experiências que se revelaram as piores para ele, entre as que trabalhamos, aconteceram em torno dos quatro e dos 11 anos. Aos quatro anos, o pai o colocou de castigo em um pequeno quarto e, segundo sua memória, deixou-o lá durante umas duas horas, chorando compulsivamente de frente para uma porta muito grande. A segunda experiência foi aos 11 anos, quando seu pai o levou a uma casa de prostituição com a justificativa de que o filho deveria observar o que acontecia lá para entender o que era ser um homem e proibiu Alfredo de revelar qualquer coisa para sua mãe ou outro familiar.

Continuamos trabalhando por mais quatro meses nos vários traumas que Alfredo carregava e lhe causaram consequências muito ruins ao longo de tanto tempo, as quais ficaram mais expostas quando ele tornou-se pai.

Portanto, os pais que conseguem ressignificar as dificuldades maiores vividas com seus próprios pais tornam-se mais livres para exercerem a maternidade ou paternidade com mais maturidade e plenitude. Trabalhar em psicoterapia com jovens pais pode ser muito recompensador emocionalmente para os psicoterapeutas, pois gera uma sensação de estar tocando as próximas gerações da família e da sociedade, fazendo muita diferença positiva.

Várias mulheres reclamam que os homens em geral acessam pouco seus próprios sentimentos e abrem escasso espaço em suas vidas para compreender os sentimentos femininos. No entanto, ainda hoje muitas mulheres que possuem filhos dos dois sexos fazem trocas emocionais bem mais significativas com as filhas do que com os filhos, afastando emocionalmente os filhos homens e construindo intimidade emocional maior com as filhas, o que acaba ensinando esses modelos para sua prole.

Silverstein e Rashbaum (1997), em livro que trata da criação de filhos homens, discorrem sobre as diferenças na criação de filhas mulheres e filhos homens, as quais já começam quando se conhece o sexo do bebê. Segundo as autoras, as mães, pais, demais membros da família e amigos íntimos conversam mais com as meninas do que com os meninos, mesmo antes do nascimento.

[...] com ela, usam mais apelidos e expressões infantis e tocam e acariciam com mais frequência a barriga da mãe. "Ei, como você está indo aí, cara?", é quase tudo que um menino típico *in utero* pode esperar. Embora tais ações não pareçam ter muito efeito sobre a criança por nascer, são reveladoras da própria socialização dos pais e proféticas do tipo de socialização que logo eles irão transmitir. (SILVERSTEIN; RASHBAUM, 1997, p. 41).

As autoras lembram que a construção de referências a respeito do que seja um homem está bastante relacionada com a etnia e a classe social, além de outras variáveis. As características que muitas mulheres gostariam de ver em seus filhos já crescidos, mesmo que estejam ligadas à cultura de forma complexa e mutável no tempo, geralmente incluem independência, coragem, mais racionalidade do que subjetividade, ambição, destemor, fortaleza de corpo e alma. Não querem que os filhos homens sejam mais emocionais do que racionais, ou pelo menos desejam que eles sejam capazes de disfarçar suas emoções. Ao ir para a escola e deparar-se com problemas, a mãe não espera que ele chore e, se o fizer, ela teme que seja chamado de "mulherzinha" - e isso ainda acontece nos dias de hoje.

De modo complementar às atitudes sexistas de nossa sociedade, ainda que não tenha a intenção, a mãe pode atuar sem refletir, preparando o filho para o que acha que a vida irá exigir dele. Sem perceber, pode tomar atitudes que separem emocionalmente o filho de si mesma. Isso parece consoante com seu desejo de proteger o filho da censura social de ser excessivamente ligado com a mãe. Essas atitudes incorporam e acentuam os conceitos de diferença entre os sexos no que diz respeito ao trato das emoções, impedindo o menino de desenvolver sua inteligência emocional de forma funcional. A saída para a mudança é questionar os papéis de homens e mulheres e compreender o significado da inteligência emocional e o desenvolvimento de apego seguro na vida dos filhos, sejam eles homens, sejam mulheres.

Ao alijar o menino das relações emocionais íntimas, negamos aos homens o desenvolvimento de sua plena condição de ser humano. Essa estereotipia imposta ao sexo masculino resulta em estereotipia também para as mulheres, além de outras limitações e sobrecargas, já que muitas vezes as mulheres funcionam quase como se fossem as únicas responsáveis pelas vivências emocionais da família.

Há muitos casais sofrendo as consequências de uma vida cercada de rigidez, com pouca criatividade e flexibilidade para transitar pelas fases do ciclo vital, construir relacionamentos íntimos, enfrentar os revezes dos momentos mais difíceis, levando a um empobrecimento vital de forma generalizada.

Além de tantas variáveis que interagem com o ser humano desde seu nascimento e mesmo antes, o que resulta na estruturação de uma personalidade única, alguns autores apontam características que seriam favorecidas ou não pelo fato de se ter ou não ter irmãos e pela ordem de nascimento de cada pessoa na família.

A esse respeito, König (2003, p. 18) afirma:

> [...] a posição de nascimento que cada criança assume em sua própria família, seja ela filha única ou um entre muitos irmãos e irmãs, seja o único menino entre um grupo de irmãs ou uma irmã entre um bando de meninos. É importante para toda a vida de um homem se ele foi o primeiro, segundo ou terceiro filho, ou se foi o mais velho de muitos irmãos e irmãs, ou se foi um "temporão". Existem aqui inúmeras possibilidades, e todas elas exercem uma profunda influência na vida humana.

O primeiro filho é o que mais força mudança nas dinâmicas familiares, pois, antes de sua chegada à família, os pais eram um casal e frequentemente nenhum deles tinha experiência parental. Essa situação é vivida pelo primogênito e pelo filho único, que são os únicos depositários das expectativas familiares nesse sentido, ao menos no começo da vida, no caso dos primogênitos. Desde os tempos bíblicos, o primeiro filho tem tido destaque e, por isso mesmo, costuma carregar mais expectativas e responsabilidades do que seus irmãos.

Quando nasce um irmãozinho, o primeiro filho fica em posição de defender o seu lugar entre os pais e demais familiares; já o segundo precisa conquistar um lugar que está sendo defendido pelo mais velho. Segundo König, isso potencializa características no mais velho de ser um defensor com tendências mais conservadoras, pois em certo sentido é o herdeiro da liderança da família e para tal é treinado desde a infância. Ele está voltado para os pais, mas também para os irmãos, e de certa forma ajuda a regular as relações familiares.

Porém, há diferenças em ser o mais velho de dois ou de um irmão e também há variação de acordo com o gênero de cada irmão.

O segundo filho tende a ficar mais livre das expectativas paternas, maternas, de avós e outros parentes e mesmo das expectativas sociais, já que pode dividi-las com o irmão ou irmã mais velha. Sobre o segundo filho, não pesa a responsabilidade de ser o único continuador do clã familiar e, assim, ele pode desenvolver-se a seu tempo.

Quando o terceiro filho chega, os dois mais velhos muitas vezes já estabeleceram uma díade e a terceira criança será, em certa medida, o estranho. Entre o terceiro filho e os pais, há o degrau dos dois irmãos, e isso pode resultar em isolamento, com possíveis consequências em seu desenvolvimento.

Para König, do quarto filho em diante há uma repetição, como se, de certa forma, tudo recomeçasse.

No caso de filho único, as expectativas e responsabilidades de representatividade familiar não são nunca distribuídas com a chegada de irmãos. Contudo, é preciso lembrar que, mesmo em famílias com mais de um filho, é comum que um deles conviva com intensas expectativas parentais, o que não ocorre com seus irmãos.

No subsistema fraternal, as crianças podem experimentar construir relações com iguais e aprender umas com as outras, como ressalta Minuchin (1988). Assim, a convivência com irmãos possibilita que se apoiem, se isolem, elejam bodes expiatórios e com isso aprendam a negociar, competir, cooperar, fazer amigos e aliados. Nesse contexto, aprimoram formas de conseguir o reconhecimento de suas habilidades e desenvolvem competências cedo, que podem ser significativas em suas vidas. No entanto, se não tiver a vivência desse laboratório social de que fala Minuchin, que é o grupo de irmãos, os filhos únicos vão desenvolver seus relacionamentos com outras pessoas com as quais puderem conviver.

Assim, cabe aos pais de filhos únicos facilitarem a convivência com outras crianças para que possam ter experiências com iguais. Pitkeathley e Emerson (1998), após entrevistarem de forma abrangente mais de 60 filhos únicos, afirmam que muitos de seus entrevistados demoraram para aprender que não eram o centro do mundo, mas somente o centro de seu pequeno mundo. Ao ingressarem na escola, perceberam que muitas crianças já estavam mais conscientes disso, porém, muitos filhos únicos só desenvolveram essa percepção ao iniciar a vida escolar.

Com o aumento significativo do número de filhos únicos, os pais da atualidade e mesmo os adultos de forma geral entendem a necessidade de propiciar a convivência de filhos únicos com outras crianças de idade próxima. No trabalho clínico, percebemos indícios de que essa diferença entre filhos únicos e crianças com irmãos tem sido amenizada nos últimos tempos.

Sejam pais de filhos únicos, sejam pais de vários filhos, a empatia é o ponto de partida para promover o desenvolvimento da inteligência emocional das crianças. Sem interesse legítimo pelas emoções mais difíceis de seus filhos, como tristeza, medo e raiva, a criança pode ficar carente, sempre pedindo atenção e afeto, ou afastar-se de suas emoções e, nesse caso, junto com as emoções mais difíceis, afasta-se também da alegria e vivacidade. Em consequência, a criança não aprende a intimidade emocional e tende a desenvolver apego inseguro.

A respeito da empatia, Gottman (2001, p. 77) ressalta:

> Se pudermos transmitir este tipo de compreensão emocional aos nossos filhos, damos crédito às experiências deles e os ajudamos a aprender a se acalmar. Esta técnica nos coloca, como se diz no jargão da canoagem, "na cachoeira". Sejam quais forem as pedras ou corredeiras que venham a surgir no nosso relacionamento com nossos filhos, podemos continuar descendo com a corrente, guiando-os no curso do rio. Mesmo que os trechos sejam extremamente traiçoeiros (como costumam ser na adolescência), podemos ajudar nossos filhos a ultrapassar obstáculos e riscos para encontrar seu caminho. Como a empatia pode ter tanta força? Creio que por fazer com que os filhos vejam os pais como aliados.

Afinal, os pais ou cuidadores principais participam na construção do cérebro de seus filhos. As crianças precisam contar com cuidadores empáticos para que possam desenvolver autoconhecimento, autorregulação e empatia de forma progressiva. Enfim, desenvolver apego seguro e demais competências.

A construção de todas essas características só acontece na dança interpessoal de sintonia e empatia. Os cuidadores necessitam ter desenvolvido os mecanismos neurais básicos, que permitam o uso de seus neurônios-espelho para se sintonizarem com os filhos ainda bebês, a ponto de incrementarem os processos de autorregulação da criança e, na sequência, o desenvolvimento de autoconhecimento, empatia e focos de atenção, que são requeridos para uma vida emocional gratificante, com o desenvolvimento de apego seguro.

O estilo de apego entre pais e filhos demonstra correspondência relativa a índices entre 70% e 80%; tais índices relativos são mantidos por três gerações. (WESSELMENN, 2016). A autora oferece uma explicação sobre como isso ocorre com base no modelo de Processamento Adaptativo de Informações, cujo conceito diz que memórias não resolvidas dos pais podem levar a uma desorganização do apego em seus filhos. Ela explica:

> Quando a experiência de proximidade dos pais toca nas experiências de danos ou traumas de sua própria infância, armazenadas disfuncionalmente, as emoções dolorosas, as cognições e sensações relacionadas podem ser novamente vividas pela mãe. Portanto, a proximidade com o filho pode levar a pensamentos, sensações e emoções angustiantes, que interferem na sua habilidade de responder sensivelmente às necessidades de seu filho, que, por sua vez, pode criar uma sensação de insegurança na criança. Uma mãe com um sofrimento agudo relacionado a memórias disparadas pode exibir expressões faciais, tons de voz ou outros tipos de respostas emocionais e corporais que são

ameaçadores e desorganizadores para a criança. (WESSELMENN, 2016, p. 101).

Em concordância com vários autores, Wesselmenn evidencia que pessoas que processaram suas experiências afetivas difíceis de infância e "adquiriram" um estilo de apego seguro conseguem criar os filhos com apego seguro, quebrando a transmissão intergeracional que poderia se estabelecer. A autora compara esse estado de apego de "segurança adquirida" ao estado de um adulto que conseguiu diferenciar-se.

Naturalmente, a sintonia dos pais para com seus filhos não é imutável ao longo do tempo; ocorrem quebras na empatia da relação. Siegel (2012a) diferencia desconexões momentâneas de rupturas e enfatiza a importância de, nesses momentos, os adultos se autorregularem para depois se reconectarem com as crianças, fazendo a reparação. Se não houver reparo, a criança permanece com a sensação de humilhação e rejeição, como lembra Fishbane (2007), segundo estudos de Schore.

O apego seguro, a autoestima, e a inteligência emocional se sobrepõem e aparecem mesclados, atuando como ingredientes básicos que, ao lado de outras competências humanas, pavimentam bons caminhos para relações familiares saudáveis e preparam as pessoas para desenvolverem relacionamentos felizes no presente e também no futuro, ao chegar à fase de ser parte de um casal.

Adolescência

"Uma adolescência saudável é a melhor garantia de uma vida adulta bem-ajustada socialmente."
Suzana Herculano-Houzel

A adolescência é muito mais do que simplesmente uma fase da vida carente de definições que acontece entre a infância e o período de vida adulta. Se, nos anos de infância aprendemos a viver em família, nos anos de adolescência aprendemos a viver em sociedade.

Para Herculano-Houzel (2013):

A adolescência é um assunto especialmente interessante: toca invariavelmente a todos por ser uma experiência compulsória, vivida por cada um a seu jeito, e envolve aquelas mágicas da natureza que, depois de transformarem duas células em criança, tornam crianças em adultos.

Antes da adolescência ocorre a puberdade, que chega por volta dos 11 anos nas meninas e dos 14 anos nos meninos. Na puberdade, ocorre o desenvolvimento da função reprodutiva. Na adolescência, que vai da puberdade até a vida adulta, o cérebro passa por transições nas capacidades cognitivas, emocionais e sociais. É quando o adolescente pode desenvolver a capacidade para lidar com as competências reprodutivas adquiridas na puberdade, bem como com as consequências dessa nova aquisição. (HERCULANO-HOUZEL, 2013).

A autora sugere que, ao referir-se à adolescência, em vez de repetir a afirmação comumente usada "são os hormônios", que se utilize "é o cérebro em transição", pois essa frase está em sintonia com a neurociência atual. Afinal, os hormônios desenvolvem-se a partir de um programa iniciado no cérebro. As alterações hormonais estão ligadas ao interesse sexual, mas há pouca evidência de que estejam associadas às grandes mudanças da adolescência, que dependem de modificações estruturais e funcionais do cérebro.

A chegada de um filho à adolescência precipita mudança nas dinâmicas familiares e nos membros do sistema de forma individual, em menor ou maior grau. Esse acontecimento deflagra a entrada em nova fase no ciclo vital da família, com movimentos que podem exigir muita flexibilidade. É um período complexo com alterações que não são lineares, com avanços e recuos homeostáticos; contudo, é preciso seguir em frente, rumo a novos padrões de relacionamento e atuação. Ao mesmo tempo, essa fase cria espaços e oportunidades para que o adolescente e os membros de sua família consigam rever crenças, atitudes e relacionamentos firmados no período da infância que a essa altura da vida se mostrem disfuncionais, sinalizando prováveis dificuldades no presente e no futuro.

O processo emocional que permite a transição dessa fase, de acordo com Carter e McGoldrick (1995), é o aumento da flexibilidade das fronteiras familiares, o que facilita a independência progressiva dos filhos. Os adolescentes necessitam de permissão dos pais para se movimentarem para dentro e para fora da família com certa tranquilidade. Também é momento para que o casal reconsidere suas questões conjugais e profissionais, já que devem estar em idade próxima ao meio de suas vidas. Em geral, isso tudo ocorre ao mesmo tempo em que a geração mais velha começa a demandar maiores cuidados e atenção familiar.

Com a expansão dos anos de adolescência que tem acontecido nas últimas décadas, essa acomodação familiar ficou ainda mais complexa.

A pesquisadora do ciclo familiar Bethoud (2004) acentua que, na fase da adolescência dos filhos, em que a família passa por desequilíbrio e desorganização nos padrões vigentes até então, são exigidos ajustes que aparecem fundamentalmente em dois processos: reconfiguração das relações entre pais e filhos e vivência de um novo ritmo na vida em família. Para a autora:

> Estes dois processos resumem metaforicamente todas as profundas transformações que ocorrem no sistema familiar como um todo, pois fundamentalmente a família está voltada, neste momento, para as crises desenvolvimentais de seus membros, que demandam reajustes e provocam um intenso desequilíbrio, desorganização, nos padrões de vida estabelecidos e construídos durante a fase de aquisição. (BETHOUD, 2004, p. 62).

Um dos ajustes requeridos nessa fase é a necessidade de abrir progressivamente as fronteiras familiares, permitindo mais trocas do adolescente com o entorno. Se, no período da infância dos filhos, a família conseguiu desempenhar sua função de filtrar o que chegava de fora do sistema, adequando a seus valores e modos de vida com certa facilidade, com filhos adolescentes a situação revela maior complexidade.

Na atualidade, o mundo "invade" a vida familiar por intermédio da internet. A esse respeito, Osorio (2011, p. 55) comenta:

> Através dos tempos, a família, pela função socializadora que lhe é inerente, desempenhou um papel de intermediação entre os jovens e a sociedade. No entanto, entre as grandes mutações do processo civilizatório em nossa época está a alteração desse papel mediador. E os jovens, muitas vezes, passaram a intermediar a relação entre seus pais e a cultura emergente em nossos dias, principalmente no que diz respeito aos avanços tecnológicos, certamente muito melhor assimilados pelos adolescentes do que por seus pais, que veem seu conhecimento tornar-se obsoleto a cada dia que passa. Os mais velhos já não são os mais sábios como nos tempos passados.

Portanto, é preciso refazer o equilíbrio de poder nas relações e encontrar meios de estar próximo dos adolescentes, acompanhando o que vivem nas redes sociais e o que assimilam como novos valores.

Adultos que se tornam progressivamente mais sábios como resultado de aprimoramento da inteligência emocional, além de outras capacitações, chegam a essa fase mais aptos a lidar com seus adolescentes. Aparecem aí os reflexos das próprias vivências adolescentes – o que pensamos e sentimos a respeito da adolescência de cada um de nós pode ser ressignificado de modo mais funcional e saudável, uma vez que importa mais o significado que damos ao que foi vivido do que os fatos em si. Memórias não são estáticas.

Famílias muito fechadas, com relações pobres com sua rede social, desestimulam ou opõem resistência aos movimentos de expansão do adolescente para fora das fronteiras familiares. O primeiro adolescente da família a chegar nessa fase tende a encontrar maior dificuldade para vencer essas forças do que o filho que vem a seguir. Conforme vimos anteriormente, há autores que apontam uma tendência do filho mais velho em se comportar de maneira mais conservadora do que o segundo e terceiro filhos, como resultado de sua posição na configuração familiar. A partir dessa consideração, as dificuldades do filho mais velho com a diferenciação tendem a acentuar-se. O filho único adolescente também convive com essas questões, já que é o único depositário das expectativas parentais. No entanto, determinadas escolhas do adolescente eliminam outras, e o pai e a mãe desse filho ou filha não podem transferir suas expectativas para outro filho.

Entre as formas problemáticas encontradas por adolescentes de famílias com fronteiras rígidas para lidar com sua expansão individual, encontramos quem rompe abruptamente com os pais, por vezes saindo de casa precocemente. Há também os que se acomodam, ficando imaturos e presos na família. Outros vão assumindo posturas de adulto sem terem feito experimentações adolescentes, correndo risco de querer satisfazer as necessidades próprias dessa fase tardiamente, após terem assumido posições mais estáveis e definitivas, com possíveis estragos na vida familiar. Há ainda os que desenvolvem sintomas ou envolvem-se em situações complicadas.

Mas há adolescentes que conseguem enfrentar a resistência e atuar para sua autonomia de forma lenta e gradual, alterando aos poucos o sistema familiar. Outros utilizam de confronto direto para desencadear as mudanças necessárias, no sentido de flexibilizar as fronteiras familiares.

Os conceitos da criança a seu respeito são formados a partir de reflexos vindos de um número pequeno de pessoas, como visto ao discorrermos sobre a infância. Na adolescência, é preciso encarar o desafio de integrar múltiplas visões e reflexos a respeito de si próprio, advindos de diferentes contextos dos quais o adolescente participa. Além da família, há os amigos, a escola, as relações românticas ou de experimentação sexual, as de estágios ou trabalho, além de outras possibilidades como times esportivos, clubes e turmas de bairro.

A identidade adolescente vai sendo firmada em meio a mudanças aceleradas, em um período da vida ao qual atribuímos significativa importância pelo o que representamos aos olhos dos demais, com a necessidade de manter certa homogeneidade com as pessoas da própria idade. Isso tudo pode deixar o adolescente muito vulnerável.

"O adolescente está numa viagem de autodescoberta e está sempre mudando de rumo, tentando encontrar o caminho certo. Faz experiências com novas identidades, novas realidades, novos aspectos de sua personalidade". (GOTTMAN, 2001, p. 213).

Paralelamente a essas flutuações, estão ocorrendo mudanças cerebrais e hormonais que podem afetar o humor repentinamente. Gottman indica algumas atitudes parentais para atenuar os conflitos naturais desse período da vida: aceitar que na adolescência os filhos se separam dos pais; mostrar respeito pelo adolescente; proporcionar uma comunidade ao filho ou filha; estimulá-los a decidir sozinhos, mas continuar sendo seu "preparador emocional", conforme está descrito na parte da infância deste livro.

No que se refere ao apego, podemos pensar sobre as necessidades de pertencimento e autonomia que formam a base da diferenciação e desenvolvimento da identidade adolescente. Nesse sentido, a questão central seria manter o apego parental estabelecido nos anos de infância enquanto o adolescente desenvolve outros apegos com seus pares, professores, treinadores, pais de amigos e outros mais, satisfazendo as necessidades de autonomia e experimentação. A busca por esse equilíbrio é desgastante e causa aumento de estresse a todos os envolvidos.

Com a chegada à adolescência, a posição de receber cuidados começa a ser alternada com situações de crescente autonomia e ensaios para o papel de o próprio adolescente ser um futuro cuidador.

Nessa fase, o apego já apresenta uma estrutura organizada, mais estável, que dá sinais sobre como vai funcionar na fase adulta da vida, na família e nas demais relações sociais. (BASTARD, 2013). O apego com os pais é vivenciado cada vez mais na forma de conversações, embora o toque físico seja sempre um importante meio de manifestar afeto e segurança. Se na infância o apego seguro provê tranquilidade para que a criança explore o novo e volte para seu porto seguro sempre que precisar, na adolescência ele se manifesta na afirmação crescente de autonomia sem temor de abandono ou crítica corrosiva. O desejável, portanto, é a conquista de autonomia com a manutenção dos vínculos familiares, ao mesmo tempo em que manejamos os conflitos comuns do momento. O adolescente necessita de uma ligação forte, firmada a partir de apego seguro. Afinal, diferenciar-se implica não corresponder a uma parte das expectativas parentais, em maior ou menor parte. Esse período vulnerável requer negociação continuada entre os principais envolvidos.

A falta de apego seguro dificulta o processo de diferenciação na adolescência, já que os apegos inseguros envolvem grande temor de perda da base segura, deixando o adolescente sem combustível para fazer voos exploratórios e experimentais. No entanto, o adolescente que desenvolveu apego inseguro na infância, na fase seguinte de seu ciclo vital pode revisar sua forma de apego através da vivência de novas experiências. Graças ao desenvolvimento cerebral típico da fase, é possível refletir melhor sobre suas relações e buscar mudanças. A família é decisiva para que isso aconteça, já que é comum o adolescente inseguro vivenciar muitas dificuldades para buscar ajuda familiar nesse sentido.

Diamond e Stern (2012, p. 183) correlacionam estilos de apego e problemas na adolescência: "Os estilos de apego inseguro são comuns entre adolescentes com história de trauma e depressão". Baseados em outros autores, eles ressaltam que os adolescentes com apego inseguro mostram falta de confiança nos relacionamentos e não buscam reparação de situações passadas, guardando mágoas. É comum não confiarem na capacidade da família para ajudá-los a lidar com as dores emocionais, e isso tende a perpetuar suas dificuldades.

A família precisa ser flexível, oferecer escuta sincera e promover mudanças verdadeiras nas formas de relacionar-se com seu adolescente, ainda que essa tarefa geralmente seja bem desafiadora.

Com base em pesquisa feita com adolescentes que apresentam graves problemas de comportamento, Moretti e Holland (2012) observam que eles tipicamente apresentam apego inseguro e autonomia desafiante. Os autores ainda comentam sobre outra de suas pesquisas com adolescentes com graves problemas de relacionamento, a qual visa levantar os tipos de apego apresentados por mulheres e homens com tais dificuldades nessa fase da vida. Os adolescentes pesquisados geralmente demonstraram apego inseguro e uma forma desafiante de desenvolver autonomia. Entre os 170 adolescentes avaliados, somente 7% apresentaram apego seguro. No grupo dos adolescentes com apego inseguro, havia um número maior de garotas com apego inseguro ansioso e de adolescentes homens com apego inseguro evitativo.

Esses achados chamam a atenção pela correlação que podemos fazer com uma grande quantidade de casais que nos procuram com queixas correspondentes. Muitas mulheres frequentemente reclamam de companheiros emocionalmente desligados ou frios, sugerindo apego inseguro evitativo, e muitos homens relatam queixas de companheiras que, segundo eles, exigem demonstrações marcadas e constantes de afeto, sugerindo apego inseguro ansioso.

Manter a intimidade com um filho homem adolescente pode ser difícil, mesmo para a mãe que tenha se mantido emocionalmente ligada a ele durante os anos de infância, como apregoam Silverstein e Rashbaum (1997) em livro sobre o tema. A vulnerabilidade aumentada pelas muitas mudanças que o adolescente experimenta, tanto físicas quanto emocionais, ao lado de outras situações típicas, como a valorização da convivência com seus pares em detrimento da família, dificulta a manutenção de proximidade emocional com seus pais. Essa situação muitas vezes é agravada com a mãe, já que o pai pode ser companheiro de algumas atividades ditas masculinas que interessam ao adolescente, como futebol ou outros jogos competitivos.

Silverstein e Rashbaum (1997, p. 120-121) discorrem sobre esse afastamento tantas vezes observado entre a mãe e o filho adolescente:

O sofrimento causado por esse distanciamento muitas vezes é enorme, tanto para a mãe quanto para o filho, e ocorre em graus variados, em quase todas as famílias com garotos adolescentes, sendo particularmente doloroso, pois a adolescência talvez seja a fase da vida de maior vulnerabilidade emocional. Muito confuso em relação às mudanças que estão ocorrendo em seu corpo, inseguro se irá conseguir ocupar seu lugar entre os homens da sua sociedade, ansioso se será capaz de atrair um membro do sexo oposto, nadando em emoções que ele nem sabia que existiam, ele só pode interpretar o afastamento de sua mãe como falta de amor ou desaprovação pelos sentimentos sexuais que ele está certo de que ela percebeu, ou até mesmo repulsa física – os meninos dessa idade frequentemente ficam obcecados por suas vozes, sua pele ruim, seus odores corporais.

Quando o adolescente tem interesses homoafetivos, a situação tende a agravar-se. Na maior parte das famílias, essa questão permanece em segredo por maior ou menor tempo, o que mantém a garota ou o garoto recluso emocionalmente, como guardião de um segredo que não tem preparo emocional para lidar sozinho e com temor de repulsa e punição.

Siegel (2014), em seu livro sobre as mudanças no cérebro do adolescente, explica que em torno dos 11 anos de idade ocorre uma diminuição na quantidade de neurônios e sinapses que não estejam sendo usados até então. Por esse motivo, ele sugere que atividades como aprendizado de música e treino de esporte olímpico, por exemplo, sejam iniciados antes dos 11 anos de idade. Além dessa poda neural, acontece também a mielinização, e esses dois processos permitem incrementar o pensamento com juízos e discernimentos mais sensatos. Perto dos 12 anos, ocorre explosão de crescimento e maturação cerebral, que se estende até por volta dos 24 anos. São essas mudanças cerebrais que favorecem o aumento da intensidade emocional e estimulam a busca por novidades, por mais convívio social e experimentações criativas.

O autor ressalta que existem estudos que sugerem mudanças nos mecanismos ligados à dopamina e à busca por gratificação nessa fase, o que leva as pessoas no início da juventude a valorizar muito mais a gratificação positiva do que as possíveis consequências negativas de suas ações. A gratificação é ainda potencializada quando o adolescente está entre pessoas de idade próxima a sua, ou seja, seus pares, o que acontece grande parte do tempo nesse período. Essa busca intensa por gratificação tende a inseri-lo em comportamentos de risco com consequências negativas, como o frequente envolvimento de adolescentes em acidentes de trânsito, segundo mostram as estatísticas. Esse mesmo mecanismo aumenta a suscetibilidade para adição por substâncias como bebida alcoólica e alguns alimentos que elevam rapidamente os níveis de dopamina, o que pode causar situações desastrosas e duradouras.

Caso clínico: Fernando procurou psicoterapia para emagrecer aos 34 anos. Estava fazendo tratamento com um médico especializado, que insistia na necessidade da inclusão de exercícios físicos, mas ele não conseguia manter essa conduta por mais de um mês. Sua alimentação deveria seguir a rotina estabelecida por seu médico e a nutricionista da mesma clínica. Fernando sofria para manter a alimentação prescrita; interrompeu e retornou ao tratamento várias vezes no último ano. Sua meta era perder em torno de 20 kg, mas, como não conseguia estabelecer uma rotina que lhe desse alguma esperança de triunfar, foi incentivado pela irmã e a esposa a buscar psicoterapia.

A infância de Fernando foi vivida de forma muito reclusa. Sua mãe saía para trabalhar e o deixava sozinho em casa desde os nove anos. Antes dessa idade, ficava com uma avó, que permanecia longas horas em frente à televisão. Muitas de suas refeições eram feitas ali mesmo, no sofá ao lado da avó. Mas as lembranças de maior solidão relatadas por ele eram da fase de adolescência. Durante a infância, brincou pouco com os irmãos mais velhos, que tinham uma diferença grande de idade com ele – um deles era oito anos mais velho e o outro, sete anos mais velho do que Fernando. A mãe e a avó não gostavam que ele recebesse amigos nem mesmo que frequentasse a casa de colegas de escola, os únicos garotos de sua idade que ele conhecia. Aos nove anos, sua avó faleceu e ele passou a ficar sozinho todas as tardes em casa. Nos fins de semana, a mãe fazia limpeza e descansava, portanto, a rotina do garoto não mudava quase nada.

Quando adolescente, Fernando continuou recluso e aumentou a quantidade de comida. Teve um relacionamento romântico perto dos 20 anos que durou poucos meses. Logo em seguida, conheceu sua esposa e casou em curto prazo de tempo.

Iniciamos o tratamento com o processamento de suas memórias traumáticas através da terapia EMDR. Durante o processo de psicoterapia, ele se deu conta de quantas vezes havia comido em excesso como forma de buscar satisfazer-se. Porém, o que ele realmente queria nos anos de adolescência era ter tido experiências novas, praticado esportes e namorado. Entrou em contato com a vergonha de seu corpo e lembrou de como gostava de andar de bicicleta quando adolescente, mas era sempre impedido pela mãe, que alegava ter receio do perigo das ruas.

Aos poucos, Fernando foi sentindo vontade de viver o que não foi vivido e, por isso, ficou sufocado, segundo suas palavras, "na gordura do corpo". Retomou as caminhadas, pouco tempo depois voltou para a academia e aderiu ao tratamento proposto por seu médico. Após seis meses de psicoterapia e já começando a emagrecer, ele decidiu encerrar o processo comigo e seguir com os exercícios e a alimentação indicada pela nutricionista. Sete meses mais tarde, eu fiz contato para saber como ele estava e ouvi sua voz radiante me dizendo que seguia lentamente para sua meta de peso, mas o mais importante é que a vida estava mais colorida com as viagens que fazia com a esposa e os passeios de bicicleta com uma turma na qual havia se incluído.

Muitos adolescentes, na ânsia por provar diversas experiências, envolvem-se em atividades excessivas, por isso, é comum que durmam menos do que necessitam por noites seguidas, principalmente nos finais de semana. Há ainda o apelo da tecnologia com convites sedutores para dominar novos recursos, que surgem em ritmo acelerado. As várias redes sociais conectam-se freneticamente com informações e novidades a todo minuto. Tudo isso pode aumentar o estresse a níveis disfuncionais. Goleman (2006) enfatiza os custos do estresse quando se torna crônico. Se ficamos períodos longos com níveis muito elevados dos hormônios resultantes de estresse, ocorre prejuízo da função neuroendócrina, desequilibrando os sistemas imunológico e nervoso, afetando a clareza do raciocínio e o sono.

Herculano-Houzel (2013) evidencia que a ativação do sistema de recompensa é mais difícil de ocorrer no cérebro do adolescente do que no do adulto, deixando este mais vulnerável a transtornos de humor, como a depressão. Segundo a autora, pesquisas indicam que o adolescente precisa de vários estímulos que o motivem e desafiem. Por isso, ela sugere que a família auxilie seus adolescentes a encontrar atividades com riscos controlados, além de valorizar a prática de exercícios físicos e uma vida social bem ajustada. Também aconselha a busca por estímulos variados, como novos autores, livros e filmes, já que a capacidade de raciocínio abstrato aumenta nessa fase da vida.

Em relação ao envolvimento de adolescentes em atividades de risco, Carr-Gregg e Shale (2015, p. 39-40) comentam:

> [...] as pesquisas revelaram que a diferença entre um adolescente que está envolvido em atividade de risco e aquele envolvido em atividades de alto risco é o fato de ele estar ou não conectado. Trata-se de um sentimento de ligação, de ser importante para outra pessoa ou pessoas, sobretudo para a família. Estar conectado parece ser um subproduto das famílias que se esforçam em dar valor à união de pais e filhos e transmitem um sentido de obrigação recíproca entre os seus membros. Nessas famílias, um jovem sente-se seguro, e todos encontram tempo para se divertirem juntos e desenvolverem certos rituais e tradições. Esses pais tentam ser consistentes e previsíveis enquanto transmitem a mensagem de que tanto a pessoa como seus sentimentos são importantes. Se o jovem sente autêntica afinidade com a família, estará mais propenso a evitar atividades de alto risco.

Os mesmos autores, ao discorrerem sobre as mudanças repentinas de humor na adolescência, oferecem um gráfico que chamam de medidor de humor para ser usado na porta do quarto ou outro local combinado. Trata-se de uma esfera com ilustrações representativas dos sentimentos básicos, para que o adolescente sinalize seu estado de humor no momento.

Com a entrada dos filhos na adolescência, principalmente o mais velho, os pais são forçados a perceberem de maneira mais evidente as formas rotineiras adotadas para si mesmos com o passar do tempo. Às vezes, nessa época, a rotina afastou a criatividade e espontaneidade, chegando a empobrecer a vida. Enquanto isso, o filho adolescente mostra repentina vitalidade e novos interesses, o que pode trazer vantagem nesse sentido para toda a família.

Cabe aos adultos ajudar o adolescente para que a energia aumentada, a busca por gratificação e a paixão pelo novo tragam bons resultados para sua vida daí em diante, com minimização de riscos. Siegel (2014) ressalta a importância de prestar atenção na vida interior, incluindo sentimentos, pensamentos, percepções, memórias, imagens, sensações, intensões, atitudes, crenças, esperanças, sonhos, desejos, motivações e impulsos. O autor chama de mapa de visão mental essa espécie de quadro que temos da nossa vida mental, da vida mental do outro e da forma como imaginamos e atuamos como parte de algo maior, por exemplo, do grupo social. Com o desenvolvimento da visão mental, o adolescente expande o entendimento pessoal e a empatia e aumenta a integração e regulação em seu interior e nas relações com os demais. A visão mental capacita a inteligência emocional e social.

O treino de atenção focada melhora a percepção do funcionamento interno da mente, pois a pessoa sai do modo de "piloto automático" para uma melhor compreensão dos processos mentais. Isso pode mudar a estrutura do cérebro, já que forja maior integração nos circuitos neurais, reforçando o equilíbrio das emoções e melhorando a atenção, compreensão dos outros e enfrentamento dos problemas, o que gera melhores relacionamentos. A visão mental depende da integração de informações neurais registradas em circuitos cerebrais que são provenientes do próprio corpo e também chegam de outras pessoas. Esse processo, que pode ser treinado, resulta em incremento da inteligência emocional e social.

As mudanças ocorridas no cérebro adolescente permitem viver a vida de forma mais intensa, mas também carregam riscos, que devem ser conhecidos e administrados pelas famílias em conjunto com seus adolescentes. Os adultos se beneficiam muito ao cultivar o interesse por novidades, a participação social, a intensidade emocional e a exploração criativa potencializados na adolescência. Portanto, as mudanças cerebrais ocorridas nessa fase devem ser trabalhadas nos anos de adolescência e cultivadas na fase adulta como um caminho para se viver uma vida mais rica, sem cair em rotinas desnecessárias e enfadonhas.

A família flexível pode se beneficiar com esse "sopro de vitalidade" trazido para dentro dela. A adolescência oferece grande potencial construtivo com pensamentos originais e criativos, fundamentais para o sustento da vida de forma geral, mas os adolescentes precisam de ajuda para encontrar bons canais de expressão das características que aparecem potencializadas.

Em uma família com filho adolescente, o relacionamento conjugal necessita de previsibilidade, que alimenta a confiança; logo, isso engloba muitas rotinas. Por outro lado, exige criatividade e interesse pelo novo, para que essa fase não seja um fardo para o casal. Uma adolescência bem vivida que preserve um "sopro adolescente" enriquece sobremaneira um casamento.

Fase adulto jovem

"Jovens de 20 anos que não usam o cérebro chegam aos 30 sentindo-se ultrapassados, como profissionais e parceiros amorosos."
Meg Jay

A entrada na fase de adulto jovem ocorre com o amadurecimento das regiões pré-frontais do cérebro, que facilitam o raciocínio abstrato e o aprendizado social, conforme ensina a neurocientista Herculano-Houzel (2013).

Como consequência desse amadurecimento cerebral, que acontece em torno dos 20 anos de idade, torna-se possível antecipar melhor as consequências das próprias ações e assumi-las. Além disso, ocorre potencialização da capacidade de empatia, gerando melhores condições de inserção social.

Quando o adulto jovem faz uso das capacidades recém-conquistadas nessa fase para realizar ações, como escolher de forma refletida e perseverar até vencer obstáculos, a tendência é que sua autoestima se fortaleça, aumentando as possibilidades de forjar para si um lugar no mundo adulto.

A identidade do adolescente se consolida na fase seguinte de seu desenvolvimento, e as experiências vividas pelo adulto jovem resultam em grande repercussão na vida adulta.

Pensando na família que chega nessa fase do ciclo vital, Carter e McGoldrick (1995) evidenciam a necessidade de alterar os relacionamentos familiares a fim de se sintonizar com o período vivido. As autoras lembram que é preciso desenvolver o relacionamento com os filhos para que ele se torne uma relação de pais adultos com filhos adultos. Isso implica expandir, na fase de filhos adolescentes, a flexibilidade familiar alcançada. O momento requer a aceitação de namorados ou outras categorias de relacionamentos amorosos existentes na atualidade, com pessoas que podem ou não chegar a se tornarem parceiros conjugais. Portanto, é preciso acolhê-los, mas estar preparado para rompimentos. Ao mesmo tempo em que desenvolvemos afeto por essas pessoas, pode ser necessário aceitarmos um afastamento que chega sem aviso prévio ou qualquer justificativa. Outras vezes, esses rompimentos ocorrem como um processo que inclui vários términos e reconciliações, até que se defina de forma mais clara.

Moretti e Holland (2012) afirmam, a partir de dados de pesquisa, que no início da vida adulta aumenta a realidade compartilhada entre pais e filhos no que diz respeito a padrões de vida se compararmos com o que ocorre na adolescência. Esse espaço compartilhado propicia trocas com mais facilidade do que comumente acontecia nos anos de vida adolescente.

O adulto jovem deve lidar com diversos fatores estressantes, a fim de firmar sua identidade de adulto. Nesse período, é comum que se viva certo afastamento do grupo familiar e da proteção que a família oferece; esse distanciamento foi desencadeado já na fase da adolescência.

Ao mesmo tempo em que anseia por ser parte da sociedade, o jovem ainda precisa muito dos vínculos familiares e, quando não percebe a sustentação necessária, sente dificuldade para continuar sua expansão social. Por vezes, agarra-se a uma turma restrita de amigos que forneça sensação de pertencimento. No entanto, a dificuldade de incluir pessoas com ideias e modos de vida diferentes dos experimentados até então pode resultar em sentimentos de alienação e isolamento social.

Conforme Aylmer (1995, p. 169):

> Ao sair da família e começar a estabelecer uma identidade nos mundos do trabalho e dos relacionamentos íntimos, o sucesso provavelmente é mais determinado pelo grau, qualidade, tom e integralidade com que os relacionamentos familiares originais (com os pais, irmãos e outros parentes) são renegociados, do que por qualquer outro fator.

Mesmo já tendo chegado à fase adulta da vida, experiências de afastamento exagerado ou sinais de rejeição e abandono familiar podem promover aumento de ansiedade, raiva e tristeza similares aos vividos no início da vida, na época de formação do apego.

Caso clínico: Sandro, aos 22 anos, mudou-se de uma cidade pequena situada em região com zona rural bem desenvolvida para uma cidade grande, na qual não conhecia ninguém. Quando criança, seus pais sempre lhe transmitiram crenças rígidas; seu pai muitas vezes afirmou que as terras da família deveriam ser defendidas à bala. Havia um boato de que ele teria mandado matar mais de um homem que, de algum modo, tentou prejudicar seus negócios. Sandro cresceu nesse meio e pouco conviveu com outras pessoas além dos três irmãos até chegar na adolescência. Seus tios e avós moravam em cidades próximas, mas a família só se encontrava em finais de ano e, mesmo nesses encontros, havia muita discussão e desentendimentos motivados por questões financeiras.

Aos 16 anos foi mandado para uma cidade um pouco maior a fim de seguir seus estudos e fez algumas amizades que sentiu deixar para trás ao mudar novamente de domicílio, outra vez por questões escolares. Aos 22 anos, ingressou em uma universidade pública respeitada, no curso de Direito que escolhera. No começo, ficou isolado, sem fazer amizades, mas mantinha contato com seus amigos do interior, com os quais partilhava muitas das crenças familiares, já que foram todos criados na mesma comunidade fechada. Com o passar do semestre, foi se integrando na faculdade e obtendo ótimos resultados acadêmicos.

Aos poucos, diminuiu as visitas para a família para permanecer o menor tempo possível na cidade natal. Quando os pais telefonavam, ficava ansioso para encerrar a conversa o mais rápido que pudesse. Sua busca pela psicoterapia foi motivada por sintomas de ansiedade, que incluíam dificuldades de concentração e sono, os quais estavam se agravando. Logo nas primeiras sessões, ficou claro que, à medida que foi avançando nos estudos, Sandro começou a questionar cada vez mais os valores familiares aos quais aderira até então sem maiores reflexões. Sentia que agora tinha duas realidades muito diferentes, que não conseguia conciliar. Quando estava com a família, parecia um estranho, ficava calado e depois sentia culpa; quando estava na sua nova vida de universitário, sentia-se um peixe fora d'água!

Trabalhamos na diferenciação da identidade de Sandro. Aos poucos, ele foi conversando em casa e revelando novas formas de pensar e agir. Vivenciou muita resistência de seu pai e afastamento da mãe, mas conseguiu reaproximar-se dos irmãos com mais facilidade do que havia previsto. Foi reformulando sua identidade, mesmo quando ficava claro para a família que provavelmente sempre iriam ter visões diferentes a respeito de vários temas. Trabalhamos com seus sentimentos, e novamente ele foi capaz de trocar afeto com os pais, ainda que discordando muito dos dois.

Após um ano de trabalho intenso, com períodos mais calmos e outros mais turbulentos, os sintomas de ansiedade pronunciada foram debelados, e Sandro finalmente deixou de sentir-se como se fosse duas pessoas diferentes, cada uma com uma vida, dependendo da cidade na qual ele estivesse. A diferenciação recém-conquistada também favoreceu sua integração com os colegas no estágio para o qual foi selecionado.

De forma geral, encontramos na literatura a ênfase dada à importância de vivenciar situações de maior independência e de mais conexão humana quando os indivíduos estão em formação da personalidade, assim como pela vida afora. O ser humano carece de espaço para viver sua individualidade e também de ligações estreitas com as pessoas.

A fase de adulto jovem cobra a tomada de muitas decisões em relação a estudos, trabalho, namoro, amizades, hábitos de vida e outras mais. O jovem se depara com o futuro incerto em relação a temas básicos com os quais deve lidar, ficando frente a frente com a insegurança do mercado de trabalho, o individualismo exagerado da sociedade e o consumo desenfreado, que cria cada vez mais necessidades. Há ainda outros temas a enfrentar, como a destruição do planeta e as injustiças sociais, entre outras mazelas contemporâneas. Isso tudo aumenta a fragilidade e o estresse justamente quando a pessoa está tentando sair mais para fora do sistema familiar, que de alguma forma até então lhe ofereceu segurança com sua estrutura de valores e expectativas já conhecidos.

Em relação ao incremento da fragilidade observada nessa fase, Magalhães e Camargo (2012) citam pesquisas que reforçam a informação bastante conhecida de que os transtornos mentais mais comuns, como quadros de ansiedade problemática, transtornos de humor e dependência química, geralmente surgem nos anos de juventude. Os autores afirmam: "A transição da adolescência para a vida adulta é um momento propício para que as vulnerabilidades emocionais e psíquicas apareçam". (MAGALHÃES; CAMARGO, 2012, p. 31).

Assim, mesmo com o filho já na fase adulta da vida, a família continua tendo papel preponderante no fornecimento de apoio, mantendo-se como uma base segura. Isso facilita os movimentos necessários para que o adulto jovem consiga dar conta das tarefas características do período e administrar seus níveis de estresse de forma adaptativa, seguindo em frente com seu desenvolvimento pessoal.

Os jovens, às vezes, se comportam de formas bem diferentes conforme a pessoa com quem se relacionem. Os modelos de apego são ativados sem que se deem conta. Podemos ter mais de um modelo de apego se tivermos tido mais de uma figura de apego; cada um deles está registrado no cérebro e pode ser ativado em diferentes situações. (SIEGEL, 2014).

Conforme o autor, há demonstração científica de que apegos seguros estão associados com funções integradoras pré-frontais que fazem a regulação do corpo, sintonização com os outros e consigo próprio, equilíbrio das emoções, flexibilidade, condições para acalmar os medos, visão interior, empatia com os demais e sentido de oralidade. Visto que, nos anos de adolescência e da fase de adulto jovem, a capacidade de integração cerebral aumenta, o jovem consegue agir de forma mais resiliente e adaptativa, conforme exijam as diferentes situações.

O ser humano se percebe de forma mais organizada e mais lógica no encontro com o outro. Quando adulto, é gratificante e fortalecedor estar sozinho ao mesmo tempo em que se sente bem conectado com sua base segura. Como consequência, a individualidade é expandida, o que favorece a pessoa em seu processo de amadurecimento, e isso ajuda a tornar mais rica a convivência com os demais.

Meg Jay, psicóloga especialista em trabalhar com pessoas na faixa etária dos 20 aos 30 anos, enfatiza que essa década é formada por anos transformadores no que diz respeito a trabalho, amor e formação da própria família.

A autora comenta que, devido à glamorização tão comum que se faz da juventude, muitos ficam paralisados nessa fase. Mais tarde, depois dos 30 anos, sentem-se ingênuos e até mesmo devastados pelo tempo em que evitaram fazer escolhas, o que acaba se revelando uma escolha feita, já que é impossível manter abertas todas as possibilidades até a década seguinte. A partir de dados de pesquisa sobre a forma como as pessoas resolvem suas crises de identidade, ela ressalta que quem se ocupa somente em trabalhar sem explorar outras possibilidades acaba rígido e convencional. Já os que gastam muito do seu tempo explorando possibilidades e curtindo a vida costumam arrepender-se mais tarde. Mas aqueles que, na década dos 20 anos de idade, conseguem fazer suas explorações ao mesmo tempo em que assumem compromissos, desenvolvem a autoestima e fortalecem a identidade alcançam mais satisfação na vida. Jay (2014, contracapa) informa:

> Pesquisas mostram que 80% dos fatos substanciais e com consequências duradouras – aquelas que levam ao sucesso na carreira, a uma boa situação financeira, à felicidade pessoal ou à falta dela – acontecem até os 35 anos: depois os adultos são levados a continuar (ou, se possível, corrigir) as ações iniciadas na faixa dos 20 anos. Trata-se de um período especial demais para não ser levado a sério.

A autora nos lembra que a fase em torno de 20 anos de idade é um período crítico que abre uma janela de oportunidade para determinadas vivências, as quais, de certa forma, definem muito da vida adulta. Portanto, esse é um momento para agir e para pensar em como se quer viver no presente e no futuro, mesmo com tantas incertezas pela frente.

No início da adolescência, é desencadeada uma grande transformação cerebral que vai até os 20 e poucos anos, de acordo com o que vimos na parte que trata da adolescência. No começo da década dos 20 anos, algumas experiências são muito importantes, como tipicamente ocorre em períodos críticos. Se o que idealmente deveria ser vivido em um período crítico cerebral acontece com marcado atraso, a pessoa tende a não alcançar resultados tão satisfatórios quanto poderiam ser se tivesse a experiência dentro do período crítico para aquelas vivências específicas, conforme registramos no capítulo sobre o cérebro e seu funcionamento. Jay (2014, p. 23) comenta:

Aos 20 anos, uma pequena mudança pode alterar radicalmente aonde iremos parar aos 30 e depois disso. Eles integram um período turbulento, mas, se conseguirmos descobrir como navegar, ainda que aos poucos, poderemos chegar mais longe, com mais rapidez, do que em qualquer outro estágio da vida. Trata-se de um período crucial em que as coisas que fazemos – e deixamos de fazer – terão um efeito significativo ao longo dos anos e até sobre gerações futuras.

Para recuperar o tempo perdido, muitas vezes são necessários vários movimentos até que se conquiste uma posição de adulto na sociedade.

Ao buscar inserções sociais em atividades como o trabalho e ingresso em cursos de pós-graduação, quase ninguém na faixa etária dos 20 anos consegue distinguir-se por experiências adquiridas, já que ainda não houve tempo para muitos feitos nesse sentido. Contudo, a história que cada um apresenta a seu respeito faz diferença e evidencia o potencial de realizações. A história sobre si próprio é fundada na autoestima e no padrão de apego desenvolvido nos anos de infância e adolescência.

Temperamento, padrões de apego, autoestima, inteligência emocional, relações familiares e sociais, valores culturais e religiosos são todos fatores determinantes em relação às formas como o adulto jovem vive esse importante momento de seu ciclo vital, a fase de adulto jovem. Além disso, há as questões ligadas à saúde e ao uso ou abuso de substâncias ativadoras de dopamina, possíveis traumas e outras situações específicas que interferem no desenvolvimento do adulto jovem no sentido de firmar uma identidade adulta saudável. Todos esses elementos se mesclam e são interdependentes entre si.

Siegel (2016, p. 4) aponta:

> Visão multidisciplinar do cérebro, relacionamentos familiares e desenvolvimento cognitivo levam à ideia de que experiências dentro da família influenciam diretamente o desenvolvimento dos circuitos autorreguladores do cérebro. A partir dessa perspectiva, apegos seguros saudáveis tendem a favorecer o desenvolvimento de regiões integrativas do cérebro, especialmente as regiões pré-frontais responsáveis pela autorregulação.

Nessa fase, é comum os jovens ficarem horas em contato com a tecnologia de toda ordem, cujo acesso está cada vez mais fácil; muitas vezes, seu uso excessivo já teve início na adolescência ou até mesmo na infância. O afastamento do convívio direto com as pessoas e com a natureza, ao passar horas seguidas em ambientes fechados, potencializa a fragilidade característica do período. Uma forma de aliviar a fadiga mental resultante da atenção dirigida é passar um tempo em meio à natureza. Especialistas no assunto apontam que essa atividade diminui os níveis de estresse e melhora o humor.

Em seu livro sobre o poder da visão mental, Siegel observa que a maior parte das pessoas nasce com potencial para que seu cérebro vá se desenvolvendo rumo ao que ele chama de visão mental, que em muitos aspectos equivale ao conceito de inteligência emocional de Goleman, conforme exposto na publicação conjunta dos dois autores de 2012. Mas, mesmo nascendo com potencial para desenvolver a visão mental, os circuitos neurais carecem de experiências para rumar nesse sentido. As crianças precisam de cuidadores atenciosos, com capacidade de interações claras e seguras. No entanto, quando isso não ocorreu na infância, pode ser buscado na adolescência, já que essa habilidade pode ser treinada, mudando inclusive a arquitetura do cérebro. Porém, se na fase adulto jovem isso ainda não aconteceu, o jovem precisa buscar seu desenvolvimento e integração interior e, dessa forma, expandir a vida mental e inserir-se em experiências necessárias para essa fase do seu ciclo vital.

Em concordância com todo o exposto até aqui, reafirmo a importância de o adulto jovem agir com intencionalidade, com foco no que almeja para seus anos de vida adulta. Para que isso ocorra, muitas vezes é necessário buscar recursos que promovam mudanças, e a psicoterapia pode ser um auxílio decisivo nesse sentido.

Fase adulta, enquanto solteiro

"Me pertenço e, portanto, posso construir e construir-me. Eu sou... e estou bem."
Virginia Satir

Entre as muitas situações comumente experienciadas pelas pessoas na fase adulta da vida, vamos considerar aqui algumas das mais relevantes no que diz respeito ao tema central deste livro, que é o desenvolvimento e manutenção das relações conjugais.

Ainda que as pessoas se casem em idades variadas e por vezes já entrem na fase adulta casadas, deixamos as dinâmicas conjugais para serem vistas em capítulo específico, focando agora no adulto solteiro.

Herculano-Heuzel (2013) compara metaforicamente o cérebro com um bloco de mármore, que durante a vida vai sendo esculpido de acordo com o que a pessoa for vivenciando. São removidos os excessos que sobram sem uso e se chega a uma estrutura significativa, sempre original, esculpida a partir do mármore bruto.

O desejável, com base no que vimos até aqui, é que na vida adulta a pessoa seja relativamente autônoma no geral e capaz de desenvolver e manter relacionamentos saudáveis. Com isso, pode rever o que for preciso no sentido de alterar o significado das vivências de sofrimento, ou mesmo as que se revelam disfuncionais no presente de sua vida. Enfim, a pessoa pode alterar seu funcionamento interior e mudar relacionamentos e atitudes por vontade própria, buscando ajuda psicoterápica quando necessário, a ponto de poder lidar com os fracassos, traumas e dificuldades de forma adulta.

Siegel (2014) pondera sobre a importância de ser capaz de olhar para si próprio, já que o foco de atenção interior favorece maior integração pessoal. Mas também é preciso ser capaz de relacionar-se, ter tempo compartilhado com outras pessoas, o que favorece a integração interpessoal. Dessa forma, reforça-se o processo de autonomia e de pertencimento, que na fase adulta da vida deve estar consolidado.

Cerveny (2004, p. 21-22) comenta:

> De uma relação bastante dependente nas fases iniciais da vida, o indivíduo gradativamente vai desenvolvendo formas mais independentes de se relacionar com os membros da família, até que, na fase adulta, o padrão das relações se torna mais equilibrado. Ao longo desse processo, os afetos, as percepções dos papéis e funções de cada um, a dinâmica das relações e o investimento emocional também estão em constante mudança e reorganização, fazendo com que em cada etapa o significado que o sistema adquire na vida particular de cada indivíduo seja diferenciado. Assim, a subjetividade individual é construída a partir da subjetividade do sistema, da mesma forma que esta é construída pelas subjetividades individuais.

Contudo, muitas pessoas chegam aos anos adultos sem maturidade emocional suficiente para dar conta das demandas desse período e administrar as dificuldades com a autonomia requerida. O adulto precisa conseguir, em grande medida, bancar-se emocional e financeiramente para levar uma vida gratificante, o que nem sempre acontece.

Sobre as situações em que isso não ocorre, Jay (2014, p. 20) afirma:

> Aos 30, a vida não termina, mas dá uma sensação categoricamente diferente. Um currículo razoável que costumava refletir a liberdade da juventude subitamente parece suspeito e vergonhoso. Um bom primeiro encontro não mais suscita fantasias românticas sobre a "alma gêmea", mas nos leva a fazer cálculos sobre a época mais breve em que será possível nos casarmos e termos um bebê.

Em muitos casos, a fase adolescente acaba se estendendo e causando sofrimento em várias famílias contemporâneas. A formação educacional atualmente exige um tempo longo de vida de estudante dependente dos pais até que se possa encarar um mercado de trabalho cada vez mais competitivo, com melhores chances de êxito. Os estilos educacionais das famílias, escolas e distintas culturas carecem de mais atenção e cuidado. Há muita incidência de traumas que ficam sem tratamento adequado, resultando em problemas e limitações de toda ordem. Muitos entraves podem acontecer no percurso desde o nascimento até a formação da personalidade adulta; já abordamos vários aspectos em cada uma das fases do ciclo vital, desde o nascimento.

Caso clínico: Roberto chegou na idade adulta da vida com modos de viver de um adolescente. Aos 28 anos, já havia começado e interrompido três cursos superiores, e não chegou nem na metade de nenhum deles. Foi criado pela mãe, que o levou para conhecer seu pai quando estava com oito anos. Esse foi o único contato que Roberto teve com ele, já que em seguida seu pai foi embora para o Japão e não deu mais notícias.

Roberto sempre ficou muito solto. A mãe saía para trabalhar e ele brincava com os garotos da sua rua. Aos 11 anos, já era o líder da turma do bairro, que incluía alguns meninos mais velhos do que ele. Ficou conhecido como o garoto esperto que sempre se dava bem fazendo pouco esforço, como passar de ano colando ou namorar as meninas mais cobiçadas da vizinhança.

E seguiu assim, com a consciência de que em algum momento deveria se concentrar e dedicar-se mais aos estudos, segundo relatou nas primeiras sessões de psicoterapia. Mas o tempo passou rápido e as diversões eram muitas... Aos 16 anos, começou a trabalhar com um tio na área de vendas e saiu-se muito bem, o que reforçou a continuidade do seu modo de vida sem planejamento nem disciplina. Quando o tio decretou falência e Roberto ficou desempregado, não tinha formação acadêmica para colocar em um currículo nem mesmo carteira de trabalho, já que seu emprego fora sempre informal. Havia ganho boas somas de dinheiro em determinados períodos trabalhando para o tio, mas gastou tudo em lazer. Agora estava com 28 anos e resolveu mudar com urgência o rumo da sua vida.

Roberto ponderou e decidiu fazer concurso público. Fez matrícula em um curso preparatório para concursos, pago por sua mãe. Foi quando percebeu que não conseguia concentrar-se para estudar; na verdade, nunca tinha feito isso. No início do trabalho psicoterápico, Roberto lidou com o luto do tempo perdido. Comparava sua posição na vida com a de alguns de seus amigos e conhecidos e percebia que a maioria das pessoas de sua idade já contava com no mínimo algumas conquistas educacionais e financeiras.

Ao pensar em um projeto de vida, ele finalmente percebeu que havia vivido como adolescente até então e veio a raiva do tio e da mãe que não o orientaram; ao contrário, sempre facilitaram seu modo de agir sem limites nem responsabilidade, enfim, sem objetivos traçados. Após "digerir" esses sentimentos de raiva e decepção, Roberto foi pouco a pouco se responsabilizando por suas ações e se fortalecendo no sentido de vencer as tentações de satisfação imediata em prol de seu objetivo de estudar para o concurso. No começo foi muito difícil, mas aos poucos a disciplina foi ficando mais acessível, até que ele conseguiu mergulhar de verdade nos estudos.

Após seis meses de psicoterapia, Roberto interrompeu o processo por sentir-se pronto para seguir em frente com o plano que traçou para si. Disse estar determinado como nunca, pronto para perseguir seu objetivo com disciplina. Eu fiquei preocupada que ele não conseguisse seguir sozinho ainda. Havíamos trabalhado com certas memórias que o paralisavam na fase adolescente e depois passamos a lidar com seu projeto de vida. Eu planejava trabalhar um tempo maior para fortalecer circuitos cerebrais de disciplina e perseverança e enfraquecer circuitos de satisfação imediata, que foram tão fortalecidos até então. Mas tratei-o como adulto que sabe o que é melhor para si e confiei que seu cérebro seguiria no rumo em que estava se desenvolvendo com a terapia EMDR.

Decorridos três anos desde o momento em que tomou a decisão de mudar o rumo de sua vida, Roberto me telefonou para contar que havia ingressado no emprego público desejado. Relatou ainda que iria casar-se com uma antiga namorada, que reencontrou nos últimos meses de estudo.

Segundo Nichols e Schwartz (2007, p. 135):

> A maioria das pessoas sai de casa em meio a relacionamentos que estão passando de uma base adolescente para uma base adulta. Assim, a transformação costuma estar incompleta e a maioria de nós, mesmo adultos, continua a reagir com sensibilidade adolescente aos pais – ou a qualquer outra pessoa que aperte os mesmos botões. [...] todos nós carregamos assuntos não-encerrados, na forma de sensibilidades não-resolvidas que são deflagradas em relacionamentos intensos onde quer que estejamos.

Os mesmos autores, baseados em Bowen, nos lembram: "[...] se você conseguir permanecer em contato emocional, mas mudar o papel que desempenha na família – e mantiver a mudança apesar das pressões para que volte atrás -, a sua família terá de se ajustar para acomodar a sua mudança". (NICHOLS; SCHWARTZ, 2007, p. 150).

Porém, agir com autonomia e menos reatividade tanto nas relações interpessoais quanto nas iniciativas profissionais depende de autoestima e apego seguro.

Branden (2000, p. 222), ao tratar da autonomia adulta, lembra que ela é baseada no amor incondicional vivido na infância:

> O amor não é sentido como algo real quando está vinculado ao desempenho, a corresponder às expectativas paternas e maternas e, de tempos em tempos, à sua anulação, como forma de manipular a obediência e o conformismo. O amor não é sentido como verdadeiro quando a criança recebe mensagens sutis ou não sutis no sentido de "Você não é o bastante".

Precisamos da autoconfiança para viver de forma intencional, com propósitos; porém, sem medir o valor próprio pelas conquistas alcançadas, mas usando a autoconfiança para passar os momentos de dificuldades e derrotas. As realizações de uma pessoa não embasam sua autoestima, mas são requeridas crenças pessoais positivas para que se realize algo. "O mais apropriado é não fechar os olhos nem para o presente, nem para o futuro, mas integrar um e outro em nossas experiências e percepções". (BRANDEN, 2000, p. 180).

A família cujos filhos chegam na fase adulta já começa a apresentar as dinâmicas próprias da fase de ninho vazio, conforme os estudiosos da família caracterizam esse momento do ciclo vital familiar. Ainda que um filho adulto não saia de casa, existe um distanciamento natural que vem junto com a autonomia própria dessa fase, gerando marcadas mudanças no sistema familiar, com consequente aumento dos níveis de estresse.

Muitos adultos demoram mais do que o esperado para chegar emocionalmente a essa fase; outros chegam já como mães ou pais, muitas vezes trazendo um filho para ser criado total ou parcialmente por seus próprios pais. Há ainda os que estabelecem relações estáveis na fase adolescente e saem de casa ou trazem o companheiro para morar com sua família, além de outras possibilidades.

Para Oliveira e Cerveny (2004, p. 95-96):

> Os sentimentos deflagrados pelo rito de passagem à vida adulta, que tanto pode ter sido desencadeado pela saída concreta do filho de casa ou por um "sair simbólico", quando o filho assume uma postura independente em relação aos progenitores, podem ser vistos como a vivência de uma ambivalência de sentimentos. Os pais podem se ver impactados com a nova realidade, sentindo-a como um choque. A alegria, pelo orgulho e satisfação de ver o filho agora autônomo, pode também vir acompanhada de sofrimento e

uma sensação de perda. Alguns pais podem também experimentar uma sensação de alívio ou de sossego, por ter cumprido uma etapa como pais, vendo-se agora mais livres e mais despreocupados.

As autoras comentam, ainda, que essa experiência precisa ser acomodada, atualizando a relação entre pais e filhos.

Ao tratar desse tema, McGoldrick (1995) aponta as questões de gênero e variações culturais como importantes definidores a respeito das formas pelas quais essa fase do ciclo vital será negociada na família. A autora lembra que, em grupos nos quais o papel da mulher fica centrado na família, a tendência é haver maior dificuldade para apoiar a autonomia de filhos adultos quando comparado a grupos nos quais as mulheres costumam desenvolver outros papéis que sejam gratificantes, além de cuidadoras familiares. Algumas culturas valorizam a independência dos filhos, ao passo que outras carregam expectativas opostas.

É preciso considerar também que faz diferença se é o filho mais velho, o segundo, o último ou o filho único da família quem está entrando na fase adulta, saindo de casa ou prestes a fazê-lo. Cabem aqui as considerações que tecemos a esse respeito, ao tratar das fases anteriores de desenvolvimento.

Jay (2014) comenta a respeito de uma prática comum em muitas culturas, que é o casal morar junto antes de decidir pelo casamento. Essa atitude é baseada no pressuposto de que morar junto é um bom teste para o casamento. No entanto, a autora enfatiza que essa ideia não reflete uma decisão consciente. Morar junto com alguém pode trazer benefícios, desde que essa decisão seja parte de um projeto construído a dois, uma escolha consciente, diferente de ser um teste prévio para o casamento.

Baseada em pesquisas, a autora aponta que os casais que vivem juntos antes de noivarem ou assumirem um compromisso comum são mais passíveis de enfrentar dificuldades de comunicação e instabilidade emocional na continuidade da relação e são menos dedicados antes e após passarem por cerimônia de casamento, nos casos em que isso acontece. "Uma vida fundamentada em 'Talvez isso aconteça' simplesmente pode não parecer tão conscientemente comprometida como uma baseada no 'Aceito' do casamento ou no 'Estamos' do noivado". (JAY, 2014, p. 108). A autora ressalta ainda que o investimento feito em uma relação sem compromisso assumido, incluindo dinheiro, tempo e esforços emocionais, pode causar um aprisionamento, dificultando a busca por uma relação com compromissos mais conscientes e maduros enquanto a pessoa fica em um teste para ver no que resulta.

Há ainda as diferenças de gênero a serem consideradas, ao lembrarmos que as mulheres que desejam ter filhos não podem deixar de lado as questões biológicas referentes à idade fértil. Portanto, ficar muito tempo em relacionamentos com pouco compromisso pode gerar arrependimentos futuros:

> O processo que vai de namorar a dormir na casa do outro, dormir muito na casa do outro e então à coabitação pode ser gradual, não marcado por alianças, cerimônias nem, às vezes, por uma conversa. Os casais muitas vezes se esquecem de falar sobre por que querem morar juntos e o que isso significa. Quando os pesquisadores perguntam aos jovens o que os motiva a ter essa iniciativa, as mulheres e os homens tendem mais a dizer coisas diferentes: maior proximidade da pessoa amada e um acesso mais fácil ao sexo, respectivamente. Não é incomum que dois parceiros tenham motivações diferentes, veladas – até inconscientes - para quererem coabitar, mas tanto homens quanto mulheres concordam que seus padrões para a escolha de alguém para morar junto são inferiores àqueles para a escolha de um marido ou de uma esposa. (JAY, 2014, p. 106-107).

O adulto deveria fazer uso de suas percepções menos conscientes e também de seus processos cognitivos conscientes de análise e raciocínio ao fazer escolhas de parceiros e formas de relacionamento a serem adotados nas suas relações interpessoais, sejam as românticas, de amizade, familiares, de trabalho ou outras mais. Naturalmente, os padrões de apego desempenham papel preponderante nas ligações emocionais feitas, assim como nas maneiras pelas quais esses vínculos se desenvolvem ao longo do tempo.

Ao discorrer sobre o apego em adultos a partir de estudos de outros autores sobre o tema, Bastard (2013) salienta que as muitas interações que a pessoa tem com suas figuras de apego desde o início da vida vão sendo memorizadas e criam representações mentais. Quando adulto, é possível ativar essas representações mentais que significam aproximação de suas figuras de apego mesmo na ausência delas, resultando em segurança interna. Porém, ainda que com a segurança interna bem desenvolvida, nos momentos de maior vulnerabilidade os adultos procuram suas figuras de apego para facilitar a autorregulação.

A autora comenta:

> [...] apesar do apego se manifestar através de padrões de conduta, ele é mais profundo, internalizado; tem aspectos de sentimentos, de memórias, de desejos, de expectativas e intenções. Tudo isso forma certos "filtros" que estão a serviço da percepção e da interpretação interpessoal do mundo, gerando por sua vez respostas observáveis. (BASTARD, 2013, p. 46).

A possibilidade de se ter mais de um modelo de apego é considerada também por outros autores além de Siegel. Entre eles, estão Cobb e Bradbury (2012, p. 247):

> Presume-se que os modelos de apego sejam esquemas cognitivos relativamente duradouros, ou crenças sobre o *self* e os outros, e que influenciem e também são influenciados pelas interações pessoais. Embora os modelos de apego possam ser considerados uma característica individual, supõe-se que as pessoas tenham diferentes níveis de segurança dentro de relacionamentos específicos.

Portanto, uma boa relação tem o poder de fornecer o ambiente necessário para facilitar a autorregulação em situações de necessidade, ativando um estilo de apego seguro que a pessoa eventualmente tenha algum registro de haver vivenciado.

Conforme vários autores, a autorreflexão é uma ótima forma de entendimento dos modelos de apego adotados para facilitar a mudança nos relacionamentos, favorecendo a formação de novas sinapses e o enfraquecimento de outras. Esse processo ocorre como resultado de atenção focada. (SIEGEL, 2012a). Essa forma de atenção intencional acontece, por exemplo, nas práticas de meditação, no exercício da espiritualidade e nas psicoterapias, em ritmo mais lento ou mais acelerado dependendo do método utilizado. Entre as linhas de psicoterapia, a terapia EMDR costuma apresentar resultados rápidos, já que promove processamento acelerado de memórias, conforme já exposto.

A pessoa que possui bons relacionamentos está em vantagem, já que relações nutridoras resultam em melhor saúde física, melhora da função imunológica e mais resistência ao estresse. Para além das pesquisas, na clínica observamos o tempo todo a importância das ligações saudáveis entre pais e filhos e entre casais. A rede familiar e social pode funcionar como um tesouro de recursos.

Nosso cérebro é programado para sentir a alegria e a dor do outro mesmo antes de podermos pensar a respeito, e o sistema de neurônios-espelho participa nesse processo. Contudo, a empatia se fortalece quando é intencional, quando focamos a atenção para estar em sintonia com o outro; é preciso querer.

As possibilidades de criação de disparos neurais são quase infinitas, conforme ensinam os neurocientistas. Ficar restrito a poucos padrões de funcionamento limita muito as possibilidades de um adulto, deixando a pessoa empobrecida em seu potencial humano.

Conforme o neurocientista clínico Daniel Amen (2000, p. 9):

Até muito recentemente, os cientistas só conseguiam especular sobre o papel do cérebro em nossa personalidade e em nossa habilidade de tomar decisões. Não tínhamos instrumentos avançados para verificar o funcionamento do cérebro e, portanto, tirávamos muitas conclusões falsas sobre seu impacto em nossas vidas. Com o advento de técnicas de obtenção de imagens do cérebro, estamos agora respondendo às perguntas sobre o papel do cérebro no comportamento em um ritmo alucinante.

Ao chegar à fase adulta da vida, as pessoas estão capacitadas em termos cerebrais e espera-se, em termos emocionais, mesmo que com limitações, que possam assumir mudanças que desejem fazer em suas formas de estar no mundo; inclusive para trabalhar com os estilos de apego. Ao tratar desse tema em entrevista concedida a Goleman (2012), Siegel ressalta que nunca é tarde demais para rever e reconsiderar nosso potencial para sermos melhores pais, esposos, pessoas.

O adulto pode intencionalmente melhorar as lentes dos óculos usados para ver a vida, construídas até chegar nessa fase do ciclo vital. Nas lentes de cada pessoa, estão suas crenças, vivências, ações e reações; enfim, o modo de ser de forma geral. E é a partir da forma como se vê a vida que as pessoas se organizam, inclusive no que diz respeito à escolha de parceiros conjugais e à manutenção do casamento.

O foco triplo de atenção em nós mesmos, no outro e no externo favorece a visão sistêmica tão necessária para manter-nos conectados de forma ecológica com a vida, o que repercute em maior harmonia interior e em bons relacionamentos. De fato, não se conhece um circuito no cérebro que torne a compreensão de sistemas algo natural; é preciso intenção e treino para estarmos conectados sistemicamente com a vida. (GOLEMAN, 2013).

Por fim, todos esses elementos tratados até então interferem na escolha do parceiro e na construção de uma vida conjugal em bases saudáveis.

Capítulo 6 - Principais Dinâmicas do Casal, com Considerações Clínicas

Escolha de parceiro
Fase da paixão inicial
Fases seguintes do relacionamento

"De forma abrangente, a autora transita por diferentes momentos do relacionamento conjugal, trazendo aportes importantes, integrativos e provenientes de estudos teóricos e pesquisas clínicas. Concilia com maestria conteúdos relacionados à esfera individual dos parceiros, com ênfase em aspectos neurobiológicos e da inteligência emocional, contribuições da Teoria do Apego e o conceito de trauma e seus efeitos na vida adulta e possíveis repercussões na vida a dois. Amplia o olhar sobre o desafio da conjugalidade ao analisá-la de forma complexa, integrando os aspectos individuais mencionados às influências intergeracionais e socioculturais. Apresenta temáticas que incidem sobre a vida conjugal, tais como confiança, sexualidade, poder, uso do dinheiro, infidelidade, espiritualidade, entre outros, e que são indispensáveis àqueles que trabalham clinicamente com casais."

Carla Cramer[6]

A formação de um casal ocorre quando duas pessoas criam um novo subsistema, tratado na literatura específica como subsistema conjugal, ou simplesmente sistema conjugal. As formas como esse subsistema é estabelecido variam bastante na atualidade, com a inclusão de rituais específicos e uma data definida para a união, ou "deixando-se" casar aos poucos. Os cônjuges podem viver juntos ou em residências separadas. Há também outras variações típicas da cultura à qual ambos pertencem e da fase da vida em que estão, como aparece no trecho deste livro sobre a fase de adulto jovem.

Ainda que os modelos de casamento e os arranjos conjugais mudem com o tempo e segundo as diferentes culturas, as necessidades básicas do ser humano permanecem as mesmas, e as pessoas continuam casando-se, inclusive alguns o fazem várias vezes na vida. Como aponta Anton (2012, p. 36) em livro sobre esse tema: "O desejo de companhia, de aconchego, de se sentir pertencente a alguém é tão inerente ao ser humano que, desde que se tem notícias, o homem vive em grupos".

---

[6] Psicóloga Clínica. Especialista em Terapia Individual, de Casal e Familiar. Mestre em Psicologia Clínica. Docente, Supervisora e Coordenadora da Especialização em Terapia de Casal e Família na FTSA -Instituto da Família – em Londrina (PR).

Apaixonar-se e construir uma relação sólida com alguém é sempre uma aventura complexa. Por melhor preparada que uma pessoa esteja para essa jornada, ainda assim vai deparar-se com imprevistos. Ocorrem as pequenas ou grandes decepções e outras dificuldades diversas; aparecem situações inesperadas que exigem adaptações por vezes bem rápidas. Enfim, na relação conjugal, os indivíduos se deparam com estressores previsíveis e outros que surgem de supetão durante o percurso.

Ao compartilhar a vida com alguém, sempre queremos alcançar mais felicidade. As pessoas se unem à espera de uma vida melhor, mais feliz do que seria se aguardassem uma oportunidade de vinculação com outro cônjuge ou, então, permanecessem solteiras.

O casamento é um marco importante não só para o casal, mas também para os demais envolvidos, sejam eles os familiares, sejam os amigos próximos de cada um, incluindo filhos de relações anteriores. É esperado que, a essa altura, muitas fases do ciclo vital dos dois e de ambas as famílias já tenham sido vividas; assim, a transição pode acontecer em um ritmo saudável. Mas, para que isso ocorra de forma natural, é necessário que parentes e amigos próximos percebam o casamento de forma dinâmica, a partir do modelo de ciclo vital, conforme já visto.

Carter e McGoldrick (1995) nos lembram de que os pais que resolveram melhor seus problemas de separação, intimidade e autonomia em relação às suas próprias famílias de origem terão maior facilidade em apoiar os filhos nessa fase da vida.

Alguns fatores indicam que um casal provavelmente terá maiores dificuldades para firmar sua relação, conforme aponta McGoldrick:

a) o casal com pouco tempo de convivência, ou que se une em seguida a uma perda significativa, ou usa o casamento para afastar-se da família de origem;
b) pessoas com *backgrounds* familiares muito diferentes - como religião, educação, classe social, etnicidade, idade e outros;
c) constelações fraternas incompatíveis;
d) se o casal reside muito perto ou muito longe das famílias de origem, ou se depende física, financeira ou emocionalmente de alguma das famílias;
e) se a união aconteceu antes de os indivíduos terem 20 anos de idade;
f) se as pessoas casaram-se sem o envolvimento da família ou de amigos;
g) quando há gravidez antes ou durante o primeiro ano do casamento;
h) se um dos cônjuges tem dificuldade no relacionamento com irmãos ou pais;
i) quando há padrões conjugais instáveis na família de origem.

A autora cita ainda pesquisas que fundamentam alguns dos fatores mencionados, muitos deles já focados no decorrer do texto.

As dificuldades de transição para a vida conjugal são frequentes e envolvem muitos elementos. Há também as questões de gênero que, não raramente, são enrijecidas por valores culturais disfuncionais, como vimos no trecho que discute a fase de adulto jovem. Walsh acentua:

> É interessante notar que os indicadores de bem-estar físico e psíquico e de sucesso profissional mostram que o casamento tem um efeito mais salutar sobre os homens do que sobre as mulheres. (WALSH, 2002, p. 16).

> É necessária uma imagem evolutiva do casamento para mudar a forma estática de castelo ou prisão para uma forma flexível que pode ser remodelada por ambos os parceiros ao longo do tempo, para ir ao encontro das necessidades, prioridades, exigências, etc. (WALSH, 2002, p. 25).

Sobre a teoria de Bowen, Nichols e Schwartz (2007, p. 135) comentam:

> A maioria das pessoas sai de casa em meio a relacionamentos que estão passando de uma base adolescente para uma base adulta. Assim, a transformação costuma estar incompleta e a maioria de nós, mesmo adultos, continua a reagir com sensibilidade adolescente aos pais – ou a qualquer outra pessoa que aperte os mesmos botões.

Os indivíduos que não conseguem fazer um bom processo de diferenciação nas suas famílias de origem certamente vão projetar na relação conjugal os mesmos padrões familiares. Já a autodiferenciação, segundo Bowen, leva à libertação de dinâmicas patológicas anteriores. (WESSLENN, 2016).

O relacionamento conjugal saudável cria um espaço especial para que os dois sigam no processo de diferenciação, contando com o apoio um do outro, desde que consigam exercitar intimidade e autonomia dentro da relação. Essas dinâmicas são muito favorecidas quando os apegos oferecem segurança.

As ligações de apego continuam funcionando como porto seguro e base segura também no casal. O porto seguro é importante nos momentos de mais estresse e incertezas, e a base segura provê confiança para atuações, aprendizados e atualizações dos modelos de si próprio, dos outros e do mundo. (SANDBERG; BRADFORD; BROWN, 2015).

O casal ligado pelo apego forma uma unidade fisiológica, como revelam vários estudos e autores, alguns deles já citados anteriormente. Cada um dos parceiros interfere na pressão arterial, frequência cardíaca, respiração e nível de hormônios no sangue de seu par. Os membros de um casal em relacionamento íntimo participam na regulação do bem-estar psicológico e físico um do outro.

Um estudo reuniu casais para discutirem suas metas e as chances de alcançá-las. Após terem sido expostos, os planos que tiveram mais apoio do parceiro durante o período de conversas causaram um aumento na disposição e confiança do outro para serem postos em prática. Do contrário, quando os planos não tiveram o apoio do parceiro nos momentos de conversa, a confiança em atingir as mentas desejadas tendeu a diminuir. (LEVINE; HELLER, 2013).

Como a confiança é um ingrediente indispensável aos relacionamentos conjugais, o apego naturalmente é de crucial importância durante o tempo todo da vida de um casal. Acreditar que o parceiro vai oferecer presença e apoio nos momentos em que se necessita resulta em confiança na relação, o que aumenta a criatividade. Assim, o casal pode desenvolver intimidade sem ter vergonha de ser quem é, sem necessidade de explicar-se ou justificar-se demais. Um consegue dar espaço quando o outro precisa sem sentir-se abandonado ou rejeitado. Esta é, na verdade, uma descrição de relacionamento com apego seguro.

Muitas pesquisas relacionam o estilo de apego seguro com satisfação conjugal e os estilos de apego inseguro com insatisfação conjugal, no tocante a fatores como estabilidade na relação, engajamento, comunicação, responsividade e estabilidade emocional. Quando o apego não oferece a segurança que cada parceiro necessita, as pessoas manifestam comportamentos evitativos ou ansiosos na busca por adaptação. Como já foi mencionado, os estilos de apego inseguro estão associados com insatisfação no casamento. (SANDBERG; BRADFORD; BROWN, 2015).

Se um dos membros de um casal percebe ameaça na conexão com seu par, o sistema de apego pode ficar hiperativado, com os comportamentos de apego mais intensos. O ansioso tende a aumentar as atitudes de agarramento, perseguição ou até mesmo agressividade na busca por respostas do outro. Quando esses movimentos não resultam na recuperação da receptividade do parceiro, entram em jogo estratégias para lidar com a falta de comprometimento do outro. Ocorre a desativação do sistema de apego, com repressão das próprias necessidades. Essas interações, ao serem repetidas muitas vezes, podem acabar gerando círculos viciosos na relação, que conectam vulnerabilidades com estratégias de ação que são desafiadoras aos psicoterapeutas. Voltaremos a esse tema no capítulo 7.

Sandberg, Bradford e Brown (2015) realizaram um estudo com 680 casais para compreender a relação entre estilos de apego e comportamentos de apego no casal. Os achados da pesquisa revelaram que determinados comportamentos, quando trabalhados na psicoterapia, podem levar a mudanças nos estilos de apego dos cônjuges. Os comportamentos a serem focados para alcançar tais resultados, segundo os autores, são acessibilidade, capacidade de resposta e engajamento. Essa pesquisa reforça o valor da psicoterapia na alteração de estilos de apego inseguro para uma situação que ofereça maior segurança.

O apego é básico no relacionamento de um casal por estar entranhado em todas as dimensões da relação. É possível correlacionarmos estilos de apego com a escolha de parceiros, com as vivências sexuais dos dois, com a forma como resolvem ou perpetuam seus conflitos, fazem amigos, desenvolvem suas atividades, relacionam-se com os filhos; enfim, como transitam pelo ciclo de vida.

As dificuldades de ajuste em um casamento, em maior ou menor grau, aparecem não somente entre os mais jovens, mas também entre as pessoas que demoram mais tempo para estabelecer união conjugal, conforme observamos na clínica e na vida em geral. Ao esperar mais tempo para assumir um compromisso com alguém, os ajustes práticos da vida e a clareza das expectativas relacionadas a um potencial cônjuge vão ficando mais definidas, fazendo com que a pessoa se mostre mais exigente com relação ao outro. Experiências prévias de casamento também não oferecem garantia de maior sucesso conjugal. Nas uniões de quem já passou por relacionamentos conjugais prévios, logo nos vêm à mente as diversas dificuldades vividas tantas vezes por casais nessa situação.

De toda forma, em qualquer modelo de relação conjugal que se estabeleça, é preciso lidar com os estressores característicos. Ao mesmo tempo em que é necessário aumentar a distância das famílias de origem de cada um para fortalecer a intimidade do novo casal, é preciso manter e atualizar as conexões estabelecidas com os membros da família de origem de cada um deles. As famílias precisam encontrar meios de manter os vínculos enquanto permitem o estabelecimento do par, respeitando as diferenças e as ambiguidades vividas nas adaptações requeridas e na busca pelo fortalecimento da nova identidade do casal.

Em momentos de conquistas ou dificuldades maiores, desejamos sempre estar com pessoas que se importem realmente conosco, pessoas íntimas que nos conheçam bem e com quem possamos nos sentir à vontade. Quando existe convivência autêntica no relacionamento do casal, o desenvolvimento individual pode ser potencializado, e esse movimento tende a enriquecer a convivência íntima dos dois, o que repercute em outras relações e no entorno do casal.

A esse respeito, Siegel (2012, p. 94) afirma:

> [...] os relacionamentos estão entremeados no tecido de nosso mundo interno. Passamos a conhecer nossas mentes por meio das interações com os outros. As percepções dos neurônios espelho e a

ressonância que eles criam agem rápida e frequentemente fora da consciência. A visão mental nos permite convidar essas fontes rápidas e automáticas de nossa vida mental para dentro do teatro da consciência. À medida que acolhemos a realidade neural de nossas vidas interconectadas, podemos perceber com mais clareza quem somos, o que nos molda e, por sua vez, como podemos moldar nossas vidas.

A visão mental, para Siegel, é a capacidade básica que fundamenta tudo o que queremos dizer quando falamos a respeito de inteligência emocional.

Muitas pesquisas nos mostram a importância de uma relação conjugal estável, flexível e satisfatória para os dois, com consequências positivas na qualidade de vida, nos índices de felicidade e na saúde física do casal.

Foi realizado um estudo na Universidade de Harvard que visa compreender as maneiras pelas quais as experiências infantis afetam a saúde e o bem-estar na meia idade e o que mantém as pessoas felizes e saudáveis. Esse estudo longitudinal, um dos mais abrangentes já realizados, ultrapassou 75 anos de acompanhamento da vida de dois grupos de homens. Na sequência, seus filhos foram incluídos e, mais recentemente, suas esposas. No início da pesquisa, eram 724 homens, e 60 deles continuam vivos. Com o passar do tempo, entraram 2.000 filhos e muitas esposas. Ano após ano, esses homens responderam a perguntas sobre trabalho, vida doméstica e saúde e forneceram informações médicas variadas, incluindo escaneamento cerebral. Foram filmados conversando com as esposas sobre suas maiores preocupações e entrevistados em suas casas. Enfim, a pesquisa é abrangente e continua acontecendo até os dias atuais.

Waldinger (2015), o quarto diretor da pesquisa, relata que a mensagem mais clara advinda desse grande estudo é que bons relacionamentos nos mantêm mais felizes e saudáveis. Viver com maior isolamento do que gostaríamos gera infelicidade e encurta a vida. Portanto, relações saudáveis protegem o corpo e o cérebro. O que importa é a qualidade das relações mais próximas, como o casamento, pois relacionamentos bons e íntimos parecem nos proteger de algumas circunstâncias adversas do envelhecimento. Já um casamento com muito conflito e pouco afeto pode ser bem pior do que o divórcio.

O pesquisador ressalta que as pessoas que estão em relacionamentos em que sentem poder contar com o outro nos momentos de necessidade apresentam a memória preservada por mais tempo. Mesmo que haja muita discussão entre os cônjuges, o importante é a continuidade da confiança em poder contar com o companheiro. O diretor da pesquisa nos lembra de que cuidar dos relacionamentos dá trabalho, mas a construção e manutenção de boas relações resultam em uma vida boa.

Os achados da pesquisa indicam o que é desejável nas vivências conjugais para que se alcance maior bem-estar emocional e físico, mesmo nos anos de idade avançada; eles refletem dinâmicas características das pessoas com apego seguro.

O estudo citado também está de acordo com os resultados das pesquisas de Gottman (2014, p. 27), que evidenciam o valor da confiança mútua como central nos relacionamentos conjugais: "O valor da confiança mútua de um casal indica até que ponto estão juntos na empreitada e se apoiam". Quanto às consequências, o autor comenta: "Para todo mundo, um relacionamento estável e confiável é ligado a taxas relativamente mais altas de sobrevivência a doenças cardiovasculares, câncer, cirurgia e outros males". (GOTTMAN, 2014, p. 203).

Como mostra a pesquisa relatada por Waldinger, desavenças no casamento não condenam por si só uma relação, desde que o apego do casal se mantenha de forma segura. Qualquer casal possui semelhanças e diferenças em seus valores, nas ideias, e nos comportamentos, com arranjos próprios. De qualquer forma, as semelhanças unem, facilitam e produzem calmaria e aconchego. Já as diferenças desafiam, promovem crescimento pessoal e trazem novidade para o espaço conjugal. As maneiras pelas quais esses elementos são negociados vão construindo a história compartilhada dos dois, que naturalmente inclui momentos mais turbulentos, com brigas e desacertos.

Walsh (2002, p. 25-26) conclui:

> Diz-se que hoje as pessoas precisam de três casamentos: na juventude, um amor romântico e apaixonado; para criar os filhos, um relacionamento com responsabilidades compartilhadas; mais tarde, um relacionamento com um companheiro com fortes capacidades afetivas e de assistência recíproca. Mais do que novos parceiros, as pessoas precisam de alterações no contrato relacional conforme as diversas fases do ciclo vital, já que o necessário para a satisfação dentro do relacionamento muda ao longo do tempo, de acordo com os requisitos familiares.

Escolha de parceiro

"O todo que criamos juntos é verdadeiramente maior do que nossas identidades individuais. Sentimos essa ressonância como uma sensação palpável de conexão e vitalidade."
Daniel Siegel

A escolha de alguém para partilhar a vida é motivada por variadas questões, algumas explícitas e outras implícitas. Quando conversamos com uma pessoa, enquanto nossa mente consciente está lidando com o significado das palavras ouvidas, nosso inconsciente está usando critérios diferentes para compreender o outro. O tom de voz, o ritmo da fala, os gestos e expressões, além de outras características não-verbais - como a postura física e a distância adotada -, interferem o tempo todo nos julgamentos que fazemos dos demais.

É comum nos sentirmos mais atraídos por algumas pessoas do que por outras, sem entendermos em um primeiro momento as razões para tais sentimentos. Conforme lembra a neurologista Herculano-Houzel (2007), a intuição não é um sentido, mas uma consequência da forma como o cérebro trabalha - o tempo todo fazendo predições baseadas nos sentidos e em experiências anteriores. Quando as previsões se confirmam, são chamadas de intuição.

Conforme Mlodinow (2013, p. 29-30):

> [...] nosso cérebro compreende uma coleção de módulos que funcionam em paralelo, como interações complexas, a maioria das quais operando fora da consciência. Por isso, as verdadeiras razões por trás de nossos juízos, sentimentos e atitudes podem nos surpreender.

A compreensão da parte do cérebro que funciona abaixo da consciência foi iniciada por Freud, Yung e muitos outros especialistas no século XX, embora de forma difusa e indireta. Atualmente, as novas e sofisticadas tecnologias mudaram o entendimento dessa região do cérebro, como aponta Mlodinow (2013, p. 10), que chama esse nível de mundo subliminar:

> Os cientistas formulam teoria acerca do mundo físico; nós todos, como seres sociais, formulamos "teorias" pessoais a respeito do nosso mundo social. Essas teorias fazem parte da aventura de participar da sociedade humana. Levam-nos a interpretar o comportamento dos outros, a antever suas ações, tentar prever como conseguir o que desejamos deles e decidir, em última análise, como nos sentimos em relação a eles. Será que podemos confiar neles quanto a dinheiro, saúde, carreira, filhos - e ao nosso coração?
>
> Assim como no mundo físico, também no universo social há uma realidade muito diversa, subjacente àquela que ingenuamente percebemos.

O capítulo deste livro dedicado às primeiras interações traz informações sobre como muitas de nossas percepções ocorrem de modo instantâneo e são erroneamente desprezadas por muitos.

O neurocientista clínico Amen (2000, p. 77) aconselha:

> Se você sai com alguém para jantar e depois de meia hora você começa a sentir-se mal consigo mesmo, você não está imaginando coisas. É seu sistema límbico profundo que está realmente sendo afetado por essa pessoa. Decidir que você não quer gastar seu tempo com pessoas que estão tendo um efeito adverso em você não quer dizer que você deva culpá-las pelo modo de elas serem. Simplesmente significa que você tem o direito de escolher uma vida melhor para si mesmo.

Fisher (2016) apresenta critérios biológicos na escolha de parceiros com base nos achados de suas pesquisas relativas à biologia da personalidade. Ela correlaciona características de temperamento com a seleção de parceiros românticos. A autora sustenta que, nas partes primitivas do cérebro, desenvolvemos quatro estilos diferentes de pensamento e comportamento, ligados aos sistemas de dopamina, serotonina, testosterona e estrogênio. Para chegar a esses resultados, ela valeu-se de questionários preenchidos por mais de 14 milhões de pessoas espalhadas em 40 países.

Como resultado, Fischer concluiu que as pessoas cujos sistemas de dopamina são mais expressivos tendem a ser curiosas, criativas, espontâneas e enérgicas - e sentem atração por indivíduos semelhantes a si próprios quanto à produção de dopamina. Pessoas com o sistema de serotonina bem expressivo tendem a ser mais tradicionais, convencionais, religiosas e cumpridoras dos deveres – geralmente, elas vão ao encontro de pessoas semelhantes no que diz respeito à expressão da serotonina. Quanto aos outros dois sistemas – testosterona e estrogênio –, os opostos se atraem. Pessoas muito expressivas no sistema de testosterona tendem a ser analíticas, lógicas, diretas e decisivas e vão ao encontro de seu oposto, ou seja, procuram alguém com nível de estrogênio elevado. Porém, em resposta a um questionamento de Perel, Fisher ressalta que essas características de temperamento estão sujeitas às correlações socioculturais.

Vamos percebendo e interpretando os sinais do outro a partir de nossos mundos internos, que incluem a história de vida e o legado intergeracional que nos tornam mais ou menos carentes e moldam nossas expectativas com relação a um potencial parceiro. Quanto mais carente, mais necessitado de encontrar um companheiro e mais vulnerável a pessoa fica quanto a fazer interpretações equivocadas dos sinais conscientes e inconscientes vindos do outro. O cérebro restringe nossas possíveis opções, as quais, além das percepções inconscientes, são limitadas por crenças que muitas vezes instalaram-se a partir de traumas vivenciados durante a vida. Isso tudo constitui os "óculos" que cada um carrega. Com base no pensamento analítico, podemos conferir as opções disponíveis; porém, quando se trata de limitações forjadas a partir de traumas, o pensamento racional não consegue desmontar o significado do que é percebido, como vimos ao tratar desse tema.

Com base no que acontece no cérebro das pessoas que se apaixonam, o neurocientista Frazzetto (2014, p. 224) salienta:

> Hoje, sabemos que o principal órgão do amor não é exatamente o coração. A flecha do amor, independentemente do que seja, atinge o olho e dali penetra fundo no cérebro e no tálamo, onde a mensagem visual é processada e então passada para a área fusiforme da face. Quando encontramos outro ser humano, o rosto costuma ser a parte à qual damos mais atenção. O rosto dá sinais cruciais sobre o estado emocional de uma pessoa. As regiões do cérebro que se especializam no reconhecimento da face estão todas ligadas à amígdala e ao córtex pré-frontal, os dois moduladores de nossa experiência emocional.

O que se viveu e aprendeu na família de origem interfere na eleição de parceiros conjugais, seja na busca pelos mesmos padrões de relacionamento, que permitam continuar desempenhando certos papéis no sistema familiar, seja na busca por alguém que aponte a possibilidade de romper com padrões familiares dolorosos.

Sobre a integração de memórias vivenciadas, Siegel (2012, p. 105) reafirma:

> Processamos e codificamos nossas experiências em camadas de memória. A primeira, a memória implícita, começa no útero e predomina nos primeiros anos de vida. A partir de nossas emoções, percepções, ações e sensações corporais, criamos modelos mentais que moldam nossas expectativas sobre a forma como o mundo funciona. Tudo isso ocorre sem esforço ou intenção, e os modelos mentais implícitos podem continuar a moldar a maneira como agimos sem estarmos conscientes disso. As peças do quebra-cabeça da memória implícita são reunidas, mais tarde, em memórias explícitas – as informações factuais e autobiográficas das quais estamos conscientes. Quanto mais pudermos jogar a luz da visão mental sobre as peças do quebra-cabeça do passado, que flutuam livremente – as memórias implícitas -, e permitir que elas se tornem explícitas, mais poderemos nos libertar e viver plenamente no presente e ter novas escolhas de formas de viver nossas vidas.

Silva, Menezes e Lopes (2010), em um estudo sobre motivações para escolha do cônjuge, informam que no Brasil há poucas pesquisas a esse respeito. Contudo, as pesquisas internacionais indicam as características mais valorizadas por homens e mulheres em potenciais parceiros: tipo de relacionamento pretendido; similaridades e complementaridades; influências da família de origem de cada um. Essas autoras afirmam, com base no estudo que fizeram com casais, que o modelo de relacionamento dos pais de cada um dos membros do casal é referência para as suas escolhas, como algo a ser seguido ou evitado, dependendo das experiências que tiveram com os pais.

Quanto à escolha do parceiro, Angelo (1995, p. 49) ressalta:

> De qualquer modo, a experiência cotidiana parece indicar que, quanto menos elementos conflitantes não-resolvidos tiver a família de origem, tanto mais "livre" é a escolha do parceiro, no sentido de que as obrigações, as proibições, as necessidades de se ligar a um "determinado" tipo de parceiro são muito menos prementes.

As expectativas familiares que carregamos promovem atenção seletiva relacionada a determinadas características desejadas em potenciais parceiros. Aparecem também reflexos dos valores culturais impregnados no contexto.

O mesmo autor aponta:

> [...] a atenção culturalmente induzida para perceber elementos específicos de interesse no aspecto ou comportamento de determinada pessoa é acompanhada de uma "desatenção" igualmente seletiva por todos os elementos de seu caráter e do relacionamento com essa pessoa, que poderiam tornar a relação problemática. (ANGELO, 1995, p. 47).

No momento da escolha do parceiro, ainda que tal decisão seja muito menos consciente do que de forma geral se costuma pensar, a pessoa tenta integrar aspectos das expectativas até mesmo contraditórios por vezes.

Portanto, quanto mais harmonizadas e refletidas forem as expectativas relativas a um potencial parceiro, o processo fica menos complexo. Ao contrário, quanto mais premente for um dos componentes da expectativa em relação às demais características, a atenção seletiva se enrijece. Um homem, por exemplo, que faz parte de uma família que acredita que as mulheres não devem manifestar nenhum poder de decisão no casal, sob pena de subjugarem seu companheiro, tende a observar esse elemento de maneira privilegiada, correndo o risco de desconsiderar outros pontos relevantes. Isso se liga com o grau de diferenciação da pessoa e a autonomia alcançada para refletir sobre os valores familiares herdados e influencia a eleição de parceiros.

No decorrer do ciclo de vida, observamos que as escolhas ocorrem de acordo com os sistemas de inserção de cada pessoa e estão relacionadas com o momento do ciclo de vida de cada um. Angelo (1995, p. 48) observa:

[...] o contexto e o tempo em que ocorre o encontro e se desenvolve o relacionamento podem orientar para um tipo de escolha, em vez de outra, dentro de uma série de opções proporcionadas pelo enredo mítico, ou orientar para decisões que entram em conflito com esse mito. O adolescente que começa um relacionamento, de certo, não tem as mesmas expectativas daquele que o faz em idade avançada, e não escolhe o(a) parceiro(a) pelas mesmas características.

Uma prática muito difundida na atualidade tem sido a busca por parceiros românticos no mundo virtual, um universo praticamente ilimitado que acolhe a todos e possibilita que cada um projete sua imagem como desejar. A cada minuto, multidões de pessoas ao redor do mundo estão clicando afoitamente na esperança de encontrarem o companheiro almejado. Ao discorrer sobre o amor líquido, Bauman (2004, p. 85) trata dessa forma de busca: "A solidão por trás da porta fechada de um quarto com um telefone celular à mão pode parecer uma condição menos arriscada e mais segura do que compartilhar o terreno doméstico comum".

Matarazzo (2001, p. 44-45) comenta que, no mundo virtual, o outro não se revela:

> Nas salas de bate-papo, o que vale é a imagem que o outro tem de mim, ou seja, o que você parece ser é mais importante do que quem realmente você é. Relacionando-se com um namorante invisível e estranho, o "conhecer o outro" torna-se ilusório. Ninguém sabe quem é o outro. Não se tem ideia da sua personalidade, de seus valores e princípios, o que teoricamente favorece a liberação de instintos e fantasias irrealizáveis na vida real.

Os encontros e desencontros ocorridos no mundo virtual deixam de fora toda a complexidade humana transmitida e percebida de forma sutil nos olhares, nos gestos, nas posturas corporais, nas entrelinhas.

"Esses métodos e essa mentalidade tão difundidos nas questões amorosas corroem a poesia e, por último, a confiança que precisamos construir para estabelecer qualquer elo duradouro". (FRAZZETO, 2014, p. 241). O neurocientista acentua o papel das emoções nesse contexto: "As emoções viajam por nosso corpo. Precisamos do tipo de reação da pele que o encontro físico proporciona, que nenhuma interação pelo computador substitui". (FRAZZETO, 2014, p. 240). O especialista ainda aponta um risco: "Namoro *on-line* em excesso pode causar a desertificação de nossas emoções, a ponto de preferirmos a foto de perfil de um corpo na tela a uma pessoa real do outro lado da mesa, ou em nossa cama, por assim dizer". (FRAZZETO, 2014, p. 240).

Porém, muitas pessoas conhecem futuros parceiros conjugais via *on-line* e depois passam a ter encontros ao vivo, com bons resultados. A internet coloca pessoas distantes em contatos que muito provavelmente não se dariam fora do mundo virtual.

A escolha do parceiro conjugal e a formação dos primeiros acordos, explícitos ou implícitos, refletem a autonomia a que os dois chegaram nesse momento da vida. "A pessoa diferenciada é capaz de equilibrar pensamento e sentimento, capaz de fortes emoções e espontaneidade, mas também possui a autocontenção que acompanha a capacidade de resistir à pressão dos impulsos emocionais". (NICHOLS; SCHWARTZ, 2007, p. 131).

De qualquer forma, com melhor ou pior diferenciação, cada pessoa chega ao momento de formação de parceria conjugal já tendo construído uma espécie de mapa de mundo que considera os significados atribuídos ao que foi vivenciado. Lembremos que a realidade é um conceito relativo, pois sempre a examinamos com base em certos paradigmas, e nosso mundo interno está refletido em nossas percepções.

Desde que nascemos, vamos desenvolvendo lentes próprias através das quais percebemos tudo e todos. Muitos fatores participam na composição das lentes que cada pessoa faz uso para traduzir tudo o que percebe do exterior e de si própria; em última análise, são os "óculos" através dos quais se compreende a vida. Essas lentes também são impregnadas por fatores genéticos, que, conforme já vimos, não traduzem uma sentença absoluta: "A mente é mais ampla que o cérebro, se revela nos relacionamentos e está cheia de possibilidades". (SIEGEL, 2012, p. 87).

Como enfatiza Fishbane (2013, p. XIX):

> Ao longo da vida, a maneira como vivemos e como amamos molda o nosso cérebro, bem como nossos relacionamentos. Como adultos, podemos influenciar o nosso futuro; podemos fazer escolhas que facilitem o crescimento e a neuroplasticidade. Nós também temos escolhas relacionadas à criação conjunta de relacionamentos mais satisfatórios e prósperos.

Nas lentes de cada um de nós, estão os resultados das primeiras vivências com nossos cuidadores, definidoras da capacidade de autorregulação, autoestima, empatia e foco triplo de atenção: em si próprio, no outro e no entorno. Resumindo, é a inteligência emocional, que sempre podemos melhorar, conforme já visto.

Sobre autorregulação nas relações conjugais, baseada em outros autores, Fishbane (2013, p. 89-90) afirma:

> A regulação das emoções é essencial para o bem-estar e para a satisfação nos relacionamentos (Fitness, 2001; Lopes, Salovey, Cote, & Beers, 2005), enquanto que instabilidade emocional está associada a diferentes diagnósticos psiquiátricos (Chambers, Gulloe, & Allen, 2009). Regulação emocional permite que o indivíduo mantenha uma "janela de tolerância" para o afeto (Siegel, 1999, p. 253), não se tornando extremamente estimulado nem desestimulado e nem sobrecarregado e nem com as emoções amortecidas.

Encontramos nos "óculos de ver a vida" os sinais inequívocos dos padrões preferenciais de apego e a capacidade de conexão desenvolvida na família e na rede sociocultural desde o nascimento.

Algumas pessoas se queixam por se verem envolvidas em paixões sucessivas com pessoas que elas mesmas não aprovam e de quem gostariam de estar afastadas, mas não conseguem. A esse respeito, Whiffen (2012, p. 309) observa, com base em pesquisas:

> [...] embora as relações com as figuras de apego adulto possam ajudar os indivíduos a reescrever seus modelos de trabalho e a reparar as relações adversas da infância com os pais, também há forte tendência a que os indivíduos com histórias de apego inseguro se tornem envolvidos em relacionamentos românticos que perpetuam o apego inseguro.

Essas dinâmicas começam a ser melhor compreendidas na atualidade, como salienta o neurocientista Frazzetto (2014, p. 235):

> Hoje, a neurociência está tentando levar essas descobertas psicológicas a outro nível, explorando o estágio em que a experiência, de modo geral, se estabelece no cérebro para guiar o comportamento adulto. Em outras palavras, em que momento o cuidado oferecido por nossos pais se fixa dentro da gente.

Na clínica, constatamos que, mesmo quando uma pessoa consegue modificar -seja com pessoas íntimas e confiáveis, seja em psicoterapia - um estilo de apego inseguro fixado na infância para maneiras mais seguras de relacionar-se no que diz respeito ao apego, permanece uma vulnerabilidade, que pode ser disparada em momentos mais estressantes da vida. Isso está de acordo com o descrito nas publicações sobre o tema.

Há reflexos de tudo o que foi ou deixou de ser vivido nas nossas lentes; são as crenças autorreferentes positivas e negativas que carregamos. Uma pessoa que acredita em algo do tipo "preciso de alguém que cuide de mim" fará escolhas diferentes de outra que pense "quero alguém com quem dividir os bons e os maus momentos".

Nessas lentes, também estão refletidas as vivências traumáticas com suas consequências, que por vezes deixam marcas profundas na personalidade. Os traumas podem causar limitações, impossibilidades e consequente estreitamento de horizonte. Quando ocorridos no começo da vida de forma continuada, comprometem a autorregulação e a formação de apegos e tendem a interferir na estrutura da personalidade. Além disso, como vimos, há grande possibilidade de desencadearem transtornos como as depressões e os quadros de ansiedade de forma geral.

Nesses "óculos", está projetado o nível de diferenciação de cada um, ou seja, o que fizemos com o que fizeram conosco. Ao chegar aos anos adultos da vida, cada pessoa pode buscar resolver as questões em aberto que ainda carrega e, assim, viver melhor. Nessa fase do ciclo vital, é muito possível e decisivo aumentar a prontidão emocional para bem conduzir o dia a dia, traçar e perseguir metas e administrar as dificuldades encontradas no percurso.

Para alcançar maior bem-estar e maturidade, nossas lentes precisam ser polidas sempre enquanto vivermos. Quando não conseguimos fazer isso sozinhos, com o uso de métodos como aumento da espiritualidade, meditações, autorreflexões e outros, sempre podemos buscar psicoterapeutas preparados para trilhar junto esse caminho.

Ao trabalharmos com clientes nessa fase da vida, ainda que cheguem com queixas relativas às suas experimentações de formação de casal, quase sempre desembocamos em questões individuais e familiares que bloqueiam o caminhar da pessoa com mais liberdade e assertividade. Nesses casos, podemos ajudá-los a lidar com expectativas, desejos, limitações e possibilidades, assim como com as demandas familiares. Também é necessário que a pessoa amplie a compreensão a respeito das dinâmicas conjugais na geração de seus pais e na sua própria. A psicoterapia com essa clientela, de modo geral, costuma revelar bons resultados e funciona como uma chance de prevenir a formação de futuras dinâmicas conjugais disfuncionais, com suas adaptações às vezes bem dolorosas.

Devido ao objetivo deste livro, que é apresentar uma forma de trabalhar com casais que una teorias e estratégias que possam dar conta das dimensões alcançadas na dança conjugal, alguns esclarecimentos se fazem necessários. Frente à impossibilidade de abarcar toda a ampla temática do relacionamento de casal, estão sendo privilegiados os aspectos centrais e mais comuns em nossa cultura, ficando de fora temas específicos, como casais homoafetivos e outros arranjos conjugais. Contudo, isso não quer dizer que casais homoafetivos, por exemplo, não possam beneficiar-se do modelo psicoterápico descrito.

Fase da paixão inicial

"A paixão é a possibilidade de amar aquilo que não nos é permitido amar em nós mesmos, por ser incompatível com nossa imagem já estruturada."
Paolo Menghi

A paixão, muitas vezes, leva duas pessoas a entrarem nessa aventura complexa que é a parceria conjugal, meio inebriadas e em estado de graça.

Nesse período da relação, são comuns as demonstrações de grande vitalidade e destemor, plenitude e euforia, típicas dos apaixonados. Quando perto do ser amado ou mesmo frente a sinais da sua presença, aumentam o bem-estar e o otimismo em relação à vida. Mas, da mesma forma, frente ao menor sinal de algum risco de perder o outro, tão idealizado nessa fase, o sofrimento chega rapidamente.

O amado é visto com lentes banhadas em endorfina; lentes essas que ficam embaçadas quando se trata de perceber qualquer indício de alguma característica reprovável no outro. Os neurocientistas ensinam que tanto no amor romântico quanto no amor materno ocorre liberação dos hormônios que formam os laços afetivos: ocitocina e vasopressina. Ver a imagem do outro diminui a atividade cerebral nos circuitos que fazem julgamento social ou moral.

Em seu livro intitulado "Namorantes", Matarazzo (2001, p. 19) comenta:

> A paixão desenfreada é uma idealização e frequentemente consiste apenas no sentimento de excitação, às vezes, avassalador. Na verdade, a idealização de quem amamos é o que em grande parte faz do amor uma emoção tão desejável; não há nada de errado em vermos a pessoa amada como "o ser mais maravilhoso do mundo".

Porém, a autora acrescenta que as expectativas são extremadas: "[...] procuramos alguém que nos ame totalmente, sem compromissos anteriores, sem paixões recolhidas. Mas é quase impossível encontrar alguém que tenha uma história assim, uma vida sem amores vividos ou perdidos". (MATARAZZO, 2001, p. 20).

Amen (2000), especialista em exames de SPET SCAN, realizou esse exame em um amigo seu que não estava apaixonado naquele momento da vida. Um tempo depois, repetiu o procedimento quando o amigo estava em estado de forte paixão. A análise do autor demonstrou que o amor intenso e romântico tem efeito parecido com o da cocaína no cérebro, com muita liberação de dopamina nos gânglios basais.

Quando estamos apaixonados, a dopamina faz com que nos concentremos muito no ser amado, com dificuldade para pensar em outras coisas ou outras pessoas, como salienta o neurocientista Frazzetto (2014). Por isso, a pessoa lembra-se de detalhes, por exemplo, a roupa que o outro usava no dia do primeiro beijo, a expressão facial, a música que tocava no momento do primeiro café partilhado.

O autor comenta estudos feitos com imagens cerebrais de apaixonados que revelam diminuição ou perda de atividade na amígdala, que é o principal repositório das reações de medo. Na fase da paixão inicial, a pessoa sente euforia, confiança e proteção frente às imagens do ser amado.

Frazzetto (2014, p. 228) pondera sobre a alocação de atributos de uma emoção a distintas regiões cerebrais:

> Nesse caso em especial, tentar captar um sentimento complexo como o amor romântico em um *scanner* de cérebro parece uma decisão incrivelmente ambiciosa, se não ingênua, que diminui a grandeza do sentimento. No entanto, diante do *scanner*, o silenciamento dessas áreas cerebrais em estado de amor romântico faria sentido por diversos motivos. Principalmente nas primeiras fases, é difícil fazer comentários imparciais a respeito de nossos objetos de desejo. Não parecemos notar atributos indesejados neles. Se notamos, não damos muito peso, ou acreditamos que eles poderiam ser piores; conseguimos prever aumentos apenas nas qualidades. Quando expressamos opinião, costuma ser de natureza gentil e elogiosa. Basicamente, o julgamento imparcial desaparece.

O neurocientista faz uma ressalva em relação às ressonâncias magnéticas: pondera que o uso da frase "essa região do cérebro acende", dita quando sentimos medo ou raiva, simplifica os complicados fundamentos desse tipo de exame. Ao comentar os resultados de ressonâncias magnéticas feitas para pesquisas, ele acentua:

> [...] a mancha no *scan* de cérebro é, na verdade, uma representação do resultado médio computadorizado das medidas tiradas em dezenas de pessoas recrutadas para cada estudo. A imagem final que você vê não é o fluxo de oxigênio de um cérebro, mas o fluxo de oxigênio estatisticamente significativo em todos os participantes do estudo. (FRAZZETTO, 2014, p. 76).

O amor romântico é constituído por três sistemas comportamentais, que incluem o cuidado, o apego e o sexo; o cuidado está muito ligado ao apego, que é o primeiro desses sistemas a ser desenvolvido no ser humano. (SCHACHNER; SHAVER; MIKULINGER, 2012). Portanto, o apego é a mola mestra dos três sistemas, uma vez que interfere nos outros dois.

Schachner, Shaver e Mikulinger (2012, p. 29) se baseiam em estudos de outros especialistas para correlacionar estilos de apego com o exercício da sexualidade: "Os indivíduos seguros praticam sexo principalmente para demonstrar amor por seus parceiros". Em relação às pessoas que funcionam com base no apego inseguro ansioso, eles comentam: "[...] muitos indivíduos ansiosos preferem os aspectos de afeição e intimidade da sexualidade, tais como abraços e carícias, ao invés dos aspectos genitais". Sobre o apego inseguro evitativo, os autores observam: "Apesar de seu índice geralmente baixo de satisfação e prazer sexual, os indivíduos evitadores são mais propensos a aprovar o sexo casual e o 'sexo de uma noite' do que os ansiosos ou seguros".

Trabalhar com os apegos e suas intercorrências na relação de um casal significa enfrentarmos as forças homeostáticas que atuam no sistema conjugal, que muitas vezes envolvem padrões disfuncionais difíceis de serem alterados. Mas, se as oportunidades psicoterapêuticas são vivenciadas no início da relação, de forma geral apresentam mais brechas para mudança do que quando os casais estão juntos por mais tempo e, consequentemente, já desenvolveram muitas adaptações e rotinas para equilibrar as exigências de apegos inseguros ou desorganizados.

Segundo os estilos de apego preferencial que carreguem, as pessoas podem agarrar-se muito a essa fase idealizada da paixão, afastando de si a realidade de que o casamento é o início de um percurso em que a mudança, as negociações e os acordos são uma constante. Alguém com apego inseguro tende a prender-se com todas as forças ao ser amado tão idealizado, fazendo da esfera conjugal um espaço excessivamente dilatado e procurando impedir que o outro tenha qualquer experiência na qual ele próprio não esteja envolvido, a ponto de causar sufocamento no parceiro. Por outro lado, a pessoa com apego inseguro também terá dificuldades em partilhar de maior intimidade emocional.

Schachner, Shaver e Mikulinger (2012, p. 28) comentam as diferenças de gênero no começo da relação:

> A segurança das esposas prediz satisfação dos maridos. Nos primeiros anos do casamento, a evitação dos maridos e a ansiedade das esposas interagem de tal forma que a ansiedade das mulheres relaciona-se à insatisfação de ambos os cônjuges, mas somente quando os maridos são altamente evitadores (FREENEY, 1994). Aparentemente, maridos evitadores não oferecem a segurança que as esposas ansiosas almejam, e elas são incapazes de aceitar a distância emocional desejada pelos maridos evitadores, criando um círculo vicioso no qual a necessidade de segurança das esposas e a

necessidade de distância dos maridos se agravam mutuamente. (FREENEY, 2003; MINUCHIN, 1985).

Esse vínculo conjugal, formado por homens evitantes e mulheres ansiosas, parece ser alimentado também por fatores culturais, devido às diferentes formas de socialização de meninos e meninas, segundo já vimos neste livro. O vínculo em questão encerra um ciclo de vulnerabilidade, explorado no capítulo sobre psicoterapia de casal.

Quando se trata de conviver intimamente com alguém que apresenta estilo de apego desorganizado, há um grande risco de sentir-se confuso, e isso frequentemente aumenta o estresse no relacionamento, conforme já discorrido no capítulo 2.

Ainda que autoestima, estilo de apego e inteligência emocional se sobreponham e sejam atributos determinantes em qualquer fase de um relacionamento conjugal, é no início que os ajustes básicos acontecem.

Klohner e Mendelson (1998) fizeram um estudo com casais em relacionamento estável por no mínimo dois anos e detectaram que as pessoas com melhor autoestima tendem a se parecer mais com o parceiro do que as pessoas mais insatisfeitas consigo mesmas.

Com as rápidas mudanças sociais, também se alteraram os modelos conjugais e os preceitos que sugerem padrões relativos ao que seja um casamento satisfatório e viável em meio à complexidade atual, vivenciada por tantos casais. As exigências da vida moderna são muitas, assim como o são as contradições: Como dividir as tarefas do dia a dia? Quem paga o quê? Qual o valor subjetivo dos bens materiais? O que cada um pode esperar do outro? Como se comportar em relação aos amigos de cada um e com os amigos do casal? Quanto vão investir de si nos respectivos trabalhos e lazer? Quais os limites de cada um deles no que diz respeito à fidelidade, resolução de conflitos e outros aspectos da relação? E os sonhos e projetos de cada um, como compatibilizar com as necessidades do outro? São muitos aspectos explícitos e outros tantos subjetivos a serem encaixados nas dinâmicas relacionais do novo casal.

Andolfi (2002, p. 16) comenta essa questão:

> Hoje, os casais tentam construir uma variedade de paradigmas relacionais não-tradicionais. No entanto, se por um lado os casais experimentam novos contratos relacionais, por outro, as ideias da família de origem e da sociedade em geral a respeito dos papéis, dos direitos e das responsabilidades da esposa e do marido, do pai e da mãe, exercem uma influência muito forte sobre os contratos e sobre os modelos interativos que evoluem no curso do ciclo vital do casal.

Os dois precisam desenvolver os novos papéis recém-adquiridos e suas regras de funcionamento; parte deles vai figurar em um contrato consciente, e a outra parte, em um contrato não consciente. Juntam-se aí o mundo interior de cada um dos cônjuges, que carrega muitos elementos. Com a união de duas pessoas, ocorre entrelaçamento do que foi trazido por cada um e pelo que cada um desperta no outro, formando um novo espaço comum aos dois, que deverá ser desenvolvido, elaborado e recriado ao longo do tempo em caso de permanência da união.

Portanto, a construção do espaço conjugal inclui novos papéis e regras que se influenciam sistemicamente. O sistema de crenças e de expectativas relativas à vida comum dos dois contém elementos do temperamento e das vivências familiares e socioculturais de ambos. O casal carrega também as experiências românticas ou conjugais já vividas. Levam suas formas de lidar com emoções mais fortes, seus traumas, as peculiaridades relativas ao momento do ciclo vital, as diferentes características reforçadas de acordo com a posição no grupo de irmãos, ou do fato de ser filho único. Tudo isso, que entra no espaço conjugal como base dessa construção, influencia e é influenciado pelos demais elementos, resultando em um modelo básico de interação e modos de vida do casal, que necessariamente será modificado ao longo do tempo.

Ao compararmos um novo relacionamento com uma construção, podemos pensar na importância da fundação e como alguns "andaimes de proteção" fornecidos pela família e amigos próximos, ou até mesmo pelo entorno sociocultural, podem ser favoráveis no início. No entanto, para que sejam funcionais, não devem ser traduzidos em presença física frequente. Esses "andaimes" podem ser representados por uma intenção de apoio mais do que presença e por oferta de suporte sem cobranças. Tais "andaimes", bem-vindos no começo do relacionamento, tendem a tornarem-se desnecessários e até mesmo sufocantes à medida em que o casal cria seus próprios modos de vida.

Carter e McGoldrick nos lembram da importância da família nesse momento, a qual facilita o processo de transição e, ao mesmo tempo, precisa atualizar os relacionamentos com os filhos recém-casados. Os pais que resolveram melhor seus problemas de separação, intimidade e autonomia das suas próprias famílias de origem terão mais facilidade em apoiar os filhos nessa fase da vida.

O contrato conjugal, que começou a ser delineado nos tempos de namoro, contém elementos expressos e outros tantos implícitos. Quanto mais compatíveis forem esses elementos, mais harmônica será a relação. Quanto mais contradições e incompatibilidades a serem negociadas e acomodadas, mais conflitos podem aparecer. Esse processo adaptativo não ocorre simplesmente porque os dois se amam, é preciso intenção e atuação.

Andolfi (2002, p. 14) ressalta:

> Quando duas pessoas encontram-se, imediatamente trocam sinais sobre a definição que cada um tem da relação. Esse conjunto de táticas comportamentais é modificado a partir do modo com que o outro responde à definição do primeiro. A definição a que se chega (porque, para o casamento funcionar, é necessário que haja um acordo), isto é, a definição de como cada um é em relação ao outro, pode ser chamado de *quid pro quo*.

A dança de todos esses pontos provenientes das diferentes esferas da vida de cada um dos cônjuges, com suas contradições, interferências e entrelaçamentos, somados com o que cada elemento desencadeia no outro e no espaço conjugal, forma o contrato próprio de cada casal.

O sexo é um ingrediente central na vida de um casal apaixonado e costuma ser muito prazeroso nesse período pela novidade que carrega para dentro da relação, que é a descoberta da pessoa amada e idealizada. Porém, muitas pessoas possuem experiências negativas ligadas à vivência da sexualidade. Os traumas provenientes de abuso sexual, que não são raros, certamente vão refletir bastante na relação do novo casal e necessitam de tratamento adequado. Muitos casais chegam aos consultórios médicos e psicológicos com queixas graves e sofrimento pronunciado nessa área.

Frazzetto (2014, p. 229) enfatiza:

> Um dos sentimentos mais recorrentes no amor é o de que nós e aqueles por quem nos sentimos atraídos atingimos uma unidade forte e singela de corpo e mente. Essa unidade encurta a distância física e mental e, conforme nossa confiança no outro cresce, também deixa de lado as dúvidas sobre o compartilhar de suas crenças e ideias. Quando amamos, nós baixamos a guarda e as estratégias de defesa. Nesse sentido, vale a pena notar que algumas desativações observadas nas análises do amor romântico mostram uma sobreposição anatômica com desativações em uma região do córtex frontal observadas durante a excitação sexual e o orgasmo. A união sexual é, afinal, o mais próximo que os seres humanos conseguem chegar da união de mente e corpo que desejamos ter no amor romântico.

Se a relação conjugal é um espaço de convivência íntima, as excessivas idealizações vão se dissolvendo naturalmente. Cada um percebe e é percebido pelo outro constantemente, ambos vão se desnudando, mesmo que algumas pessoas tenham maior dificuldade para lidar com intimidade emocional. Com a característica proximidade ocorrida na esfera conjugal, o melhor e o pior de cada um vai ficando aparente. Contudo, o que se percebe é sempre filtrado pelos registros provenientes de vivências anteriores. As relações que trazem à tona o melhor de cada um são as mais gratificantes, já que propiciam mais sabor na vida a dois. Por outro lado, as que evidenciam o pior de cada um são as relações que intoxicam e encaminham para a disfuncionalidade do casal e para sintomas individuais.

De qualquer forma, o relacionamento conjugal coloca todos face a face com incertezas e mudanças constantes, como, aliás, a vida de modo geral; e isso exige maturidade. Em seu livro "Amor líquido", Bauman (2004, p. 30) evidencia: "Estar num relacionamento significa muita dor de cabeça, mas sobretudo uma certeza permanente. Você nunca poderá estar plena e verdadeiramente seguro daquilo que faz – ou de ter feito a coisa certa ou no momento preciso".

Gottman (2014, p. 14), pesquisador das interações de casais, reforça a importância da confiança mútua do par. Ele amplia o conceito de lealdade para além das traições sexuais, incluindo situações que comumente não são reconhecidas como infidelidade:

> Em meu laboratório, os casais insistem que, apesar dos problemas, mantiveram-se fiéis. Mas estão errados. A traição é o segredo no centro de todos os relacionamentos em decadência – existe mesmo que o casal não se dê conta. Se o marido sempre coloca a carreira na frente do relacionamento, trai. Quando a esposa persiste em quebrar a promessa de começar uma família, também trai. A frieza impregnada, o egoísmo, a injustiça e outros comportamentos destrutivos também são evidências da deslealdade e podem levar a consequências tão devastadoras quanto o adultério.

Sobre os recém-casados, o autor comenta que geralmente há mais desconfiança, já que ainda possuem pouca história conjunta, mesmo com toda a devoção mútua, característica da fase que vivenciam. Ele distingue os conceitos de confiança e de confiabilidade. A confiança garante o apoio mútuo e a intenção de seguirem juntos, e a confiabilidade reflete a disponibilidade de um dos dois no sentido de colocar as necessidades do outro na frente das suas, em situações específicas, valorizando mais a parceria naquele momento. A confiabilidade indica que a felicidade dos dois está interligada.

Naturalmente, a confiança e a confiabilidade caminham juntas. Quanto aos recém-casados, o autor relaciona os dois conceitos:

> Não é raro que recém-casados (ou há pouco tempo em um segundo casamento) tenham medições altas na confiança, mas baixas na

confiabilidade. Quando esses casais são estudados no Laboratório do Amor, descobrimos que quase todas as discussões de conflito giram em torno de problemas como "Você vai dar preferência a mim, e não aos seus amigos, quando eu precisar de você?", "Vai estar comigo quando eu não estiver contente?", "Vai permanecer fiel sexualmente?" Com o tempo, o nível de confiabilidade se eleva, caso o relacionamento funcione. (GOTTMAN, 2014, p. 27).

As considerações de Gottman podem ser correlacionadas com o conceito de triangulação. Muitas pessoas se casam e continuam presas a triangulações com membros da família de origem, o que dificulta o desenvolvimento da intimidade com o companheiro. Também pode ocorrer triangulação com pessoas de fora da família, como amigos antigos ou membros de algum grupo no qual um deles participe.

No começo da relação, alguns casais brigam muito até por pequenos desacordos, na tentativa de manter o outro dentro de sua moldura de idealização, o que pode causar esgotamento e afastar um do outro sem que tenham se dado tempo para aprender a manejar essas dificuldades no novo espaço que estão formando. Outras pessoas evitam expor seus sentimentos negativos a fim de bloquear qualquer possível briga, o que também tende a afastar um do outro por impedir o desenvolvimento da confiança e da intimidade conjugal.

Em livro que trata do tema das brigas, Rosset (2016, p. 11) afirma:

> Saber brigar pressupõe saber lidar com uma série de emoções e situações. Questões estas que deveriam ser aprendidas desde o nascimento e na família de origem. Portanto, pais que lidam com as emoções básicas – raiva, rejeição, culpa, tristeza, mágoa – e que possibilitam as aprendizagens sistêmicas básicas – lidar com a solidão, viver a rejeição, dar e receber, pertencer e separar, entre outras – ensinarão a seus filhos a se relacionar – brigando, aprendendo, amando – e estes saberão transmitir isso aos próprios filhos.

A autora apresenta alguns cuidados para que um casal tenha brigas construtivas: perceber o momento mais adequado; planejar as brigas; não brigar sob o efeito de álcool ou outras drogas; cuidar com o local de uma briga; não fazer críticas; evitar o desgaste de procurar culpados; não ultrapassar os limites do outro.

De forma geral, podemos resumir as questões citadas de acordo com os conceitos de autorregulação e de janela de tolerância, já vistos anteriormente. A briga será produtiva se quem a inicia encontra-se autorregulado e respeita a janela de tolerância emocional do parceiro.

Não é muito comum que um casal em fase de paixão inicial busque psicoterapia, pois, nesse momento da vida, geralmente as pessoas não querem apressar o processo de desidealização em que estão envolvidas, por isso, preferem não se expor a um psicoterapeuta. Alguns dos casais que chegam aos nossos consultórios nesse momento do ciclo vital o fazem por insistência de um dos parceiros ou de familiares e apresentam queixas normalmente bem visíveis que envolvem, por exemplo, abuso de substâncias ou violência.

Mas os casais em início de relação que fazem psicoterapia podem se beneficiar muito ao trabalhar com temas importantes que não conseguiram elaborar enquanto solteiros, por exemplo: diferenciação, apego, autoestima, lealdade e traumas. Ao mesmo tempo, vivenciam a chance de modificar dinâmicas relacionais problemáticas que possam estar estabelecendo já no começo da caminhada conjugal.

Ao comentar sobre paixão e amor, Menghi (1995, p. 62) apresenta uma bela metáfora:

> Qual é a diferença entre o primeiro estágio, que exemplificamos com a paixão, e o segundo, o amor? No primeiro estágio, nunca levantaríamos voo se não acreditássemos na harmonia absoluta, se não sentíssemos a enorme força de atração. No segundo, temos que descer e fazer as contas com uma complexidade que tínhamos liquidado apressadamente. Não dá para voar com muito peso, e tínhamos jogado ao mar toda nossa bagagem. No segundo estágio, temos que ir buscá-la de volta. Não se pode ficar sempre no ar. É preciso descer. É sempre assim. Mas por quê? Porque do alto se conhece o que está embaixo, e não o contrário. Quando subimos, enxergamos. Quando descemos, não podemos ver mais, mas já vimos. Há uma arte de se orientar, a baixa altitude, por meio da lembrança do que vimos do alto.

Fases seguintes do relacionamento

"Para ser mantido, o impulso para o outro precisa atravessar uma sinapse."
Esther Perel

O relacionamento conjugal inclui muitas facetas que se sobrepõem e influenciam-se mutuamente. Cada aspecto da dança conjugal tem suas bases desenvolvidas ao longo da vida dos parceiros, marcadamente em determinadas fases, ainda que as características humanas sempre se modifiquem com a passagem do tempo e as experiências de cada um.

O fato de as ligações homoafetivas não serem exploradas em separado neste livro não reflete desrespeito pelas dificuldades nessas relações, nem mesmo indica qualquer dúvida de que os psicoterapeutas devam instrumentalizar-se para o atendimento dessa população com as suas especificidades. Porém, a proposta do livro é apresentar um modelo de trabalho com casais heteroafetivos, de forma inclusiva no sentido das dimensões do ser humano. Somente as principais dinâmicas conjugais estão abarcadas, o que não significa que casais homoafetivos não se beneficiem do modelo de psicoterapia apresentado nesta obra.

Para atender ao critério didático de organização do conteúdo, apresento os temas centrais do relacionamento conjugal em paralelo ao fluxo do ciclo de vida do indivíduo e da família, de acordo com a fase na qual a estrutura básica de cada um dos temas apareceu ou evoluiu de maneira mais pronunciada.

Cada aspecto da relação conjugal tratado neste capítulo já foi explorado anteriormente, sempre relacionado a determinada fase do ciclo vital. Iniciei com o desenvolvimento cerebral, assunto que retomo agora, mas com foco nos reflexos do funcionamento do cérebro do casal.

Amen (2000) enfatiza que, quando o cérebro não funciona adequadamente, é difícil ter sucesso nos relacionamentos, no trabalho, nos estudos, nos sentimentos sobre si próprio e até mesmo a respeito de Deus. Assim, muitos dos problemas das pessoas não são resultantes de escolhas livres, mas, sim, de particularidades na fisiologia cerebral. Dessa forma, os padrões cerebrais interferem favorecendo ou prejudicando o casamento, assim como tantos outros elementos.

Após o trabalho com muitos casais e vários estudos de SPECT, o autor afirma:

> Eu agora penso nos conflitos conjugais e nos casamentos de um modo totalmente diferente, como um fato que envolve padrões cerebrais compatíveis e incompatíveis. Percebi que muitos casamentos não funcionam por causa de problemas no cérebro – que não têm nada a ver com o caráter, o livre arbítrio ou com o desejo. Muitos casamentos ou relacionamentos são sabotados por fatores além do controle consciente ou até mesmo inconsciente. Algumas vezes, um pouco de medicina pode fazer toda a diferença entre amor e ódio, permanecer juntos e divórcio, solução efetiva de problemas e litígio prolongado. (AMEN, 2000, p. 267).

Amen, assim como os demais especialistas que trabalham com imagens cerebrais, ressalta que esses exames precisam ser interpretados no contexto de cada situação clínica e que não oferecem todas as respostas. No entanto, o autor informa que atividades excessivas ou fracas em certas áreas do cérebro, ou mesmo assimetria em locais não esperados, denotam que algo está errado.

O autor exemplifica situações, como o caso do sistema límbico profundo, que, quando menos ativo, favorece um estado mental mais positivo e, quando muito ativado, pode levar a maior negatividade. Isso participa no tom emocional que damos aos relacionamentos, com mais aproximação ou afastamento das pessoas, inclusive um parceiro desejado. Amen pondera que bons elos emocionais e bons elos físicos podem ajudar a curar o sistema límbico profundo. Os gânglios basais estão envolvidos na integração dos sentimentos, pensamentos e movimentos e também ajudam a mudar e harmonizar o comportamento motor. Gânglios basais hiperativos estão muitas vezes ligados à tensão e ansiedade, e gânglios basais pouco ativos podem estar ligados a problemas de motivação e energia. O amor intenso e romântico libera dopamina nos gânglios basais, o que resulta em um estado muito especial nos apaixonados.

Os lobos temporais são fundamentais para memória, estabilidade emocional, aprendizado e socialização. Armazenam memórias que nos ajudam a definir quem somos. O córtex pré-frontal é a parte mais evoluída do cérebro humano; exerce as funções executivas e de gerenciamento das pessoas. É com ele que contamos para agir com intencionalidade e procurar recursos para melhor gerenciar nossas ações e emoções.

Esse fato indica a importância do uso de medicação para alguns de nossos clientes. Além de fazermos encaminhamentos médicos quando necessários, em muitos casos devemos fazer contato com o médico de determinados clientes que nos procuram e adequar o horário das sessões segundo a ação de alguns medicamentos.

Como já vimos, o cérebro de cada parceiro conjugal modificou-se de acordo com as interações familiares e outras vivências infantis, que formataram matrizes para formas de agir e reagir, alteradas ao longo da vida, inclusive no casamento, e que podem ser atualizadas enquanto viver. Com intencionalidade, podemos melhorar o funcionamento cerebral que interfere tanto na escolha do parceiro conjugal quanto na estruturação e manutenção de um casamento.

A continuidade e o crescimento de um relacionamento conjugal gratificante implica melhoria na intimidade. Isso requer autenticidade com autorrevelação e aprofundamento no conhecimento do outro e na confiança mútua.

Sobre os relacionamentos íntimos, Siegel (2012, p. 52-53) pontua: "Quando estamos em sintonia com os outros, permitimos que nosso estado interno se altere, de modo a ecoar o mundo interior de outra pessoa. Essa ressonância está no cerne da importante sensação de 'sentir-se sentido' que surge nas relações íntimas". A sintonia com o outro, a confiança e a intimidade estão na base da formação dos estilos de apego estabelecidos na infância, que, se forem inseguros, podem ser modificados em fases posteriores do desenvolvimento e mesmo no vínculo conjugal, o que resulta em melhor inteligência emocional. Esses temas foram discutidos no texto quando tratamos das primeiras interações e das vivências posteriores a cada fase do ciclo vital. Vamos revê-los agora e observar seus reflexos na dança do casal segundo o fluxo do ciclo de vida, conforme já esclarecido.

Muitos autores apontam vantagem para os bem casados no que tange à saúde física e emocional. Baseado em um estudo com duração de mais de 20 anos feito com casais mais velhos, Gottman (2014) informa que os resultados, obtidos em conjunto com outros pesquisadores, demonstraram claramente que casais em relacionamentos com pouca confiança mútua apresentam taxas mais altas de mortalidade do que nos casamentos com mais confiança. Ele observou que os homens que estão em casamentos com baixa confiança morriam mais cedo e que aqueles "[...] que acreditam que suas esposas os amam são propensos a ter bem menos úlceras e apresentam taxas melhores de bloqueios arteriais e angina" (GOTTMAN, 2014, p. 201) - e ressalta que as mulheres também sofrem em casamentos ruins. Gottman (2014, p. 202-203) conclui:

> Em meus estudos com cem casais diversos, descobri que, quando a métrica da confiança da esposa era alta (mesmo que a do marido não fosse), ambos os cônjuges tinham velocidades mais baixas de sangue. É uma boa notícia, visto que uma velocidade baixa de sangue ajuda a prevenir o desenvolvimento da pressão alta. Ainda não podemos dizer se o alto nível de confiança da esposa causou essa velocidade do sangue mais baixa nos dois cônjuges, mas houve uma associação entre os dois. O interessante foi que o nível de confiança do marido teve menos influência sobre a velocidade do sangue. Acredito que, em geral, a sensação de segurança da esposa tende a influenciar a dinâmica do relacionamento mais do que a do marido.

Um bom casamento requer empatia, que, para ser firmada, demanda autoconhecimento. Para estabelecer e fortalecer uma relação empática com um companheiro, é preciso intenção e foco de atenção compartilhado, o que inclui a sintonia física. Portanto, a empatia pode ser buscada e fortalecida no casal.

O relacionamento conjugal, por sua natureza de proximidade, pode potencializar os sentimentos tanto de pertencimento quanto de rejeição oriundos da infância e adolescência. A autopercepção e autorreflexão nos encaminham para um padrão preponderante de honestidade e de humildade e nos afastam de falsos padrões de perfeição e de invulnerabilidade.

Viver um relacionamento conjugal gratificante requer boa inteligência emocional. A prática clínica demonstra que, em casais em que a mulher é bem desenvolvida emocionalmente, o relacionamento costuma estruturar-se de forma mais funcional do que em casais nos quais a mulher carece de boa inteligência emocional. Lembramos, neste momento, da cultura, que delega as tarefas que requerem sabedoria emocional muito menos para os homens do que para as mulheres, as quais comumente se encarregam da maior parte dessas funções, como se isso coubesse somente a elas. Em consequência, as mulheres, de modo geral, fazem mais psicoterapia do que os homens e, assim, melhoram a inteligência emocional.

Não decidimos racionalmente que emoção queremos ter. Simplesmente as emoções se manifestam, e é preciso lidar com elas. No entanto, podemos intensificar certos estados emocionais com práticas de meditação, vivência espiritual, exercícios físicos e psicoterapia, entre outras possibilidades.

Goleman (1995, p. 307) enfatiza:

> Da mesma forma que há caminhos rápidos e lentos para o desencadeamento de uma emoção – pela percepção imediata e pela reflexão, respectivamente – há emoções que convidamos para estarem conosco. É o caso, por exemplo de sensações propositalmente provocadas, um recurso que os atores utilizam para, ao evocar coisas tristes, conseguirem chorar.

O autor segue e esclarece:

> Embora não possamos facilmente determinar que tipo de emoção um pensamento vai desencadear, em geral podemos escolher no que pensar. Assim como as fantasias sexuais produzem sensações sexuais, as lembranças agradáveis nos alegram e os pensamentos tristes nos deixam sorumbáticos. (GOLEMAN, 1995, p. 307).

Em outro livro, o mesmo autor evidencia que são os sentimentos viscerais em nosso próprio corpo que nos capacitam para sermos empáticos:

> O próprio design do cérebro parece integrar a autoconsciência com a empatia, ao reunir a forma como assimilamos informações sobre nós mesmos e sobre os outros dentro das mesmas extensas redes neurais. Um aspecto interessante: enquanto nossos neurônios-espelho e outros circuitos sociais recriam em nosso cérebro e em nosso corpo o que está acontecendo com a outra pessoa, nossa ínsula reúne todas essas informações. A empatia exige um ato de autoconsciência: lemos os outros ao nos conectarmos com nós mesmos. (GOLEMAN, 2013, p. 105).

O especialista em imagens cerebrais Amen aponta algumas características que distinguem homens e mulheres no que diz respeito ao trato das emoções, ponto de partida para o desenvolvimento de boa inteligência emocional. Ele informa, com base em pesquisas, que o sistema límbico profundo das mulheres é, em média, maior do que dos homens. O especialista afirma: "[...] as mulheres estão mais em contato como seus sentimentos e são geralmente mais capazes de expressar sentimentos que os homens". (AMEN, 2000, p. 50). Mas isso também gera desvantagem:

> Ter um sistema límbico profundo maior faz com que a mulher seja mais suscetível à depressão, especialmente em épocas de mudanças hormonais significativas, como no início da puberdade, antes das menstruações, depois do nascimento de um filho e na menopausa. (AMEN, 2000, p. 50).

O autor compara:

> As mulheres tentam suicídio três vezes mais que os homens. Apesar disso, as tentativas de suicídio dos homens têm três vezes mais sucesso, em parte porque usam meios mais violentos (as mulheres tendem a tomar uma overdose de pílulas, enquanto os homens tendem ou a dar um tiro em si mesmos ou a se enforcar). E os homens geralmente são menos ligados aos outros que as mulheres. A falta de conexão com os outros aumenta o risco de suicídios bem-sucedidos. (AMEN, 2000, p. 50-51).

As diferenças apontadas são sempre consideradas de forma relativa, já que ocorrem na média; portanto, não necessariamente se aplicam à totalidade das pessoas. Além disso, não se podem desprezar a complexidade do ser humano e a forma como cada um vivencia suas características biológicas. Conforme já vimos, as diferenças podem enriquecer um relacionamento - tudo depende da forma como se lida com elas no casamento, seja hétero, seja homoafetivo.

Siegel (2012, p. 89) desenvolveu um corpo teórico baseado na prática clínica em estudos de neurologia e de neurobiologia interpessoal. Ele comenta a ação dos neurônios-espelho nos casais:

> É de conhecimento geral que os casais em relacionamentos longos e felizes vão ficando cada vez mais parecidos um com o outro ao longo dos anos. Olhe com atenção aquelas fotografias antigas e você verá que os casais realmente não possuem narizes ou queixos semelhantes. Em vez disso, eles imitaram as expressões um do outro com tanta frequência e precisão que as centenas de músculos minúsculos ligados a seus queixos transformaram seus rostos para refletir sua união. Como isso acontece nos ajuda a ver uma das descobertas mais fascinantes sobre o cérebro e sobre como viemos a nos "sentir sentidos" um pelo outro.

A confiança tem sido considerada pelos psicólogos como uma das qualidades que fortalecem o relacionamento conjugal, mas, para Gottman (2014), ela deveria ser vista como o fundamento de um casamento, segundo mostram suas pesquisas. Ele apregoa que a maior parte dos casais pode aumentar a confiança mútua e, assim, proteger-se de traições, com incremento nas condições para uma vida mais feliz.

Essa afirmação de Gottman nos remete a pensar novamente nos estilos de apego. Um casal em que ambos funcionem a partir de apego inseguro certamente vai enfrentar problemas constantes em relação à confiança mútua. Afinal, sem confiar em si próprio torna-se difícil confiar no companheiro. Porém, nos casais em que ao menos um dos cônjuges funcione com apego seguro, esse processo pode acontecer com menor esforço. Ou seja, a pessoa com estilo de apego inseguro que se une a alguém com apego seguro pode ir aos poucos desenvolvendo mais segurança no vínculo.

Mas, para que esse amor aconteça, é preciso cuidar da relação a dois, o que inclui o contato físico, como enfatiza Fishbane (2013, p. 74):

> O poder do contato físico em um relacionamento foi estudado em um famoso experimento chamado "Emprestando a mão" (Coan, Schaefer & Davidson, 2006). Os pesquisadores descobriram que os sujeitos que seguraram a mão do seu parceiro sentiram menos dores durante o experimento do que aqueles que deram a mão a um estranho ou não deram a mão a ninguém. Na terapia de casais os parceiros podem revelar que nunca se tocaram - sem sexo, sem abraços. Alguns casais passam anos ou até décadas sem os benefícios do contato físico.

A autora cita esse estudo para comentar a importância da investigação psicoterapêutica a respeito da intimidade física do casal, tanto a sexual quanto a não-sexual, para verificar se esse recurso vital ao bem-estar de ambos e do relacionamento está sendo acessado. Ela observa:

> Encorajar abraços, massagem e o sexo como caminhos para nutrir o sistema de calma-e-conexão é vital para a terapia de casal. Essas formas de cuidado aumentam a liberação de ocitocina, diminuem as defesas, aumentam o prazer e bem-estar, além de fortalecer os vínculos do casal. (FISHBANE, 2013, p. 74).

A neurocientista Herculano-Houzel (2013) comenta a importância dos hormônios liberados no ato sexual, uma vez que promovem o apego e nos afastam dos sentimentos de rejeição. Já Frazzetto (2014, p. 232) relaciona esses hormônios com a continuidade do casamento: "Acredita-se que dois hormônios, a oxitocina e a vasopressina, desempenham o papel principal nas fases mais maduras do amor, na fase mais calma do relacionamento longo".

Nos momentos de tensão e crises, em que a conexão do par se rompe, é necessário voltar ao estado de autorregulação, centrar-se em si mesmo, refletir e só então movimentar-se para reparar a sintonia emocional que foi danificada. Essas rupturas eventuais ocorrem em maior ou menor intensidade com todos os casais. Tal situação exige maturidade de ambos, para que deem espaço para as diferenças e tolerem partes do outro que não se encaixem na idealização até então construída. Se essas partes não forem incluídas aos poucos, a complexidade de cada um acaba sendo tolhida, o que empobrece a relação.

Os casais que chegam aos nossos consultórios funcionam em graus variados de inteligência emocional; frequentemente, as queixas trazidas estão diretamente relacionadas com essa questão. Como já vimos anteriormente, a inteligência emocional é uma competência desenvolvida desde as primeiras interações do ser humano, logo após o nascimento, ou muito provavelmente desde o útero materno. No entanto, em qualquer fase da vida, a inteligência emocional pode ser melhorada, *vide* exemplo de caso no capítulo específico sobre o tema.

Alguns casais ficam presos em um ciclo que envolve ora busca por proximidade, ora busca por distância, e o comportamento de um desencadeia o comportamento do outro. Com a repetição desses movimentos, o parceiro que busca proximidade se frustra com a falta de resposta do outro e passa a atacá-lo. O membro do casal que tenta se manter afastado por vezes contra-ataca, desencadeando um terceiro estágio, que é o de ataque-defesa. Chega o quarto estágio, quando ambos, já machucados, afastam-se para cuidar de suas dores. Depois, geralmente logo a seguir, o parceiro que busca proximidade se angustia com a falta dela e, uma vez mais, busca conexão com o outro, reiniciando o ciclo. (WILE, 2013). O autor observa que, por vezes, os casais ficam presos durante anos no ciclo de busca-distanciamento, ataque-distanciamento, ataque-defesa e distanciamento-distanciamento. Mas, com o tempo, os movimentos de busca e ataque-defesa podem desaparecer, restando o distanciamento. Para haver mudança nessa situação, o casal precisa observar essas repetições segundo uma plataforma de segurança.

O pano de fundo desses ciclos é a dificuldade no desenvolvimento da intimidade conjugal. A plataforma de segurança precisa ser firmada a partir de ações do psicoterapeuta, que cria um clima de respeito, aceitação das diferenças e acolhimento, o que propicia que os dois baixem a guarda em relação ao parceiro. Depois de ter sido criado o espaço de confiança, precisamos trabalhar para ampliar a visão desses ciclos, que devem ser observados de maneira sistêmica, através da exploração de conexões com as histórias de cada um, relacionadas ao momento do ciclo vital em que se encontram, junto com outros estressores que possam estar presentes. Também devem ser observados os valores e normas socioculturais e as maneiras como estes se estabeleceram na relação do casal.

Após a compreensão ter sido ampliada, a participação de cada um dos cônjuges vai se tornando visível, o que favorece maior responsabilização pelas próprias ações, com decréscimo dos sentimentos de vitimização. Porém, nesses casos, é quase certo que será preciso lidar também com aspectos intrapsíquicos dos membros do casal em sessões individuais, pois envolvem estilos de apego e traumas precoces, tão comuns nessas situações.

Somente a partir da desconstrução dos ciclos de perseguidor x distanciador, é possível abrir espaço para o desenvolvimento da intimidade do casal. Esse trabalho pode ser demorado e custoso - afinal, tornar-se íntimo emocionalmente de alguém é um processo baseado já nas primeiras interações do ser humano e um adulto provavelmente já desenvolveu muitas adaptações ligadas a esse tema, que vão demandar ressignificação na psicoterapia. Esses movimentos relacionam-se com os estilos de apego.

Entre as pesquisas publicadas sobre apego no casal, em geral encontramos que os casais compostos por duas pessoas com apego seguro tendem a desenvolver um relacionamento mais satisfatório a ambos quando comparados com casais em que aparecem estilos de apego inseguro. Não há concordância nos achados de pesquisas com casais mistos, em que um dos dois funciona a partir de apego inseguro e o outro de apego seguro, no tocante a qual dos estilos torna-se preponderante nas dinâmicas conjugais. Mas, se ambos apresentam apego inseguro, a relação fica sobrecarregada emocionalmente. Já um parceiro seguro pode oferecer segurança a seu par inseguro, diminuindo os efeitos da insegurança na relação - porém, o parceiro inseguro pode esgotar seu companheiro seguro, que precisa prover segurança constantemente ao outro e à relação.

Moses (2016, p. 124) questiona a evolução da segurança em um relacionamento de longa duração:

> Será que a segurança do apego muda naturalmente ao longo do tempo de um casamento? Treboux, Crowel & Walters (2004) exploraram o grau de segurança percebido no vínculo, comparando casais em novos relacionamentos com casais formados seis anos antes. Eles concluíram que a segurança do apego geralmente aumenta com o tempo.

No entanto, o autor ressalta a existência de pesquisas que indicam que os estilos de apego podem flutuar ao longo do ciclo de vida em decorrência de estressores contextuais, o que inclui a complementação do parceiro.

Além de Moses, muitos autores sugerem que experiências emocionais incompatíveis com os modelos de apego de alguém, desde que sejam fortes o suficiente, podem promover mudanças nas respostas de apego.

Sobre isso, Johnson (2012, p. 12) pondera:

> Presumivelmente, esse processo pode ser organizado pelo terapeuta ou ocorrer naturalmente, com o tempo, como resultado das experiências dos relacionamentos. De fato, foi constatado que os modelos de cônjuge de seus parceiros, especificamente suas crenças sobre confiança, podem predizer as mudanças em seus próprios modelos de apego em dois anos (Fuller e Fincham, 1995). O rompimento dos relacionamentos também pode fazer as pessoas mudarem da segurança para a insegurança (Kirkpatrik e Hazan, 1994).

Quando, por exemplo, alguém com apego inseguro vivencia experiências com o companheiro nas quais as interações se repetem e mostram que a pessoa não será desapontada facilmente, essa pessoa, portanto, vê que não precisa manter-se constantemente vigilante, uma vez que, se precisar do outro, na maioria das vezes ele estará disponível. Assim, está criada uma relação em que a pessoa com apego inseguro poderá tornar-se mais segura.

De forma geral, podemos entender que uma pessoa insegura ansiosa tende a passar por cima de seus desejos para garantir a conexão com o parceiro. Isso pode se evidenciar no sexo, nas desavenças, nos sonhos e nos projetos pessoais. Já o indivíduo ansioso evitativo fará mais concessões ligadas a seus desejos sexuais, a seus projetos e também nas desavenças com o outro, contanto que mantenha distância emocional do parceiro. Os casais que tenham um dos membros com apego desorganizado vivem uma situação que pode chegar a extremos de estresse; essa situação quase não é mencionada na literatura específica do tema, por ser menos frequente.

Ao relacionar estilos de apego com as formas de lidar com conflitos, Whiffen (2012, p. 310) afirma:

> Os indivíduos com apego ansioso tendem a se envolver em conflito com seus parceiros e a culpá-los pelas dificuldades. [...] Indivíduos desconsideradores tendem a não ter consciência do desconforto e provavelmente responderão às ofertas de apoio e tranquilização de seus parceiros com frieza e falta de empatia ou atenção.

Uma relação que precise dar conta de fortes expectativas de um dos parceiros em certos aspectos, como fornecer proteção e segurança básica que faltou na infância, tende a ficar enrijecida. Qualquer sinal de mudança que possa implicar risco para o pacto na forma como está estabelecido tende a despertar fortes reações de oposição no outro.

Quando um casal busca psicoterapia nesse ponto da relação, precisamos tomar cuidado com os riscos que intervenções mais bruscas possam acarretar. O conteúdo problemático que emana da infância e que colaborou muito na união dos dois, agora, na continuidade do relacionamento, está separando o casal, já que a relação nos moldes em que foi construída ficou inviável, pelo menos para um dos cônjuges. Com a quebra desse encaixe a partir de mudanças em somente um dos dois, a relação pode ser esvaziada e levada ao divórcio sem que os dois compreendam e possam superar a situação que os está paralisando. Desse modo, correm o risco de repetir o mesmo padrão em futuros relacionamentos, ainda que se separem. Esses padrões ficam tão automáticos que as pessoas não percebem as repetições das interações se sucedendo ao longo do tempo, até mesmo quando mudam de companheiro.

Fishbane (2013, p. 13) comenta tais processos automáticos:

> Dado que os processos automáticos do cérebro necessitam de menos energia para as funções diárias, o lado positivo é que temos energia suficiente para dedicarmos às coisas especiais - criar arte, tecnologia, filosofia, neurociência. Nós somos a espécie que se autoestuda. Nós temos grande capacidade para a autorreflexão e criatividade. O lado negativo deste sistema é que parte considerável da vida emocional funciona no automático. E isso pode trazer grandes problemas, especialmente nas relações íntimas.

O psicoterapeuta precisa criar espaço e condições para que o casal examine suas narrativas e agregue outras visões que carreiem flexibilidade com novas possibilidades para o relacionamento. Essa atuação clínica pode interromper interações automáticas disfuncionais, mas o processo de mudança torna-se mais difícil em casos de apego inseguro e pouca maturidade.

As pessoas carregam dentro de si os modelos de casal com os quais conviveram na família. Além do relacionamento conjugal dos pais, outro modelo de relação que se manifesta no casamento é o relacionamento com os irmãos, que são os primeiros companheiros. Quem cresceu próximo a irmãos do sexo oposto vivencia mais facilidade de adaptação no casamento, proveniente dessa convivência. A posição ocupada no grupo de irmãos também exerce influência no ajuste de um casal. Alguém que se case com uma pessoa em posição fraterna complementar conta com a facilidade de adaptação relacionada à combinação das posições fraternas. Por exemplo, um homem que cresceu junto a uma irmã mais nova e que, quando adulto, se casa com uma mulher que tenha um irmão mais velho forma com ela um casal complementar no que diz respeito às dinâmicas que envolvem liderança. (MCGOLDRICK, 1995).

A autora complementa:

> O aspecto mais difícil das diferenças de posição fraterna é que nós geralmente não estamos conscientes de quantas das nossas suposições sobre a vida estão baseadas nelas. De fato, um grande número de nossas expectativas básicas de vida se origina de suposições implícitas que formamos em nossas famílias. Nós raramente imaginamos o quanto temos de aprender sobre a condição de ser diferente quando nos unimos a outra pessoa. (MCGOLDRICK, 1995, p. 201).

Scheinkman e Werneck (2010, p. 486) apontam um outro elemento muito presente e complexo nas relações de casal, que muitas vezes está fortemente relacionado com a vivência no grupo de irmãos: o ciúme. As autoras afirmam: "Os ciúmes são uma poderosa força emocional nas relações conjugais. Em segundos podem transformar o amor em fúria, e a ternura em atos de controle e intimidação, inclusive suicídio e assassinato".

As autoras enfatizam que os ciúmes abarcam sentimentos, pensamentos, crenças, ações e reações contraditórias, com variação de graduação que vai desde uma dificuldade normal até a obsessão extremada. Elas relacionam o ciúme com a inveja, sentimentos que por vezes se confundem, mas que são experiências diferentes. A inveja se manifesta em uma relação diádica, quando se quer o que o outro possui. Os ciúmes acontecem em relações triangulares e evidenciam o medo de perda da pessoa amada frente a um rival. A inveja e o ciúme podem manifestar-se de forma entrelaçada, ao percebermos no outro qualidades que não temos. Nesses casos, a experiência do ciúme fica ainda mais dolorosa.

Os ciúmes abalam a confiança, que, quando está escassa, deteriora a comunicação. Esta, por sua vez, tende a ficar progressivamente mais difícil e bloqueada em consequência do aumento das interações negativas.

Casamento envolve lealdade, que é aprendida desde a infância. Durante os processos de diferenciação e maturidade, o jogo de lealdades é elaborado. No momento em que se assume uma relação conjugal, forçosamente devem ser feitas revisões e adaptações nos relacionamentos familiares e sociais, conforme já visto.

Em relação aos problemas de lealdade do casal, Gottman (2014, p. 83) afirma:

> Quando um relacionamento começa a entrar em colapso sob o peso de qualquer tipo de deslealdade, desculpas, promessas e noites

românticas não serão suficientes para fortalecer o laço. O casal precisa primeiro reconhecer que uma forma de infidelidade está no centro da fissura. Para encontrarem o caminho que os leva de volta um ao outro, os membros do casal vão precisar se esforçar juntos para entrarem em sintonia. Só vão ter sucesso em se reconectarem quando iniciarem uma exploração nova do mundo interno do outro.

O autor cita outras formas de traição, além da sexual: comprometimento condicional; *affair* sem sexo; mentir; formar uma aliança contra o cônjuge; ausência e frieza; perda de interesse sexual; desrespeito; injustiça; egoísmo; rompimento de promessas.

É comum encontrarmos casais recém-formados se debatendo com essas questões. Alguns pais dificultam aos filhos o acerto da contabilidade emocional. Um exemplo comum é a mãe abnegada que se dedica inteiramente aos filhos, os quais, no futuro, sentem-se culpados por desejarem se afastar da mãe para formar uma parceria conjugal. Podem ficar presos a ela, e a mãe não raramente acaba apresentando sintomas depressivos. Essa situação não é exclusiva dos casais jovens, já que algumas pessoas envelhecem sem fechar a contabilidade das lealdades com a família de origem.

Nesses casos, é necessário focalizar as lealdades familiares invisíveis, entender como cada um lidou com isso e quais as dívidas que carrega em relação à sua família de origem, conforme nos ensina Boszormeny-Nagi.

Ao olharmos um casal com suas resiliências, suas dificuldades e impasses, observamos na verdade uma teia de relacionamentos que inclui as gerações precedentes de cada um. Os dois vivem os ecos do que há na teia ao mesmo tempo em que a tecem. Com base nessa visão sistêmica, muitas das dificuldades surgidas na relação conjugal só podem só compreendidas com a inclusão da moldura transgeracional; é preciso ampliar a visão para incluir a percepção de elementos inter e transgeracionais nos impasses de cada um dos cônjuges e nas vivências disfuncionais do par. Cabe ao psicoterapeuta de casal explorar com cada um dos indivíduos as possíveis ligações das suas dificuldades com o que foi vivenciado nas gerações passadas, já que grande parte da fidelidade familiar, da oposição, das adaptações feitas e dos traumas familiares herdados não costuma estar muito consciente. Várias dificuldades provenientes de gerações passadas são sutis, por exemplo, a falta de sentido de vida e a ansiedade generalizada, e são transmitidas para gerações seguintes.

A herança das gerações que nos precederam traz características que favorecem ou dificultam a vida e, como bem sabemos, grande parte da psicoterapia costuma ser usada para lidar com essas questões. Quanto à transmissão de traumas, Monteiro (2016, p. 24) afirma:

As experiências das pessoas não desaparecem, mas sim aderem a elas, sob a forma de um resíduo molecular que se aferra ao andaime genético. Isso não significa que o DNA se modifique, mas que os aspectos psicológicos do comportamento de uma pessoa (aqueles regulados quimicamente, como depressão pelo desequilíbrio de certos neurotransmissores) podem ser legados aos descendentes. Segundo a epigenética do comportamento, as experiências traumáticas passadas de um organismo ou de seus antepassados recentes deixam cicatrizes moleculares que se aderem ao DNA.

Logo, os traumas que cada um dos membros de um casal carrega acabam afetando o outro. Os traumas causam impedimentos, estreitam as possibilidades de escolha, limitam a vida da pessoa em proporções e com consequências variadas, conforme já visto anteriormente. E isso sempre repercute no casal. Com frequência, os impasses em determinados pontos de vista são provenientes do impacto de vivências traumáticas, que precisam ser processadas para que se desenvolvam novos circuitos neurais, os quais podem inclusive tornarem-se automáticos pela repetição ao longo do tempo.

Observamos constantemente o que Siegel chama de "contágio emocional" nas relações dos casais que atendemos, assim como em nossos próprios relacionamentos: é comum um dos dois ficar aborrecido e o outro sentir-se incomodado sem compreender a motivação de seu estado. O processo de contágio emocional também é desencadeado frente às emoções resultantes de traumas vivenciados pelo par.

Os traumas frequentemente alteram os processos de autorregulação emocional da pessoa traumatizada e puxam o companheiro para o mesmo estado. Isso cria desconforto no outro e altera as dinâmicas relacionais, que muitas vezes chegam a impasses. Esses impasses podem gerar rompimento da comunicação, desprezo pelo parceiro, gritos ou afastamento repentino, escalada da violência, queixas psicossomáticas variadas, desesperança e tantos outros sintomas com os quais nos deparamos em nossos consultórios.

Quando existem memórias traumáticas como ponto de partida por trás de sintomas, a mudança só é possível se trabalharmos com essas memórias.

Além dos traumas que cada um carrega de gerações precedentes e de suas vivências ao longo do ciclo vital, o próprio casamento muitas vezes cria traumas com seus descompassos, decepções e traições.

Fortes emoções negativas vivenciadas por cada um dos cônjuges também afetam a saúde do casal, já que refletem no outro e reverberam entre eles.

Naturalmente, nenhuma das dinâmicas conjugais que observamos até agora correlaciona-se estritamente com a infância, mas suas raízes estão nessa fase da vida. Há outras interações de casal que geralmente se desenvolvem de forma marcada nos anos de adolescência e na fase adulto jovem: processo de diferenciação, prática da espiritualidade, padrões mais definidos de comunicação, maior ou menor aceitação de crenças socioculturais, intensificação das diferenças de gênero e condutas de fidelidade ou infidelidade romântica.

Tavora (2009, p. 51-52) discorre sobre a importância da diferenciação dos membros do casal, tema que se relaciona com a aceitação do outro e com a intimidade:

> Um processo de individuação bem elaborado permite ao cônjuge enxergar e considerar o parceiro, enriquecendo-se com as diferenças. Cônjuges pouco diferenciados como pessoas costumam estabelecer verdadeiras batalhas para moldar-se um ao outro à sua própria imagem e garantir que suas necessidades sejam atendidas. Qualquer oposição a esse esforço é sentida como uma ameaça à relação ou como uma manifestação pessoal de abandono. O parceiro é considerado uma pessoa má ou insensível por não proporcionar a gratificação desejada.

Diferenciação está ligada com maturidade. Quem desenvolveu um bom senso de identidade consegue aos poucos aumentar a intimidade sem perda da individualidade. Também apresenta melhores condições de permanecer íntegro nos conflitos que certamente surgem, mantendo confiança em si e no outro.

Para Angelo (1995), dois elementos básicos que contribuem em grande medida para a manutenção do vínculo são o *senso de pertencimento* e o *senso de separação*. O autor afirma:

> Pertencimento e separação são vicissitudes que acompanham o ser humano ao longo de toda a vida. Ter um vínculo significa, em certa medida, depender da outra pessoa envolvida na relação. Esta se desenvolve justamente mediante contínuas redefinições ou aprovações das áreas recíprocas do pertencimento e da separação. (ANGELO, 1995, p. 55).

A definição de Angelo se encaixa nos conceitos de diferenciação, maturidade e apego seguro. As pessoas que se desenvolvem de maneira sadia nesses aspectos estão, a princípio, mais bem preparadas para administrar um relacionamento conjugal que seja gratificante para ambos. Mas há outros fatores em jogo que extrapolam o mundo intrapsíquico dos parceiros e que podem interferir fortemente no subsistema conjugal, fragilizando a relação.

Uma parte da experiência humana que tem sido deixada do lado de fora dos consultórios de psicoterapia é a espiritualidade e suas formas de expressão. No entanto, ela permeia toda a vivência humana. Walsh (2005, p. 67), ao tratar do tema da resiliência, que inclui o exercício da espiritualidade, comenta: "A espiritualidade compreende um investimento ativo em valores internos que promovem um senso de significado, inteireza interior e conexão com os outros". A autora lembra que a espiritualidade pode ser vivenciada dentro ou fora de estruturas religiosas formais.

Ancona-Lopes (2008, p. 6) assinala a importância da religião:

> A religião nos coloca diante dos paradoxos de nossa existência, as respostas que encontramos não são capazes de solucionar mais do que uma fração de nossas inquietações, o que não impede que, mesmo assim, muitas vezes nos surpreendamos maravilhados e plenos de sentido diante de uma imagem santa, de uma música sacra, de uma frase de um texto bíblico ou de um ritual de rara beleza.

A espiritualidade comumente aparece correlacionada com os propósitos de vida das pessoas. Nessa direção, o teólogo Marcondes (2007, p. 123) reflete: "Qual é o alvo da nossa vida? Qual é a nossa meta? Para onde temos objetivado a nossa existência? Afinal, onde queremos chegar?". O especialista sugere que as respostas para tais perguntas podem levar a uma visão que ultrapassa os limites concretos do cotidiano e que nos encaminha para a esfera espiritual. Religião e espiritualidade oferecem significado e conforto diante das adversidades que cada casal vivencia.

Muitas pesquisas apontam a importância da espiritualidade e das práticas religiosas, que podem resultar em mais resiliência, saúde e bem-estar. A fé dá segurança pela vida afora, dá significado e reforça os propósitos do viver.

Em publicação sobre esse tema, com base em estudos de outros autores, Peres (2004, p. 148-149) comenta:

> A melhor qualidade de vida de pessoas que atravessam graves dificuldades cultivando a ligação com a espiritualidade foi constatada, evidenciando vários estudos a relevância do aspecto espiritual na saúde do ser humano. A significativa maioria dos estudos mostrou o impacto positivo da espiritualidade no processo de recuperação psicológica e física de pacientes que passaram por enfermidades severas.

Cada religião, com seus significados próprios, sistemas de normas e contexto de apoio e controle social, confere sentido a determinadas interações no casamento.

Em minha experiência clínica, percebo que a forma como a espiritualidade é vivenciada interfere bastante no processo psicoterápico. Várias pessoas já relataram que a resolução de traumas as libertou para viver sua espiritualidade de forma mais plena. Lembro de um cliente que comentou ter voltado a fazer suas orações, atitude que havia interrompido há anos, e que, agora, sentia-se bem mais pleno. Uma mulher me disse ter feito as pazes com Deus e em consequência fez as pazes com suas irmãs, o que a deixou muito mais feliz. Uma outra me contou, aliviada, que havia se despedido de um guru que há muitos anos lhe indicava com precisão as decisões práticas a tomar na vida, por exemplo, se deveria ou não comprar algo; na psicoterapia, percebeu que ela mesma poderia buscar a fonte que ele usava para obter essas orientações, e isso aumentou sua segurança. Portanto, mesmo que sem a intenção, acabamos por adentrar essa esfera da vida de nossos clientes.

A forma como um casal exerce sua espiritualidade, através da identificação ou não com religiões específicas e seus rituais, pode aumentar a resiliência de ambos ou criar impasses e conflitos. Quando os dois professam a mesma religião ou são adeptos de rituais semelhantes, suas vivências nesse sentido tendem a acontecer de forma natural. Porém, valores religiosos muito diferentes ou até mesmo incompatíveis costumam causar desgastes se não forem negociados e aceitos pelos dois. Enquanto não há filhos, a solução é menos trabalhosa e cada um pode exercer a espiritualidade a seu modo, mas com filhos a busca por soluções tende a ficar mais complicada.

Abraão (1984, p. 202) relaciona a espiritualidade com o "eu" e o "nós":

> Ao contrário do que muitos afirmam, não creio que iniciamos a vida como indivíduos, mas como "nós": é de uma experiência de interação de um homem e uma mulher que se unem que surge o indivíduo. A individualidade de cada um emerge desse "nós" e em virtude desse "nós". Ninguém se atualiza se, cedo ou tarde, não adquire consciência de individualidade. O "nós" é original organicamente e o "eu" é original na consciência humana. Como se vê, o amor verdadeiro deve ser entendido como um processo dinâmico, poderoso, e não uma realidade estática, estanque. O amor pode ser tanto aprendido como aprimorado. Assim, a atração física, a amizade e o amor espiritual são fases diferentes de uma só realidade e são interdependentes. Nos três casos o indivíduo deve sair de si mesmo e voltar-se para o outro.

Muitas das questões com que lidamos em nossos consultórios tocam a esfera espiritual, o que nos coloca frente à necessidade de acompanhar os clientes na exploração e negociação de suas dificuldades, impasses e resiliências daí advindos.

Sobre isso, Peres (2004, p. 157) afirma:

> O modelo convencional da psicoterapia ocidental está baseado em premissas relativas especialmente a técnicas e ao uso da racionalização. A crescente experiência da psicoterapia no globo vem questionando a universalidade dessas premissas, sugerindo que as mesmas foram originadas em um contexto cultural específico durante determinado período de tempo (Karasu, 1999). É de essencial importância que a psicologia contemporânea revise a universalidade de suas bases para que possa compreender e trabalhar as manifestações naturais ao ser humano, e assim promover a psicoterapia com mais eficiência. A inserção da espiritualidade faz parte do importante processo de alargamento dos paradigmas ocidentais para melhor qualidade do tratamento psicológico. O futuro da psicoterapia eficiente reside no desenvolvimento de abordagens conceituais com validade universal, que promovam alívio de sintomas, crescimento da personalidade e ajustamento interpessoal. Ressaltamos que o paradigma mais importante a ser ampliado na psicologia ocidental é o da visão do homem como um ser biopsicossocioespiritual.

Conforme está retratado no histórico exposto neste livro, a psicoterapia de casal começou como aconselhamento baseado em crenças pessoais do conselheiro, somadas aos ditames culturais da época, e evoluiu ao longo do tempo com movimentos marcantes ou de forma mais difusa. O enfoque nas emoções, a inclusão de fundamentos advindos da neurociência e a utilização de modelos que integram mais de uma linha teórica foram os últimos movimentos mais evidentes na área. Parece que começa a despontar a necessidade da inclusão das questões espirituais com maior intencionalidade do psicoterapeuta, que geralmente só entra nessa esfera se houver demanda explícita do casal.

Em conformidade com a postura clínica de evitar contato com os assuntos que dizem respeito à espiritualidade, muitos de nossos clientes acreditam que esse tema não deve ser levado para a psicoterapia; na verdade, muitas pessoas são confusas quanto à sua própria espiritualidade. Já ouvi de diversos casais a afirmação de que vão deixar os filhos crescerem para então optarem por crenças espirituais próprias. Na verdade, nós educamos os filhos a partir de nossas crenças, que certamente eles vão questionar em algum momento da vida, seja para assumir como suas ao menos em parte, seja para negá-las. Portanto, entendo que a espiritualidade ocupa a mesma posição do que outros temas da educação. A evitação, no tocante a assumir alguma posição relativa a esse tema, pode refletir dificuldades do casal sobre o assunto.

Quanto à inclusão do tema da espiritualidade nos processos psicoterápicos, Paiva (2008, p. XIV) pondera: "Valer-se da religião não implica torná-la instrumento da saúde, mas incluí-la no cuidado da pessoa que recorre à psicoterapia". Se o psicólogo acreditar que o ser humano é um ser biológico, psicológico, social, relacional e espiritual, não é possível deixar a espiritualidade das pessoas para fora do espaço psicoterápico. Precisamos estar atentos e incluir esse tema em nossas lentes de atuação, uma vez que essa dimensão do ser humano permeia toda a vivência de cada um e influencia as demais dimensões.

A inclusão da espiritualidade nas lentes do psicoterapeuta implica o entendimento das formas como o casal lida com suas crenças espirituais. Mas o profissional precisa ter clareza quanto às suas próprias convicções e manter-se atento em relação a preconceitos que possa carregar sobre as formas pelas quais seus clientes exercitam a própria espiritualidade. Essas pessoas precisam "sentir-se sentidas", como diz Siegel, ou seja, serem compreendidas, e não julgadas, mesmo sendo diferentes de nós.

Fish (2017) observa que determinados clientes podem ficar desconfortáveis ou inseguros com a religião do terapeuta e, assim, não conseguir abordar a questão abertamente. Se essa situação for insinuada, é melhor o profissional esclarecer o tema; afinal, o processo de terapia deve ser sempre uma escolha e, nesse caso, precisamos revelar nossa posição religiosa.

A comunicação em sua totalidade é a ponte que permite a conexão de um casal. Ela vai além da linguagem falada e inclui o corpo, o sexo, os tons de voz, os olhares, os silêncios... Em determinadas fases do ciclo vital do casal, é preciso cuidado extra para que a comunicação não se torne rasa e insatisfatória. Isso pode acontecer, por exemplo, na fase em que há filhos pequenos para criar, ou em períodos com doentes graves na família, ou mesmo em momentos de forte envolvimento em uma atividade que exija muita atenção, como o preparo de um trabalho mais elaborado, uma prova acadêmica etc.

A chegada dos filhos costuma ser um momento crítico para manter uma boa comunicação. A formação do subsistema parental exige muita atenção e empenho na formação de rotinas, assim como requer maturidade no trato das emoções, que nesse momento carecem de ser reorganizadas. O jogo de lealdades que pai e mãe vivenciaram em suas famílias de origem pode dificultar essas vivências. É preciso criar o subsistema parental ao mesmo tempo em que se preserva o subsistema conjugal. Os conflitos do casal facilmente comprometem os cuidados parentais. Quando nascem os filhos, especialmente o primeiro, muitos casais vivem dificuldades para criar um equilíbrio saudável entre os papéis de pai ou mãe e de marido ou esposa.

Em certas fases da vida, é preciso estabelecer horários para ficar juntos e conversar, já que a relação conjugal exige intencionalidade para que permaneça viva. Nos momentos de maior vulnerabilidade, aumenta a necessidade de compaixão e cuidado com o outro. Quando a comunicação fica empobrecida, os dois deixam de desfrutar a riqueza da dimensão individual do outro e ficam também sem apoio nos momentos necessários.

Um relacionamento forte pode resistir bem às fases de distância, porque permanece a confiança no restabelecimento de uma comunicação mais efetiva e próxima. Mas, ainda assim, é importante que o casal converse sobre o momento que vivem, mesmo que um dos dois mostre-se muito mais incomodado do que o outro e a conversa seja trabalhosa. Quando os dois se sentirem ouvidos e compreendidos, aí, sim, a negociação de acordos pode ser feita de forma que respeite as necessidades do mais vulnerável.

Para Gottman (2014), os piores ingredientes da comunicação de um casal são a crítica, o desprezo, a posição defensiva e a obstrução, que ele adjetiva como "os quatro cavaleiros do apocalipse". O autor afirma que, mesmo o casal estando em processo psicoterápico, só acontece uma mudança real quando se sintonizam e desenvolvem a confiança mútua. Porém, para haver sintonização, é necessário um compromisso claro com o casamento e a reelaboração do contrato conjugal.

Gottman (2014, p. 181) comenta que, em seu laboratório:

> A entrevista da história oral é uma medição muito forte da satisfação do relacionamento porque a atitude e as preocupações atuais do casal tingem suas recordações, modificando tanto as memórias quanto o que enfatizam em sua história como casal.

Os reflexos culturais projetados na comunicação de um casal, nas suas crenças, nas formas de socialização e de movimentar-se pela vida podem passar sem serem muito notados na correria cotidiana, mas mesmo assim estão lá e podem causar estragos se não forem elaborados. Um dos momentos em que a cultura costuma fica mais aparente é durante os rituais, pois promovem experiências compartilhadas que marcam momentos importantes e carregam o potencial de gerar memórias marcantes em comum, que reforçam o sentido de pertencimento e de continuidade do casal.

Essa questão está bastante interligada com as concepções socioculturais da rede da qual o casal é parte. Quando o caldo de cultura é flexível e apoiador, favorece o ajustamento dos dois indivíduos ao longo do ciclo vital. Por outro lado, ser parte de uma sociedade mais enrijecida em seus valores e modos de vida dificulta a busca por soluções inovadoras que precisem ser criadas. Casais provenientes de culturas diferentes precisam manejar tensões adicionais resultantes do fato de manifestarem emoções de maneiras diferentes frente a eventos ligados a vivências culturais. No entanto, essas diferenças também podem dar colorido à relação quando bem trabalhadas.

Os vínculos sociais com apego, como uma amizade próxima, podem ser preciosos para um casal, pois diminuem a tensão do relacionamento conjugal. Pessoas com apego inseguro, que ficam muito estressadas ao menor sinal de desatenção do companheiro, podem se beneficiar intensamente desses vínculos, principalmente nas fases de maior afastamento do parceiro, que naturalmente acontecem nos relacionamentos de longa duração.

Sluzki (1997) discute as diferenças de gênero encontradas por pesquisadores que buscavam correlações entre características dos relacionamentos sociais e saúde dos pesquisados. De acordo com os achados das pesquisas, as mulheres, provavelmente devido ao "treinamento" social, tendem a estabelecer relações com mais qualidade, mais variedade de funções, maior intimidade e maior duração do que os homens.

Com base na experiência clínica e de pesquisador, Gottman (2014, p. 59) descreve:

> Geralmente parceiros em um relacionamento duradouro e sério mantêm uma janela aberta um para o outro ao passo que erguem paredes para proteger sua privacidade do mundo lá fora. Isso não quer dizer que os dois se relacionam apenas um com o outro. Ambos têm vidas e experiências fora do relacionamento – trabalho, família, amigos, buscas. Mas cada um carrega em si a segurança desse refúgio que é fundado na intimidade e na confiança mútua. Contudo, quando o bichinho da traição invade, toxinas se infiltram no refúgio deles sem que ninguém perceba.

As traições ocorridas dentro de um casamento, de modo geral, podem ser consideradas tudo o que viole o contrato do casal. Mas as coisas não são claras assim, uma vez que o contrato inclui muita coisa que não fica explícita; nem tudo é consciente. Mesmo a parte consciente, ainda que tenha sido previamente negociada, não será respeitada em sua totalidade o tempo todo. As pessoas passam por fases difíceis, todo relacionamento tem seus percalços e o casal não se mantém sempre conectado e atento um ao outro. Para acompanhar os movimentos do casal, o contrato conjugal demanda renegociação e adequação ao longo do tempo.

Há momentos do ciclo de vida do casal em que se dilata a vulnerabilidade para a entrada de um terceiro na relação. Bowen relaciona o aumento de ansiedade com maior probabilidade de movimentos que levem à inclusão de um terceiro para estabilizar a díade que não está dando conta de administrar a excessiva ansiedade. Esses períodos mais vulneráveis podem também estar ligados com traumas de desenvolvimento, ou com processos de diferenciação, além de outros aspectos da vida dos dois, por exemplo, as questões sociais.

Um triângulo é formado pelos três elementos que o compõem, acrescido do espaço relacional que lhes é próprio. O espaço inclui as distâncias e o clima emocional. O relacionamento entre três pessoas está triangulado quando as interações entre dois deles aparecem vinculadas ao comportamento do terceiro, quando agem com muita reatividade em relação aos demais e quando cada um deles não consegue assumir uma posição pessoal sem mexer com os outros dois. Cada um interfere na relação dos demais e ninguém se percebe na situação, embora estejam sempre centrados nos outros dois. Os triângulos estabilizam dificuldades sem forçar mudanças. (GUERIN et al., 2000).

A triangulação pode aparecer com um parceiro romântico ou sexual de fora do casamento, pode ser estabelecida com um filho, com um grupo de atividade comum, um amigo antigo ou um parente. Muitas vezes, a triangulação na família de origem já direciona a escolha do parceiro, por exemplo, uma mulher que se liga a um companheiro extremamente envolvido com seu trabalho, deixando-a livre para passar muito tempo com a mãe; esta, por sua vez, também se mantém distante do próprio marido. Em outros casais, a triangulação se estabelece em momentos de aumento do estresse devido a situações por vezes características do ciclo vital, como a aposentadoria de um deles. O casal não consegue resolver a situação e triangula com outra pessoa, como um amante, que os estabiliza, mas faz com que o problema principal, que nesse caso é a incapacidade de adequação dos dois às mudanças desencadeadas com a aposentadoria, fique encoberto e sem solução.

Assim, os membros do casal que não estão conseguindo lidar com as dificuldades podem envolver-se em triangulações, as quais, na continuidade, reforçam os conflitos e mantêm a situação sem mudança. Somente a compreensão dessas interações triangulares abre espaço para a busca por mudanças no relacionamento conjugal e para a desconstrução das interações triangulares enrijecidas. Esses casos podem ser bem desafiadores e frequentemente exigem o uso de diferentes estratégias de intervenção.

Quanto às traições sexuais, por vezes as pessoas da família e os amigos enxergam os sinais de traição, mas o parceiro não se dá conta. Esse tema vasto e complexo pode causar muito estrago no relacionamento de um casal, além daqueles originados pelos problemas que comumente já vivenciavam antes de deflagrada a traição.

Ao discorrer sobre os triângulos amorosos, Jellouschek (1987) comenta que tanto as posturas mais moralistas quanto as mais tolerantes simplificam demais essa questão. A observação da infidelidade a partir da visão de cada um dos envolvidos aprofunda o entendimento e abre perspectivas que evitam cristalização. Em livro sobre o tema, o autor usa figuras mitológicas e escreve uma carta a cada um dos três envolvidos em um triângulo amoroso após o término do caso, com questionamentos que provocam reflexões, sempre com o intuito de ampliar a análise do processo de triangulação e evitar enrijecimentos e julgamentos morais. Nas cartas, ele valida os sentimentos e dores de cada um dos três e faz perguntas que voltem a atenção para o que precisa ser revisto em si próprio e nas relações. Além disso, provoca o entendimento a respeito do que é saudável mudar dali em diante e o que se pode aprender com o que foi vivido.

Ao tratar do tema da traição, Scheinkman (2005) alerta sobre a existência de diferentes significados para os envolvimentos extraconjugais em diferentes culturas. A autora pondera que a literatura sobre terapia de família ignora a existência de indivíduos provenientes de culturas e subculturas que não consideram a fidelidade sexual como fundamental em relacionamentos de longa duração. Para Scheinkman, a excessiva concentração nos impactos da infidelidade prejudica uma compreensão mais ampla sobre os motivos, as forças contextuais ou as ideias culturais que, antes de tudo, podem levar pessoas a terem casos. Com base nessa postura, facilmente os envolvidos deixam de compreender a função do caso extraconjugal no casamento.

A autora frisa que a infidelidade pode ser um alarme que indica dificuldades presentes nas dinâmicas estabelecidas no casamento. O terceiro muitas vezes é incluído em uma relação frágil com a função de estabilizar a díade. O caso pode também ser uma experiência paralela, relacionada com problemas provenientes da família de origem que não foram elaborados. Pode ainda ter relação com questões de identidade sexual, simples curiosidade ou uma posição diferente quanto ao sentido da fidelidade.

Em suma, para Scheinkman, o significado de um caso extraconjugal está muito ligado ao desejo. Desejo por um tipo de ligação emocional, afirmação, autodescoberta, novidade ou liberdade, busca de partes de si próprio ou busca da vitalidade perdida. Pode estar ligado a fantasias, raiva, vingança ou ilusões. A autora fala também nas motivações provenientes de traços culturais e diferenças de gênero, como a crença de que homens podem trair, podem buscar mulheres mais novas, ou mesmo ter conquistas seguidas para reforçar a autoestima. Já as mulheres, muitas vezes, agem motivadas por ideias românticas ou por decepção relacionada aos acordos conjugais, ou ainda por terem se tornado muito domesticadas e aberto mão de desenvolver partes de si mesmas.

Quando o caso extraconjugal tem uma função no casamento, ela precisa ser compreendida. Para que isso aconteça, o foco de atenção do terapeuta deve ser o casamento, levando em conta a frequente fragilidade do amor e as dificuldades na manutenção do desejo em relacionamentos de longa duração.

Não é raro encontrarmos clínicos com muita dificuldade no trato desse tema, que demanda sessões individuais além das sessões conjuntas, para que cada membro do casal possa lidar com suas crenças e desejos em um espaço privado. Contar ou não contar ao outro sobre o terceiro não é uma decisão do terapeuta, a quem cabe abrir espaço para que a compreensão dos significados seja ampliada e a pessoa assuma responsabilidade por si própria, pelo outro e pela relação, seja qual for a decisão tomada em relação às suas condutas sexuais e aos segredos envolvidos.

Independentemente do enredo pelo qual as traições se deram em um casal, minha postura clínica tem sido a exploração que busca a leitura desses eventos críticos em sessões individuais e conjuntas. Nas sessões individuais, ocorre a exploração do espaço intrapsíquico de cada um com suas histórias de vida, temperamentos, traumas, crenças, práticas sexuais prévias e tudo o mais que se mostre relevante. Nas sessões conjuntas, acontece o levantamento das dinâmicas do casal relativas a esse aspecto, assim como questões de gênero, poder, cultura e religião que possam ter relação com a queixa, conforme está registrado no capítulo 7, que descreve o modelo de psicoterapia que adoto.

A compreensão ampliada, assim como o quanto foi descoberto ou revelado para o cônjuge sobre a traição, é que vai indicando possíveis caminhos a seguir no processo psicoterápico. Quando um dos parceiros decide contar ao outro sobre uma eventual traição, não é aconselhável que revele detalhes dos encontros íntimos do traidor. É preferível que converse sobre a forma como aconteceu o envolvimento para ampliar a compreensão a respeito de como o relacionamento principal foi afetado com o caso, conforme indicam especialistas como Scheinkman.

Os segredos entre um casal exigem cuidados extras do clínico; inclusive é um dos motivos que faz com que muitos psicoterapeutas relutem em trabalhar com casais. Nos casos de traição, à medida em que a compreensão das dinâmicas individuais e conjugais vai sendo ampliada nas sessões individuais e conjuntas, o detentor do segredo vai percebendo melhor as possíveis consequências da sua revelação ou permanência. Cabe ao clínico criar as condições para que esse trabalho aconteça da melhor forma, e ele deve lidar com questões específicas como essa em sessões individuais. De qualquer maneira, em atendimento de casais, o clínico sempre vai lidar com muita ambiguidade, especialmente quando há casos extraconjugais.

Gottman (2014, p. 135) pondera:

> Lidar com todos esses problemas é complexo e quase sempre requer um terapeuta experiente. Tentar consertar o relacionamento sem ajuda profissional adequada é como tentar fazer uma cirurgia de joelho com um *kit* caseiro. Mas antes de optarem por intervenção extensiva e profissional, talvez seja útil avaliar com atenção se vale a pena salvar o relacionamento.

As formas como as pessoas lidam com o poder, ainda que estejam vinculadas com experiências de vida desde a infância, ficam mais visíveis no final da adolescência e na entrada da fase adulta da vida. Para seguir o eixo do ciclo de vida, passo a considerar esse tema na sequência.

A distribuição de poder no casal é definida em função de vários elementos, como história de vida de cada um, poder econômico e questões de gênero e culturais, que tendem a privilegiar uma dinâmica mais complementar ou mais simétrica do casal nesse aspecto, o que se reflete nos demais aspectos do relacionamento. A equivalência de poder geralmente favorece a empatia, a intimidade e o êxito da relação conjugal. As relações igualitárias são almejadas cada vez com mais frequência pelos casais.

Andolfi, Angelo e Saccu (1995, p. 146) alertam para a possibilidade de violência em um casamento com poder descompensado:

> [...] as disfunções sexuais se enquadram como uma espécie de traição da sexualidade, a qual, em vez de construção de uma união adulta, pode se tornar um instrumento de poder para exercer domínio sobre o cônjuge, num rígido vínculo de dependência recíproca. Ou, em outros casos, a relação de casal esteriliza-se a tal ponto que, não havendo mais nada para dizer ou dar, prefere-se o "coito ao beijo", como se um bom desempenho sexual pudesse consertar uma intimidade que já desapareceu.

Ainda que esse tema seja bem importante, principalmente quando se trata de casais heterossexuais por envolver também questões de gênero, muitos clínicos continuam deixando de lado as dinâmicas de poder na relação conjugal. Os modelos culturais vigentes encobrem diferenças relacionadas a gênero no tocante ao exercício do poder, e essa falta de visibilidade acaba reforçando os desequilíbrios vigentes. (KNUDSON-MARTIN, 2013).

Fishbane (2011) distingue três formas de poder no casal: "poder sobre", "poder para" e "poder com". O "poder sobre" inclui violência física, ameaças, intimidação, humilhação, depreciação, dominação, indiferença e culpa. O "poder para" diz respeito a flexibilidade, capacidade reflexiva, responsabilidade, receptividade, regulação emocional, diferenciação e respeito durante um conflito. O "poder com" inclui a responsabilidade relacional compartilhada, empatia, aceitação de diferenças, cuidado, generosidade, reparação e perdão.

A autora observa que casais em crise geralmente se enredam em lutas de "poder sobre" o outro. Quando um dos membros do casal se sente desregulado e frustrado por falta de empatia do outro, pode recorrer às táticas de "poder sobre". O "poder com" envolve a capacidade de cooperação e cuidados. "Poder para" e "poder com" favoreçem o encontro e as relações íntimas e evitam que os dois usem condutas de "poder sobre" o outro.

A diferenciação é um aspecto importante do "poder para". Alguém que já resolveu os temas mais difíceis trazidos da família de origem liberou recursos para o empoderamento relacional. Assim, pode lidar com as diferenças do parceiro e manter respeito e generosidade mesmo que lhe cause incômodos.

Alguns casais apresentam uma dificuldade incrível para mexer em suas distribuições problemáticas de poder. Quando nos parece que estão finalmente se movendo para uma posição mais funcional, algo acontece e a velha dinâmica se restabelece, apesar de nossos esforços no sentido de mudança.

Esse tema costuma aparecer mesclado com estereotipias de gênero que podem manter preconceitos que atingem a todos e atravessam gerações, mas geralmente pesam mais para as mulheres. Além disso, perde-se o foco nas necessidades comuns a todos os seres humanos. Sejam essas diferenças mais baseadas na biologia, sejam na cultura, são sempre recursivas e podem enrijecer uma relação se forçarem complementariedade arbitrária. Por outro lado, carregam o potencial de enriquecimento e criatividade no relacionamento, desde que não se atribua poder como consequência linear das diferenças nem se condene um dos membros do par por puro preconceito ou por dificuldades de manejo do casal.

Seguimos explorando outra série de temas, que, igualmente aos que já foram abordados, deitam raízes em fases anteriores da vida, mas se desenvolvem de maneira visível já na fase adulta do ciclo vital, por exemplo: contrato conjugal, negociações do casal, trato com o dinheiro, vivência do sexo e divórcio.

O contrato conjugal construído por um casal requer atualização de tempos em tempos. As alterações devem acompanhar a evolução do ciclo da vida familiar, além de corresponder às necessidades individuais de cada um, que naturalmente vão se modificando. Alguns eventos inesperados da vida também forçam alterações nos pactos conjugais. Quando o contrato permanece desatualizado por muito tempo, a relação se cristaliza, gerando insatisfação e desconexão, mas a crise pode forçar a revisão de um contrato desatualizado que vinha sendo arrastado pelo casal.

Em meio a uma crise dessa natureza, a partir da vivência da decepção no casamento podem seguir-se a resignação e a falência da relação. Ou, então, pode haver um movimento produtivo de reparação, que muitas vezes requer ajuda profissional. Nesses casos, serão necessárias a revisão e alteração dos papéis estabelecidos, a abertura da comunicação e da negociação, com revisão dos limites éticos do relacionamento. (TAVORA, 2009).

No entanto, as partes implícitas do contrato de cada casal demandam aprofundamento no trabalho psicoterápico por estarem conectadas com as vulnerabilidades individuais de cada um. Comumente há necessidade de sessões individuais para que se alcance essa dimensão dos indivíduos no casamento.

Nas palavras de Cigoli (2002, p. 184): "Em síntese: o fim acontece por causa do esgotamento da tarefa atribuída e da impossibilidade de revisar o pacto secreto. Só que a ignorância relativa ao pacto secreto chegado ao seu fim acompanha sentimentos muito diferentes entre si".

Quando o contrato conjugal não é visto pelos dois como um processo a ser revisto e atualizado de acordo com os anseios e necessidades de cada um e da vida de forma geral, manter a relação pode ficar inviável. Algumas pessoas encaram o contrato como um direito individual, muitas vezes procurando impor ao outro a satisfação de necessidades próprias, trazidas da infância. Nesses casos, abre-se espaço para distanciamento, com indiferença e até mesmo com certas formas de abuso de um para com o outro, sem buscar compreender a parte secreta ou inconsciente do contrato.

Rosset (2014, p. 16) acentua:

> Visões de mundo muito diferentes podem inviabilizar a construção de projetos comuns; por outro lado, podem ser um convite à integração, à diversificação e às aprendizagens. As tensões resultantes de opiniões diferentes podem dar sabor ao relacionamento e fazer com que a história de uma relação seja aventurosa, incomparável, única. Porém, muitas das potencialidades evolutivas individuais não podem ser realizadas numa relação a dois. Cada um vai evoluir em um domínio tolerado pelo outro. O casal tem, então, o desafio de estar sempre negociando entre si e lutando junto. Encontrar saídas exige um ato de criatividade.

Carnevaro (2002, p. 83) nomina a continuidade do relacionamento conjugal de amor coterapêutico:

> O compartilhamento recíproco das vulnerabilidades faz com que o outro se converta paulatinamente naquele ou naquela que mais o conhece no tempo e que, aceitando-o como diferente de si, cria com isso as premissas para um diálogo profundo e autêntico, verdadeiro antídoto da simbiose.

À medida em que o tempo passa, muitos casais conseguem resolver algumas de suas dificuldades de forma mais rápida, outras em um tempo maior de convivência, outras só se modificam com interferência externa especializada, e outras não se resolvem nunca. Mas o relacionamento conjugal saudável é um espaço de cura e superação.

De qualquer maneira, manter a relação conjugal exige negociação, que muitas vezes acontece de forma turbulenta, com brigas.

Assim como as emoções, a empatia também pode ser intencionalmente fortalecida. Nesse sentido, Siegel (2012, p. 60) afirma:

> Sem dúvida, quando estamos no meio de uma crise, é difícil fazer uso de nossas habilidades reflexivas. No entanto, quando abandonamos esse estado desconectado e explosivo, a reflexão nos ajuda a olhar para trás e para dentro, para o que aconteceu. Ao reconhecer que o evento não representa nosso verdadeiro eu, ganhamos a distância reflexiva e a liberdade para assumirmos a responsabilidade por nossas ações e nossos sentimentos. Podemos olhar para nossos comportamentos automáticos e chegar a um entendimento mais profundo que pode nos permitir agir de forma diferente no futuro.

É importante que o casal reconheça seus conflitos recorrentes e aprenda a buscar soluções com respeito e tolerância, ainda que ocorram brigas. A resolução dos conflitos fortalece a intimidade e a parceria quando a briga evolui de forma produtiva.

Sobre esse tema, Satir (2015, p. 97) pontua: "Falar na primeira pessoa enuncia claramente que sou 'eu' quem está falando e, portanto, é adequado se expressar desta forma. Independentemente do que é dito, é importante deixar claro que o interlocutor se responsabiliza pelo que diz".

Quanto maior é a intimidade entre duas pessoas, melhor conseguem expressar suas opiniões com liberdade e revezamento, confiando que a relação suporta brigas sem romper-se automaticamente por isso. Alguns pontos importantes a serem observados: brigar por questões do presente; ouvir e refletir; usar a briga para enxergar desejos e expectativas do outro; perceber como cada um participa no desencadeamento e na manutenção das interações problemáticas; procurar por novas alternativas, com o entendimento de que, se um deles vencer, o outro perde. (ROSSET, 2016). A autora nos lembra que: "Quanto maior a intimidade entre duas pessoas, mais vezes elas se revezam na tarefa de exprimir suas opiniões com liberdade". (ROSSET, 2016, p. 33).

Resolver os desencontros do casal, ainda que aconteçam brigas, fortalece a intimidade e a parceria, desde que seja uma briga produtiva, com potencial de gerar novas informações.

Nos momentos de conflito em que um dos dois dá demonstração de forte aumento de estresse ou de estar perdendo o autocontrole, Gottman (2014, p. 36) insiste no valor do que ele chama de reparos: "Os reparos são os coletes salva-vidas de todos os relacionamentos românticos". Reparos são atos simples como contar uma piada, fazer um elogio, dar um aperto de mãos, fazer uma pergunta ou dirigir a atenção do outro para alguma coisa boa que esteja acontecendo no entorno. O autor afirma:

> Reparos em momentos certos são parte da dança entre duas pessoas que se conhecem e que confiam uma na outra. O poder do efeito positivo de um dos cônjuges em reduzir os sinais psicológicos do estresse no outro é aparente em todos os meus estudos. (GOTTMAN, 2014, p. 36).

Os estudos de Gottman que envolvem os reparos podem ser relacionados com o conceito de janela de tolerância de forma complementar. Os reparos criam espaço para que o companheiro que saiu de sua janela de tolerância possa autorregular-se com a ajuda do parceiro. Mas, para que esses reparos ocorram, é preciso que se compreenda o outro, o que só acontece com intimidade emocional; a intimidade emocional, por sua vez, só é possível em um relacionamento com confiança de duas pessoas diferenciadas.

Quando a discussão ultrapassa o limite de um dos dois, ou seja, quando alguém sai de sua janela de tolerância emocional, a pessoa fica sujeita ao que Goleman chama de sequestro emocional, que acontece em consequência de se estar com a amígdala disparada e sem circuitos inibitórios suficientemente desenvolvidos no córtex pré-frontal para frear as consequências da amígdala muito ativada, que funciona como o radar do cérebro para ameaças. Alguém que esteja nesse estado tende a repetir hábitos e perde a flexibilidade de pensamentos e atitudes. Fica preparado para lidar com perigos imediatos. O sistema de alarme disparado que nos prepara para lutar, correr ou congelar faz o corpo receber um fluxo de hormônios de estresse, principalmente cortisol e adrenalina.

Entre as diferenças a serem negociadas por um casal, estão os estilos de cada um no tocante às formas de lidar com dinheiro: como gastar, o que cada um paga, quanto cada um usa para si próprio ou destina para a família ou, ainda, quanto e como investe. A solução encontrada pode variar, mas o importante é que atenda aos estilos de ambos. Seja qual for o modelo que adotem, ele faz parte do contrato conjugal e não pode ser rígido; deve estar aberto a revisões e atualizações, conforme o tempo passa.

O casal precisa buscar ser uma unidade financeira ao mesmo tempo em que os dois se mantêm financeiramente autônomos, atendendo ao critério de balanceamento entre proximidade e reparação, fundamentais para a manutenção da funcionalidade da relação. Guimarães (2010, p. 40) observa: "Cada relação de casal possui sua especificidade e cada um deles atribui ao dinheiro seus valores, significados, mitos e crenças. Um vínculo conjugal significativo e capacidade de comunicação entre pares fazem parte de boas negociações das diferenças".

Dificuldades relativas ao trato do dinheiro no casamento são muito frequentes e não raro são sintomas de outros problemas na relação. Pesquisas na área dão conta de que, nas relações conjugais, o dinheiro pode estar mesclado com temas como poder, controle e sexualidade. (GUIMARÃES, 2010).

As negociações do casal, nesse aspecto como em tantos outros, estão baseadas fortemente em questões subjetivas. Não se trata simplesmente de obter informações financeiras e decidir racionalmente. Atualmente, vários educadores financeiros se ocupam do tema e orientam casais, inclusive com pesquisas. Entre eles, está Cerbasi, que comenta que a falta de planejamento financeiro é uma das maiores causas de separações judiciais. O autor recomenda que o planejamento financeiro seja sempre feito a dois:

> Isso não quer dizer que ambos devem ser planejadores, capazes de manipular planilhas e de discutir investimentos. Mas as decisões devem ser compartilhadas, as contas preferencialmente conjuntas e os investimentos também. Com contas separadas, pagamos o dobro de tarifas e perdemos a força de investimentos e de relacionamento. Independência sim; mas apenas naquela parte do orçamento correspondente aos gastos individuais. (CERBASI, 2017, p. 14).

Ele propõe que, independentemente do que cada um produza, a parcela para gastos individuais seja semelhante e o restante seja usado para gastos familiares e investimentos comuns, sempre com a celebração conjunta das etapas que forem conquistando ao longo do tempo.

Guimarães (2010, p. 85) observa:

> Um relacionamento com equilíbrio na tomada de decisões pode ser encontrado em casais nos quais cada um deixa claro seu ponto de vista e identifica as alternativas possíveis sem deixar de fora as ideias de seu parceiro, a fim de encontrar uma solução satisfatória. Isso é aplicável a decisões econômicas ou não.

A vivência sexual é um dos eixos centrais no relacionamento conjugal, junto com o apego e o cuidado, conforme já mencionado no início deste capítulo. Mas muitos casais vivenciam dificuldades para manter esses três eixos ativos no casamento.

Gottman (2014, p. 157) observa que a maioria das pessoas que se casam "[...] desejam uma vida erótica boa e um laço emocional profundo – e querem os dois prazeres com a mesma pessoa". Para que se consiga aproximar-se dessa situação, o autor recomenda:

> É saudável manter certa distância. Não há como contribuir para um relacionamento sem um senso de individualidade – seus próprios hábitos, suas amizades, opiniões. No entanto, também é preciso compartilhar para que a vida sexual se mantenha. Revelar a *lingerie* pode ser um bom começo para uma noite, mas revelar a si mesmo é o que mantém a paixão viva durante os anos. Dominar esse processo demora mais do que um *strip-tease*. (GOTTMAN, 2014, p. 157).

Ser íntimo de alguém não significa vivenciar uma conexão estática, mas, sim, poder oscilar entre conexão, desconexão e reconexão com segurança e criatividade.

Perel (2009, p. 291-292) discorre sobre a dificuldade de manter o erotismo e o conforto do amor na mesma relação:

> As relações modernas são cadinhos de desejos contraditórios: segurança e empolgação, base e transcendência, o conforto do amor e o calor da paixão. Queremos tudo isso, e com uma pessoa. Equilibrar o doméstico e o erótico é uma operação delicada, que, no máximo, conseguimos fazer de forma intermitente. Exige conhecer o parceiro reconhecendo seu mistério persistente; criar segurança conservando-se aberto ao desconhecido; cultivar uma intimidade que respeite a privacidade. Independência e companheirismo se alternam ou seguem em contraponto. O desejo resiste ao confinamento, e o compromisso não pode engolir a liberdade inteira. Ao mesmo tempo, o erotismo em casa exige envolvimento e atenção. É uma resistência contínua à mensagem de que casamento é sério, mais trabalho que brincadeira, e que paixão é para adolescentes e imaturos. Precisamos desfazer nossa ambivalência em relação ao prazer e desafiar nosso desconforto geral em relação à sexualidade, sobretudo no contexto da família. Queixar-se de tédio sexual é fácil e convencional. Alimentar o erotismo no lar é um ato de desafio declarado.

Essa questão com frequência gera queixas entre os casais, que muitas vezes acreditam que o amor e o sexo devem acontecer naturalmente sempre. Quando isso não se dá dessa maneira, creditam o problema ao parceiro, ou então concluem que casamento é assim mesmo e que nada há o que ser feito para mudar a situação.

O impulso sexual, o amor romântico e o apego são três sistemas cerebrais basicamente diferentes, de acordo com Fisher (2006). O primeiro sistema, impulso sexual, está ligado com o desejo de obter gratificação sexual. Já o segundo, amor romântico, é a obsessão pelo outro, típica do começo do amor. O terceiro, apego, está relacionado com a conexão emocional, a confiança de seguir com o parceiro ao longo do tempo. Fisher observa que o desejo, o amor romântico e o apego nem sempre atuam em conjunto, embora isso também aconteça. Mesmo no chamado sexo casual, há o pico de dopamina junto com o orgasmo, e a dopamina também está associada ao amor romântico. Portanto, o sexo casual pode resultar em paixões românticas. Há ainda o envolvimento de ocitocina e vasopressina com o orgasmo, hormônios também associados ao apego.

A psicoterapeuta de casais e especialista em sexualidade Esther Perel trata das dinâmicas do amor e do desejo:

> Há uma relação complexa entre amor e desejo, e não se trata de um arranjo linear de causa e efeito. O lado físico e o lado afetivo da vida a dois têm seus altos e baixos, mas estes nem sempre coincidem. Cruzam-se, influenciam-se, mas são também independentes. (PEREL, 2009, p. 52).

Essa realidade observada na clínica e refletida em estudos levou a autora a produzir o livro "Sexo no cativeiro", em que explora respostas para a pergunta: Por que boa intimidade na relação não é garantia de bom sexo? No TED "O segredo do desejo em um relacionamento duradouro", apresentado em 2013, ela frisa o paradoxo existente nessa questão, de querermos o que já temos. Ao mesmo tempo em que buscamos segurança, previsibilidade, confiança e permanência, também queremos aventura, novidade e mistério. Isso implica a expectativa de que o parceiro seja o confidente, melhor amigo, mas também o amante apaixonado ao longo de um tempo que vem sendo aumentado com a expectativa de vida.

Perel aponta uma direção para sairmos do impasse: a inteligência erótica, que é o desejo erótico no sentido de escolha, preferências, identidade, que está baseado em querer, diferentemente de precisar do outro, fato que diminui o desejo. "Quando a intimidade se transforma em fusão, não é a falta, mas sim o excesso de proximidade que impede o desejo". (PEREL, 2009, p. 52). Para a autora, a novidade está em partes do outro ou de si próprio que não estão em evidência. Sexo é um lugar para onde se vai, é um espaço em que se entra em si próprio e com o outro. Portanto, é preciso estar conectado consigo mesmo na presença do outro. Assim, após um ter estado no outro, cada um retira-se para sua própria pele. Dessa forma, conserva-se a individualidade na presença do outro.

Gottman (2014, p. 160) comenta as diferenças de gênero referentes a esse tema no que diz respeito às falas sobre como cada um se percebe no sexo com o outro. Segundo o autor, tais conversas são mais importantes para as mulheres do que para os homens.

As pesquisas também mostram que muito mais mulheres do que homens se sentem inibidas na cama se não têm uma conexão emocional com o parceiro. No meu laboratório, quando os casais preenchem questionários sobre sexo, a maioria esmagadora de ambos os gêneros concordam com a frase: "A maioria das mulheres querem sexo quando já se sentem emocionalmente próximas, mas para os homens o sexo é uma forma de se aproximar emocionalmente." Um exemplo clássico de como essa diferença atiça conflitos entre casais é o contraste entre as respostas ao "fim" de uma briga. O homem frequentemente quer sexo como forma de fazer as pazes, mas a mulher não quer o sexo antes de fazer as pazes. Essa disparidade faz com que, para as mulheres, sentir-se apoiada ao expressar necessidades sexuais seja especialmente importante. Os casais encontram problemas quando o homem não escuta ou fica na defensiva.

Para Perel (2009, p. 74): "Pelo sexo, os homens podem tornar a captar o puro prazer da ligação sem ter que condensar numa prisão de palavras suas necessidades difíceis de articular".

As questões relativas à sexualidade muitas vezes não são mencionadas pelo casal no consultório de psicoterapia e é relativamente comum que os clínicos não investiguem, pois concluem que está tudo bem no que diz respeito à vida sexual do par, mesmo sendo esse um tema central no relacionamento. No entanto, com a utilização de apenas duas perguntas sobre o tema, a quantidade de queixas sobre sexualidade quintuplica, segundo revelam pesquisas. São elas: Você tem vida sexual ativa? Tem alguma dificuldade quanto a isso? (LOPES, 2017). Mas o sexólogo acrescenta que o profissional precisa saber o que fazer com as respostas advindas dessas perguntas e diferenciar as necessidades de orientação daquelas de encaminhamento médico, psicoterapia de casal ou um especialista em sexologia. Por vezes, essa questão só fica mais clara durante o processo de terapia; porém, ao estar atento ao tema da sexualidade e com conhecimentos básicos a respeito, o clínico pode acompanhar e encaminhar o casal sempre que necessário.

As vivências sexuais e as traições são causas frequentes de separações e divórcios. Mas, ainda que sem as consequências das traições, que podem ser devastadoras, as crises e os desacertos são inevitáveis em qualquer relacionamento conjugal. Muitas dessas situações desembocam em brigas que vão desde o fechamento emocional de um dos membros do casal até a violência física.

Muitos casais em conflito têm sido pesquisados no laboratório de Gottman enquanto discutem, com monitoramento dos dois no que diz respeito aos movimentos corporais, velocidade sanguínea, batimentos cardíacos e pulsação. É feita também a medição do suor nas palmas das mãos, e as análises dos dados incluem até mesmo a ciência da computação. Ao discorrer sobre os resultados dessas pesquisas, Gottman (2014, p. 13, grifo do autor) informa:

> [...] os casais que parecem agir como adversários em vez de amantes estão presos no que é conhecido, em termos técnicos, como um **estado absorvente de negatividade**. Isso significa que a probabilidade de entrarem nesse estado é maior que a probabilidade de saírem dele. Em outras palavras, ficam estagnados.

O autor ainda afirma que a saída desse estado em que ficam consumidos pela negatividade é aumentar a confiança de um para com o outro:

> Além de beneficiar casais, essa nova compreensão da confiança e da traição tem implicações culturais profundas. Tornou-se comum aumentar a complexidade de nossas vidas até chegarmos próximos ao limite. Com nossos e-mails, celulares e gerenciamento intrincado de responsabilidades, vivemos à beira de uma resposta catastrófica ao estresse. Cada um de nós tem sua própria "capacidade de carga" para o estresse e tende a acumular essa capacidade até simplesmente chegar ao excesso. Propagandas oferecendo "curas para o estresse" são abundantes na internet, nas bancas de jornal e nas livrarias. Porém, acredito que a confiança seja o melhor remédio para este mal. (GOTTMAN, 2014, p. 15).

Gottman pondera que a confiança diminui os níveis de estresse, já que permite que as pessoas possam atuar com informações incompletas, com menos suspeitas, o que diminui a complexidade de decisões, até mesmo as mais simples, como fazer uma atividade individual que deixe o outro com algum tempo disponível para fazer o que desejar, sem achar que precisa vigiá-lo nos momentos livres.

Uma vez mais nos deparamos com o tema da confiança, tão central aos casais. Podemos relacionar confiança com estilo de apego e confiabilidade com os comportamentos de apego, conectando esses conceitos, que já foram apresentados no texto. Entendo que confiança e estilo de apego são melhor trabalhados em sessões individuais, e confiabilidade e comportamentos de apego, nas sessões conjuntas, com o uso da terapia EMDR e da terapia sistêmica, conforme descrito no capítulo 7.

Muitos dos casais que nos procuram chegam sem clareza quanto a continuar ou não no relacionamento, e isso só vai sendo definido à medida que a psicoterapia avança. Porém, mesmo que o desfecho seja a separação, ainda assim a psicoterapia pode ser muito benéfica para que as pessoas saiam psicologicamente mais amadurecidas para encarar as agruras que uma separação conjugal costuma acarretar para muitos. Compreender e ressignificar de forma mais adaptativa o que se viveu em uma relação abre melhores perspectivas para que se construa um possível novo relacionamento de maneira mais saudável. Quando há filhos envolvidos, as formas pelas quais o casal lida com o processo de separação também refletem na saúde e no bem-estar deles, conforme está explorado no capítulo 5.

O casal que chega ao psicoterapeuta carrega consigo um relacionamento com traços dos estilos de vinculação e autorregulação de cada um deles, de traumas que tenham vivido, das experiências infantis, adolescentes e adultas tanto familiares quanto socioculturais. Os cônjuges também refletem sinais característicos do momento do ciclo vital em que se encontram e da herança familiar das gerações que os precederam, além de outros aspectos que sejam parte da vida de ambos.

A forma como todas essas questões se encaixam e desencaixam, se organizam e desorganizam tece a relação conjugal e sistemicamente interfere nas maneiras como o casal significa o vivido por cada um deles. Além disso, importam o contexto em que cada um escolheu e foi escolhido pelo parceiro e como conseguiram delinear as dinâmicas em seu casamento.

Um relacionamento funcional a dois, com elementos que caracterizem uma relação feliz na atualidade, precisa proporcionar aos dois parceiros acolhimento genuíno com carinho e confiança um no outro. Preferencialmente, cada um deve ser capaz de comportar-se com autonomia e responsabilidade por si próprio e pela relação, com disponibilidade ao companheiro. Para que se atinja esse estado, que não é permanente, mas pode ser reencontrado após rupturas naturais nos relacionamentos de longa duração, deve haver compreensão e empatia, capacidade de elaboração nos conflitos e aumento crescente da sabedoria, com base na experiência e na manutenção da vitalidade e do interesse pela vida.

Para tal, é requerida a preservação do espaço individual e o cultivo do espaço conjugal, além do espaço familiar, de trabalho, social e outros. Todos os encaixes e desencaixes são dinâmicos e fazem parte de um contrato em certa medida consciente e em outra inconsciente, que varia de casal para casal. Esse contrato precisa ser atualizado ao longo do ciclo vital.

Sobre o sucesso de um casamento, Walsh (2002, p. 15) comenta:

> O sucesso ou o fracasso do casamento dependem do funcionamento, ou não, das regras de colaboração que devem ser expressas por cada casal em consideração às inevitáveis diferenças e semelhanças entre os parceiros. Em uma relação de casal, os dois indivíduos devem poder colaborar em um grande número de tarefas: ganhar dinheiro, cuidar da casa, levar uma vida social, ter relações sexuais e ser pais, presumivelmente, por um longo

período de tempo. As regras que um casal estabelece na relação para enfrentar essas tarefas fundamentais, estabelecem o grau de sanidade ou de disfuncionalidade do casal.

Com base no que assinala Walsh sobre o sucesso de um casamento, podemos pensar que, quando a colaboração não acontece nas tarefas fundamentais da vida, as diferenças e semelhanças do casal não estão suficientemente bem arquitetadas para permitir seu funcionamento em níveis razoáveis aos dois, no que diz respeito à funcionalidade do casal. Nesse sentido, muito se pode fazer na terapia de casal.

O tema do divórcio é amplo e tangencia muitas questões que não serão exploradas nesta obra com a profundidade que o assunto merece, assim como não foram os demais temas já abordados. Meu objetivo é expor e justificar um modelo de trabalho que une teorias e técnicas já consolidadas na psicoterapia, por isso, optei por traçar um painel dos temas mais significativos que entram na composição do trabalho com casais. Assim, todas as dinâmicas apontadas neste livro estão embasadas no que foi sendo desenvolvido ao longo do texto, nos capítulos anteriores.

Acompanhar as pessoas em um processo de divórcio enquanto elaboram o luto e cicatrizam feridas é um trabalho penoso. Amen nos lembra de que uma separação promove a quebra de "elos químicos", e isso causa sofrimento. Quem dá início à separação às vezes acha que não vai sofrer e pode ficar surpreso com a dor que costuma atingir a todos os envolvidos no processo. Algumas pessoas ficam desnorteadas, inundadas pela raiva e pelo desejo de vingança. O autor (2000, p. 55) afirma:

> A ruptura da conexão química ativa o sistema límbico profundo. As pessoas tornam-se não apenas depressivas e negativas, mas também hipersensíveis, entendendo tudo de modo errado. A raiva segue-se rapidamente. Elas sabem que têm de se separar e, inconscientemente, usam a raiva e a agressão como uma maneira de fazê-lo.

Depois de monitorar uma grande quantidade de casais interagindo em seu laboratório, Gottman (2000) passou a fazer predições sobre futuros rompimentos ou permanência dessas pessoas como casais. Suas predições sobre possíveis rompimentos ficam em torno de 91% de acerto. Ele aponta algumas características observadas em casais que caminham para separações:

a) abordagens violentas carregadas de negatividade e acusação;
b) muitas críticas dirigidas ao outro em vez de serem para atitudes específicas;
c) atitudes defensivas que culpam o outro;

d) posições evasivas em que se distanciam dos problemas em vez de enfrentá-los;

e) desprezo pelo outro;

f) contaminação excessiva com a hostilidade do outro, fechando-se emocionalmente;

g) muito estresse durante uma discussão, com descompasso exagerado nos batimentos cardíacos, pressão arterial e mudanças hormonais, o que impossibilita conversas produtivas;

h) tentativas fracassadas no sentido de diminuir a tensão, com atitudes simples como um sorriso ou um toque no outro;

i) casais que contam suas memórias antigas da relação sempre de forma negativa.

O fim está perto quando não há mais comunicação entre mentes e corpos, o que impede a solução dos problemas. Os dois permanecem em alerta vermelho, esperando uma batalha e acabam abandonando a relação, seja de forma literal por meio da separação e divórcio, seja vivendo vidas separadas. (GOTTMAN, 2000).

Muitos casais, ou mesmo muitos adultos, chegam aos nossos consultórios com vários desses elementos em vigor nos seus relacionamentos. O autor alerta para o perigo de focarmos excessivamente nas dificuldades do casal, pressionados pela severidade dos sintomas já instalados, e, assim, perder de vista os fatores de resiliência, que são pontos de acesso aos recursos que podem viabilizar mudanças psicoterápicas nesses casos.

Sobre a manutenção funcional de uma relação, Gottman (2000, p. 63) afirma:

> Depois de estudar intensamente casamentos saudáveis durante 16 anos, agora sei que a chave para reanimar uma relação ou colocá-la à prova de divórcios não reside em como manejamos as discussões, mas em como se comporta um cônjuge com o outro, quando não estão discutindo.

Muitas vezes, as pessoas esperam viver um amor romântico onipotente, onipresente e onisciente, como se fosse um amor divino. Como se esse amor pudesse tudo e estivesse em toda parte. Quando não está funcionando bem, decidem separar-se sem analisar a si próprios nem a relação, o que poderia criar possibilidades de caminhar rumo a uma maior compreensão da vida e dos relacionamentos.

Para construir uma relação amorosa e funcional, é preciso certa liberdade, que será sempre limitada por circunstâncias externas e internas. Essa construção começa no início da vida; a criança que não explora o ambiente por não sentir suficiente confiança para se afastar da mãe ou do seu cuidador pode renunciar parte de si para não perder o outro, e assim vai aprendendo a amar de um modo sobrecarregado e preocupado.

Para gerar autonomia e vínculo, necessitamos autoconfiança e flexibilidade. Esses ingredientes básicos são desenvolvidos desde o início da vida e apurados no processo de diferenciação da pessoa. Eles sedimentam caminhos possíveis para uma relação conjugal mais rica, que garanta espaço individual com respeito mútuo ao mesmo tempo em que se fortalece o vínculo.

No período regido pela paixão de um casal, geralmente são produzidas memórias que guardam a intensidade de bons sentimentos, como os de completude, preenchimento, alegria e euforia, que devem ser alimentados nos relacionamentos de longa duração. No trato com casais, percebo que essas memórias formam uma "chama" que pode ser ativada nos períodos não tão exigentes em termos de desempenho dos vários papéis que cada um costuma exercer, ou seja, nos momentos mais relaxados, como as viagens e férias.

Essa "chama" pode apagar em determinadas situações que quebram a relação profundamente. Mas permanece em muitos casais, mesmo que como uma "chama piloto" e, ainda nesse estado, ela cumpre a função de lembrar ao casal que pode ser ativada. Contudo, a paixão romântica não se sustenta com sua intensidade nas relações de longa duração, porque é a idealização de um relacionamento conjugal.

Frazzetto (2014, p. 231) sugere:

> Todos os anos, o Dia dos Namorados é um ritual em que os apaixonados comemoram seus sentimentos românticos. Para aqueles que estão juntos há um tempo, é uma desculpa para resgatar a paixão eufórica dos primeiros dias da relação. Namorados de longa data sabem que eles podem reacender a atração com novidades – seja com sexo ou com cortes de cabelo novos, roupas diferentes, flores ou surpresas em geral de um para o outro. Ao fazerem isso, agitam os neurônios dopaminérgicos, satisfazendo a necessidade de novidade.

Para que uma chama não se apague, é preciso oxigênio, que nesse caso é obtido quando os dois conseguem manter um espaço individual com interesses e vida própria, sem fusão emocional. É a manutenção da distância que permite a sinapse necessária para que aconteça o desejo sexual pelo outro. Ao não se afastar excessivamente a ponto de quebrar a confiança e a intimidade do par, os momentos a dois se tornam reconfortantes e aumentam as possibilidades de boa saúde física e emocional. Chegar a essas dinâmicas é bem mais fácil quando se nasceu com um temperamento favorável, em uma família razoavelmente equilibrada em que se desenvolveu apego seguro, boa inteligência emocional e em que foi poupado de traumas mais marcantes.

Contudo, a vida traz desafios e dificuldades para todos nós; importa muito o que fazemos com o que fizeram conosco.

Cabe a nós, psicoterapeutas, nos instrumentalizarmos constantemente para adequar o processo psicoterápico às necessidades das pessoas que nos procuram, conforme apregoa Fishbane (2013, p. XXV): "Na terapia, eu ajudo os cônjuges a desenvolverem as habilidades do amor proativo. Amar proativamente significa assumir a responsabilidade por si mesmo e corresponsabilidade pela relação".

A intenção aparece quando os dois se dedicam para que a relação permaneça saudável; essa atitude de cada um dos parceiros é decisiva. Estar atento e acolher o outro com disponibilidade e carinho, compartilhar desejos, sentimentos e ideias próprias e interessar-se pelas do outro. Colocar-se como responsável pela relação e por si próprio, além de compreender as necessidades características do ciclo vital de cada um e da relação de ambos.

Fishbane (2013, p. 82) salienta a importância da dedicação na relação conjugal:

> Relacionamentos demandam tempo e requerem presença. Em nosso mundo apressado, com os dois parceiros geralmente tendo que trabalhar além de "atender" a família, a relação íntima adulta geralmente vem por último, depois do trabalho, crianças, lavanderia e pagar as contas. Os relacionamentos de casais sofrem quando não são proativamente cultivados.

Fisher (2006) aponta a importância dos relacionamentos de longa duração serem satisfatórios e lembra que, quanto mais as pessoas envelhecem, é menos provável que se divorciem, segundo uma pesquisa feita pela autora em 58 diferentes sociedades.

Nos últimos anos, com o desenvolvimento da psicologia positiva e a divulgação de pesquisas sobre felicidade, tem sido reforçada a importância de se manter relacionamentos próximos saudáveis. Lyubomirsky (2011) comenta a respeito de uma pesquisa sobre o tema e informa que o ser humano tende a manter sua felicidade dentro de certa faixa de referência, que varia com o acontecimento de coisas boas ou ruins, mas que tende a voltar aos níveis referenciais. Da felicidade, 50% são resultado de genética; 10% dizem respeito a saúde, dinheiro, nível social, trabalho e outros fatores circunstanciais; os 40% restantes estão ligados a ações que podemos realizar para aumentar a felicidade, que são atividades intencionais.

Mais uma vez, a pesquisa aponta que muito pode ser feito por nossa felicidade a partir da intenção. Correndo o risco de ser repetitiva, volto a afirmar a importância da psicoterapia conjugal! Com intenção, ao aprofundar-se na busca de cura para o relacionamento, um casal pode aumentar a felicidade dos dois.

Ainda com base na pesquisa relatada por Lyubomirsky, em concordância com os neurocientistas citados ao longo do texto, quando se envelhece e os níveis de dopamina tendem a diminuir, é preciso buscar experiências que aumentem seu nível no organismo, como exercícios físicos, novas atividades e relacionamentos de cooperação com outras pessoas. É importante fazer coisas que resultem em prazer e sentimentos de estar "no fluxo", que é quando se foca totalmente em uma atividade prazerosa, com sentimentos de controle, deixando os problemas de lado enquanto se percebe completamente envolvido na ação.

No casamento, a empatia de um para com o outro - um importante componente da dança emocional do casal que depende de intenção e treino - não permanece sempre equilibrada na continuidade da relação mesmo nos relacionamentos saudáveis; existem quebras e reconexões. Mas o importante é a busca da reconexão após uma ruptura, não deixando o outro abandonado por muito tempo para evitar o risco de que o relacionamento descambe para algo tóxico.

Nos atendimentos com casais, muitas vezes, enquanto eu os escuto e observo, quase posso vê-los caminhando sobre um tapete cheio de altos relevos. Ao longo do tempo, as dificuldades não resolvidas, nem mesmo reconhecidas, facilmente podem ser empurradas para debaixo do tapete, o que força os dois a tomarem cuidados extras para desviar assuntos, lembranças, sentimentos. Isso gera ansiedade, afastamento e solidão. Nos momentos de maior estresse, o risco de tropeçar nesses pequenos volumes que se acumularam fica maior, o que pode resultar em sintomas nos dois e em dinâmicas conjugais enrijecidas e disfuncionais.

Como afirmou Waldinger, o diretor da grande pesquisa, citada anteriormente no texto, que há 75 anos avalia o que mantém as pessoas felizes e saudáveis: "Cuidar dos relacionamentos dá trabalho, mas a construção e manutenção de boas relações resultam em uma vida boa".

O texto a seguir reflete o cerne de um relacionamento conjugal com intimidade e individualidades preservadas, com o casal transitando saudavelmente pelo ciclo vital. Há sinais de apego seguro, de diferenciação, de inteligência emocional. A chama da paixão e a vivacidade da relação também se insinuam no gosto pela convivência e pelas viagens a lugares distantes.

Portanto, Dráuzio Varela conclui este capítulo:

"Para que serve uma relação?

Uma relação tem que servir para você se sentir 100% à vontade com outra pessoa, à vontade para concordar com ela e discordar dela, para ter sexo sem não-me-toques ou para cair no sono logo após o jantar, pregado.

Uma relação tem que servir para você ter com quem ir ao cinema de mãos dadas, para ter alguém que instale o som novo enquanto você prepara uma omelete, para ter alguém com quem viajar para um país distante, para ter alguém com quem ficar em silêncio sem que nenhum dos dois se incomode com isso.

Uma relação tem que servir para, às vezes, estimular você a se produzir, e, quase sempre, estimular você a ser do jeito que é, de cara lavada e bonita a seu modo.

Uma relação tem que servir para um e outro se sentirem amparados nas suas inquietações, para ensinar a confiar, a respeitar as diferenças que há entre as pessoas, e deve servir para fazer os dois se divertirem demais, mesmo em casa, principalmente em casa.

Uma relação tem que servir para cobrir as despesas um do outro num momento de aperto, e cobrir as dores um do outro num momento de melancolia, e cobrirem o corpo um do outro quando o cobertor cair.

Uma relação tem que servir para um acompanhar o outro ao médico, para um perdoar as fraquezas do outro, para um abrir a garrafa de vinho e para o outro abrir o jogo, e para os dois abrirem-se para o mundo, cientes de que o mundo não se resume aos dois."

Capítulo 7 - Psicoterapia de Casal

Modelo adotado
Levantamento de dificuldades e resiliências
Intervenção no sistema conjugal
Ajustes na dança do casal

"O trabalho clínico com casais é tarefa complexa: são dois indivíduos, cada um com sua história individual, familiar, sociocultural, vivenciando momento específico do ciclo vital e envolvidos em uma dança de desencontros e sofrimento. Ao mesmo tempo em que direcionamos nossa atenção a cada um dos membros do casal e suas idiossincrasias, focamos na interação e também necessitamos estar atentos às possíveis ressonâncias que os dilemas e dores vividos por eles despertam em nós enquanto terapeutas. Neste capítulo, a autora oportuniza reflexões valiosas, bem como orientações de grande utilidade para os profissionais que empreendem essa jornada tão desafiadora, gratificante, e ouso dizer preventiva para a saúde emocional presente e futura das famílias e da sociedade."

Carla Cramer[7]

Entre as pessoas que procuram por atenção psicoterápica em consequência de problemas emocionais agudos, muitas estão envolvidas, em alguma medida, com dificuldades associadas ao relacionamento conjugal que tipicamente abrangem os temas de separação ou divórcio. Mesmo entre os adultos que apresentam queixa principal sem ligação com conflitos dessa ordem, se estiverem em algum arranjo conjugal, a maioria vivencia conflitos nessa área, como informam Foran, Whisman e Beach (2015) com base em várias pesquisas.

Até mesmo os problemas infantis geralmente apresentam mudanças relevantes quando há melhoria na relação dos pais, como bem sabem os psicoterapeutas infantis.

A associação entre satisfação vital e satisfação conjugal é mais forte do que a associação de satisfação vital com questões de trabalho ou saúde, de acordo com pesquisas. (FORAN; WHISMAN; BEACH, 2015). Os estudos citados reforçam a importância da psicoterapia conjugal, que ainda é pouco praticada se levarmos em conta a quantidade de pessoas que podem se beneficiar de um processo terapêutico conjugal, e, ainda, o quanto o relacionamento de casal é relevante para

---

[7] Psicóloga Clínica. Especialista em Terapia Individual, de Casal e Familiar. Mestre em Psicologia Clínica. Docente, Supervisora e Coordenadora da Especialização em Terapia de Casal e Família na FTSA -Instituto da Família – em Londrina (PR).

as pessoas que dele fazem parte. Os autores comentam: "Em uma revisão de seis metanálises sobre a eficácia da terapia de casal, encontrou-se que em torno de 80% dos participantes que estiveram em terapia de casal estavam melhor que os do grupo de controle". (FORAN; WHISMAN; BEACH, 2015, p. 10).

Isso nos coloca frente à responsabilidade de esclarecer as pessoas de forma geral, e aos nossos clientes em particular, o quanto a psicoterapia de casal pode ser decisiva.

O "sofrimento na relação com o cônjuge ou parceiro íntimo" está descrito no DSM-5 (2015):

> Esta categoria deve ser usada quando o foco principal do contato clínico volta-se para a qualidade da relação de intimidade (cônjuge ou parceiro), ou quando a qualidade desse relacionamento está afetando o curso, o prognóstico ou o tratamento de um transtorno mental ou outro problema médico. Os parceiros podem ser do mesmo gênero ou de gêneros diferentes. Comumente, o sofrimento no relacionamento está associado a funcionamento prejudicado nos domínios comportamental, cognitivo ou afetivo. Exemplos de problemas comportamentais incluem dificuldade para resolver conflitos, afastamento e envolvimento excessivo. Problemas cognitivos podem se manifestar como atribuições negativas crônicas das intenções ou indeferimentos de comportamentos positivos do parceiro. Problemas afetivos incluem tristeza crônica, apatia e/ou raiva do parceiro.

Enquanto as teorias e técnicas referentes à psicoterapia de casal amadureciam, a compreensão das dinâmicas conjugais foi alcançando maior complexidade aos olhos dos estudiosos do tema, o que inclui questões referentes aos processos culturais e intergeracionais e também ao mundo intrapsíquico de cada um dos cônjuges, conforme registrado no histórico que está no primeiro capítulo.

O conflito conjugal crônico pode estar vinculado a diversos problemas de saúde mental e física. O próprio aumento de estresse potencializa respostas fisiológicas que aparecem nessas situações, e estas, quando se mantêm aumentadas ao longo do tempo, podem desencadear ou aprofundar doenças. Assim, os sintomas individuais aumentam o estresse no sistema conjugal, o que faz com que o próprio relacionamento contribua para a manutenção e/ou o incremento dos sintomas individuais. Pode ocorrer uma soma dos problemas individuais e dos conjugais, o que aprofunda as dificuldades tanto conjugais quanto individuais de um deles ou dos dois, mantendo um processo circular, que cria o círculo vicioso. (FORAN; WHISMAN; BEACH, 2015).

Nessa mesma direção, Scheinkman (2008) e Fishbane (2007) desenvolveram um trabalho conhecido como abordagem multinível de casais, com ideias de várias escolas de psicoterapia de família e de casal. Essa abordagem indica um mapa de caminhos que abrange quatro níveis interligados e chega ao que as autoras chamam de ciclo de vulnerabilidade. Os níveis do mapa são: interacional; sociocultural/organizacional; intrapsíquico; intergeracional. As autoras salientam a necessidade de se explorar além do nível interacional para entender como os outros níveis participam e enrijecem os conflitos, os quais resultam no ciclo de vulnerabilidade do casal, mantido por ações e reações recíprocas dos dois.

Os padrões de ação e de reação do par se tornam recursivos e podem entrar em escalada de negatividade e incompreensão. Nesse estado, a capacidade de se ouvirem, serem empáticos, se comunicarem e negociarem tende a diminuir, impossibilitando a resolução dos problemas.

Siegel (2012) valoriza as habilidades reflexivas como alternativa a essas atitudes desconectadas e descontroladas. Mas, quando as desconexões e os descontroles das pessoas envolvem memórias implícitas, o que é comum, promover mudanças significativas usando somente reflexão é um processo árduo, que exige vigilância constante das próprias atitudes. Porém, somente a reflexão e a compreensão mais ampliada da situação em que a pessoa se encontra abrem espaço para o trabalho com as memórias implícitas e mesmo as explícitas ligadas a traumas de desenvolvimento.

A zona de resiliência de alguém se revela menor quanto mais traumatizada for a pessoa, e é só na zona de resiliência que se consegue manter boa condição de observação, percebendo o impacto dos outros em si próprio e podendo negociar. Quando fora de sua zona de resiliência, a pessoa pode ficar hiperativada e reagir de forma ansiosa, ou mais apática; ou pode ficar mais racional e reagir de forma desengajada nos relacionamentos. Se um casal está fora da zona de resiliência, com um agindo muito ansiosamente e o outro com marcada apatia, eles não conseguem se comunicar satisfatoriamente. Ambos precisam compreender que essas posições são resultado de dificuldades para lidar com o estresse devido a alterações cerebrais. (FISH, 2017). Como já foi mencionado antes, o conceito de zona de resiliência adotado pela autora é correspondente ao conceito de janela de tolerância emocional mencionado por Siegel.

De acordo com Scheinkman, quando as pessoas querem mudar e não conseguem fazê-lo, comumente estão lidando com dificuldades ligadas às vulnerabilidades de cada um dos parceiros. As vulnerabilidades estão no nível intrapsíquico e são originárias de experiências na família de origem ou fora dela. Também podem ser provenientes do nível sociocultural, ligadas a preconceitos e outras injustiças sociais, mas, ainda assim, estão no nível intrapsíquico dos parceiros.

As vulnerabilidades de cada um dos membros do casal se conectam e aparecem em posições rígidas com reatividade, como na luta pelo poder ou na desconexão conjugal, e isso tudo permeia os outros níveis da relação. Uma pessoa que tenha sido extremamente exigida em sua família de origem, por exemplo, pode crescer com essa vulnerabilidade. Como consequência, todas as vezes que se percebe sendo julgada por seu par tende a reagir de forma desproporcional, pois teme não ser capaz e acredita que não pode errar.

Um exemplo de vulnerabilidade ligada ao contexto sociocultural bastante frequente em nossos consultórios são as experiências de *bullying*, que facilmente se refletem no relacionamento conjugal.

As vulnerabilidades de cada um dos membros do casal são ativadas frente a gatilhos que as disparem, o que estimula um colapso de significados entre presente e passado, causando sofrimento e reação de autoproteção. Scheinkman chama de "posições de sobrevivência" as crenças e estratégias que as pessoas usam para lidar com suas vulnerabilidades. Essas crenças e estratégias, que podem ter sido úteis no passado, ainda que não sejam mais, cristalizaram-se e no presente limitam a flexibilidade na relação do casal.

Em concordância com Scheinkman, Fishbane (2013) diferencia conflitos de impasses conjugais devido à intensidade emocional, à irracionalidade e às repetições observadas nos impasses. Essas características geralmente não aparecem com a mesma intensidade nos conflitos mais comuns dos casais.

A maioria dos fatores que moldam os impasses decorre de experiências de família de origem, como abuso crônico ou negligência, que afetam negativamente o cérebro das crianças. Tais experiências muitas vezes ficam registradas em memórias implícitas, já definidas no capítulo 3. Nos impasses, a reação de um funciona como disparador para a reação do outro. Cada um deles se percebe como vítima, ficando ambos limitados a uma visão linear da situação. Isso ocorre porque a reação de um dos parceiros pode ser vista como estratégia de sobrevivência que atinge a vulnerabilidade do outro. Este, por sua vez, ao ter sua vulnerabilidade atingida, atua com base em suas estratégias de sobrevivência, as quais atingem a vulnerabilidade do outro, resultando no impasse.

Qualquer intervenção direta oferecida pelo clínico tende a perder-se na intensidade do processo reativo dos dois, uma vez que estão relacionadas com memórias implícitas, fora do controle mais racional. Cabe ao terapeuta oferecer uma visão sistêmica dessas interações que geram os impasses. (FISHBANE, 2013). Podemos ajudar os casais a perceberem que as memórias implícitas que cada um carrega moldam a forma como percebem e interpretam as ações um do outro. Isso pode ajudá-los a ganhar perspectiva a respeito dos estados de espírito desorientadores e até mesmo assustadores que por vezes os afetam. (SIEGEL, 2013).

Frente a um impasse de casal, o terapeuta facilmente pode sentir-se como uma criança presa no fogo cruzado dos pais, mas esses momentos de impasse também representam oportunidades terapêuticas de acesso às dores mais profundas de cada um dos cônjuges. (FISHBANE, 2013). A autora compara: "Esses momentos são um 'caminho real' para as dinâmicas do casal, assim como os sonhos - para Freud - eram o 'caminho real' para o inconsciente. Desconstruir o ciclo de reação com o casal é o primeiro passo para a mudança". (FISHBANE, 2013, p. 126).

Um outro processo que muitas vezes alimenta o ciclo de vulnerabilidade de um casal é a triangulação. É importante pensarmos nos indivíduos, na díade formada pelo casal e em possíveis triangulações dos dois, fatos que cultivam a capacidade de ampliação de olhares terapêuticos. As triangulações podem não ser visíveis ao casal, que só conseguirá lidar com elas na medida em que as enxergar.

As formas automatizadas de ação, características do ciclo de vulnerabilidade, aparecem como resultado de disparos sinápticos no cérebro. Essas atuações automatizadas também funcionam como gatilho para o sistema endócrino relacionado, com aumento dos hormônios do estresse. Para haver mudança, é preciso criar e fortalecer novas conexões neurais.

Os elementos que alimentam o ciclo de vulnerabilidade descrito por Scheinkman e Fishbane podem incluir certos traços de temperamento, como a ansiedade exacerbada de um dos membros do casal. Também podem estar aí estilos de apego inseguro e traumas precoces. Da mesma forma, são encontradas certas repercussões culturais e estilos educacionais desfavoráveis. Tudo isso se insere no ciclo de vulnerabilidade das pessoas.

Entendo que também se fazem presentes as memórias implícitas de cada um dos membros do casal, as quais, como enfatiza Siegel, moldam a percepção e a interpretação das ações do parceiro. Quando Scheinkman comenta que as vulnerabilidades na relação do casal são ativadas por gatilhos, isso me remete a pensar em memórias traumáticas que são disparadas por gatilhos, como discorrido no capítulo de traumas. Afinal, os traumas, com suas memórias implícitas e explícitas, estão presentes nas lentes usadas para interpretar as ações dos demais.

Tenho atuado com a terapia EMDR, que se revela uma abordagem psicoterápica muito efetiva para o tratamento de memórias não processadas adaptativamente. Essas memórias resultam em vulnerabilidades. Conforme já discorrido, o EMDR oferece ferramentas para abordarmos problemas com estilos de apego, estilos educacionais desfavoráveis, traumas precoces de abuso ou negligência e sintomas psicossomáticos, entre outros alvos passíveis de mudança com essa abordagem de psicoterapia.

Shapiro (2016, p. 33) assinala:

> Quando as pessoas se unem e se tornam um casal, suas interações são responsáveis por disparar informações não processadas das experiências de cada família de origem ou relacionamentos anteriores. Padrões disfuncionais de interação e defesas não são simplesmente o produto de situações atuais, mas são enraizados em experiências prévias.

As mudanças alcançadas na terapia podem resultar na criação de novos circuitos cerebrais graças à neuroplasticidade e, na repetição das atitudes recém-surgidas, há o fortalecimento dos novos circuitos. Porém, em momentos de sobrecarga, os circuitos antigos podem ainda ser ativados se os novos não forem requisitados. Funciona como um reaprendizado emocional sistemático. (SCHEINKMAN, 2008).

Esse processo fica claro durante a psicoterapia na fase em que as pessoas já conseguiram imprimir mudança de atitudes no relacionamento conjugal, mas ainda não fortaleceram os novos circuitos cerebrais relativos a tais mudanças. Na terapia de casal, é comum um dos parceiros mudar e o outro não acreditar na mudança, então continua atuando com a expectativa de que o seu par vai agir do modo antigo, o que força a situação e acaba fazendo com que isso realmente aconteça. Muitas vezes, chegam a verbalizar a descrença na mudança, desafiando o outro a provar que o relacionamento permanecerá diferente do que era antes da terapia. Isso pode funcionar como uma profecia que se autorrealiza, o que dificulta a expansão da mudança de cada indivíduo no nível interacional. Por isso, é importante acompanharmos o casal no ajuste de seu relacionamento para incluir as mudanças que fizeram e dar tempo para que os novos circuitos neurais de cada um deles se fortaleçam com a repetição das interações conjugais propiciadas a partir das mudanças conseguidas.

Sob a perspectiva psicoeducacional usada na terapia sistêmica e na terapia EMDR, está indicado o trabalho com as ansiedades antecipatórias. Nesse caso, isso deve ser feito tanto para processar essas ansiedades (terapia EMDR) quanto para "normalizar" eventuais recaídas em momentos de maior estresse, uma vez que as novas redes neurais forjadas na psicoterapia ainda não estão suficientemente fortalecidas (terapia sistêmica e terapia EMDR).

A psicoterapia conjugal deve ter como alvo mais do que resolver problemas. O processo é mais abrangente, já que visa ampliar a compreensão e mudar padrões viciados e disfuncionais. Buscar a integração interna, externa e com o outro fortalece a resiliência do casal, pois gera mais criatividade e flexibilidade para ambos e para a relação.

Johnson (2002, p. 6) comenta o alcance da terapia de casal também para questões individuais:

> Os avanços no campo de terapia de casal também tornam esta modalidade mais aplicável a problemas individuais sérios. É significativo que os terapeutas de casal estejam focando não apenas nos comportamentos e nas interações, mas também nas emoções e no processo de mudança. Este foco ajuda o terapeuta de casal a abordar especificamente os problemas emocionais de cada um dos parceiros, particularmente os transtornos de estresse pós-traumático, em que regulação emocional e integração são de importância central.

Modelo adotado

"A visão ampliada do papel potencial da terapia de casal é apoiada por uma convergência de perspectivas filosóficas que se concentram em mudar o contexto de um relacionamento em que há problemas individuais."
Susan Johnson

O painel teórico tecido ao longo deste livro articula vários elementos, teorias e processos. Os vários elementos e processos interligados foram observados com base em diferentes autores e teorias. Estão aí incluídas as cargas hereditárias do casal; as primeiras interações de cada um deles com seus respectivos estilos de apego preferenciais; as características desenvolvidas e/ou herdadas da família e da sociedade na qual estão inseridos; as variadas experiências ao longo do ciclo vital, inclusive os traumas; a fase do ciclo de vida em que cada um se encontra; as interações conjugais próprias de cada casal, tanto os conflitos mais comuns quanto os impasses enraizados com maior profundidade.

Esse *patchwork* está disposto no modelo de quatro níveis de Scheinkman, que inclui aspectos dos níveis interacional, sociocultural, intrapsíquico e intergeracional.

Ao iniciar o atendimento de um casal, precisamos de um mapa básico de partida, que possa ir sendo adaptado de acordo com o que o caso exija, para a partir daí formularmos um plano de atuação. Walsh (2002) comenta que a psicoterapia de casal não pode ser uma psicoterapia que vise somente resolver problemas, pois é isso o que o casal costumeiramente faz antes de buscar ajuda especializada.

O clínico necessita de um mapa baseado em pressupostos teóricos para orientá-lo. Ainda que o mapa nunca seja o território, ele fornece um ponto de partida para a formulação geral do trabalho. O psicoterapeuta pode contar com várias intervenções para lançar mão nos momentos que julgar ou intuir ser necessário, tendo em mente o mapa dos quatro níveis, alimentado por um painel teórico que o sustente.

Como vimos no capítulo que aborda o histórico da psicoterapia, a tendência atual tem sido a integração de teorias e técnicas. Mas as teorias selecionadas precisam se conversar sem serem contraditórias. Ou seja, devem ser passíveis de integração, formando um *patchwork* coerente e funcional, que sirva de base para que o processo psicoterápico entre em ação.

O modelo de atendimento de casais que pratico fundamenta-se essencialmente no painel teórico apresentado, que a meu ver se complementa em muitos aspectos. Esse *patchwork* fundamenta minha atuação clínica com casais ou indivíduos. Mesmo nos atendimentos individuais, mantenho a perspectiva sistêmica, que sempre considera os relacionamentos da pessoa.

Naturalmente, nós, clínicos, também vivemos nossos próprios dramas e traumas, percorremos o ciclo vital vivenciando as relações familiares e carregamos rastros de gerações anteriores e do caldo de cultura ao qual pertencemos, o que resulta em resiliência e vulnerabilidades próprias de cada um. Esses elementos estão refletidos em nossas lentes profissionais, inclusive nas escolhas que fazemos para a formulação do mapa profissional adotado. Porém, as áreas "embaçadas" de nossas lentes devem ser por nós conhecidas na medida do possível. Precisamos trabalhar terapeuticamente com nossas próprias vulnerabilidades o melhor que pudermos.

Tenho buscado aprimorar minhas lentes profissionais ao longo dos anos nos estudos, no trabalho e em psicoterapia pessoal. Comecei a jornada na atuação com crianças em escola, na clínica e na formulação de material psicopedagógico. Com essas atividades profissionais somadas à minha fase de mãe de duas crianças, percebi que era momento de buscar outros estudos e trabalhos que não envolvessem exclusivamente crianças. Passei a dedicar-me à clínica com famílias e casais, até o momento em que me vi trabalhando com a abordagem sistêmica como pano de fundo, com o uso de ferramentas de várias escolas de psicoterapia familiar, conforme percebesse ser a melhor escolha para as diferentes fases dos casos nos quais atuava.

Após anos de trabalho na clínica e em supervisão, já estando então em outro momento de meu ciclo vital, percebi a motivação para dedicar-me a novos estudos. Foi quando comecei a aprender e atuar com a terapia EMDR, que, por ser uma abordagem integrativa, me permitiu articular o novo conhecimento com a experiência clínica que eu trazia enquanto prosseguia nos estudos de EMDR. Encontro apoio para tal posição teórica em um número crescente de clínicos e autores do campo.

Shapiro, Kaslow e Maxfield (2016, p. 10) declaram:

> Embora o EMDR e a TFS[8] sejam formas distintas de psicoterapia, cada uma com uma série de procedimentos ricos e fortes, esses tratamentos fortalecem e reforçam um ao outro quando usados em combinação apropriada – ao mesmo tempo ou sequencialmente – para tratar o quadro clínico de forma abrangente.

Tal posição está em consonância também com o prescrito por Siegel (2016, p. 6):

> O EMDR e a terapia familiar sistêmica transportam as dificuldades relacionais de um estado não integrado para um nível de funcionamento coerente. Tal facilitação pode tirar um casal ou família do caos e da rigidez, para um fluxo harmonioso de integração e bem-estar.

Hoje tenho em minhas lentes um mapa de quatro níveis, alimentado basicamente pelo painel teórico que tenho descrito, e que naturalmente continua sempre em construção nos estudos e em experiências de trabalho. É com base nessas lentes que foram feitos os atendimentos que relatei até o momento e também dos casos que vou relatar na sequência, com a finalidade de demonstrar como funciona a prática psicoterápica que figura no livro.

A atuação nos quatro níveis ocorre em espiral, já que na prática as quatro dimensões do casal se mesclam e a psicoterapia é desenvolvida em sessões conjuntas e individuais, dependendo da fase do tratamento.

Scheinkman e Werneck (2010) comentam a necessidade de flexibilidade do terapeuta de casais ao realizar sessões individuais e conjuntas e de deixar claro aos dois a posição de privacidade sobre possíveis segredos, explicando que o conteúdo das sessões individuais é confidencial. Podemos estimular a revelação de segredos de um para com o outro, mas a decisão não é nossa e isso deve ficar claro. Sessões individuais ajudam a ampliar o alcance da terapia e também a obter informações que não iriam aparecer nas sessões conjuntas. Propiciam a discussão de temas que são tabus em nossa sociedade, como a raiva, o dinheiro e o sexo, que não raro as pessoas evitam aprofundar na presença do companheiro. Além disso, muitas vezes só em sessões individuais as pessoas conseguem avaliar fantasias ou planos de deixar a relação. As autoras reforçam que cabe ao terapeuta usar essas informações confidenciais de forma construtiva.

---

[8] TFS significa "Terapia Familiar Sistêmica".

Como acontece com a maioria dos psicoterapeutas, desde a marcação do primeiro encontro eu já dou início ao levantamento de hipóteses sobre os clientes. Quem fez o contato? Qual o meio usado para a comunicação? Quem indicou? Por que eu fui a profissional escolhida? Quanto de disponibilidade estão demonstrando nos combinados prévios ao primeiro encontro?

Sabemos o quanto nossas partes inconscientes tomam decisões rapidamente baseadas em informações que ainda não foram racionalmente processadas. Por isso, sempre que possível, deixo um tempo maior de intervalo antes do primeiro atendimento de alguém, mais ainda de um casal. Gosto de dar uma alongada no corpo, respirar profundamente e tomar chá ou água na busca por um estado mais neutro, menos ativado emocionalmente. Afinal, o que os clientes perceberem a meu respeito na chegada vai ser preponderante no estabelecimento de nosso vínculo, da mesma forma em relação ao que eu perceber.

Intencionalmente, foco em empatia e começo o acolhimento e estabelecimento do vínculo terapêutico com a convicção de que, ainda que o objetivo inicial seja pavimentar a base para que a psicoterapia possa ocorrer, já estou interferindo no sistema conjugal. Percebo no corpo o estado emocional dos clientes e procuro interferir também com minha autorregulação para maior tranquilização deles, como preconiza Siegel (2012, p. 33) no seu trabalho a respeito da neurociência interpessoal: "O todo que criamos juntos é verdadeiramente maior do que nossas identidades individuais. Sentimos essa ressonância como uma sensação palpável de conexão e vitalidade. Isso é o que acontece quando nossas mentes se encontram". Em seguida, continuo me comunicando verbal e corporalmente de maneira a indicar os preceitos de respeito, justiça, igualdade, acolhimento e saúde que vão prevalecer entre nós.

Não tenho um roteiro fixo ou completamente fechado para o primeiro encontro, como, aliás, para nenhum outro, mas sempre que possível gosto de ouvir um pouco cada um dos cônjuges. Após esse primeiro momento, mesmo que ele leve mais de um encontro, explico bem resumidamente minha forma de trabalho, além de outras informações significativas a meu respeito, como as credenciais para responder às expectativas dos dois, que começam a ser trazidas. Falamos um pouco sobre a psicoterapia que podemos desenvolver e confiro com eles se lhes parece útil usarmos o tempo dessa maneira.

Mas, às vezes, os cônjuges já chegam com uma necessidade acentuada de falar sobre as dificuldades que estão vivenciando e, nesses casos, o meu movimento é resguardar espaço para que nenhum deles fique muito desconfortável com o que está acontecendo e também para que não se inundem de emoção a ponto de alguém sair do consultório desnorteado ou pior do que chegou. Afinal, segundo exposto por Caillé (1995, p. 133): "O terapeuta não trata um 'casal-objeto'; lida com dois indivíduos que julgam ter uma relação de casal problemática e que confirmam essa relação atribuindo-lhe dificuldades mais ou menos definidas".

Assim que possível, estabeleço o contrato de trabalho entre nós, com registro por escrito das principais questões práticas.

Após a construção de uma aliança terapêutica de confiança e amabilidade que transmita ao casal acolhimento (e não julgamento), justiça e cooperação, começo a levantar a história do casal. Geralmente, os próprios cônjuges iniciam essa fase falando das dificuldades atuais ou de uma situação especialmente complicada que tenham vivido, ou, muito comumente, cada qual querendo estabelecer uma aliança mais forte comigo a fim de que eu garanta que o outro é o errado, ao menos em maior medida.

Como o psicoterapeuta de casal trabalha com duas pessoas na sala, o cuidado com a aliança terapêutica deve ser constante. Em termos ideais, é preciso se manter olhando para os dois, dar tempo para que os dois se expressem, além de direcionar o corpo em direção a cada um deles sempre em medidas equivalentes. Mas, para aprofundar o trabalho e dar o tempo que cada um deles precisa, não é possível manter sempre essa equivalência de atenção durante uma sessão conjunta.

Nos momentos em que se faz necessário despender mais tempo com um dos membros do casal, é importante assegurarmos que os dois estão sendo percebidos, cada qual com suas necessidades, e justificar a importância de que um deles use um tempo maior da sessão ou de algumas sessões sempre que for preciso, com a garantia de que o outro vai receber igual consideração para suas questões na continuidade do processo.

Antes do encerramento de cada sessão, especialmente das primeiras, faço sempre uma intervenção que saliente as forças saudáveis do casal e promovam mudança dos dois para estados mais positivos.

Levantamento de dificuldades e resiliências

"Parceiros têm corresponsabilidade por suas interações e o relacionamento que criam afeta as duas partes, às vezes tornando vítimas os dois."
Mona DeKoven Fishbane

Com meu mapa de trabalho em mente, sigo com a observação do casal, que já foi iniciada no momento da busca pela terapia. Naturalmente, os aspectos referentes aos diferentes níveis da relação conjugal atuam de forma complexa, com sobreposições, antagonismos ou fortalecimentos mútuos. Por exemplo, uma mulher que carregue uma crença como "os homens não são capazes de tomar boas decisões quanto à educação dos filhos", validada em sua família de origem, naturalmente tende a assumir essa função de maneira controladora, afastando o pai de seus filhos. Provavelmente, em algum momento da vida, vai reclamar da passividade dele e do afastamento que mantém dos filhos, e ele, mesmo tendo se acomodado a isso de forma passiva e complementar, muitas vezes pode reclamar de abandono da esposa e da solidão em que vive.

Quando uma queixa semelhante a esta emerge na fase de levantamento das dificuldades de um casal, ela vem carregando elementos das dimensões familiares e culturais dos dois. Da mesma forma, há aspectos intergeracionais e de nível individual, além de características próprias da relação do casal, de como eles compuseram sua dança peculiar. Todos esses elementos vão aparecendo entrelaçados, e é fundamental ao psicoterapeuta possuir lentes claras o suficiente para que isso tudo possa ser percebido.

Vou anotando o que vem espontaneamente dos dois e mantenho meu roteiro de levantamento da história do casal em mente, ação que não difere da que a maioria dos psicoterapeutas usa como base. O que não vier de forma espontânea dos cônjuges, eu pergunto: profissão; escolaridade; saúde; há quanto tempo estão com o parceiro atual; quantos filhos comuns ou de outras relações; idade; onde vivem; quais os problemas principais e secundários que os trouxe ao consultório. Pergunto como se conheceram, quais as principais características que cada um apreciava no outro quando decidiram seguir com a relação e como percebem que tais caraterísticas se manifestam na atualidade. Questiono, com base no que cada um esperava do relacionamento, o que se confirmou ou não com o passar do tempo. Também peço para contarem como era a família de origem de cada um deles no que diz respeito à configuração e estrutura, com seus valores e relacionamentos.

Investigo dados socioculturais, como a ascendência de cada um, as vivências educacionais e culturais. Procuro valores que permearam a cultura na qual cresceram. Busco aspectos intergeracionais que possam ser relevantes, como os valores adotados e as crenças positivas e negativas de suas famílias. Pergunto sobre o que cada um   deles carrega como próprio desses valores e crenças e também o que foi transformado por eles dos valores e das crenças de suas respectivas famílias de origem. Investigo possíveis traumas do tipo "T" e também do tipo "t" (definições encontradas no capítulo sobre trauma e terapia EMDR).

Como enfatiza Shapiro (2016, p. 34): "É vital lembrar que as interações interpessoais são produto de conversões de mundos internos. [...] O EMDR ressalta o mundo interior do indivíduo como uma fundação primária para comportamentos interacionais".

Também pergunto sobre como se relacionam com cada filho e com os amigos. Como administram a divisão das tarefas do dia a dia, como lidam com dinheiro e como acontece a distribuição do poder entre os dois, o que faz pender a balança para um lado e o outro: diferenças de gênero, crenças culturais ou outros fatores. Exploro com o casal as maneiras como se divertem, o que fazem nos finais de semana e nas férias e o quanto isso está satisfatório para cada um. As vivências de espiritualidade podem representar resiliência na vida de um casal, como também podem ser ponto de discórdia, portanto precisam ser exploradas e, se preciso, negociadas na terapia.

Outros aspectos que analiso são como lidam com as diferenças e como tratam os desacordos, o quanto um se sente apoiado pelo outro nos períodos de maior necessidade. Pergunto se estão transitando satisfatoriamente pelo ciclo vital ou se ficaram emperrados em algum ponto. Questiono como transcorre a vida sexual e que crises já vivenciaram e como as superaram.

Todos esses temas devem ser analisados e tornam-se alvo de intervenção terapêutica específica se houver demanda dos clientes ou se forem parte do ciclo de vulnerabilidade que precisa ser desconstruído.

As questões podem ser levantadas de forma oral e também com o uso de estratégias não verbais, o que enriquece o processo. O uso de recursos não verbais é particularmente importante com certos clientes que se perdem em discursos longos. Muitas vezes, solicito que selecionem os três principais problemas e as três principais virtudes do casamento segundo o ponto de vista de cada um e peço que registrem cada resposta em uma linha. A seguir, abaixo de cada linha, devem responder à pergunta: Qual a minha participação na manutenção desse *status* ou como, até mesmo sem perceber, eu posso contribuir para que isso aconteça?

Naturalmente, enquanto levantamos as dificuldades e as resiliências de um casal, já estamos intervindo no sistema e, quando passamos para a fase de intervenção propriamente dita, a avaliação continua sendo afinada. Na prática, a dança do casal é reajustada desde o início, em movimentos recursivos. Porém, a apresentação da sequência do tratamento neste livro em partes estanques segue o critério didático e de organização do trabalho.

Com frequência, uso o genograma para dispor as informações que chegam. Assim que os principais padrões interacionais vão ficando mais claros, começo a colocar luz nas dinâmicas funcionais e disfuncionais com base no que foi levantado até então. Posso lançar mão também de várias intervenções que se valem de ferramentas não verbais para evidenciar as dinâmicas de um casal, as quais incluem desenhos, metáforas, jogos e outros recursos.

Retomo as informações básicas que prestei no início a respeito do modelo com o qual trabalho com casais e o amplio com adaptações das observações constatadas para a situação presente, estimulando que cada um deles reflita e contribua com o que estamos produzindo. Exploro com o casal as maneiras como isso pode ter sido montado ao longo do tempo e de que forma essas dinâmicas estão se mantendo na relação.

Em seguida, o plano de trabalho é analisado com o casal. Procuro incluir as participações de cada um deles nas interações conjuntas. O cérebro de cada um colocou a moldura, com base na qual a personalidade foi se desenvolvendo, de modo dependente das primeiras interações e demais experiências que foram potencialmente interferindo inclusive no próprio cérebro, via neuroplasticidade. Incluo, no plano, elementos da história de cada um que possam estar relacionados com as queixas de ambos. Elenco os traumas que possam ter surgido e vou explorando com os dois as formas pelas quais os elementos focalizados, tanto as dificuldades quanto as resiliências, possam estar se conectando e resultando nas queixas trazidas pelo casal. Naturalmente, cada etapa do trabalho é adaptada para atender aos clientes na sua diversidade, de acordo com as características próprias de cada casal.

A esse respeito, Siegel (2012, p. 107-108) comenta: "Após saberem como o passado formou o presente através de mudanças sinápticas no início da vida, os casais podem, então, diminuir o grau de hostilidade que frequentemente cerca seus relacionamentos disfuncionais".

Na sequência do tratamento, abro espaço para reafirmarmos o compromisso de seguir com o processo na direção proposta e passamos para a fase seguinte, de intervenção propriamente dita.

Intervenção no sistema conjugal

"Eu estou lá para facilitar suas buscas para transformar a relação e os comportamentos individuais que alimentam o impasse."
Mona DeKoven Fishbane

Certamente, não existe uma separação estanque entre as três fases de terapia como estou apresentando, conforme já esclareci anteriormente. Da mesma maneira, qualquer intervenção selecionada com o objetivo de gerar mudança em um dos níveis vai repercutir nas demais dimensões do sistema conjugal. Como já visto, elas se sobrepõem e se interferem mutuamente, e a divisão restrita, nesse caso, é sempre artificial. Mas o mapa que orienta a terapia pode manter as dimensões do sistema conjugal no radar do clínico durante todo o processo, ora mais em evidência, ora menos visíveis.

No nível interacional, enquanto coloco luz nas dinâmicas funcionais e disfuncionais surgidas durante a primeira fase da terapia, vou explorando com o casal as maneiras pelas quais isso foi se estabelecendo e se mantendo na relação.

Analiso com eles como cada um pode estar participando na manutenção dessas dinâmicas e a importância de modificar esse funcionamento e de desafiar padrões a caminho de mais flexibilidade e criatividade no casamento. Enfim, como buscar novas alternativas para o relacionamento.

Vou conferindo com cada um como essas observações os impactam e anoto as considerações que fazem, sempre perguntando ao outro como a fala de seu parceiro chegou até ele, o que o fez perceber sobre si próprio e o outro e sobre a relação dos dois, além de explorar outras possíveis repercussões na família, trabalho, atividades e relacionamentos diversos.

Nessa fase, são introduzidos conhecimentos básicos sobre os temas com os quais os dois estão se debatendo, com o relato de pesquisas, metáforas, gráficos e outros recursos. Por exemplo, o conceito de janela de tolerância materializado em gráfico próprio pode ser bem útil para um casal em que um dos dois ou ambos se exasperem com facilidade nos momentos de discussão. Perceber que, nos momentos de perda de controle, é preciso antes se autorregular - para só então voltar ao espaço de interação com o outro a fim de resolver o desacordo - pode ser terapêutico para algumas pessoas. Na sequência, os dois podem ser estimulados a buscar alternativas para solução dos problemas e melhora na comunicação, com o uso de material gráfico específico. Tudo depende do que surge em cada casal como demanda de mudança.

Com isso, fica criado o espaço para desafiarmos significados arraigados que emperram as mudanças desejadas. Através da criação e do desenvolvimento de novas narrativas, ocorre o fortalecimento da resiliência individual e conjugal.

Ao focar nas questões sexuais, algumas queixas podem permanecer encobertas nas sessões conjuntas; ficam mais claras nas sessões individuais. Por vezes, as coisas estão tão emaranhadas nessa área que não fica claro para o psicoterapeuta de casal se há necessidade ou não de um encaminhamento específico. Mas, nesses casos, à medida que vamos trabalhando os conflitos e os traumas do casal, as necessidades de outros encaminhamentos especializados vão se tornando evidentes, desde que estejamos atentos e informados quanto a essas questões.

Com alguns casais, o uso de orientações psicossexuais em sessões conjuntas se mostra útil. Lopes (2017) traz uma situação que demanda apenas orientação sexual para casais em relacionamento de longa duração. Por exemplo, muitos homens se queixam de que as mulheres, de forma geral, diminuem acentuadamente o desejo espontâneo por sexo, embora mantenham o desejo responsivo, isto é, o desejo que aparece à medida que vai sendo excitada. O sexólogo ressalta que essa situação é normal e que o desejo espontâneo costuma reaparecer em períodos de maior proximidade com o companheiro, como nas viagens mais relaxadas. É justamente nesses períodos menos exigentes e de maior proximidade emocional que muitos casais reaquecem a chama da paixão e ativam as boas memórias da primeira fase da relação, que ficaram esquecidas na correria da vida ou até mesmo foram deixadas de lado em consequência de crises que se arrastam.

Isso nos lembra o valor da intencionalidade nos relacionamentos conjugais de longa duração.

Em uma relação íntima, quando estamos em sintonia com o outro, somos afetados por seu estado emocional, que ecoa, em nós, o outro. Quando essa conexão se rompe em momentos de tensão e crises, é preciso voltar ao estado de autorregulação, centrar-se em si mesmo, refletir e só então movimentar-se para reparar a sintonia emocional que foi danificada, o que certamente ocorre com todos os casais. (SIEGEL, 2012). Para voltar à conexão emocional com o outro, é preciso comunicar-se e negociar, e isso também pode ser trabalhado na psicoterapia. Naturalmente, as intervenções usadas vão sempre de encontro ao que é percebido como necessário e útil ao casal.

Na fase de intervenção, é importante desafiar as maneiras como cada um deles participa na dança do par. Uma das formas possíveis de atuação é incentivá-los para que fiquem atentos e não repitam as maneiras pelas quais costumam agir, já que elas estão alimentando as interações disfuncionais entre eles. Por exemplo, se todas as vezes que um deles fala de forma mais ríspida, o outro se afasta, o terapeuta pode incentivar a interrupção desse padrão com uma forma diferente de agir, como a expressão dos sentimentos de ambos naquele momento. Essas interações podem ser feitas na sessão, com a participação do terapeuta como um mediador.

Em suma, ao fazer movimentos para que o casal observe seu relacionamento com mais distância, aumentam as chances de compreensão das interações dos dois e melhora a percepção relativa à posição do outro e de si próprio. Seguimos, então, com intervenções clínicas no sentido de que cada um possa entrar em contato com seu mundo interior e o do outro, ensaiando novas interações conjugais. Assim, é possível que a criatividade para mudanças no casamento seja dilatada, o que promove a ampliação do repertório.

No nível sociocultural, retomo as informações levantadas até então a respeito de como os cônjuges se relacionam com o entorno na atualidade e sobre o meio sociocultural no qual cresceram. Os valores e as crenças dos dois combinam, são conciliáveis ou são incompatíveis? Se necessário, promovo a exploração e a negociação dessas questões. Sempre que um casal vai negociar, é preciso estarmos cientes do quanto isso está interconectado com a distribuição de poder na relação dos dois, além das lealdades familiares.

O psicoterapeuta deve estar atento ao tema do poder no casal, afinal as dinâmicas relacionadas a esse assunto sempre atravessam as relações conjugais.

Knudson-Martin (2013), assim como outros autores, alerta que os clínicos não podem ser neutros quando os membros do casal estão em posições diferentes de poder, já que essa desigualdade interfere na intimidade. O mais poderoso pode sentir-se desencorajado a mostrar suas vulnerabilidades, e o outro, por vezes, se intimida frente ao poder do parceiro. Pode ser difícil desafiar os desequilíbrios de poder de um casal, por estarem ligados a valores familiares e culturais, mas é preciso questionar, desafiar as diferenças e estimular experiências alternativas.

As dinâmicas de distribuição de poder podem estar entranhadas em todos os níveis da relação conjugal e demandam atenção em sessões conjuntas e também nas individuais, dependendo do caso.

No nível sociocultural, entram também os temas relacionados a finanças e ciclo de vida, com as repercussões aí envolvidas. Lembro que as diversas questões da terapia conjugal se manifestam em mais de um nível.

Nessa esfera, cuido para que o casal tenha seu espaço próprio na família e que cada um possa sentir-se importante e em conexão com o companheiro, de acordo com o momento em que se encontram no ciclo vital; ou seja, como regulam as fronteiras familiares para cultivar a intimidade e manter o espaço individual de cada um deles. Um casal com filhos pequenos, por exemplo, precisa fazer esforço extra para conseguir um tempo somente para os dois, da mesma forma que ocorre com casais que estejam cuidando de pessoas doentes na família. Dessa forma, em outros momentos do ciclo - por exemplo, quando os filhos já estão ficando adultos -, é mais fácil aumentar o desfrute do tempo a dois. Exploro com o casal as maneiras de aumentar a intimidade ou o espaço individual, de acordo com o que os dois necessitam e desejam.

Com esses movimentos, que acontecem dentro da psicoterapia e incluem os temas necessários a cada par, alguns casais passam a se relacionar melhor. Isso acontece nos casos dos conflitos em que não há impasses mais enraizados. Porém, muitos casais ficam presos em impasses por vezes complexos, que estão ancorados nas vulnerabilidades de cada um deles, emanadas do nível intrapsíquico. Voltando ao exemplo da pessoa que se descontrola com facilidade, sabemos que é comum uma pessoa com estreita janela de tolerância para frustrações carregar traumas precoces. De acordo com a teoria do apego, danos de apego são as bases dos impasses dos casais. (MOSES, 2016).

Estudos sugerem que a potencialização das sensações de segurança ocorrida em um contexto terapêutico pode ajudar a alterar as representações mentais dos membros de um casal, o que permite que os dois possam desfazer-se de modelos de "feridas de apego" do passado. (SCHACHNER; SHAVER; MIKULINGER, 2012).

Ao discorrer sobre a teoria do apego, Johnson (2005, p. 43) comenta:

> Esta teoria fornece um mapa das relações amorosas de um adulto e como elas se tornam desgastadas. A teoria também nos ajuda a entender como os relacionamentos positivos e próximos podem ajudar a lidar com os "dragões e lugares escuros", portanto é particularmente relevante para casais traumatizados.

Eu encontro muitos traumas de apego nos casais presos a impasses, mas também traumas outros que geram adaptações disfuncionais na relação e afastam um do outro. Portanto, mesmo traumas que não são provenientes de apego, muitas vezes precisam ser processados para que, livres das travas, os dois achem um espaço de reencontro e mudança no relacionamento. Atendi pessoas que passaram por doenças severas que geraram limitações físicas, mutilação de alguma parte do corpo, abuso sexual impetrado por desconhecido, traições vividas em relações conjugais prévias e traumas resultantes de muitas outras situações, como a perda de um filho que afastou o casal. Esses são exemplos de traumas não derivados de apego que demandaram processamento para melhorar a relação conjugal. Ainda assim, esses traumas às vezes podem carregar reflexos de dificuldades ligadas ao apego.

Em suma, considero importante o processamento dos traumas de tipo "T" e "t" como caminho para melhora significativa das relações conjugais; tudo depende do casal que está em terapia.

Com os casais presos em impasses, ou que ficaram paralisados com a vivência de situações trágicas, eu sigo para o tratamento dos traumas de base para que, então, a vulnerabilidade das pessoas seja alterada e isso se reflita na relação conjugal. Ou seja, busco intervir no intrapsíquico e, com isso, ampliar as possibilidades de mudança na relação. Certamente, não são todos os casais que vivenciam a terapia EMDR em seu tratamento, mas, entre os casais que me procuram, em sua maioria ao menos um dos membros faz sessões de EMDR.

Identificar possíveis conexões entre memórias antigas e os disparadores atuais que sustentam os impasses na relação carrega o potencial de aumentar a compreensão mútua e de si próprio, mas demanda cuidado do psicoterapeuta para não desnudar excessivamente um para o outro.

No momento em que os impasses conjugais estão mais claros, sugiro passarmos para a fase de associação da terapia EMDR ao processo psicoterápico. Retomo, com os clientes, o tema do modelo de tratamento e esclareço com mais detalhamento como costuma transcorrer a terapia EMDR. Também especulo com o casal sobre um formato de protocolo adequado para eles (*vide* explicações na sequência). Encorajo os dois a trazerem dúvidas e preocupações quanto ao modelo de trabalho que proponho. Esclareço, ainda, como o processamento de memórias traumáticas por meio da terapia EMDR pode atuar nos seus impedimentos de viver uma relação mais satisfatória, uma vez que são essas memórias que geram impasses na relação. Quando ambos estão seguros para seguir com o processo, passamos para a exploração mais específica de possíveis alvos para o EMDR de cada um, ou de um deles, dependendo de cada caso. Isso também pode ser feito em sessões individuais, conforme o formato de trabalho com EMDR considerado mais adequado a cada casal.

Nessa fase, cada um dos cônjuges vai focar nas travas intrapsíquicas que estão impedindo as mudanças. Vão trabalhar para melhorar a visibilidade de seus "óculos de ver a vida". Memórias traumáticas limitam essa visão.

O processamento com EMDR vai dando conta das memórias com suas fortes emoções e crenças negativas relacionadas, que abastecem as relações disfuncionais do casal. O processamento adaptativo das memórias problemáticas permite o surgimento de crenças positivas, de novas emoções e de pensamentos positivos e funcionais ligados ao tema em foco. Na continuidade do processo, o padrão disfuncional vai enfraquecendo, o que permite o surgimento de novas interações conjugais, as quais, com a repetição, se fortalecem.

A respeito dessa integração na psicoterapia, Shapiro, Kaslow e Maxfield (2016, p. 9) comentam:

> O terapeuta familiar tenta ajudar o sistema a resolver padrões destrutivos de deslocação, caos ou estagnação e a desenvolver interações mais saudáveis e padrões estratégicos. Várias formas de Terapia Familiar Sistêmica (TFS) têm identificado os padrões sutis de experiências familiares do passado e do presente que podem ser investigadas para formular alvos para atenção terapêutica. O processamento de EMDR pode, então, liberar o cliente dessas experiências, bem como trabalhar os impasses terapêuticos que impedem as interações familiares saudáveis de tomar lugar. Quando o EMDR prepara o cliente para se relacionar com os membros de sua família sem o fardo da bagagem emocional reativa, a TFS pode ajudar a ensinar os familiares como interagir mais positivamente e pode promover novos modelos para comunicação interpessoal mais saudável. Consequentemente, o processamento EMDR pode ajudar a acelerar o processo de aprendizagem pela incorporação de modelos para funcionamento positivo no futuro.

O uso do EMDR com casais ainda é recente, mas tem se revelado promissor para os profissionais que estão atuando nessa modalidade psicoterápica. Koesdam

(2016, p. 196) aponta a importância de pesquisas nesse campo: "A pesquisa clínica na integração de EMDR com várias abordagens sistêmicas familiares é uma área rica e promissora de estudo que pode expandir um repertório clínico de manejo terapêutico".

Lidar com os impasses que o casal carrega, no âmbito interacional e também no individual, tende a potencializar o processo de mudança. As memórias disfuncionais armazenadas nas redes neurais dos indivíduos resultam em crenças distorcidas e em fortes emoções negativas, além de sintomas diversos. Sabemos que as pessoas organizam suas vidas a partir do que sentem e pensam. Portanto, eventos traumáticos do passado podem dar sustentação para atitudes disfuncionais do presente, já que limitam o rol de respostas possíveis da pessoa e, em consequência, limitam a vida do indivíduo e do casal.

A terapia EMDR é uma abordagem integrativa de tratamento individual, por isso, tem sido articulada com a terapia de casal em mais de um formato, com vantagens e desvantagens ligadas a cada um dos modelos vigentes. Alguns autores indicam a utilização do EMDR com um dos membros do casal enquanto o outro está presente no consultório. Essa terapia também tem sido realizada em parte com o parceiro na sala e em parte somente com o terapeuta. Outros clínicos relatam o uso em sessões individuais, intercaladas com sessões conjuntas, com o mesmo terapeuta ou com mais de um profissional envolvido.

Moses (2016) valida o uso do EMDR em sessões conjuntas, mas relaciona certos cuidados especiais a serem tomados, como o necessário comprometimento mútuo com referência ao trabalho, a participação dos cônjuges de forma alternada, a capacidade dos dois para apoiar o companheiro e se conter de forma silenciosa e discreta durante a fase de processamento. Nesses casos, quem não vai fazer a sessão de EMDR permanece na sala como um apoiador, após ter sido previamente preparado para essa função.

O protocolo é adaptado para sessões conjuntas, e cada um dos membros do casal é preparado para as diferentes fases do processo:

> Um protocolo de três estágios de EMDR é aplicado inicialmente pela identificação dos disparadores no relacionamento "atual", processando os canais "antigos" de memórias e instalando modelos para um relacionamento "futuro" mais conectado. (MOSES, 2016, p. 130).

Com base no princípio da equivalência de tempo dispensado a cada um dos membros do casal, o trabalho individual vai sendo alternado entre os dois, e a decisão sobre quem começa é tomada em conjunto com o casal.

Outro autor, Talan (2016), descreve seu trabalho que integra terapia EMDR a uma modalidade de terapia de casal. Ele relata o uso do protocolo padrão de EMDR com o parceiro presente, a fim de que forneça apoio e validação ao seu par durante os processamentos. Como Moses, o autor enfatiza a necessidade de preparar o casal antes até que os dois tenham chegado a um estado emocional equilibrado. Isso é feito na fase 2 do protocolo de EMDR, com a prévia instalação e fortalecimento de técnicas de autocontrole.

Talan (2016, p. 162) conclui:

> O casal muda de um relacionamento de amor inconsciente e competições pelo poder, para um estágio de relacionamento de amor consciente, que inclui comprometimento, compreensão das resistências, resolução de raiva e medo, aceitação dos riscos e abraçar o amor verdadeiro. A informação é colhida, experiências dolorosas são processadas, opções são descobertas e novas decisões são tomadas.

Um outro formato de trabalho que conjuga terapia sistêmica de casais com terapia EMDR é apresentado por Koesdam (2016). Após as sessões conjuntas e do compromisso firmado pelo casal em relação ao engajamento no EMDR, os dois permanecem juntos na fase 1 do protocolo, quando é colhida a história dos traumas de cada um.

Da mesma forma, a fase 2 do protocolo, em que ocorre o preparo e fortalecimento para os processamentos, é feita com os dois membros do casal no consultório.

Na sequência, as sessões passam para a modalidade individual, e o protocolo segue com cada um dos cônjuges pelas fases de 3 até 7. A fase 8 é feita novamente em conjunto.

Nessa modalidade, as sessões de tratamento com EMDR são alternadas entre os dois cônjuges, com cuidado para que não se ative redes neurais sem a devida conclusão do trabalho, com cada uma das memórias ativadas.

Após o processamento de traumas individuais, o casamento volta ao foco principal, com a reestruturação do relacionamento em pauta. Caso haja demanda, novo alvo de processamento pode ser selecionado para trabalho individual.

Errebo e Sommers-Flanagan (2016) apresentam um formato de trabalho em que o casal é atendido em algumas sessões conjuntas e depois passam para sessões individuais desde a primeira fase do protocolo, na qual é colhido o histórico dos traumas de cada um, incluindo os "T" e "t". Depois, os membros do casal seguem novamente para sessões conjuntas, nas quais são estimulados a partilharem as informações dos encontros individuais com seu par, com o objetivo de aumentar a abertura emocional de um para com o outro. O terapeuta explora com o casal as possíveis ligações de seus traumas com as interações disfuncionais que desenvolveram. As sessões de processamento são feitas individualmente. O tempo de processamento individual de cada parceiro e a alternância entre sessões conjuntas e individuais varia de acordo com o caso, e essa decisão é sempre tomada em conjunto com os clientes.

Manter atenção ao casal ao mesmo tempo em que se olha para o intrapsíquico de cada um deles cobra dedicação concentrada do clínico, como apontam Errebo e Sommers-Flanagan (2016, p. 176): "O desfio para o terapeuta é focar igualmente no processo do trauma individual e na reestruturação da interação do casal".

Arnstein (1996) relata o atendimento de casal realizado com base no formato de trabalho de Judith Herman, em que as sessões de EMDR também acontecem individualmente em todas as fases do protocolo e são alternadas com sessões de casal, com ótimos resultados.

De forma geral, os clínicos que praticam a terapia EMDR com casais apontam a necessidade de manter os mesmos cuidados em relação à escolha do formato de trabalho adotado com cada par, independentemente de permanecerem juntos ou separados em cada uma das fases do protocolo de EMDR. Podemos considerar o trabalho com o protocolo em sessões conjuntas quando os dois membros do casal vão fazer EMDR, desde que estejam suficientemente comprometidos com a relação e ambos sejam capazes de prestar apoio emocional mútuo.

Vários casais não apresentam condições básicas que forneçam segurança ao psicoterapeuta para envolvê-los na preparação para permanecerem juntos na sala de terapia durante todo o processo. Entre eles, estão os casais que demonstram fragilidade em relação ao compromisso conjugal, ou quando um deles denota muita ansiedade, o que poderá ser um obstáculo para que permaneça calmo e silencioso durante os processamentos do outro.

Muitas situações específicas contraindicam o processamento conjunto, como a existência de traumas complexos em um deles, o abuso de substâncias, os riscos de suicídio, a dissociação, os traumas que impeçam o engajamento como casal e demandem processamento prévio. Também há contraindicação para processamento conjunto quando há muita hostilidade, violência doméstica ou risco de divórcio.

Outro ponto que requer a atenção do psicoterapeuta diz respeito à intensidade emocional que comumente surge nas sessões de EMDR. O membro do casal que está na função de apoiador e testemunha do companheiro pode experienciar algum gatilho que dispare emoções, o que exige cuidados extras do clínico. Quem está processando pode ficar incomodado com algo que surja no momento e que não gostaria que o outro percebesse. Há ainda a questão do sigilo, com o risco de que certos conteúdos de um deles sejam usados pelo outro em confrontos futuros.

Por outro lado, as sessões conjuntas de EMDR carregam a vantagem de propiciar boa abertura emocional entre os companheiros, o que favorece a compreensão de como um ativa as fragilidades do outro, sustentando os impasses na relação. Com esse entendimento, os cônjuges tendem a incrementar a conexão emocional e a confiança mútua.

Entendo que o formato de processamento conjunto reflete e reforça os temas da intimidade e da diferenciação dos membros do casal. A intimidade é fortalecida na exposição emocional e no apoio de um para o outro, e a diferenciação aparece no uso do tempo conjunto para uma terapia de cunho individual, em que cada um deles fica, a seu tempo, centrado em seu mundo intrapsíquico, mas na presença e com o suporte do outro. Mas percebo que o reforço da intimidade nas fases de trabalho conjunto e da diferenciação nas fases do trabalho individual pode ser conseguido independentemente do formato de trabalho com o EMDR adotado com cada casal.

A decisão de fazer os processamentos conjuntos ou individualmente depende muito mais das complexidades das dinâmicas próprias de cada casal do que da preferência pessoal do psicoterapeuta pelo uso de determinada adaptação de protocolo. O fundamental é que o clínico prepare bem o casal e caminhe com ele para a melhor escolha em cada caso.

Mesmo quando atendo um cliente em terapia individual que esteja em um relacionamento conjugal, mantenho sua dimensão relacional sempre em perspectiva. Alguém, por exemplo, que se relacione a partir de um estilo de apego inseguro com seu companheiro e esteja progressivamente se tornando mais seguro, autossuficiente e diferenciado nos relacionamentos, como fruto de sua terapia individual, corre o risco de quebrar encaixes conjugais. Eu procuro acompanhar as mudanças que podem acontecer nessas relações. Por vezes, em concordância com o cliente, convidamos o outro para participar de algumas fases do processo da terapia que não sejam sessões de EMDR. Com isso, procuro evitar a quebra dos encaixes - ainda que sejam padrões disfuncionais - sem que o companheiro tenha prontidão para engajar-se em novos movimentos da dança dos dois, que agora inclui mudanças trazidas pelo outro.

Acredito que até mesmo os psicoterapeutas que fazem somente atendimentos individuais deveriam estar atentos a essa questão, uma vez que muitas vezes atribui-se à psicoterapia o fim de certos relacionamentos, ainda que essa não tenha sido a causa do rompimento conjugal. Considero esse cuidado especialmente importante quando trabalhamos com a terapia EMDR, que, de modo geral, tende a produzir mudanças em tempo mais reduzido do que as terapias que usam como base exclusivamente os processos verbais.

Caso clínico: Joice, de 30 anos, trouxe a queixa de muita dependência do noivo, que queria superar há tempos, mas foi adiando. Agora havia se tornado muito necessário, já que ele iria passar um tempo fora do País para estudar em uma universidade. Após seis meses processando memórias de discriminação e falta de apoio sofridas desde sua infância, ela começou a se tornar progressivamente mais segura e assertiva. Com sua concordância, nós convidamos o noivo para participar de algumas sessões, em que ele relatou preocupação e desconforto frente à mudança da amada: sentia medo de que ela não o quisesse mais. Enquanto ela estava na terapia, ele esteve longe a metade do tempo e não foi adaptando-se aos novos passos que ela propunha na dança do par. As cinco sessões de casal que realizamos abriram a compreensão das mudanças que estavam em curso na terapia dela e dos novos encaixes possíveis a ambos.

Concordo com Anton (2012, p. 22) quando afirma:

> Ao contrário do que muitos acreditam, não necessariamente uma psicoterapia individual enfraquece elos anteriores ou exige que o parceiro também se trate. [...] Se um muda, o outro não consegue permanecer o mesmo. Talvez este outro não mude, em sua essência. Mas tem que mudar em boa parte de suas respostas. Talvez não mude em suas motivações mais profundas. Mas algo sempre muda, uma vez que as conexões emocionais acontecem de outra forma e por meio de novos canais.

Não é raro que o outro membro do casal me procure com a demanda de tratar alguma questão sua, mesmo que não esteja necessariamente ligada com o relacionamento. De qualquer forma, sempre exploro com os adultos as repercussões das mudanças obtidas na terapia individual, conforme sustentam as abordagens de terapia EMDR e terapia sistêmica; aliás, de forma geral, todas as formas de psicoterapia.

Costumo eleger o formato de trabalho para as sessões de EMDR com muito cuidado juntamente com os dois cônjuges, e só opto pelo atendimento conjunto em todas as fases do protocolo quando estou segura de que seja uma escolha acertada. No entanto, ainda assim, permaneço atenta para mudar a decisão frente a sinais que possam surgir indicando o contrário, e tudo isso é amadurecido e checado constantemente com os dois.

De qualquer forma, quer as sessões sejam conjuntas em todas as fases do protocolo, quer sejam parcialmente em conjunto, quer sejam totalmente separadas, as repercussões do trabalho individual de EMDR de cada um dos companheiros devem ser implementadas sempre nas interações do casal, conforme seja possível, com cuidado e respeito aos ritmos dos dois.

O trabalho com a terapia EMDR só fica completo quando abrange passado, presente e futuro. Partimos das queixas do presente, que encaminham para as memórias traumáticas de base, com toda a carga que possam ter gerado de emoções, crenças, sintomas e adaptações disfuncionais. Voltamos ao presente, com o processamento dos gatilhos que disparam o passado, e vamos para o futuro, com os novos modelos possíveis mais criativos, flexíveis e funcionais, que, depois de instalados, devem ser fortalecidos.

Em se tratando de casais, esses movimentos precisam ser coordenados entre os dois, o que nos coloca em uma posição de maestros, com a sensibilidade acurada para movimentar-se entre tantas possibilidades e com cuidado para eliciar a ação mais adequada a cada momento, de forma a não atravessar o ritmo geral e a não deixar elementos que importam de fora do conjunto, sem enredar-se em triangulações. É preciso também levar em conta que a todo tempo pode haver mudança nas interações, com soluções que até então não podiam ser executadas, mas que agora são possíveis devido a impasses desfeitos ou mais atenuados. Esses novos movimentos vão requerer foco assim que surjam para que se fortaleçam.

Ajustes na dança do casal

"Nisto consiste o jogo dos vínculos: em criar forma sem congelar, em fazer existir."
Denise Najmanovich

Depois de ter trabalhado com as memórias traumáticas que dificultavam ou impediam mudanças mais significativas no funcionamento individual e na relação, o casal vem para o *setting* psicoterápico com os "óculos" modificados, com maior clareza em áreas antes embaçadas, com menos impedimentos resultantes de traumas. Assim, conquistam maior liberdade e autonomia frente a escolhas de modo geral.

Porém, conforme já visto anteriormente, muitos casamentos não são viáveis e nós também precisamos ter ferramentas para ajudar os casais a se separarem da forma menos traumática possível em cada caso. Sessões conjuntas de EMDR, em qualquer uma das fases do protocolo, são totalmente contraindicadas para casais com riscos aparentes de separação, como já discorrido. É comum que, nessas situações, ao menos um deles queira fazer sessões individuais intercaladas com as sessões conjuntas, com o objetivo de instrumentalizar-se para enfrentar o que vem pela frente com uma possível separação. Em casos assim, que se encaminham para a separação e somente um deles quer fazer sessões individuais de EMDR, costumo oferecer indicação de um colega para esse trabalho e permaneço com as sessões conjuntas sob meus cuidados.

Essas situações exigem cuidado redobrado para evitar riscos de triangulação que rodeiam todos nós, terapeutas conjugais. Com esse cuidado, também afasto o risco do uso de informações obtidas na terapia em eventuais demandas jurídicas.

Quando a situação fica mais claramente definida para uma separação, ocupo-me em ajudá-los a negociarem os termos da separação se isso for possível, já que, em muitos casos, o casal ou um deles considera que o trabalho comigo deve ser encerrado quando ele ou ela adquiriu clareza quanto ao melhor caminho a seguir.

Em minha experiência pessoal, poucos casais permanecem na terapia e seguem comigo enquanto se separam, mas nesses casos os rituais ajudam muito. Conforme é bem conhecido pelos psicólogos, não existem rituais que facilitem a passagem de casados para descasados com marcação no tempo. Alguns clínicos desenvolvem marcação para essas passagens em conjunto com o casal. Eu já tive alguns casos em que foi possível construirmos rituais nos quais participaram representantes das duas famílias de origem, a fim de se esclarecer como seriam as relações dali em diante no tocante aos cuidados e à convivência com os filhos. Houve um caso de separação sem filhos em que o casal reuniu os amigos mais próximos para explicar que eles poderiam continuar convidando os dois para suas casas. Eu desconheço por quanto tempo esse arranjo funcionou, mas naquele momento foi importante para os dois, que estavam tristes com a possibilidade de afastamento de seus cinco amigos próximos.

Com relação aos casais que passam pelas sessões de EMDR e seguem na intenção de viverem juntos, após serem processadas as memórias disfuncionais que alimentavam os impasses, o casal fica mais liberado para lidar com seus conflitos e diferenças da atualidade, com melhor capacidade de negociação e busca de soluções. Mostram-se mais autônomos para renegociarem seu contrato conjugal, com vistas ao presente e ao futuro. Tavares (2009, p. 53) discorre sobre a atualização desse contrato de casal:

> A fim de penetrar no mundo emocional privado do casal e tornar essa mudança possível, o psicoterapeuta pode utilizar intervenções que promovam a desestabilização de convicções equivocadas e redirecionam uma complexa dinâmica destrutiva construída ao longo de muitos anos.

A sequência de intervenções ocorridas em sessões conjuntas e individuais, com base na terapia sistêmica e na terapia EMDR, abre espaço para que o casal reveja seu contrato conjugal, com suas ramificações nos aspectos individuais de cada um. Assim, o que ainda demanda atualização pode ser elaborado no momento de ajuste da dança conjunta. Fishbane (2003, p. 23) afirma:

> Uma das tarefas da terapia é interromper o já gasto padrão automático, assim como processos neurais relacionados em cada um dos parceiros e ajudar o casal a desenvolver novas "danças", novos roteiros, que eventualmente se tornarão automáticos. Conforme os parceiros aprendem novos comportamentos, novos circuitos neurais são forjados, novos hábitos são ligados em seus cérebros – e novas interações emergem no relacionamento.

As mudanças positivas que ocorrem em cada um dos quatro níveis sobrepostos e mesclados do relacionamento conjugal interferem sistemicamente nos demais. Em decorrência, círculos viciosos podem tornar-se círculos virtuosos. Os novos padrões interacionais que são gerados necessitam de repetição para que se consolidem, e isso deve ocorrer na última fase da psicoterapia conjugal. Essa fase é preconizada tanto pela terapia sistêmica quanto pela terapia EMDR, conforme comentado anteriormente.

A integração das mudanças individuais no relacionamento permite qualidade na abertura emocional e conexão ampliada, ao mesmo tempo em que favorece a diferenciação e a autonomia, que franqueiam a manutenção de práticas saudáveis ao longo do tempo. A intencionalidade favorece as reconexões após eventuais rupturas, com períodos de investimento no resgate da paixão. O processo da psicoterapia como um todo estimula um viés de amor coterapêutico na relação, principalmente quando o mundo intrapsíquico de cada um é priorizado com o apoio do outro, ainda que em espaços separados e em fases determinadas.

Em outras palavras e de forma supercondensada, podemos pensar em quatro estágios que são percorridos na psicoterapia conjugal nesse modelo: a exploração e contextualização de situações problemáticas e das forças provenientes de resiliências; a renegociação do contrato conjugal na parte que for possível a ambos; a cura de feridas individuais resultantes de traumas que geram impasses persistentes no relacionamento; o desenvolvimento de novas capacidades interativas do casal.

As novas interações aparecem nos passos que atualizam a dança do casal. No começo, tais passos exigem atenção para evitar tropeços, mas com o tempo ficam mais firmes e naturais, com o fortalecimento dos novos circuitos neurais que se consolidam no cérebro a partir das mudanças vivenciadas no processo da terapia.

Entendo que o modelo de psicoterapia de casal que apresentei e que pratico inclui a busca pelo fortalecimento dos ingredientes relativos a um casamento exitoso mais fortemente valorizados por estudiosos da área - vários desses ingredientes figuram no texto deste livro.

Capítulo 8 - Atendimentos Feitos a Partir do Modelo Adotado

Celso e Moema
Tadeu e Nanci

Sigo com o relato do processo psicoterápico de dois casais por mim atendidos. Não busco enquadrar meus atendimentos com rigidez, assim como não tenho a intenção de defender um modelo estanque de psicoterapia, mas, sim, de demonstrar como vou intervindo de acordo com o que cada caso apresenta, com base em um modelo integrativo que tem se revelado muito bom.

Com cada um dos casais - Celso e Moema, Tadeu e Nanci - usei um formato diferente de protocolo de EMDR adaptado para casais, entre os que foram apresentados no capítulo 7.

Com Celso e Moema, fiz sessões conjuntas somente nas fases 1, 2 e 8, e a fase 2 aconteceu parcialmente conjunta e parcialmente individual. Usei o genograma e tivemos um número maior de sessões.

Já com Tadeu e Nanci, o processo de psicoterapia foi mais reduzido, com o uso de desenhos e sessões conjuntas de EMDR em todas as fases.

O objetivo do emprego da terapia EMDR é diferente quando trabalhamos com um casal se comparado ao processo individual. Os alvos de processamento em terapia de casal são focados nas interações conjugais, geralmente em questões relacionadas a impasses de ambos, ou a um trauma de um deles ou dos dois, que estejam travando as possibilidades de interação do casal. Sempre diz respeito às interações, diferentemente do que acontece quando fazemos terapia EMDR individual.

Mas pode ocorrer que, após o encerramento de uma terapia de casal, haja demanda de atendimento individual de um deles, com objetivos que não estão necessariamente ligados com o casal, por exemplo, a superação de uma fobia específica. Naturalmente, a fobia de um dos membros do casal pode fazer parte de um ciclo de vulnerabilidade e, ainda que não faça, de alguma maneira pode causar repercussão no relacionamento de ambos mesmo não sendo central na relação.

De qualquer forma, a terapia EMDR com casais visa melhorar o relacionamento conjugal.

Para facilitar a compreensão das sessões de processamento, registro a definição de alguns elementos básicos referentes aos procedimentos de EMDR, que incluem: imagens, crenças negativas e positivas, emoções, sensações físicas e escalas de atribuição emocional e cognitiva. Esses elementos são sempre relativos à memória que será processada:

a) Imagem, I: representa o incidente inteiro ou parte dele. É um elo entre a consciência e a informação registrada no cérebro.

b) Crença negativa, CN: é a autoavaliação negativa que a pessoa faz a seu respeito no presente e que está relacionada com o incidente. Ela é medida pela escala SUDS (Unidades Subjetivas de Perturbação, *Subjective Units of Disturbance*), que vai de 0 a 10: 10 significa que, no presente, a memória acessada incomoda o máximo possível, e 0 significa que a memória, quando acessada, já não incomoda mais a pessoa.

c) Crença positiva, CP: representa uma cognição positiva que a pessoa gostaria de ter a seu respeito em relação à memória depois de ela ter sido trabalhada - isso quando é levantada na fase 3. No final da fase 4, após a memória em foco ter chegado a um estado adaptativo, ela será ajustada para representar uma cognição que a pessoa perceba estar em consonância com o que pensa a seu respeito de positivo, sempre em relação ao foco do trabalho. É medida pela escala VOC (Validade da Cognição, *Validity of Cognition*), que vai de 1 a 7: 7 significa que a afirmação é "totalmente verdadeira"; e 1, que é "totalmente falsa" em relação à determinada memória. (SHAPIRO, 2007).

Quando o processamento "emperra", o clínico treinado na abordagem tem ferramentas para interferir de acordo com o que a situação demande, criando condições favoráveis à continuidade da sessão de processamento. Nesses casos, muitas vezes são usados os "entrelaçamentos cognitivos", que atualmente são chamados de "entrelaçamentos terapêuticos" por incluírem intervenções diversas além das intervenções específicas do nível da cognição.

Celso e Moema

Ela se estica, ele se ressente e a sufoca. Ela se encolhe e murcha... Ele a puxa e ela se repuxa; se estica... Ele se ressente e a sufoca... Ela se encolhe e murcha...

Celso fez o primeiro contato para marcar horário para o casal e compareceu com Moema, conforme o combinado. Ele tem 53 anos, Moema tem 56 e estão casados há 21 anos. O casal chegou conversando, ela sorridente e ele mais sério; os dois logo demonstraram bastante disponibilidade para a psicoterapia. Comentaram estar morando há pouco tempo na cidade, mas, quando perguntei o período, soube que a mudança ocorrera há três anos, o que me levou a levantar a hipótese de que o casal pudesse ter uma relação fusionada, com fronteira rígida unindo os dois. Eles vieram de outro local da mesma região do País, porém sentiram muita diferença entre as duas cidades, ainda que ambas façam parte da mesma região brasileira.

Celso é arquiteto e trabalha como projetista em uma empresa de móveis sob medida. Moema atuou como dentista por alguns anos após concluir seu curso, mas atualmente não trabalha fora.

Queixa apresentada: Os dois estão brigando bastante e não querem viver assim; desejam relacionar-se de forma mais tranquila, como era antes. Não estão adaptados na cidade em que moram e para a qual se transferiram devido ao trabalho dele, além da necessidade de acompanhamento dos processos relativos à herança de Celso, que correm na comarca em que agora residem.

Moema está no quarto casamento; Celso, no segundo. Ambos tiveram filhos nas relações anteriores, mas não possuem filhos em comum.

Moema sente solidão, quer ir visitar os filhos e o neto na sua cidade natal, mas Celso mostra ciúmes e insiste que ela não o deixe só. Na maior parte das vezes em que planeja viajar, Moema desiste por temor que Celso adoeça como resultado de sua ausência. Ela justifica esse temor com o diagnóstico de bipolaridade dele, que chegou aos 34 anos, quando estava sem emprego e sem dinheiro. Foi ficando cada vez mais deprimido e, quando falou em seu desejo de morte, Moema fez contato com o sogro, que levou o filho a um hospital, no qual ele permaneceu internado. No entanto, no dia seguinte, ela foi até o hospital acompanhada da irmã do marido e ambas o levaram embora. Depois disso, Celso passou a fazer uso de medicação para controle de humor. Quando ela viaja, apesar das objeções do marido, ele telefona e escreve muitas vezes durante o dia para reclamar sua falta e conferir onde e com quem ela está a cada momento.

Nas vezes em que Moema desiste dos planos de viagem e permanece em casa, ela fica desanimada, triste, com falta de ar e coração mais acelerado. Nas vezes em que viaja apesar da oposição do marido, acaba cancelando encontros programados com as amigas antigas que lá residem para aplacar os ciúmes de Celso. Isso gera nela sentimento de frustração e isolamento social.

Celso fica inseguro, enciumado e solitário quando Moema insiste e viaja, mas, quando ela atende a seus pedidos e desiste, ele sente culpa e fica incomodado com os sintomas dela. Comenta que, quando ela fica mal, aumentam seu medo de abandono e seus ciúmes da esposa.

Um pouco da história de Celso: Ele tem um irmão e uma irmã mais novos, com quem está brigando por questões da herança proveniente dos avós paternos. Seu irmão é fotógrafo, e a irmã é professora. O irmão foi criado praticamente pela avó paterna, e sua irmã era a protegida do pai. Celso sempre foi o mais ligado com a mãe.

A avó paterna de Celso era alemã e faleceu com 85 anos, e o avô paterno faleceu quando ele tinha oito anos. Seu pai era o filho predileto e protegido pela mãe e nunca saiu da casa dos pais, onde recebeu um andar para morar com a família que formou. O pai de Celso era comerciante, mas sempre foi meio sossegado em relação ao trabalho, por isso, produziu pouco.

Os avós maternos de Celso eram mais humildes: seu avô era descendente de portugueses; sua avó, de índios.

A avó alemã era muito rígida com seus princípios e não gostava da nora, a quem tratava com discriminação. Dizia sempre que ela não era a mulher certa para ter se casado com seu filho. As duas brigavam e, mesmo assim, sempre moraram na mesma casa. A mãe de Celso foi muito esforçada, estudou depois de adulta e trabalhou como caixa em restaurantes até falecer de câncer aos 40 anos.

Quando já estava em estágio avançado da doença, a mãe comentou com Celso que iria revelar um segredo ao filho. Na época, ele desconfiava não ser filho do mesmo pai de seus irmãos e achou que o segredo pudesse estar ligado a isso. Também pensou que a revelação poderia estar relacionada ao fato de a irmã ser adotiva, que Celso sabia por ter ouvido fora da família, já que isso foi sempre um segredo familiar. Porém, a mãe faleceu sem ter lhe contado nada.

Sabemos que os segredos familiares carregam o potencial de afastar os membros da família, fazendo com que os "não detentores do segredo" fiquem de fora, mesmo que desconfiem ou saibam do fato e, ainda assim, precisam fingir inocência por não terem sido eleitos para figurar entre os que conhecem tal segredo.

Quando a mãe faleceu, Celso estava com 19 anos e casou-se um ano depois com a namorada grávida. A união durou quatro anos de muitos desentendimentos, devido aos gastos frequentes que ela fazia, e terminou com uma briga violenta quando a esposa o traiu sexualmente. O casal teve uma filha, que atualmente está com 35 anos, é casada e não tem filhos. Após a separação, Celso retornou para a casa da avó paterna, mas não ficou por muito tempo devido ao relacionamento tumultuado que mantinha com seu pai, sempre muito exigente com o filho. Na época, Celso só queria divertir-se com os amigos, sem nenhuma responsabilidade, conforme relata.

Ao sair da casa da avó, mudou-se para uma cidade menor em busca de trabalho e ficou um tempo morando com uma namorada, com a qual brigava muito por achá-la rígida e exigente demais. Celso tinha outras namoradas enquanto estava com ela e logo resolveu mudar novamente de cidade.

Foi quando conheceu Moema e apaixonou-se imediatamente por ela.

Seu pai faleceu durante o sono aos 74 anos. Após a morte do pai, os irmãos de Celso tomaram posse informalmente dos bens da família, deixando-o de fora. Ele forçou a abertura de testamento e, nesse momento, houve discussão e rompimento com os irmãos, dos quais nunca foi próximo. Na verdade, Celso conta que sempre se sentiu "meio ET" em sua família.

Um pouco da história de Moema: Ela saiu de casa aos 13 anos de idade e teve o primeiro filho com 18.

Moema se sentia mais próxima dos avós paternos, de quem cuidou nos últimos anos de vida. Seu avô era médico. Sempre houve dificuldades no relacionamento com a mãe, com períodos mais calmos e outros turbulentos. Tanto sua mãe quanto seu pai beberam muito a vida toda. O pai não trabalhava com regularidade, e a mãe é professora aposentada. Moema tinha três irmãos; o preferido dos pais faleceu com 54 anos e não deixou filhos. A mãe não a avisou da morte do irmão e justificou, posteriormente, que não a comunicou por ser um acontecimento muito triste; quis poupá-la. Moema conta que se considera um pouco mãe dos seus irmãos, mas chama a atenção para o fato de que os irmãos também não fizeram contato com ela para avisar da morte de um deles.

Aos 13 anos de idade, Moema saiu de casa por achar que não havia espaço para ela na família. Morou seis meses com os avós paternos e, em seguida, mudou-se para uma pequena praia de surfistas, onde residiu com amigos e produzia biquínis para vender. A família nunca foi procurá-la. Quando estava com 15 anos, seus pais se separaram.

Ela fez uso de maconha dos 13 aos 15 anos e conheceu o primeiro marido na praia aos 17 anos. Na época, ele estava com 30, não trabalhava, bebia muito e tinha várias amantes. Ficaram casados por seis anos e tiveram um filho quando ela estava com 18 anos. Atualmente, o filho tem 38 anos e é solteiro. Esse primeiro marido de Moema tinha boa condição financeira, mas perdeu tudo e atualmente é sustentado pelo filho dos dois. Ela sofreu depressão pós-parto, conta que ficava sozinha por muito tempo e que, quando o marido chegava, a presenteava bastante. Na separação, seu filho estava com cinco anos.

Logo após, casou-se com o segundo marido, que era músico. Ficou com ele por apenas dois meses. Conheceu o rapaz em julho, casou em outubro e separou-se em novembro. Voltou para sua cidade natal, onde permaneceu por dois e trabalhou como vendedora em lojas. O segundo ex-marido faleceu após a separação de ambos.

Dois anos mais tarde, ela foi embora para uma cidade distante com o terceiro marido. Esse homem era um antigo conhecido que ela reencontrou. Nessa época, o pai de seu filho conseguiu tirar a guarda do menino, quando o garoto estava com 12 anos. O terceiro marido também bebia muito e fazia negócios ilegais. Essa união durou dez anos – dois anos depois de se casarem, voltaram para a cidade natal de Moema com um filho. O marido já tinha três filhos de casamentos anteriores, e Moema já estava novamente com a guarda do filho mais velho.

Ela levou dez anos para concluir seu curso de Odontologia. Houve interrupções e transferências nos estudos. Quando voltou para sua cidade natal, trabalhou na profissão por algum tempo.

Um ano mais tarde, apaixonou-se por Celso assim que o conheceu.

Moema fez psicoterapia a partir de diferentes abordagens durante anos, com resultados que considera muito bons. Acredita que foi isso que lhe permitiu unir-se com o atual marido de forma mais tranquila, diferente dos casamentos anteriores.

Quando já estava casada com Celso, Moema rompeu com seu pai após ele ter pego em seus seios. O pai chegou em sua casa alcoolizado quando ela estava sozinha e lhe dirigiu olhares de cobiça, que ela já conhecia desde criança. Mas, dessa vez, após elogiar a beleza da filha, ele segurou seus seios com as duas mãos. Moema o empurrou e ele foi embora. Ela ficou dois meses em silêncio, incomodada e culpada, até que contou ao marido, rompeu com o pai e voltou a fazer psicoterapia.

Celso ficou com muita raiva do sogro. Os homens da família de Celso aparecem em seu relato como fracos. Já as mulheres são consideradas fortes no sentido de transmitir e impor valores para os membros familiares. O avô português ficou menos importante do que a avó índia na formação da identidade cultural de sua mãe. O avô paterno também aparece bem menos do que a avó alemã no que tange a dar o tom da identidade familiar.

A mãe de Celso diferenciou-se mais do que o pai, que permaneceu fusionado com a avó alemã. A família de Celso não conseguiu estruturar-se a ponto de aceitar, negar ou balancear os elementos culturais e firmar uma identidade própria. A adoção da irmã de Celso foi tratada como um segredo a ser banido para os subterrâneos familiares, o que afastou ainda mais os irmãos. Assim como adotaram uma filha e mantiveram segredo sobre isso, os pais de Celso deixaram pairando a dúvida a respeito de sua paternidade biológica, que ele prefere deixar como está.

Ele cresceu em uma família com fronteiras difusas, com o pai fusionado com a avó poderosa e a mãe marginalizada, que lutava para impor-se através dos estudos, do trabalho e dos confrontos com a sogra. A morte precoce da mãe, que era figura central como marco de separação da família paterna de Celso, dissolveu as frágeis fronteiras construídas, deixando-o então na fase da adolescência, completamente perdido. Não houve convivência saudável com os irmãos, de quem se manteve distante ao longo do tempo.

Na infância, era apegado com a mãe, que foi sua referência cedo perdida. Na adolescência, afastou-se ainda mais da família, de forma tumultuada e como oposição às regras que o pai tentava impor à força. Ele desenvolveu apego inseguro ambivalente e não vivenciou um processo gradual de diferenciação.

Quando perdeu a mãe, uniu-se à namorada grávida. Seus piores temores de rejeição e abandono logo se confirmaram, com as brigas frequentes no casamento e a traição sexual da primeira esposa. Ele passou a fugir de apego romântico e manteve várias namoradas e nenhum compromisso. Além do afastamento emocional da família, distanciou-se também fisicamente, transferindo-se para uma cidade distante e cortando qualquer contato. Isso vigorou até encontrar Moema e apegar-se ansiosamente a ela.

Moema não sentia ser parte integrante da família enquanto criança. Seu pai e sua mãe eram dependentes químicos. Desenvolveu apego inseguro ambivalente. Como filha mais velha, via-se na posição de cuidadora dos irmãos menores, mas saiu de casa no começo da adolescência. Procurou um espaço próprio na casa dos avós paternos, mas não teve êxito e se afastou completamente da família, que nunca fez qualquer movimento para trazê-la de volta para casa.

Assim que conheceu alguém disposto a cuidar dela e confirmar sua existência desde cedo ignorada por todos, casou-se imediatamente. Seus primeiros maridos, tanto o primeiro quanto o terceiro, apresentavam características semelhantes a seu pai: muita bebida, várias amantes e dificuldades para se manter trabalhando de forma ética e comprometida. Em relação ao segundo marido, a convivência foi por um período muito curto de tempo; ela não sentiu segurança e rompeu com ele com a mesma rapidez com a qual se ligou. Moema entrou e saiu dos relacionamentos sem tempo para elaborar o que funcionou ou não funcionou em cada uma das relações anteriores.

Quando ficou grávida do primeiro filho, o avô paterno a presenteou com uma casa, que foi retirada anos mais tarde por seu pai, já que não havia documentação comprovando tal doação. Esse ato "desconfirmou" mais uma vez sua existência. Ela relata ter havido proximidade com os avós paternos, mas eles nunca a procuraram quando ela saiu de casa, ainda adolescente.

Tanto Celso quanto Moema são filhos mais velhos e cresceram sem proximidade de irmãos do sexo oposto. Vivências íntimas com o sexo oposto poderiam ter contribuído para um melhor ajuste do casal. Há ainda outros indicadores de possíveis dificuldades a serem elaboradas no ajuste de um casal, conforme já descrito no texto, nos quais eles se encaixam: casamentos que ocorrem sem o envolvimento de familiares e amigos; padrões conjugais instáveis na família de origem; dificuldades no relacionamento com pais e irmãos.

Celso e Moema vieram de famílias nas quais as fronteiras eram inadequadas. Na atualidade, não conseguem organizar a vida com trânsito adaptativo entre os subsistemas familiares e os mais amplos, como amigos, parentes e outros.

Nenhum dos dois teve a vivência de alguém com um lugar bem demarcado na família, situação necessária para favorecer sentimentos de pertencimento e adequação. Celso afirma: "sempre fui um ET na minha família", e Moema diz: "não tinha lugar para mim em casa". Eles não cresceram em ambiente favorável ao desenvolvimento no trato das próprias emoções, portanto ficaram sem a base para o aprimoramento da inteligência emocional.

Moema conviveu com os amigos surfistas na adolescência e mais tarde com amigas adultas que lhe deram algum suporte, mas com o tempo desligou-se de todos, ficando sem rede social que lhe ajude a dar sustentação. Já Celso, em nenhuma fase da vida foi beneficiado por esse tipo de apoio.

Os dois fazem uso de medicação psiquiátrica com bons resultados no sentido de mantê-los estabilizados; ela dormindo melhor e ele com o humor controlado.

Celso não foi treinado para adiar prazeres e manter disciplina para obter conquistas maiores. Seu pai exigia posturas de responsabilidade do filho enquanto ele mesmo se mantinha dependente de sua própria mãe. Mesmo assim, Celso conseguiu sedimentar uma profissão, o que demonstra resiliência. Moema não foi cuidada, mas tornou-se uma pessoa afetiva com os filhos, neto, amigas, que ainda buscam contato com ela e o marido. Embora seja filha de dependentes químicos, com 15 anos abandonou sozinha o hábito de fumar maconha. Também cuidou dos avós paternos na velhice, fato que demonstra resiliência.

Ambos são vistos como desqualificados e até mesmo excluídos de suas famílias de origem. Moema cresceu sem adequado senso de existência e pertencimento. Isso foi reforçado quando fugiu de casa e ninguém a procurou. Repetiu-se quando ganhou uma casa do avô e seu pai ignorou que era dela, tomando posse. Celso viveu sempre o abandono e a traição. O "ET da família" só recebia consideração da mãe, que morreu e o deixou abandonado e confuso com a notícia de que havia um segredo a ser revelado, mas sem fazê-lo. A avó o traía quando protegia o irmão e o ignorava. O pai o traía quando protegia a irmã e o censurava ou ignorava. Isso foi reforçado com a traição da primeira esposa com gastos excessivos e sexo fora do casamento e, novamente, quando os irmãos dividiram entre si os bens herdados, deixando-o sem nada.

Os dois viveram situações com grande potencial de traumatização, que precisam ser investigadas.

Celso e Moema desenvolveram apego inseguro. Ela não encontrou validação em casa, nem com os avós, nem com os três primeiros maridos. Casou-se com Celso, que confirma a existência dela, com sua própria necessidade extrema de segurança. Ele não recebeu validação em casa, nem com a primeira esposa. Precisava de um apego seguro que não veio. Ao unir-se a Moema, que tem sua existência confirmada por Celso, ele corre menos risco de perdê-la e ficar abandonado.

Ao discorrer sobre os apegos no casal, Moses (2016, p. 124) afirma:

> De acordo com a teoria do apego, impasses são resultados diretos de bloqueios ou desgastes na conexão entre o casal. A partir de uma visão sistêmica, as hiper-reações ou sub-reações dos parceiros alimentam "sequências interacionais" disfuncionais.

O autor ainda esclarece como as dificuldades de apego são entendidas com base na terapia EMDR:

> Olhando de uma perspectiva do Processamento Adaptativo de Informação (PAI) do EMDR (Shapiro, 2001), uma super-reação e super-regulação do casal (ex.: encerramento) em interações repetitivas são abastecidas por material traumático encapsulado no cérebro e disparadas por um dos cônjuges. Quando processadas incompletamente e armazenadas, experiências de apego "t" (pequenos traumas) são disparadas e distorções ou outros bloqueios podem ocorrer (Shapiro, 1995). Estudos de Protinsky, Sparks e Flemke (2001) aplicando EMDR em casais com questões de apego concluíram que incidentes dolorosos de um ambiente passado invalidativo devem ser acessados e processados antes que o casal possa seguir adiante. Kalow, Nurse e Thompson (2002:303) sugeriram que, através do EMDR, "(casais) seguem adiante com um mesmo objetivo de apegos vitais com proximidade aumentada, um princípio maior da terapia familiar sistêmica". Shapiro (2001:288) deu apoio quando afirmou: "Usando EMDR para neutralizar memórias anteriores, o casal pode alcançar uma dinâmica mais saudável e dar peso apropriado aos problemas e discordâncias atuais". (MOSES, 2016, p. 124-125).

A partir dos estilos de apego preferencial que desenvolveram, os dois se encontraram e funcionam fundidos, e por isso não lidam bem com fronteiras e limites.

Mas, mesmo assim, a resiliência que obtiveram na vida – para Moema, provavelmente devido à psicoterapia – encaminhou ambos para um casamento melhor do que os anteriores. São companheiros e não se abandonam, apesar do sofrimento que causam involuntariamente um ao outro. Certamente, a queixa que trouxeram não surgiu agora, já existia. Ele não tinha amigos e já sentia ciúmes dela. Talvez tenha ficado mais evidente agora, porque antes ela estava próxima dos filhos e das amigas, então podia conviver com eles e retomar rapidamente a conexão com Celso sem precisar viajar e afastar-se dele por um tempo maior.

Atualmente, Celso sente-se só quando Moema viaja porque isso ativa seu medo de perdê-la. Ela se preocupa com as queixas dele de solidão e abandono e o aumento dos ciúmes. Moema, por vezes, desiste de ir e tem sintomas de falta de ar, muita tristeza e solidão; outras vezes, vai e se preocupa com as seguidas mensagens dele, que quer checar onde e com quem ela está. Para aplacar o sofrimento do marido, ela desiste de ver as amigas antigas e se frustra.

Quando Moema viaja, Celso fica mal pelo ciúme; quando ela atende aos clamores dele e fica em casa, ele se culpa porque ela fica mal por não ter ido.

Os dois se queixam por não conseguirem lidar com limites, entre si e com os filhos.

Cada vez que ela faz um movimento para aproximar-se de alguém, disparam as vulnerabilidades de Celso, que teme ser abandonado por ela e reage com ciúmes e exigências de que ela o acolha, deixando de lado qualquer outra relação de afeto. Moema se fragiliza, e suas vulnerabilidades são disparadas. Por temer que ele não dê conta do afastamento e a deixe só novamente, sem a confirmação de sua existência, ela o acolhe e se encolhe, mas fica sufocada, isolada e depressiva - até o momento em que se movimenta novamente para relacionar-se com outra pessoa, reiniciando o ciclo de ativação das vulnerabilidades de ambos.

A vulnerabilidade de Celso é o medo de abandono e solidão, e a estratégia de sobrevivência é o ciúme com agarramento ansioso ou evitação. A vulnerabilidade de Moema é a não confirmação de sua existência, e a estratégia de sobrevivência é ser importante sem limites para o outro, mesmo que isso lhe custe espaço até para respirar; se não conseguir ser confirmada como carece, corre para buscar isso em outra pessoa.

Essa gangorra promove uma dança angustiante, com insegurança, falta de limites e canseira para os dois.

O ciclo de vulnerabilidade de Moema e Celso está entranhado nos quatro níveis de relacionamento conjugal, conforme já descrito.

Depois de feito o levantamento da história de Celso e de Moema, montei o genograma a seguir e fui analisando o esquema com o casal para ampliar a compreensão dos encaixes e desencaixes dos elementos provenientes de cada família de origem, assim como da criação de ciclos na interação do casal, que se autorreforçam. Enfim, trabalhei com os dois para lançar luzes que propiciassem uma visão sistêmica das informações projetadas no genograma.

O genograma é uma ferramenta muito usada na clínica, que surgiu com a finalidade de retratar a família de origem, mas tem sido adaptada para o uso com temas específicos, por exemplo, doenças, uso de substâncias e traumas, entre outras possibilidades. Quando utilizado na terapia de casal, coloca em evidência eventos significativos da história dos cônjuges e de suas famílias de origem. O genograma realça as dinâmicas da família de cada um e como elas estão projetadas na relação conjugal, além de revelar possíveis traumas a serem processados. A partir de sua construção, os objetivos da psicoterapia tornam-se mais claros, e esse esquema também pode auxiliar na escolha das intervenções apropriadas a cada casal.

Figura 1: Genograma de Celso e Moema

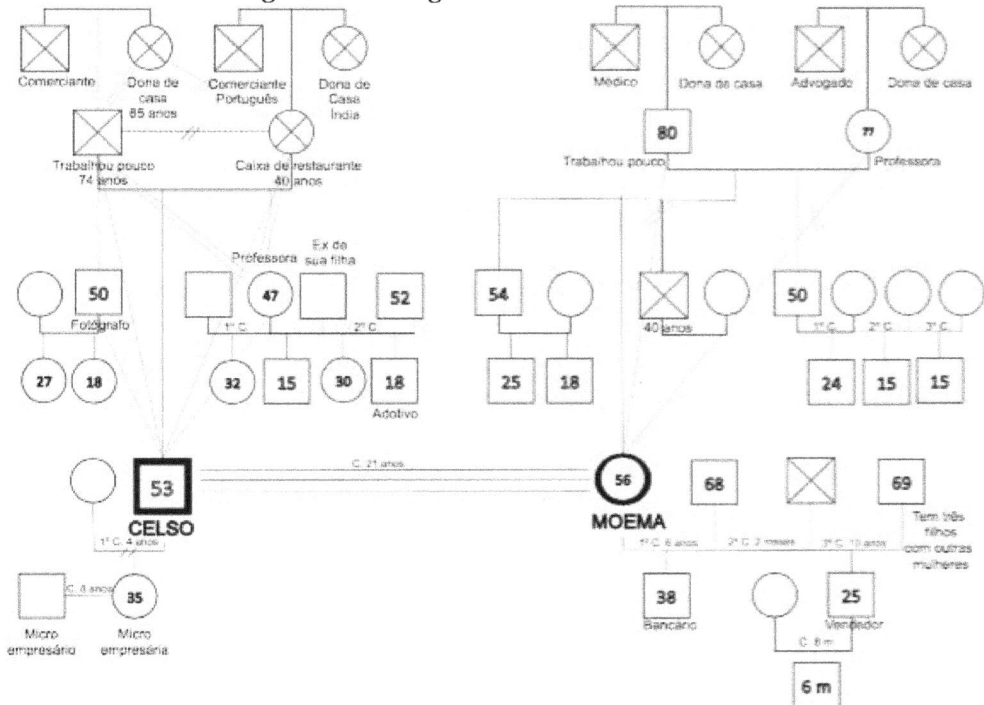

Arte: Giovana B. Bonini.

Por evidenciar necessidades afetivas e dificuldades vivenciadas pelo companheiro, os membros do casal se beneficiam com a análise do genograma um do outro.

Após trabalhar com o casal para que alcancem uma visão ampliada das armadilhas que os prendem, é necessário processar as vulnerabilidades de cada um deles bem como as estratégias de sobrevivência que foram desenvolvidas. Só então fica possível a desativação dos gatilhos e o desmantelamento do ciclo de vulnerabilidade, o que abre espaço para a criação de novos ciclos mais flexíveis e sadios, adaptados à fase do ciclo vital em que se encontram, com a consequente reformulação do contrato conjugal e a criação de novos significados e narrativas.

A fase da psicoterapia que foca as vulnerabilidades individuais é realizada com a terapia EMDR, em um dos formatos adaptados para casais.

Celso e Moema apresentam contraindicações para o trabalho conjunto em todas as fases do protocolo EMDR, já que ambos carregam traumas precoces. Celso demanda cuidados específicos para EMDR em razão do diagnóstico de bipolaridade, devido à possível elevação acentuada da carga emocional em sessões conjuntas, o que poderia afetar demasiadamente seu autocontrole. Moema apresenta o risco de ativação de traumas que ela julga já elaborados, apesar das fragilidades que continua demonstrando.

Mas, no caso de Celso e Moema, percebo vantagens em realizarmos algumas fases do protocolo em conjunto, conforme formato já descrito. Os dois demonstram que estão realmente voltados para que seu casamento cresça em maturidade, mostram-se bem companheiros no cotidiano de suas vidas, o que transparece uma cumplicidade que cultivam com intencionalidade. Além disso, ambos declaram que desejam ficar juntos e bem. De qualquer maneira, sempre me mantenho atenta para mudar a escolha do protocolo caso perceba não ser o mais adequado para determinado casal.

Realizamos quatro sessões conjuntas de terapia EMDR com Celso e Moema, as quais envolveram a formação do vínculo terapêutico, o levantamento da história e as reflexões sobre o que foi evidenciado até então, tanto do levantamento oral da história e da relação dos dois quanto do genograma. Em seguida, vieram as explicações adicionais sobre o EMDR e o preparo conjunto do casal para iniciarmos os processamentos. Definimos os temas a serem processados por cada um deles com base no ciclo de vulnerabilidade do casal.

Moema rapidamente sugeriu ser ela a primeira a fazer as sessões de EMDR, por já estar acostumada a fazer terapia. Celso prontamente concordou e ambos saíram bastante esperançosos e se dizendo bem compreendidos por mim em suas dificuldades.

Moema chegou animada para começar o trabalho individual. Eu retomei com ela o tema com o qual combinamos trabalhar: sua sensação de não ter um lugar para ela na família, de não ter um senso fortalecido de existência. Pedi que ela falasse um pouco sobre o sentimento de não ter um lugar próprio na sua família quando era criança. Ela relatou várias experiências, que fui anotando para, em seguida, fazer com ela um plano de trabalho. Mesmo já tendo feito o preparo para o processamento individual em sessão conjunta com Celso, voltei a repassar algumas explicações e verificar se havia dúvidas em relação à nova fase da terapia que estava começando.

Depois, com Moema, fizemos seis sessões individuais de processamento, descritas na sequência. As memórias selecionadas foram processadas uma a uma. Fizemos o acesso da memória e seguimos com os estímulos bilaterais, parando e acompanhando Moema no processo, interferindo somente quando se fez necessário.

A seguir, vou relatar de forma resumida os comentários feitos pela cliente entre as séries de estímulos bilaterais e também suas principais reações. Os elementos usados para facilitar o acesso das memórias: imagem, crença negativa, crença positiva e escalas de cada uma das crenças estão abreviadas. As definições estão no início deste capítulo.

Primeira sessão individual de Moema, primeira memória a ser processada, entre as que foram previamente elencadas no plano de tratamento: Moema falou de uma experiência ocorrida na escola em que se sentiu discriminada e julgada pelas colegas que eram protegidas pela professora. Ela disse um palavrão do qual não conhecia o significado e foi repreendida pela professora, enquanto as colegas riam dela. Logo em seguida, foi seu aniversário e convidou as seis colegas da sala que eram suas amigas, as mesmas que riram dela devido ao palavrão dito. No dia do aniversário de oito anos, a mãe preparou um bolo de chocolate e outros doces, depois arrumou a mesa da sala e ficou com Moema para aguardar a chegada das convidadas. A mesa ficava em frente à porta aberta, que dava para a rua, para onde Moema olhava constantemente, na esperança de ver chegar alguém, mas não veio ninguém. Essa memória surgiu carregada de emoção. Montei com ela o protocolo e iniciamos o processamento.

A imagem representativa - I: A mesa enfeitada em frente à porta aberta.

A crença negativa relacionada – CN: Eu sou suja.

A crença positiva desejada – CP: Eu sou boa.

VOC: 3.

Emoção – E: Vergonha e raiva.

SUDS: 5.

Sensação corporal - SC: Tensão no peito.

Enquanto fazia os movimentos bilaterais, Moema percebeu sua raiva aumentar e disse ter tido desejo de vingança. Comentou que usava isso como força para movimentar-se pela vida e mostrar que era melhor do que os pais e as demais pessoas com quem convivia. Depois, percebeu-se caindo em um vazio, sentiu falta de ar e abandono e comentou: "Fiquei em um vácuo".

Eu fui acompanhando sempre, a fim de verificar suas condições para seguir com o processamento, e ela continuou. Alguns minutos depois, Moema disse: "É como se a minha felicidade dependesse deles e fiquei sozinha lá". Na sequência, afirmou: "As pessoas uma hora vão me aprontar. É melhor eu não esperar nada de ninguém". Ela sentiu medo da solidão e ficou bem emocionada, entrando em *looping*, sem acessar recursos que permitissem seguir com o processo. Nesse momento, eu interferi e trabalhei com aquele estado de ego ferido e abandonado por meio de técnicas específicas de EMDR. Moema cuidou de sua parte abandonada, agora como adulta experiente que cuidou dos dois filhos e que ajuda a cuidar do neto que tanto ama. O nível de incômodo baixou de 5 para 2. Como estávamos no final de nosso horário, interferi com técnicas de integração e de estabilização até que ela ficasse bem para encerrarmos a sessão.

Segunda sessão individual: Na semana seguinte, Moema contou que havia ido para sua cidade natal visitar os filhos e o neto, apesar das dificuldades enfrentadas com Celso enquanto ela se preparava para a viagem. Na volta, acabou descobrindo que, durante sua ausência, o marido passou um bom tempo em sites pornográficos e comentou: "A mamãe saiu de casa e o filhinho aprontou. Me castigou por eu ter viajado, ligou o tempo todo". Nós conversamos por alguns minutos sobre os sentimentos dela a esse respeito. Moema estava ciente de que foi um movimento de Celso para prendê-la perto de si, por não conseguir ficar sem ela.

Após avaliar como o processamento anterior havia repercutido nela e na relação do casal, fizemos novamente o acesso da memória processada na semana anterior e ela já não percebeu nenhum incômodo ligado à experiência trabalhada. Como já comentado, os processamentos muitas vezes continuam entre as sessões e é comum que, nesse espaço de tempo, mude a intensidade da carga emocional que foi parcialmente processada, tanto para mais quanto para menos. Eu perguntei como ela se sentia ao pensar na atitude das amigas de rirem dela enquanto a professora a recriminava por ter dito um palavrão, e ela sorriu enquanto falava: "Elas eram crianças bobas, está tudo bem". Também não percebeu nenhum incômodo ao pensar na festa de aniversário que não aconteceu. Assim, revi com ela a CP antes escolhida, que então ficou: "Eu sou uma boa pessoa", com VOC 7 e nenhum incômodo corporal associado.

Segunda memória processada: Passamos a trabalhar com outra memória de Moema ligada ao mesmo tema, parte do plano de trabalho formulado. Muitas vezes, seu pai voltava para cada embriagado e brigava muito com sua mãe. Porém, após a briga, os dois ficavam bem e iam juntos para a cama. Certa vez, quando

Moema estava com cinco ou seis anos, ele acordou todos os filhos para vê-los brigar.

I: O pai a acordando.

CN: Eu sou fraca.

CP desejada: Eu sou forte.

VOC: 3.

E: Medo.

SUDS: 5.

SC: Frio nas mãos e calor no rosto.

Entre as séries de estímulos bilaterais, Moema fez comentários como: "Eu queria proteger meus irmãos, sentia muita pena deles"; "Eu sentia vergonha de pensar que outras pessoas deviam saber sobre o que eles faziam"; "A minha mãe provocava ele"; "Eu tentava proteger meus irmãos"; "O pai era muito violento com ela e chegou a nos dar uns safanões também"; "Eles gostavam dessa relação, era como uma sem-vergonhice deles".

No começo da sessão, Moema ficou um tempo processando a memória de forma mais geral e na sequência foi fazendo mais contato com os impactos da experiência em si mesma. Comentou: "Sinto nojo, vergonha, minhas mãos estão suando"; "Mesmo tão nova, eu sentia vontade de ir embora porque eles estragaram a minha infância"; "Eu já falei isso para a mãe há pouco tempo, mas ela nega, acha que foi uma mãe maravilhosa".

Em seguida, Moema chorou emocionada e lidou com as sensações corporais de raiva e vergonha. Alguns minutos depois de ela ter liberado as fortes sensações corporais que apareceram, eu fiz algumas intervenções - entrelaçamentos terapêuticos - para ajudá-la a acessar recursos positivos de outras pessoas e depois dela mesma, para seguir com o processo. Ela terminou a sessão sem nenhum incômodo, com afirmações do tipo: "Eu construí muita coisa sozinha"; "Saí de casa e me fiz por mim mesma"; "Eu sou forte". Ao encerrarmos a sessão, Moema percebia o corpo relaxado e a respiração livre.

Terceira sessão individual: Quando avaliamos a sessão anterior, Moema relatou ter se sentido livre de uma pendência, por poder mostrar para a mãe, com atitudes em sua própria vida, que, embora a mãe não tenha lhe dispensado nem os cuidados básicos, está tudo bem com ela. Disse ter sentido alívio durante a semana, como se tivesse tirado um peso das costas. E isso a fez sentir-se mais livre também em relação ao marido.

Terceira memória processada: A memória pré-selecionada para ser processada na sequência era de quando Moema estava na mesma fase da vida da memória anterior, com seis ou sete anos. Contou que seu pai tinha depressão e ficava sentado por horas, olhando para o vazio. As pessoas diziam que ele havia batido a cabeça em um armário e que, desde então, apresentava esse comportamento, mas ela não acreditava nisso. Por vezes, sentia medo do pai ao vê-lo naquela situação; outras vezes, cozinhava para ele e o servia. Conta que fazia isso contrariando a mãe, que reclamava por Moema sujar a cozinha ao preparar alimentos para o pai.

I: O pai sentado no sofá, com o olhar perdido.

CN: Eu não apareço.

CP desejada: Eu apareço.

VOC: 3.

E: Raiva.

SUDS: 8.

SC: Suor nas mãos.

Os comentários de Moema entre as séries de estimulação bilateral foram: "Eu estava sozinha, meus irmãos dormindo e a mãe tinha saído. Eu estava gostando de fazer a comida, aproveitando para fazer o que a mãe não deixava, eu gostava de cozinhar"; "Ninguém ia brigar comigo ali, dentro de casa eu sempre cuidava dos irmãos". Em seguida, ela teve dores no pescoço, que ficou muito tenso. Sentia-se bastante insegura e veio a raiva, junto com um choro contido. Comentou: "Pensei que eu estou sozinha no mundo".

Depois, veio a sensação de sufocamento e falta de ar, com muito medo, e o choro saiu forte. Ela passou alguns minutos processando as sensações corporais, só deixando o medo sair de seu corpo, e o choro foi se acalmando. Eu interrompia as séries de estímulos e conferia se ela queria seguir, se precisava de algo, e o processo continuava. Como das outras vezes, Moema foi liberando as fortes sensações corporais, o medo foi diminuindo e ela já respirava melhor. Alguns minutos depois, disse que a menina havia ido brincar com suas bonecas e, mais tarde, já tendo integrado o estado de ego infantil com o qual trabalhamos, afirmou: "Saiu todo o peso, estou bem". A CP escolhida para ser fortalecida junto com a lembrança processada mudou de "eu sou forte" para "eu estou bem".

Embora a memória processada tenha começado com uma forte carga emocional negativa, o processamento ocorreu em apenas quarenta minutos.

Quarta sessão individual, quarta memória processada: Moema havia percebido seu corpo mais relaxado e a respiração mais solta depois da última sessão. Após ter conferido com ela os efeitos da sessão anterior e verificado que não havia surgido material da memória processada que ainda precisasse ser trabalhado, seguimos com o plano de tratamento.

Na quarta sessão, a memória trabalhada foi ligada a um ursinho de pelúcia de Moema que foi destruído por seus irmãos quando ela estava com seis ou sete anos. Ela amava seu ursinho e havia deixado o brinquedo em casa em um final de semana que foi passar na casa de uma avó. Seus irmãos o colocaram no bueiro em um dia de chuva, e a mãe nada fez. Segundo Moema, a mãe não cuidava de nada do que lhe pertencia.

I: Ursinho destruído.

CN: Eu não sou importante.

CP desejada: Eu sou importante.

VOC: 2.

E: Tristeza, abandono, injustiça.

SUDS: 8.

SC: Pescoço tenso.

Dessa vez, o processamento já iniciou com as emoções corporais. Sentiu raiva da mãe, e veio o aperto no peito. Disse achar que a mãe fazia de propósito, nunca a defendeu no colégio, assim como também nunca defendeu os outros filhos. A raiva aumentou, e ela sentiu vontade de sacudir a mãe para fazer com que prestasse atenção ao que acontecia na casa. Moema seguiu processando e, algum tempo depois, foi mudando sua fala: "Eu saí do papel de sofredora e me vejo maior do que ela, xingando, dizendo para ela ter cuidado com as minhas coisas; eu dei limite". Depois disso, relatou ter sentido alívio e comentou: "Quando eu me vi maior do que ela, fiquei bem e ela me ouviu". Depois disso, nada mais vinha e o SUDS zerou. Moema quis trocar a CP "eu sou importante" por outra que lhe pareceu mais adequada: "Eu posso". Chegou ao VOC 7 e, por não apresentar nenhum desconforto corporal, passamos a trabalhar com outra memória.

Quinta memória: Moema cuidava dos irmãos quando sua mãe viajava nos finais de semana e sentia muito medo por achar que a casa na qual residiam não tinha segurança. Ela selecionou um momento em que estava na mesma idade, de seis ou sete anos, em uma das vezes em que sentiu muito medo de ficar na casa somente com os irmãos.

I: Os irmãos pequenos na sua frente.

CN: Eu não sou importante.

CP desejada: Eu sou importante.

VOC: 3.

E: Me sinto sobrecarregada e explorada.

SUDS: 7.

SC: Pescoço tenso.

Ela foi relatando nos intervalos da estimulação bilateral as seguintes observações: "Eu tinha muita pena deles, eu era a única ali que cuidava deles"; "Eles eram quase bebês; o pai e a mãe eram insanos"; "Eu era importante para eles e recebia afeto deles. Isso me fazia sentir mais viva e é o que eu tinha de mais forte na minha família".

Depois, ela relatou dor no peito e comentou: "É muita responsabilidade para mim". Sentiu a tensão ir para os ombros e ficou processando as sensações no corpo. Alguns minutos depois, comentou: "Eu não tinha escolha e fiz isso bem. O mais novo me considera mais mãe dele do que a própria mãe; fiz bem o meu papel"; "Eu sou importante, só que precisei assumir muita responsabilidade cedo com eles, pela insanidade dos meus pais".

Não havia mais incômodo, o SUDS era zero, o VOC era 7 e não existia perturbação corporal.

Sexta memória: Ainda na mesma sessão, passamos para outra memória. Quando a família viajava, o pai dirigia em alta velocidade. Moema sentia muito medo e se encolhia com náuseas, mas não adiantava reclamar para ele ou para a mãe, então permanecia quieta.

I: Ela se via dentro do carro, mas como se estivesse separada da família.

CN: Eu não tenho voz.

CP desejada: Eu consigo.

VOC: 4.

E: Raiva.

SUDS: 7.

SC: Pescoço tenso.

Após a primeira série de estimulação bilateral, comentou: "Lembrei agora que o pai ia emburrado, ouvindo jogo bem alto, além da velocidade"; "Eu tinha medo que acontecesse coisa ruim comigo e com meus irmãos. Eu vomitava; isso aconteceu por muito tempo na minha vida". Após outra sequência, ela disse: "Eu tinha que passar mal para dar o limite e enxergarem que a gente estava ali, correndo perigo. Eu entrava em pânico, passava mal". Depois disso, vieram outras lembranças de ela se sentir sozinha e com medo ou em alguma dificuldade. Em seguida, foi se acalmando aos poucos.

O tempo da sessão estava chegando ao fim, e eu interferi pedindo que ela colocasse todas as memórias, sentimentos, pensamentos, sensações corporais, tudo o que estava se passando com ela naquele momento, em uma caixa e que deixasse em um lugar escolhido para ser retomado em outro momento. Usei técnicas de estabilização, e ela ficou bem para ir embora.

Quinta sessão individual, resgate do trabalho com a sexta memória: No início da sessão, Moema comentou ter percebido que ainda hoje costuma passar mal na tentativa de colocar limites em algumas situações da sua vida, como aconteceu quando soube da masturbação do marido durante a sua viagem. Disse que fez isso com os outros maridos também. Conversei com ela para ressaltar a importância das percepções que ela estava tendo e perguntei se poderíamos deixar para trabalhar com essa questão após terminarmos de processar a memória que havia ficado na caixa. Ela prontamente concordou com essa proposta.

Pedi que ela se concentrasse e resgatasse a caixa que havia guardado na sessão anterior para abrir e entrar em contato com o que estava lá dentro. Ela disse que voltou a sensação de não ser vista no carro. Eu conferi com ela o protocolo da memória, e a intensidade do incômodo havia diminuído um pouco. Passamos ao processamento. Após a primeira série de estímulos, comentou: "Eu tinha que chegar no limite, passar mal e mesmo assim eles não se importavam". Depois, ela sentiu raiva e falta de ar. Os sintomas de pânico aumentaram. Assegurei-me de que ela queria seguir com o processamento e de que estava em condições de continuar, então prosseguimos. Porém, ela me dizia que a menina continuava lá, estava aflita e precisava de ajuda. Passei a trabalhar com a menina do carro. Ou seja, passamos a fazer o processamento de sua parte ou estado de ego infantil que passava tanto medo e abandono naquele carro. Moema me disse que a menina queria dar tapas, abrir a porta, a janela, sair do carro para respirar. Ela se viu auxiliando, apoiando a menina, até que ela ficou bem. Moema se viu tranquilizando aquele seu estado de ego e garantindo para a menina que, quando fosse adulta no futuro, poderia agir antes que as coisas que a incomodam chegassem no limite, a ponto de fazer com que falte o ar. Depois, a Moema adulta contou para a Moema menina como conseguiu estudar, se defender desde adolescente e, mais tarde, proteger seus filhos. Na sequência, disse que a menina estava bem e que quis vir para a sua casa, ficar perto dela.

Nesse momento, ela já respirava tranquilamente, sem nenhum sintoma, inclusive sorria. Eu a orientei para voltar a se concentrar na memória do carro, mas ela não sentiu nenhum incômodo e, assim, ficou com SUDS zero. A CP escolhida anteriormente, que era "eu consigo", foi substituída por "eu posso conseguir", já que ela sabia que ainda precisava fazer mudanças em seu modo de agir para colocar limites antes de adoecer.

Em seguida, explorei como ela se sentia com os maridos anteriores quanto ao fato de ser vista, para retomar o que ela comentou no início da sessão. Moema disse que o seu primeiro marido a via e a fazia sentir-se segura por cuidar dela, mas a desconsiderava quando a traía, e isso era frequente. Esse marido acreditava que homem era assim mesmo e a enchia de presentes, e esses mimos, de certa forma, neutralizavam as consequências das traições segundo a visão de Moema. Já o segundo marido não a considerava em nada e a ignorava; ela disse que a relação com esse marido trazia essa sensação forte de não pertencimento.

Sétima memória:

I: O ex-marido.

CN: Eu não sou digna de ser considerada.

CP desejada: Eu me faço ver.

VOC: 3.

E: Tristeza.

SUDS: 5.

SC: Aperto no peito.

Após duas séries de estímulos bilaterais, Moema comentou: "Veio uma sensação no peito parecida com a que senti na memória do carro". E depois: "Eu ficava com raiva dele, queria dizer umas coisas que não dizia".

Eu perguntei se ela gostaria de se imaginar dizendo as coisas que ficaram sem serem ditas para ele, e ela concordou. Orientei que fizesse isso e segui com os estímulos bilaterais.

Entre as séries, ela afirmou: "Até hoje, no fundo tenho muita raiva dele". Perguntei se ainda faltava falar ou fazer algo quanto a isso, e ela respondeu que sim. Novamente em silêncio, enquanto seguia as luzes da barra de luz, ela se imaginou falando com ele, brigando. Ao acabar, disse estar bem mais aliviada, mas ainda permanecia com a raiva por ele ter afastado dela o filho de ambos por um tempo. Segui com os estímulos bilaterais até que ela ficou bem. Voltamos ao alvo, e o SUDS havia zerado. A CP foi por ela mudada para: "Eu posso me fazer ver". Continuamos com os estímulos até que o VOC chegasse a 7, sem incômodos corporais.

Em seguida, Moema comentou como ela se sentiu desconsiderada por Celso no início do relacionamento deles. Contou que ele a seguia, cheirava, tinha muita desconfiança e ciúmes dela. Na mesma época, pediu um dinheiro emprestado e não demonstrava pressa em pagar. Ela brigava, ficava mal.

Oitava memória: Moema escolheu um momento representativo dessas experiências do começo da relação com Celso.

I: Celso na sua frente, olhando para ela.

CN: Eu sou muito ingênua.

CP desejada: Eu estou bem.

VOC: 5.

E: Raiva.

SUDS: 4.

SC: Tensão nos ombros.

Depois da primeira série de estímulos, ela disse: "Eu confiava e ele me decepcionou". Mais duas séries e ela sentiu falta de ar, ficou vermelha e começou a suar. Na sequência, a raiva aumentou e ela se viu arranhando o marido, indo fisicamente para cima dele e o apertando. Ficou uns dois minutos lidando com sua raiva e me disse que estava bem; seu corpo acalmou-se. Ela comentou: "Posso falar, me expressar".

O SUDS ficou zero, e a CP foi substituída por "eu sei me defender", com VOC 7. Como ainda havia tensão em seu corpo, prossegui com a estimulação e a tensão logo dissipou-se.

Nona memória: Moema comentou que parou de trabalhar, e esse lado dela, que antes existia, deixou de existir; sentiu tristeza.

I: Ela em casa.

CN: Eu sou apagada.

CP desejada: Eu estou bem.

VOC: 4.

E: Tristeza.

SUDS: 5.

SC: Tensão no peito.

Após a primeira série de estímulos bilaterais, ela disse: "Assim fico apagada, mas tenho medo de trabalhar e me frustrar, perder o Celso". Mais estímulos e veio o comentário: "Mas se eu não fizer nada, eu posso ficar doente". Na sequência: "Eu tenho medo de explodir e ser pior, não quero é chegar nesse extremo". Como o processamento estava ficando emperrado, sem nada mudar, eu fiz uma pergunta como entrelaçamento terapêutico: Vir para cá em um projeto de "não vou fazer nada, vou só esperar para ir embora daqui" não pode sugerir que você não existe de fato nesta cidade?

Após a série de estímulos bilaterais seguintes, ela disse: "Eu acho que é bem esse processo que estou vivendo nesta cidade, me sinto sufocada aqui. Me sinto sufocada". Depois de mais uma série, afirmou: "Eu estou infeliz, frustrada. Ele não enxerga minha necessidade de ver amigas, neto e ter minha privacidade". Seguiu com: "Quero que me valorize, me enxergue".

Mais duas séries de estímulos e nada mudava. Eu lancei outra pergunta e segui com os estímulos: Isso por acaso é parecido com o que acontecia antes, quando criança, que você queria ser vista, valorizada, e não acontecia? Após a série de estímulos, ela relatou estar sentindo uma leve dor de cabeça e disse: "Eu é que preciso fazer o que eu gosto, não depender tanto dele". Mais uma série e ela comentou: "Eu tenho que fazer com que ele me ouça e dar limite para ele".

Na sequência, quando pausei os estímulos uma vez mais, ela falou em fazer um curso de francês. Disse estar se sentindo bem, respirando tranquila. Depois, comentou: "Tenho medo de ele pôr um empecilho e eu desistir". Nesse momento, eu perguntei: "E qual empecilho, por exemplo, você imagina que ele pode colocar, que te faça desistir?". Mais uma série e ela respondeu: "Preciso falar de um jeito que eu já tenha achado o curso, decidido e, daí sim, mostro o curso na internet. Depois que olhei, procurei e achei; vou fazer isso". Segui com a estimulação e, quando pausei, ela disse: "Puxa, eu saí de casa menina, sem nenhuma ajuda e me cuidei sozinha. Estou forte para fazer isso".

Nesse momento, o SUDS era zero e CP foi mudada para: "Eu posso". Como o VOC estava em 5, fizemos mais estímulos bilaterais até que foi para 7, com o corpo relaxado.

Conversei com Moema sobre fazermos sessão de casal novamente. Ela se mostrou animada e revelou sentir medo de ficar mais tempo em sessões individuais e, assim, Celso desistir de fazer as suas próprias sessões individuais. Portanto, marcamos a sessão seguinte com os dois e, após sua saída, eu escrevi para Celso para convidá-lo para uma nova sessão conjunta com Moema.

Para a sessão conjunta, ambos chegaram sérios e entraram silenciosos no consultório. Após acolher Celso novamente e despender alguns minutos no engajamento com os dois, perguntei como estavam indo, e Celso rapidamente começou a falar. Disse estar mal, deprimido por Moema se manter distante dele, apesar de seus esforços para não fazer tantos contatos com ela na última visita feita aos filhos. Contou ter telefonado somente umas dez vezes durante o final de semana, deixando-a mais livre por lá. Mas, quando Moema voltou para casa, discutiram sobre as dificuldades financeiras e, depois disso, ela se afastou dele. Celso passou a se justificar pela falta de dinheiro e pelo acúmulo de contas a serem pagas, o que demonstrou que assume total responsabilidade pelas finanças familiares. Transparecia seu incômodo por não conseguir suprir as demandas de Moema nesse aspecto, e revelou que acreditava ser ele o único responsável por manter financeiramente os dois.

Moema começou a falar e acusou Celso de não saber administrar o dinheiro. Ele respondeu que foi por isso que passou para ela essa tarefa, mas que ela igualmente não consegue manter o orçamento familiar. O casal acusava-se mutuamente, cada um se colocando como vítima, e o outro, como seu algoz. Um reclamava do outro por não cumprir os combinados, com atitudes como comprar coisas ou gastar em viagens, ou ainda não anotar os próprios gastos. Mudava o conteúdo, mas o tema permanecia o mesmo, e os dois foram elevando o tom de voz.

Podemos pensar sobre os ensinamentos dos especialistas referentes ao trato das finanças do casal, mas, nesse caso, fica claro que Celso e Moema não estavam precisando conhecer métodos práticos para lidar com suas dificuldades, já que estamos frente ao reflexo de uma questão que faz parte de seu ciclo de vulnerabilidade. Esse ciclo precisa ser desconstruído para permitir que eles encontrem novas formas de interagir: Moema, mesmo incomodada com sua posição, permanece dependente do marido e, assim, sente-se valorizada pelos esforços dele em "dar conta das necessidades dela"; Celso, ainda que se sinta sobrecarregado por assumir a responsabilidade das necessidades financeiras da esposa, com essa atitude aplaca seu medo de perdê-la e ficar abandonado.

Eu interferi para manter a discussão deles em curso e estimulá-los a serem mais assertivos. Com minha ajuda, ambos se autorregularam e seguiram discutindo com base nas regras básicas de comunicação, já comentadas no capítulo 6. Foram aos poucos se desarmando, e cada um assumiu sua dificuldade para lidar com limites em relação ao dinheiro. Permaneceram tratando desse tema de forma mais tranquila, embora ainda preocupados por achar difícil organizar o orçamento.

Restava em torno de 15 minutos para o final de nosso horário quando, finalmente, Moema conseguiu relatar para Celso um pouquinho do que trabalhou nas sessões individuais. Ele ouviu sobre a necessidade da esposa de fazer algo por si mesma que lhe traga satisfação. Ela falava sobre isso de maneira mais refletida, e eu pude perceber os efeitos das suas sessões individuais de EMDR.

Aos poucos, Celso foi apoiando Moema e inclusive contribuiu com algumas sugestões, baseado no que ela já realizou antes. Ele relaxou mais o corpo, e eu percebi que ele foi se sentindo menos responsável pela felicidade dela. Nesse momento, o casal já estava próximo no sofá, ambos mais leves e se olhando com facilidade.

Eu gostaria de marcar uma nova sessão de casal em breve, mas, como eles já sabiam, eu iria viajar dois dias depois e só retornaria ao consultório 15 dias mais tarde.

Atendi novamente o casal no meu retorno. Como havia acontecido na última sessão, ambos chegaram irritados. Dessa vez, foi Moema quem começou a trazer queixas do marido. Ela contou que havia programado passar em torno de quatro dias na casa dos filhos e que Celso insistiu em ir com ela, mas não podia se ausentar antes do fim da semana. Enquanto discutiam isso, o custo das passagens aumentou, o que inviabilizou a viagem de Moema. Ela afirmou que não iria viajar porque Celso a atrapalhou. Celso protestou, mas dessa vez se manteve calmo, e argumentou que ela podia diminuir os dias de permanência com os filhos e fazer isso durante a semana, enquanto ele estava envolvido com o trabalho. Moema foi incisiva e repetia que queria estar com eles no domingo, quando os filhos estariam em casa. Os dois conseguiram seguir com a conversa, procuraram saídas para o impasse e se colocaram mais na discussão, cada um expondo suas próprias necessidades. A sessão acabou com os dois tendo se expressado, embora não tenham solucionado a desavença.

Na semana seguinte, Celso veio sozinho, conforme nosso combinado.

Primeira sessão individual de Celso: Ele contou que na manhã seguinte à nossa última sessão, procurou e encontrou uma passagem com bom preço e avisou a esposa que, uma vez que ele a tinha atrapalhado com a viagem, havia encontrado uma solução para que ela fosse ficar uns dias com os filhos. Moema se mostrou encantada com a possibilidade da viagem que julgava que não faria, e ele me contou, orgulhoso, que fez poucos contatos com ela, que já voltara para casa, e os dois estavam em paz.

Eu gostei de saber que ambos estavam bem, mas vi novamente o padrão se repetir, já que ele, uma vez mais, se responsabilizou por atender ao desejo de Moema, que deixou totalmente nas mãos de Celso a solução de algo que era importante para ela. Mas também pensei que a atitude atualmente mais assertiva de Moema o fez perceber que ele precisa mudar e deixar mais espaço individual para a esposa. Desejei que essa disposição se refletisse no trabalho individual que iríamos começar.

Os temas para as sessões individuais de Celso foram estabelecidos nas sessões conjuntas e incluíam o seu medo de abandono, o medo de traição e os ciúmes exagerados da esposa. Ao organizar seu plano de tratamento, com base nos temas para elencar as memórias a serem processadas na terapia EMDR, é usual buscarmos memórias antigas que possam estar alimentando as queixas atuais. Porém, com Celso isso se revelou algo difícil, já que ele apresenta marcada dificuldade para discriminar suas emoções e sensações físicas. Essa reação certamente também é fruto de experiências de abandono desde o começo da vida. A bipolaridade é outro elemento que sugere cuidados adicionais em uma psicoterapia, já que há sempre a preocupação de não desestabilizar demasiadamente a pessoa.

Eu conversei novamente com ele a respeito do nosso objetivo com as sessões individuais. Como ele não trouxe nenhuma dúvida relativa à essa fase da terapia, decidi fortalecê-lo um pouco mais antes de partirmos para os processamentos. Celso fala pouco, sem detalhes e traz poucas memórias. Sua fala transparece a falta de aceitação incondicional tão vivenciada em sua vida. Como a aceitação incondicional é um dos alicerces da formação sadia de uma pessoa, conforme citamos no capítulo 5, eu optei pelo uso de um protocolo desenvolvido por Manfield (2014), específico para esses casos. Trabalhamos com esse protocolo de instalação e fortalecimento de recurso positivo em sua primeira sessão individual.

Segunda sessão individual: Pedi que Celso acessasse seu "lugar tranquilo", ou seja, fizesse uso de um recurso de relaxamento que havíamos instalado previamente. Ele relaxou um pouco mais após ter se imaginado vendo o pôr do sol em frente a um rio que gosta muito. Em seguida, pedi que me falasse sobre o medo de abandono e a solidão vivenciados na infância.

Celso relatou algumas situações em que se sentiu confuso e sozinho; enfatizou que, na verdade, cresceu assim. Sua mãe o orientava, o defendia frente ao pai rigoroso, mas ele acabava só. Selecionamos uma memória antiga, quando Celso estava com cinco ou seis anos de idade. Lembrou de estar andando com os pais na rua quando repentinamente eles tiveram uma briga barulhenta que o assustou muito.

Primeira memória:

I: Os pais brigando e gritando na rua.

CN: Eu sou incapaz.

CP desejada: Eu posso.

VOC: 2.

E: Medo.

SUDS: 5.

SC: (Não consegue perceber o incômodo no corpo.)

Após a primeira fase de estimulação tátil, ele disse: "Estava escuro, noite, e isso me deixou com mais medo".

A seguir, estão os comentários feitos entre as séries de estímulos bilaterais: "Eu tinha medo de interferir e apanhar da mãe porque eu apanhava muito"; "Cresci com medo de apanhar, a mãe era explosiva e me batia com o que ela tivesse perto"; "Eu sempre era punido e muitas vezes mentia para tentar evitar uma surra"; "Essa é a sensação que eu tenho com a Moema, o medo de errar com ela"; "A Moema é imprevisível, como a minha mãe. Fico em alerta".

Celso seguiu mais um pouco fazendo comentários nessa linha após cada fase de estimulação, comparando seus sentimentos quanto à mãe e à esposa, mas nada mudava. Eu questionei como esse medo aparecia em seu corpo, mas ele não pôde perceber nada. Após outra série, perguntei sobre seus sentimentos adultos em relação ao menino paralisado pelo medo, porém novamente ele não conseguiu acessar suas emoções e sensações corporais com maior proximidade. Alterei os estímulos e percebi que ele estava entrando em *looping*. Resolvi fazer algum entrelaçamento e comentei: "Estou pensando se o que me passa pela cabeça pode estar correto. Parece que tanto agora, com Moema, quanto antes, com sua mãe, você fica muito ansioso por achar um jeito de acalmá-las para que não o abandonem e o deixem só".

Após mais uma série de estímulos bilaterais, ele relatou: "O pensamento mudou agora. Eu era criança e era dominado pelo medo, mas eu não queria ficar lá com o pai e a mãe; eu não podia fazer nada para parar aquela gritaria deles". Eu perguntei o que ele gostaria de fazer se pudesse voltar naquele preciso momento de sua vida, e ele respondeu que seria sair correndo de lá. Orientei-o a fazer isso e prossegui com os estímulos.

Na sequência, ele se viu em casa e se sentia melhor por estar longe da gritaria dos pais, mas com medo do que poderia acontecer aos dois. Seguimos com a estimulação, e novamente eu tentei ajudá-lo a perceber o medo em seu corpo e a lidar com isso. Dessa vez, Celso percebeu muito sutilmente alguma sensação no corpo e continuamos com os estímulos. Após a série, ele disse: "Bom, não aconteceu nada, eles chegaram em casa e nunca mais tiveram uma briga daquele jeito". Pedi que voltasse ao alvo do processamento, e ele contou que agora via a imagem dos pais brigando na rua, mas já não estava lá: "É como se eu tivesse saído daquela cena". O SUDS era zero, e a CP mudou para: "Eu consigo". Reforçamos o VOC até que fosse para 7, sem incômodo corporal.

Celso estava tranquilo, respirava livremente quando encerramos a sessão.

Terceira sessão individual: Respondendo à minha pergunta a respeito de como foi sua semana, ele relatou que havia lembrado de um tio dentista, que arrancou dois de seus dentes quando ele tinha oito anos; isso havia sido feito para evitar o tratamento, já que era o tio quem cuidava dos dentes de todos os sobrinhos. Ele não havia comentado sobre esse tio até aquele momento, e esse mesmo tio o estava prejudicando atualmente no inventário. Celso acha que só vai deixar de sentir raiva do tio quando o inventário chegar ao fim.

Depois, Celso contou que sempre viveu como um rebelde e era considerado pela família inteira como aquele em que "não dava para confiar". Na adolescência, não queria cumprir as regras do colégio, queria ser diferente dos outros. Não fazia as lições e matava aulas. Seu pai o matriculava em cursos, como desenho e marcenaria, e o obrigava a frequentar, mas Celso nunca terminava nada. Certa vez, o pai descobriu que ele não ia ao colégio já fazia dois ou três meses e deu uma grande surra em Celso. Quando terminou, mandou que o filho nunca mais o chamasse de pai. Essa memória o incomodava mais do que aquela do tio dentista e, por isso, foi processada em seguida.

Segunda memória:

I: O pai me batendo e pisando no relógio dele, que quebrou enquanto me batia.

CN: Eu não tenho valor.

CP desejada: Estou bem.

VOC: 2.

E: Tristeza.

SUDS: 8.

SC: Estômago.

Feito o acesso à memória, iniciei os estímulos bilaterais. Nos intervalos entre as séries, ele fez os seguintes comentários: "Me transformei em uma pessoa fria, fiquei duro, frio"; "Eu sentia muito medo, ele estava cheio de raiva"; "Quando terminou, ele falou para eu não chamar mais ele de pai, fiquei muito assustado". Na pausa seguinte, eu perguntei como estava o corpo do menino e segui com os estímulos bilaterais. Na pausa, ele falou: "Estava segurando o choro, com tudo ali no corpo, mas não chorei". Na sequência, comentou: "Ele parou de bater porque a minha mãe chegou e disse para ele parar". E depois: "Mas eu não disse nada". Eu perguntei o que gostaria de ter dito, e ele respondeu que queria ter dito ao pai que aquela surra não o ajudou em nada; somente fez com que ele ficasse mais rebelde e mais duro. Sugeri que ele fizesse isso mentalmente enquanto eu segurava os terminais com os estímulos bilaterais. Quando acabou, Celso disse estar mais aliviado, embora o SUDS ainda fosse 5. Usei a técnica do *container*, e ele deixou tudo o que estava trabalhando em uma caixa fechada para voltar a mexer em outro momento. Depois, pedi que fosse ao seu lugar tranquilo e o orientei em uma série de respiração profunda antes que ele fosse embora.

Quarta sessão individual: Perguntei para Celso como tinha se sentido e o que percebeu de diferente em si próprio e na relação após o início da terapia. Ele relatou estar "pensando mais, dando um tempo antes de reagir"; antes reagia mais rapidamente. Também me contou que fez contato com a filha que não via há um bom tempo e que esteve na casa dela há poucos dias.

Em seguida, eu pedi que ele se concentrasse e apanhasse a caixa imaginária que guardou na sessão anterior para abrir e entrar em contato com o que havia lá, relativo à memória com a qual estivemos trabalhando. Ele fez isso, abriu os olhos e disse: "É um acontecimento, mas agora não me incomoda mais". Eu insisti e questionei como via as consequências daquilo e o que ele fez para se adaptar ao relacionamento com o pai. Celso respondeu: "Eu acabei sendo duro demais com algumas pessoas próximas a mim, acho que fui pouco sensível. Mas nos últimos tempos isso só aparece no primeiro momento, depois consigo pensar, voltar atrás e mudar o que eu disse, mas isso é só com a família. No trabalho, eu fui aprendendo a ser aberto às críticas, sou bem diferente do meu pai". Ele não percebia incômodos ao acessar aquela memória. Ao reavaliar a CP, ela mudou para "eu posso mudar", e o VOC era 7.

Retomei com ele o acontecimento mencionado antes, sobre o tio dentista que extraiu dois de seus dentes para não precisar fazer o tratamento dentário. Pedi que falasse um pouco sobre isso, e Celso se limitou a repetir o que havia contado antes, embora eu o tenha incentivado com perguntas sobre aquela experiência.

Terceira memória:

I: O tio de avental branco.

CN: Eu deveria ter feito alguma coisa.

CP desejada: Sou digno de consideração.

VOC: 3.

E: Raiva.

SUDS: 8.

SC: Peito.

Após duas séries de estimulação, ele comentou: "Será que é raiva o que eu sinto? Está indo para indiferença. Acho que a raiva está por conta da briga pela herança. Eu também estou com pena dele". Na sequência, falou: "Lá eu não podia fazer nada, era uma criança". Mais duas séries e ele disse: "Eu não podia dizer as coisas para ele". Nesse momento, eu sugeri que agora ele podia e segui com os estímulos bilaterais. Na pausa que veio em seguida, ele declarou: "Eu estou enrolado com ele, mas é na herança, não nisso que ficou lá atrás". Ele já não percebia incômodo com a lembrança e reavaliei a CP, que se manteve. Fiz mais duas séries de estimulação para que o VOC fosse a 7.

O trabalho com Celso não fluía com facilidade em razão das grandes dificuldades dele em tomar contato com suas emoções. Ele sempre buscava racionalizar, não conseguia identificar incômodos corporais e usava poucas palavras para se comunicar comigo.

Eu quis saber como ele estava em relação à morte de sua mãe e como isso o tocava no presente. Ele continuou na mesma atitude racional e disse que é um fato que ele aceita, mas sente por ela ter morrido jovem ainda. Eu sabia que precisava ir devagar e respeitar seu ritmo de processamento, mas ao mesmo tempo devia aproximá-lo aos poucos de suas emoções. Então, propus processarmos essa sua grande perda e ele concordou. Contou que, durante a madrugada, por umas três horas ele ficou sozinho com ela já morta, e essa foi a pior parte.

Quarta memória:

I: Ele sozinho com a mãe após seu falecimento.

CN: Eu não tenho valor.

CP desejada: Eu tenho valor.

VOC: 3.

E: Pena de mim.

SUDS: 8.

SC: Nada.

Depois da primeira série de estimulação, ele afirmou: "Quanta falta ela me faz. Nos momentos difíceis, eu peço para ela me iluminar. Mas, em muitas coisas, eu já sei o que ela ia me dizer, me aconselhar". Segui com a estimulação e, quando pausei, ele comentou: "Na verdade, não há incômodo, mas é difícil. Sinto que fiquei só". Ao perceber que ele estava uma vez mais se afastando das emoções, perguntei onde ele estava quando soube da notícia. Ele disse que dormia na namorada e que foi para o hospital onde ela faleceu sem contar nada para a namorada, que ficou dormindo. Eu demonstrei espanto e usei intervenções para aproximá-lo de si próprio naqueles momentos de solidão e dor, mas ele me disse que não era próximo da namorada e preferiu ir sozinho.

Fizemos mais uma série de estímulos bilaterais. Ele comentou que só sentia pena por a mãe ter morrido jovem e que, dali para a frente, ficou pouco tempo em casa, onde nunca gostou de estar. Eu pedi que ele lembrasse um pouco dos dias anteriores à morte da mãe, como estava seu relacionamento com ela, e continuei com os estímulos. Na sequência, ele comentou: "Ela encarava tudo numa boa, todas as cirurgias. Na última teve medo, mas eu falei que estava tudo bem". Na pausa seguinte, ele comentou: "Ela falou que tinha um segredo para me contar e eu disse que ia dar tudo certo, depois ela podia me contar". Eu perguntei se ele gostaria de ter pedido para ela contar em vez de dizer que ficava para depois, e ele respondeu que não. Eu indaguei o que ele imaginava ser esse segredo e segui com a estimulação. Ele comentou: "Era para dizer que minha irmã é adotiva ou talvez que meu pai era outro, mas não sei". Nesse momento, o SUDS era 3. Ele me disse que, quanto à morte da mãe, aceitou e era isso.

Celso comentou que pensar na morte da mãe trazia tristeza e saudades, mas que seria sempre assim. O VOC era 5, e ele afirmou ter valor porque superou muitas coisas, mas depende de que os outros reconheçam. Fiz mais duas séries de estímulos bilaterais, e o VOC foi para 6 e depois para 7.

Perguntei sobre a traição da primeira esposa e ele disse: "A gente era muito jovem e ela me fez um favor, porque eu não queria ficar casado com ela devido ao relacionamento que a gente tinha". Eu insisti a respeito da mágoa da traição, independentemente do desfecho da relação deles, com a separação conjugal. Ele falou: "Não tenho mágoa, sempre dei o que pude para ela". Perguntei sobre sua relação com a filha: "Eu fiz o que pude e tenho forçado a barra para estar às vezes com ela; ela cuida da mãe".

Quinta sessão individual: Celso não havia lembrado de nada a mais durante a semana, mas pensou na mãe algumas vezes, lembrou das visitas que fez a ela no hospital, quando ia do trabalho direto para lá, e também das conversas que tinham. Relatou sentir saudades dela e pena por ter morrido cedo, o que lhe trazia tristeza, mas estava bem com isso. Quando indaguei sobre alguma possível mudança com ele, repetiu o que havia comentado na semana anterior, que está mais atento a si próprio e aos outros.

Quinta memória: Pedi que ele falasse um pouco sobre como é ficar em casa sozinho quando Moema está na casa dos filhos. Acessamos as memórias relativas a essas ocasiões e passei a montar o protocolo com ele com base no que veio à mente de Celso.

I: Ele se vendo em frente à porta aberta, olhando para a casa em silêncio, escura e vazia.

CN: Eu não posso fazer nada.

CP desejada: Eu mereço coisas boas.

VOC: 7.

E: Ansiedade.

SUDS: 10.

SC: Estômago.

Eu procurei ajudá-lo a flutuar para o passado na busca por momentos antigos em que se sentiu de maneira semelhante ao que havia relatado, mas ele resistiu e afirmou que o incômodo vinha ao se concentrar na situação presente.

Após a primeira série de estimulação, Celso afirmou: "Fico ansioso pensando no que eu posso fazer e logo quero falar com Moema". Seguimos e, nos intervalos dos estímulos, ele fazia comentários, sempre se distanciando das emoções: "Eu não gosto de jeito nenhum da casa em que moramos aqui, mas é uma casa da família, então não tenho que pagar por ela, mas quero sair de lá assim que consiga"; "Eu quero mudar desta cidade, quero ficar perto dos filhos e do neto"; "Morando perto dos filhos, tem movimento na casa, sempre tem alguém chegando ou saindo no fim de semana". Continuou com comentários desse tipo nas pausas que eu fazia: "Queria chegar em outra casa, em outra cidade e ter movimento na casa, a Moema estar em casa ou outra pessoa, e ela chegar depois". Novamente eu pedi que ele prestasse atenção ao seu corpo, percebesse suas sensações corporais e o orientei a flutuar para o passado a partir das sensações percebidas. Na pausa seguinte, ele disse: "Eu lembrei de quando eu era criança, e o pai e a mãe dividiram a casa em duas partes. A avó foi para um lado e nós fomos para o outro com meus pais. Isso foi uma imposição da minha mãe". Ele sentiu ansiedade, processou um pouco isso e em seguida afirmou: "Lembrei que eu gostava de ficar sozinho no meu quarto, a ansiedade passou". E não vinha mais nada. Orientei sua volta ao alvo daquela memória.

Poucos minutos depois, Celso afirmou: "Quando vejo um filme, me distraio, eu sou ansioso mesmo, não paro muito tempo sentado para ler ou fazer qualquer coisa que não seja o trabalho". Mais à frente, disse: "Não é bom ficar sozinho, mas posso ficar". E depois: "Nas últimas duas vezes que a Moema viajou, eu já deixei ela mais à vontade, falei menos com ela". Nas pausas, foi afirmando: "Bom, mas teve contrapartida dela. Eu preciso de um tempo para me preparar e chegar a um acordo, um meio-termo"; "Ela não pode me dizer, assim, que vai para lá e vai ficar muitos dias com o neto, eu não quero ficar tanto tempo sozinho aqui, não gosto da cidade nem da casa"; "Mas posso ficar, se for com tempo para eu me preparar e entrar em acordo com ela".

A partir daí, o SUDS - que era 2 - não diminuía. Celso disse que o incômodo não ia acabar porque não gosta de ficar só na casa e na cidade, quer ir embora. Cheguei a CP, que permanecia a mesma, assim como o VOC. Ao verificar a sensação corporal, ele relatou estar com a respiração mais curta e ligou isso ao medo que sentiu de que Moema repentinamente queira viajar outra vez sem planejamento, sucumbindo à pressão que os filhos fazem para que ela vá cuidar do neto. Fizemos mais duas séries de estimulação, e ele ficou bem. Comentou que o mesmo havia acontecido há uns dois dias, mas ele argumentou que ela é a avó, tem a vida com o marido, e os filhos precisam se organizar sem ela; Moema havia concordado com ele. Encerramos a sessão.

Eu pretendia trabalhar mais com Celso para que ele se perceba melhor, elabore seus medos, fortaleça os recursos positivos que carrega e instale outros. Além disso, tinha em mente a necessidade de ajudá-lo a encontrar atividades prazerosas e melhorar sua rede sociofamiliar com o fortalecimento e a expansão de relacionamentos. No entanto, naquele momento achei melhor marcar algumas sessões conjuntas, a fim de criar espaço para a integração das mudanças individuais de ambos em suas interações conjugais.

Sétima sessão conjunta do casal: Os dois chegaram sorrindo. Celso demonstrava certa leveza e sentou-se com uma postura mais relaxada do que nas sessões anteriores.

Assim que iniciamos a conversa e eu perguntei como eles estavam, Moema contou animada que estavam muito bem, disse sentir-se ótima fisicamente e muito feliz com o rumo de seu relacionamento conjugal. Ela esteve fora quatro dias da semana, em que permaneceu na casa dos filhos; inclusive ficou longe de Celso em um feriado e tudo correu muito bem. Relatou que o marido ligou poucas vezes e, quando o fez, a conversa foi boa. Ele estava tranquilo, e os dois falaram animadamente ao telefone.

A finalidade da viagem de Moema foi ajudar sua nora, que voltou a trabalhar e não tinha com quem deixar o filho, por isso, pediu ajuda da sogra. Após Moema conversar rapidamente com Celso, ele concordou que ela deveria ir, e os preparativos da viagem ocorreram de maneira natural. Moema cuidou do neto e treinou uma babá para tomar conta dele durante o horário de trabalho da nora. Ela declarou: "Foi uma evolução muito boa e me sinto segura com o apoio de Celso, que ficou muito bem. Agora sinto que posso contar com ele se eu precisar". Nesse momento, Celso declarou: "É que agora é recíproco, eu respeitei o tempo dela, os horários, mas, quando nós conversamos ao telefone, ela estava atenciosa comigo".

Celso comentou que, dessa vez, ele percebeu que a viagem dela aconteceu de uma maneira diferente do que ocorria antes e acrescentou: "Nós tivemos mais sintonia e decidimos tudo junto. Eu não gosto de ser excluído de uma decisão nossa. Me sinto bem por estar fazendo a minha parte de apoiar a Moema para cuidar dos nossos filhos e neto quando é preciso e nós decidimos que ela vai fazer isso, quando eu tomo parte na decisão. Assim, eu assumo o lugar de pai com os meus enteados, que para mim são meus filhos".

Celso estava bem mais falante, contou não ter se sentido mal em casa, mas ao contrário, disse que ficou bem, assistiu filmes na televisão, ouviu músicas e cuidou das plantas. Declarou: "Eu não me senti abandonado, não fiquei andando de um lado para o outro, diferente do que sempre acontecia. Antes, quando ela viajava, eu tomava café na pia e não comia direito. Desta vez eu me cuidei, me alimentei bem, tranquilo".

Moema, encantada, disse: "Eu estava louca de vontade de voltar para casa e ficar com o Celso. Estava sossegada lá, sem me preocupar com ele, e fiz tudo o que precisava, querendo voltar para casa logo". E Celso emendou: "De lá, no telefone, ela já mostrava que estava valorizando o final de semana seguinte porque a gente estaria junto outra vez, e eu fiquei animado esperando por ela".

Moema chegou feliz em casa dessa viagem e me disse, sorrindo, que estava começando a se adaptar à casa em que moram.

A sessão seguiu dessa forma amena, e eu sinalizei as mudanças que os dois haviam feito em sua relação e como agora estavam mais flexíveis. Enfatizei que o impasse, o círculo vicioso estava rompido. Os dois concordaram imediatamente comigo.

Enfatizei a necessidade de atenção por parte de ambos para exercitarem as novas maneiras de se relacionar que tinham inaugurado entre eles e mudar os combinados que já não estavam servindo ao casal, ou seja, adaptar o contrato conjugal para o novo momento de vida e incluir as novas interações possibilitadas pelo processo de psicoterapia vivenciado.

A sessão seguiu nesse compasso até o final, com os dois saindo sorridentes do consultório.

Oitava sessão conjunta do casal: Os dois chegaram tranquilos novamente e eu perguntei como estavam, como estava a vida social de ambos e se eles haviam recebido os amigos cuja visita estavam esperando. Moema disse que a visita dos amigos foi ótima. Ela havia se reaproximado das amigas antigas, que agora estavam vindo para sua casa com os maridos, e Celso estava gostando disso. Já tinham recebido dois casais em casa e faziam planos para viajar em turma.

Celso contou que os dois haviam colocado limite no filho mais novo, e isso fez com que ele assumisse as responsabilidades financeiras por sua família, sem pedir mais nada para Moema e Celso. Ele completou: "Nós sempre tivemos dificuldades em colocar limites, mas agora a gente combinou e fez isso, com um resultado muito bom". Moema sorriu ao concordar com o marido e acrescentou que isto a deixava bem feliz: ver seu filho assumindo sozinho as despesas com o seu próprio filho. Celso comentou: "O que a gente trabalhou aqui deu resultado mais rápido do que eu pensei, mas sei que precisamos continuar dando passos em frente".

Esse comentário de Celso abriu espaço para que novamente eu insistisse na necessidade de o casal manter-se atento nos primeiros tempos, a fim de sedimentar as mudanças conseguidas.

Celso voltou a falar de como estava se sentindo conectado com Moema e do quanto isso fez diferença para a relação dos dois. Ele afirmou: "Por mim, tudo bem ela ir de vez em quando visitar os filhos, ajudar quando precisarem; eu sei que quando precisa, ela chega e comanda o *show* por lá, coloca as coisas em ordem e, assim que pode, já quer voltar para ficar comigo aqui"; "E eu posso me cuidar, já não me sinto abandonado".

Moema ressaltou que estava com muita vontade de fazer coisas novas; estava pesquisando o que iria fazer na cidade, que começava a achar interessante. Ela afirmou: "Depois que eu vim para as sessões individuais, não tive mais nenhum sintoma de pânico nem senti falta de ar". E seguiu dizendo que queria contar uma outra mudança, relacionada ao fato de colocarem limites nas situações: "Estamos a caminho da organização das nossas contas, estamos indo bem nesse aspecto, ainda no vermelho, mas agora já com tudo entrando nos eixos". Para meu espanto, Celso declarou: "É bom a gente colocar as contas em ordem para poder curtir mais com os amigos, é bom dar risada com amigos, se divertir um pouco".

Nesse momento, eu já estava encantada com o que ouvia, quando os dois passaram a falar dos ganhos da terapia e de como pretendiam seguir o processo comigo. Eles iriam dar um tempo e depois fariam novo contato para uma sessão de acompanhamento das mudanças que estavam colocando em prática no casamento e na vida do casal. Eu concordei com a decisão dos dois e encerramos a sessão.

Nas duas últimas sessões conjuntas realizadas com Celso e Moema, eu mantive em mente o objetivo de explorar o ajuste da dança do casal, o que incluía as tarefas relacionais a serem desenvolvidas por eles, como trabalhar as fronteiras e os limites nas relações familiares e ajudá-los a melhor se adaptarem à fase do ciclo de vida que vivem.

Um dos temas bem salientes na queixa inicial de Celso e Moema era o ciúme excessivo dele. Esse aspecto já havia sido explorado nas primeiras sessões conjuntas, depois foi tratado no nível intrapsíquico e agora os resultados obtidos estavam sendo incluídos nas interações dos dois.

Nesses casos, é importante ao casal criar limites entre os dois que sejam aceitáveis a ambos. É preciso manter equilíbrio entre segurança e liberdade, tanto para cada um quanto para o casal como um subsistema, e desenvolver estratégias efetivas para lidar com as inseguranças pessoais e as incertezas do amor. (SCHEINKMAN; WERNECK, 2010).

A confiança tanto de Celso quanto de Moema foi reforçada nas sessões individuais, e agora era momento de desenvolverem mais confiabilidade no relacionamento. No fundo, o que Celso precisava era confiar que Moema se mantém disponível para ele ainda que os filhos a solicitem. Já Moema precisava confiar que, mesmo que se envolva com os filhos e as amigas, Celso se mantém disponível para ela. Ao trabalhar as memórias traumáticas que os mantinham reféns desses medos, eles passaram a negociar melhor essa situação, fato que aos poucos vai reforçando a confiabilidade no casamento.

As triangulações, tanto de Moema com os filhos quanto de Celso com a pornografia, estão sendo desconstruídas na medida em que eles conseguem se unir e fazer planos quanto aos limites do envolvimento de Moema com a família. Isso os deixa mais livres para organizarem a vida de acordo com a fase do ciclo vital em que se encontram e para se envolverem com amigos em comum.

O ciclo de vulnerabilidade em que estavam presos cedeu, dando espaço para novas interações, por exemplo, a possibilidade de discutir os desacordos e negociar a relação com os filhos e a vida financeira, assim como outras questões, com espaço para as necessidades de cada um deles. Eu vi o casal diminuindo suas atitudes de "poder sobre" e ensaiando novas atitudes de "poder com" e de "poder para" (*vide* conceitos no capítulo 6).

Com essas mudanças, a intimidade cresceu e o contrato conjugal começa a ser revisto.

Celso e Moema não fizeram mais contato comigo. Cerca de um mês depois do término das sessões, eu os procurei e sugeri que marcássemos um horário com o objetivo de acompanhar a evolução do casal. Eles prontamente concordaram, e a sessão aconteceu poucos dias depois.

Os dois chegaram tranquilos. Celso comentou que eles estavam bem no relacionamento e que estavam animados com a possibilidade de mudança para a Europa, caso ele consiga a transferência que estava pleiteando no trabalho. Contou também que fez um acordo com os irmãos a respeito do inventário do pai, que iria ser encerrado.

Moema relatou estar muito feliz com o aniversário de um ano de seu neto e que, para comemorar, o filho e a nora organizaram uma festa; ela e Celso iriam como convidados, sem ajudar financeiramente em nada. Ela contou que havia se matriculado em uma academia de ginástica e que isso estava lhe dando muito prazer.

Eu conversei com os dois para conferir como estava o relacionamento do casal, e ambos se mostraram bastante felizes, conectados e otimistas quanto ao futuro.

Tadeu e Nanci

Ela reclama e clama... Ele se culpa e se assusta; se pune e se afasta... Ela se culpa, reclama e clama...

Recebi um recado deixado por uma ex-cliente em que pedia que eu lhe retornasse assim que possível para conversarmos sobre a possibilidade de psicoterapia para um primo e sua esposa. Ambos haviam passado por uma experiência difícil de assalto em casa e, desde então, estavam com dificuldades no relacionamento.

Ao retornar o telefonema, soube que o casal residia em uma cidade relativamente distante e precisava de sessões seguidas em poucos dias, durante os quais permaneceriam em um hotel, com as duas crianças e uma babá.

De posse dos números de telefone de Tadeu e Nanci, fiz contato e marcamos horários seguidos para o mês seguinte, o que deixava tempo suficiente para que tanto eu quanto eles fizéssemos os arranjos necessários para as sessões seguidas que solicitavam.

Na primeira sessão, os dois chegaram ansiosos e comentaram que o atraso foi causado pela demora no trânsito. Tadeu sorriu ao dizer que já não estavam acostumados a transitar em cidades grandes. Nanci estava mais quieta, observava atentamente a mim e ao local.

Conversei um pouco sobre a cidade de onde vinham, acolhi a ambos, perguntei como foi a viagem e se estavam bem no hotel.

Alguns minutos depois, eles passaram a falar do que os trouxera até mim. Estavam casados há oito anos, ambos no primeiro casamento, e tinham duas filhas em comum: Mariana, com cinco anos, e Isabela, com três anos. Nanci tem 33 anos e trabalha como tradutora de livros. Tadeu cuida de uma confecção de roupas que criou há dez anos; ele está com 35. Quando Nanci engravidou, após dois anos de casamento, eles resolveram mudar para uma cidade menor pensando em criar os filhos mais perto da natureza, em um local com menos violência e mais convívio social. Nesse período, a confecção de Tadeu ainda era pequena e foi fácil fazer a mudança, já que a costureira que trabalhava com ele foi junto e lá permaneceu até que ele contratasse duas outras pessoas para substituí-la. Quando Nanci terminou seu curso de Jornalismo, já trabalhava como tradutora e permaneceu com essa atividade profissional. Tadeu estudou Administração e fez cursos profissionalizantes antes de começar a trabalhar com confecção de roupas masculinas.

Desde a mudança de cidade há seis anos, a confecção prosperou e eles construíram uma casa confortável. Os dois se envolveram em cada detalhe do projeto e da construção e gostaram muito do resultado quando a casa foi finalizada. Assim que mudaram para a nova residência, Nanci insistiu que Tadeu aumentasse a segurança com grades mais altas e alarme, mas essas providências foram sendo adiadas, e a casa ficou sem o alarme e outros itens de segurança. Há seis meses, houve um assalto à mão armada, com Nanci e Isabela em casa.

Queixa apresentada: Desde o assalto, o casal se distanciou. Ela permanece junto com as filhas todo o tempo possível e está com dificuldade de concentração para trabalhar. Tadeu reclama, sente falta do convívio com os amigos e dos passeios de motocicleta pela região, que fazia com Nanci aos sábados pela manhã. Está mais solitário e triste. Ambos se sentem incompreendidos e injustiçados um pelo outro. Ele afirma que o assalto mudou muito a vida da família e que Nanci ficou parada no tempo: não deixa que eles esqueçam o que passou, quase todas as semanas fala alguma coisa que o faça lembrar do assalto. Ela reclama que ele não compreende o sofrimento dela e que não está preocupado o suficiente com a proteção de sua família.

Um pouco da história de Nanci: Ela é filha única, teve um irmão dois anos mais novo que morreu atropelado aos cinco anos de idade quando saiu correndo para pegar o cachorro, que fugiu pelo portão da casa. Na época, a mãe entrou em depressão, que se estendeu por quase dois anos. Durante esse período, sua mãe tomou fortes remédios e Nanci foi cuidada pela avó materna, de quem ela é bem próxima. Nanci muitas vezes ouviu seu pai chorar escondido, mas ele fez todo o esforço para manter um bom clima para a filha em casa. Depois que a mãe recuperou-se, segundo o relato de Nanci, eles tiveram sempre uma vida boa, viajavam juntos e ela conviveu bastante com amigas, que os pais faziam questão de levar nos passeios e viagens sempre que possível, para que a filha tivesse companhia. Quando já estava na faculdade, ela viajou algumas vezes com amigas, namorou e se divertiu muito, conforme relatou. Ela acha que, mesmo a mãe tendo passado pela depressão, acabou superando melhor a perda do filho do que seu pai, que, segundo a percepção de Nanci, nunca mais foi alegre e espontâneo como era antes.

Um pouco da história de Tadeu: Seus pais cresceram na zona rural e mudaram para uma cidade um pouco maior quando tiveram os filhos, para que Tadeu e seus três irmãos tivessem melhores condições de estudo. Ele tem uma irmã um ano mais velha e dois irmãos mais novos – um deles é um ano mais novo que Tadeu, e o outro, dois anos mais novo. Assim que possível, ele buscou ganhar seu próprio dinheiro para que não fosse um peso financeiro para os pais. A irmã é professora. Os dois irmãos mais novos cultivam a pequena propriedade familiar; eles modernizaram as técnicas de cultivo da terra com bons resultados. Sua vida sempre foi de muito trabalho desde bem jovem.

Ao se conhecerem em um *show* de música sertaneja, Nanci se encantou por ver Tadeu curtindo o show em companhia dos irmãos, com sorriso aberto e olhar acolhedor, segundo sua descrição. Tadeu foi cativado pela moça bonita que estava rodeada de amigas e se divertia bastante, sorrindo e conversando com todas.

Viveram muito bem, sem tantas culpas e cobranças, até o dia do assalto.

Por volta de cinco horas da tarde de uma quinta-feira, Nanci trabalhava em seu escritório e Isabela dormia no andar superior da casa quando o assaltante apareceu repentinamente. Mais tarde, souberam que ele entrou pelo portão, que ficou aberto por esquecimento de uma diarista da casa. O assaltante ameaçou Nanci com uma arma, mandou que ela abrisse o cofre e lhe passasse joias e dinheiro. Em seguida, entrou outro homem. Ambos usavam máscaras. O segundo homem rapidamente reuniu no centro da sala dois computadores, pegou o celular de Nanci que estava sobre a mesa, sua bolsa e um aparelho de televisão. Ela ficou congelada; não ousava olhar para a escada, só pensava na filha dormindo no andar superior. Conseguiu acalmar-se e garantiu ao homem que lhe entregaria tudo, mas suplicou que eles fossem embora rapidamente e não usassem de violência ali. Porém, o cofre estava em seu quarto, ao lado do quarto onde Isabela dormia. O assaltante mandou que ela se apressasse, dessa vez falando em voz bem alta e sacudindo a arma na sua frente.

Nanci não sentia as pernas enquanto subia os degraus da escada nem entende como conseguiu lembrar da senha e abrir o cofre, que eles esvaziaram em segundos. Os assaltantes roubaram o que quiseram e sumiram do local tão repentinamente quanto apareceram. Ela permaneceu um tempo imóvel, depois saiu chorando de casa e foi socorrida por uma vizinha, que chamou Tadeu. Ele tomou as providências necessárias: chamou a polícia e organizou a ida da família para um hotel, onde ficaram por dez dias. Um guardião ficou tomando conta da casa.

A segurança da casa foi reforçada. A família voltou para sua residência, mas o guardião permaneceu em definitivo no local, contratado para vigiar a rua pela quadra toda.

O processo psicoterápico de Nanci e Tadeu ocorreu de modo intensivo. Além de residirem em outra cidade, eles precisaram trazer as filhas e a babá com eles, deixando as três no hotel durante o horário das sessões. Reservei duas horas por dia e fazia sessões duplas com o casal. O levantamento da queixa, da história comum e de cada um deles antes de se conhecerem foi feito em quatro horas, duas horas na segunda-feira e duas na terça-feira.

Em seguida, na terceira sessão, optei pelo uso de uma técnica de desenho que pudesse permitir a visualização das queixas de ambos de forma mais concreta e rápida. Os desenhos relacionais metafóricos, quando explorados na sessão terapêutica, podem criar espaço para novas percepções do outro, de si próprio e das dinâmicas da relação. Em artigo sobre o uso de desenho na terapia de casal, Rober (2009, p. 192) comenta: "Os desenhos sobre seu relacionamento podem oferecer aos parceiros um tipo especial de lente, através da qual eles podem observar-se a partir de uma certa distância".

Pedi que cada um pensasse um pouco sobre como se sentia na relação e como percebia o outro. Depois, dei uma prancheta para cada um deles e pedi que imaginassem o parceiro como se o outro fosse um elemento da natureza ou um objeto, ou seja, como algo que o representasse. Em seguida, poderiam fazer um desenho simples do que haviam pensado. Após o desenho, cada um escolheria uma representação para si próprio em relação ao outro. Para esclarecer melhor a tarefa, comentei sobre o desenho feito por uma pessoa, parte de um casal, com quem usei essa técnica: ela se desenhou como um martelo e representou o outro como uma caixa que podia ser golpeada com força sem se abrir, continuando intacta.

Quando terminaram, o desenho de Tadeu mostrava três margaridas próximas, e um pouco mais distante havia um boneco feito de linhas simples, com os braços na horizontal. Nanci desenhou um peixe maior e um menor, com vegetação entre eles. Eu perguntei quem gostaria de começar: Nanci mostrou o peixe que a representava e o outro que representava Tadeu, e a vegetação era o que os separava. Perguntei como Tadeu via o desenho feito por ela e ele respondeu que ficava triste, afinal os dois costumavam nadar juntos antes do afastamento do casal, mas que não estava surpreso com o desenho da esposa. Em seguida, ele mostrou as margaridas, que representavam Nanci e as filhas, e apontou para o boneco, dizendo que ali não era um lugar cômodo para se estar. Nanci se disse meio chocada por ele se representar como uma espécie diferente dela e das filhas, vistas como flores.

Exploramos os desenhos e perguntei a cada um deles se conseguiam ver alguma conexão entre os desenhos feitos e o assalto. Tadeu disse que ficou mais alerta desde então e se via assim no desenho, vigiando as suas flores. Nanci comentou que essa atitude dele não ajudava, pois fazia com que ele ficasse longe dela e das filhas. Passamos um tempo na exploração dos desenhos; eu fazia perguntas e os motivava a buscar possíveis relações entre os desenhos, as dificuldades atuais, o assalto e a história de vida de cada um deles.

Aos poucos, foi aparecendo a culpa carregada por Nanci por não ter acompanhado a diarista até o portão, já que estava em casa no momento da sua saída. Tadeu olhou fixo para ela e se disse surpreso com o que ouvia, já que eles não costumavam verificar se a diarista fechava o portão na saída. Ela afirmou que isso foi um erro e reclamou que precisava pensar sozinha na segurança, já que ele não costumava dar ouvidos a ela nesses assuntos, pois sempre dizia que ela é preocupada demais com tudo.

No fundo, ela reclama pela falta dele e ele reclama pela falta dela. Mas há um espaço entre eles que parece intransponível aos olhos de cada um: Nanci deseja ser alcançada por ele e se frustra, Tadeu se sente abandonado por ela e se frustra. Cada um se recolhe no seu canto: ela se gruda nas filhas; ele trabalha cada vez mais e se entristece pela solidão vivenciada e pelo afastamento de Nanci e das meninas. Essa dificuldade conjugal está se estruturando aos poucos em um ciclo de vulnerabilidade. A vulnerabilidade dela é não ser levada em conta o suficiente nas suas necessidades, e a estratégia de sobrevivência é reclamar e culpar Tadeu. A vulnerabilidade dele é sentir-se um peso, sentir-se inadequado, e sua estratégia de sobrevivência é o afastamento de Nanci e das filhas. Assim, ele deixa de cuidar de "suas margaridas" e se sente sozinho. A busca por culpados faz parte desse processo.

Pittman (1989) comenta que, em crises que atingem a família e que podem ser classificadas como "eventos inesperados", é comum haver a autoculpabilização ou a tendência a culpar alguém próximo pelo ocorrido, ou ambas posturas. Nesse caso específico, a crise é o assalto, e isso fica evidente no discurso dos membros do casal. Nanci culpa o marido por não ter investido em segurança e culpa a si mesma por não ter fechado o portão. Tadeu sofre por arrepender-se de não ter dado ouvidos à esposa.

As memórias traumáticas do assalto se conectaram com as memórias de infância de cada um deles, o que gera o ciclo de vulnerabilidade. Como ficou claro após as sessões de processamento, Nanci se achava coparticipante na morte do irmão por não ter percebido o portão aberto pelo qual ele saiu e foi atropelado. Tadeu, ainda criança, se culpava por perceber o sacrifício dos pais para cuidar dele e dos irmãos.

Com apenas meia hora para acabar nosso horário do dia, eu passei a conversar com eles sobre a possibilidade de fazermos algumas sessões com EMDR a fim de que cada um pudesse processar suas memórias do assalto, fortemente carregadas de emoções negativas. Conversamos sobre o modelo de trabalho e, nesse caso, concordamos em fazer todas as fases do protocolo em sessões conjuntas. A descrição do protocolo usado com eles está no capítulo 3. Esclareci algumas dúvidas que apareceram e encerramos a sessão.

No dia seguinte, iniciamos a fase de preparo do casal para o processamento conjunto e, entre outras providências, houve o combinado dos dois sobre o local da sala em que iriam permanecer enquanto um deles estivesse nas fases de processamento. Uma das vantagens do protocolo conjunto em todas as fases é o fortalecimento da conexão do casal, e esta é uma das demandas deles. Além do mais, o casal não apresenta contraindicações para o uso desse protocolo, que está descrito no capítulo 3.

Após ter sido realizada a fase 2 do protocolo de EMDR com cada um, Tadeu sentou-se ao lado direito da esposa, com a mão esquerda sobre a mão direita dela. Por decisão do casal, seguimos com o protocolo inicialmente com Nanci.

Como na descrição do caso anterior, segue o relato resumido das falas de Nanci e Tadeu ocorridas entre as séries de estímulos bilaterais.

Nanci, primeira sessão de processamento, primeira memória processada: Pedi que falasse um pouco sobre o que vivenciou no momento do assalto para ativar aquela memória. Segui com o protocolo, e ela selecionou um momento específico do assalto, quando percebeu o homem mascarado perto dela no escritório. Ela não ligou esse momento a algum outro mais antigo e seguimos com essa memória. (Nem sempre o primeiro momento de um evento traumático é usado como alvo inicial.)

I: O mascarado em minha frente.

CN: Estou perdida.

CP desejada: Estou segura.

VOC: 1.

E: Desespero.

SUDS: 9.

SC: Coração disparado.

Logo no começo da série de estímulos, Nanci encheu os olhos de lágrimas, foi ficando muito tensa e o choro veio. Tadeu pressionou levemente sua mão, e ela seguiu processando. Quando interrompi os estímulos, ela chorou um pouco e comentou: "Está difícil, mas vamos continuar". Secou os olhos, respirou fundo por duas vezes e colocou novamente a mão sobre o braço da poltrona para que Tadeu a tocasse. Quando voltou ao processamento, enrijeceu o corpo outra vez. Algumas de suas falas durante os intervalos entre as séries foram: "Eu estava nas mãos de dois bandidos e, o pior, a Isabela estava nas mãos deles e eu não podia proteger minha filhinha"; "O que eu mais queria era poder voltar no tempo e impedir que eles entrassem na minha casa ou, então, correr o tempo e eles já terem saído de lá"; "Eu me lembro de pedir para Deus fazer a Isabela não acordar e eles não verem que ela estava no quarto". Depois, Nanci começou a chorar forte; Tadeu me olhava aflito enquanto acariciava a mão dela. Eu ofereci água, orientei que respirasse profundamente outra vez e então perguntei se poderíamos seguir com o processo; ela prontamente respondeu que sim. Na sequência, ela ficou um tempo repassando os momentos difíceis que viveu. Eu parava, ela respirava, Tadeu esfregava a sua mão e ela prosseguia. Depois de quase meia hora repassando o assalto, ela fechou os olhos e cobriu o rosto com as duas mãos. Após respirar mais forte e trocar o lenço com o auxílio do marido, ela disse: "Agora eu me lembrei de uma coisa antiga: pensei na morte do meu irmão, que também está ligada com portão aberto. Eu passei bastante tempo depois que ele morreu pensando que se eu tivesse ido atrás dele e fechado o portão, ele não tinha morrido".

Nanci chorou forte e Tadeu chorou também enquanto estendia o braço sobre os ombros dela. Ela comentou ter se culpado em silêncio por um tempo pela morte do irmão, até que falou com a avó, que fez o que pode para tranquilizá-la. Na sequência, ela se lembrou de vários momentos com o irmão e outros após o seu falecimento. Sentiu forte incômodo no abdômen, depois na garganta. Seguimos com o processamento; entre as séries, ela foi fazendo comentários a respeito do sofrimento dos pais, cada um a seu modo. Lembrou-se das palavras da avó dizendo que ela não era a responsável, pois não sabia que o portão estava aberto. Uma série a mais e eu lhe perguntei se ela achava que, dali a dois anos, Mariana poderia ser responsabilizada por cuidar do portão da casa ainda que não estivesse perto dele, e ela foi incisiva ao responder que não. Continuamos com mais uma série. Nesse instante, eu trabalhei com aquele estado de ego infantil, com ela adulta verificando o que a menina precisava para ficar bem. Segui com os estímulos bilaterais. Nanci se emocionou bastante, acolheu e tranquilizou a menina. Na pausa seguinte, ela respirou, bebeu água e disse estar pronta para continuar. Lembrou do quanto a avó materna foi carinhosa com ela e fez tudo o que pôde para ajudá-la a passar por esses momentos de tanta dor. Ela estava mais calma, e o SUDS nesse momento estava em 4. Usei a técnica do *container* e uma outra intervenção de tranquilização antes de pedir que ambos se sentassem no sofá, onde estariam mais acessíveis um ao outro.

Seguindo o protocolo, pedi que Tadeu dissesse algo novo percebido para ajudar a esposa. Ele se revelou comovido com o sofrimento dela tão nova, culpando-se pela morte do irmão e como havia feito a ligação com o portão aberto por onde o assaltante entrou na casa no dia do assalto. Abraçou Nanci, que agradeceu por ele ter estado com ela de maneira tão carinhosa durante a sessão.

Segunda sessão de processamento, sessão dupla, com duas horas de duração: Ao conversar com Nanci sobre como ela ficou desde o dia anterior, ela comentou ter saído do consultório com muito sono. Brincou um pouco com as filhas, cuidou de cada uma como era preciso o mais rápido que conseguiu e, segundo relatou, "eu apaguei assim que pude me deitar". Perguntei se podíamos prosseguir. Ela suspirou, disse estar meio esgotada, mas queria ir em frente. Após uma técnica de relaxamento, os dois sentaram-se na mesma posição do dia anterior, e eu voltei a ajudá-la a acessar a memória, que já apresentava incômodo mais reduzido.

Ao lembrar-se das cenas do assalto, Nanci ficou menos incomodada. Porém, quando ela relembrou os momentos mais impactantes, como a chegada dos assaltantes e a subida para o andar superior, onde estava o cofre, apareceram emoções mais fortes. Ela sentiu raiva pela invasão de seu espaço e disse que gostaria de ter tido outras reações, mas afirmou: "Eu soube conduzir aquilo tudo, no fim todos nós ficamos bem e agora nossa casa é bem mais segura do que antes". Depois comentou: "A Isabela não viu nada, acho que nem sabe o que aconteceu lá, eu a protegi direito". O SUDS estava em 3, e ela ainda sentia bastante raiva. Perguntei se ela gostaria de se ver tendo outras reações que não foram possíveis quando tudo aconteceu, e ela disse que sim. Seguimos com uma série longa até que ela disse: "Chega, já xinguei muito os dois, já bati, agora quero expulsar da minha vida". Seu corpo relaxou na poltrona. O SUDS era 2 e não diminuía mais; ela me disse que isso ainda era ruim, precisava voltar para casa e para sua vida de antes do assalto. Fiz mais algumas séries, e ela se lembrou do pai e de como ele mudou após perder o filho. Nesse momento, ela voltou a sentir tensão no peito e comentou que o marido também ficou mais triste depois do assalto. Tadeu olhou para baixo e continuou segurando a mão de Nanci. Eu vi que o incômodo que permanecia estava relacionado com a relação do casal e decidi parar por ali. Estabilizei Nanci e os dois voltaram para o sofá.

Restavam 20 minutos das duas horas de nossa sessão dupla desse dia. Conversei com ela a respeito de como se sentira, e ela se disse muito melhor em relação ao assalto, mas bastante triste pelo tempo em que os dois passaram distantes. Agora se sentia pronta para voltar a viver próxima a Tadeu, como antes.

Ele a envolveu em um abraço e disse: "Fique calma, você e as meninas vão ficar bem". Nesse momento, Nanci chorou enquanto falava com ele: "Você disse 'nós' e se deixou fora da família outra vez". Ele tornou a abraçá-la e emendou: "Nós vamos ficar bem".

Tomei providências para que os dois se estabilizassem; pedi que cada um fosse para o seu "lugar tranquilo" e encerrei a sessão.

Tadeu voltou para casa e trabalhou no sábado e na segunda-feira. Retornou à cidade na terça-feira pela manhã. Na terça-feira à tarde, fizemos outra sessão dupla, dessa vez com ele.

Primeira sessão de processamento de Tadeu, sessão dupla, com duas horas de duração: Os dois chegaram apressados, pois o voo dele havia atrasado um pouco, mas estavam sorridentes. Ela contou que passeou com as filhas no final de semana e que sentiu a falta do marido; estava ansiosa para retornar para casa com ele.

Os dois inverteram os lugares, com Nanci ao lado do marido segurando sua mão. Eu pedi que ele contasse um pouco como vivenciou o assalto. Tadeu relatou o quanto se assustou com o telefonema da vizinha e que nem sabia como conseguiu sair da empresa e chegar em casa tão rápido. Correu para ver Nanci e Isabela. Nanci estava junto com alguns vizinhos sentada na sala e Isabela ainda dormia. Ele abraçou a esposa e subiu para ver a filha, que nesse momento acordava. Ele a trouxe para baixo, e uma amiga de Nanci passou a tomar conta da garota, enquanto outra vizinha foi pegar Mariana na escola e a trouxe para casa. Nanci, chorando, separava algumas roupas para irem para um hotel, onde permaneceram por dez dias, enquanto Tadeu providenciava o reforço na segurança da casa. Ele comentou o alívio que sentiu ao se ver com as três no hotel, depois de conferir o que os assaltantes haviam levado para relatar na queixa policial feita.

Para Tadeu, o pior momento foi quando recebeu o telefonema.

I: A porta de saída do seu escritório na confecção, por onde gostaria de voar para casa.

CN: Estou perdido.

CP desejada: Estou bem.

VOC: 1.

E: Desespero.

SUDS: 10.

SC: Dor de cabeça.

Feito o acesso à memória, iniciei a estimulação. Tadeu tensionou todo o corpo, encolheu as pernas e apertou os lábios. Entre as séries, ele fez comentários como: "Eu entrei em parafuso, fiquei doido, não sentia o chão"; "Voei para lá, mesmo já sabendo que elas estavam bem, eu tinha que ver, que estar junto delas"; "Eu me senti muito mal por ter falhado com a Nanci, ela queria mais segurança e eu não dei ouvidos, fui deixando para depois, confiava que estava tudo bem"; "Fiquei me sentindo mal no hotel, era como se eu não tivesse feito as coisas direito, tinha culpa"; "Tinha não, ainda tenho..."; "A Nanci está certa, eu devia ter ouvido ela antes de acontecer tudo isso". Nesse momento, ele ficou paralisado, repetia isso com palavras diferentes e não saía dali. Ela ficou consternada, mas se conteve, só apertou a mão do marido.

Na pausa seguinte, eu perguntei se ele se lembrava de ter se sentido desse jeito ou parecido com isso quando criança ou mesmo mais tarde. Eu já havia feito essa pergunta antes, durante a montagem do protocolo, no momento de levantar imagem, cognições, emoções e sensações corporais ligadas à memória selecionada, mas, naquele momento, ele não ligou com nada do passado. Porém, depois fez uma ligação instantânea e segurou o choro ao responder: "Sim, quando criança, eu não queria ser peso para a minha família, queria poder aliviar meus pais logo, eles tinham um trabalho duro demais para nos dar o que pudessem de bom". Perguntei qual o momento que lhe vinha à mente como representação do que ele havia relatado, e a resposta foi: "O pai indo ainda com o escuro para a lavoura e a mãe preparando as marmitas dele, com as pernas cheias de varizes". Seguimos com a estimulação, e ele soltou o choro contido enquanto Nanci chorava silenciosamente ao lado do marido.

Vieram muitas lembranças da infância em que ele amadureceu precocemente, sempre se responsabilizando por ajudar os pais e os irmãos no que pudesse. Seu peito apertou, o abdômen se contraiu. Seguimos pausando e processando até que ele começou a relatar que há pouco tempo havia pago uma cirurgia de varizes para a mãe e que deu uma viagem de presente aos pais. Depois, disse que sempre faz o que pode por eles e é grato a Deus por seus pais estarem vivos e bem para poderem viver melhor agora, com mais conforto e divertimento.

Quando eu pedi que ele voltasse ao alvo – o assalto – Tadeu comentou que as imagens estavam mais apagadas, mais distantes e o incômodo agora era menor. Mas ele ainda se sentia responsável pelo assalto em casa, e o SUDS era 4. Tomei as providências necessárias para o encerramento da sessão e os dois saíram.

Segunda sessão de Tadeu: No dia seguinte, quarta-feira, retomei com Tadeu de onde paramos.

Ao acessar a memória, o incômodo havia subido para nível 5 e seguimos com o processamento. Ele se lembrou de Nanci insistindo com ele para reforçar a segurança da casa, antes do assalto. Depois de três séries com lembranças sobre esse tema, ele disse: "Eu acho que devo pedir desculpas a ela por não ter dado importância aos seus pedidos, não posso voltar o tempo. É isso". E completou: "E depois, ela também podia ter providenciado isso por si mesma". Nanci arregalou os olhos e olhou para baixo, ainda segurando a mão do marido. Depois de mais uma série, ele afirmou: "Chega, eu quero seguir vivendo tranquilo, acho que cansei de falar nisso e também cansei de ouvir ela falar nisso, mas não vou mais ficar longe para não ouvir sobre isso dela. Tenho vontade de pedir para que ela fale tudo o que quiser agora e quem sabe assim a gente consiga deixar isso de uma vez".

Nesse momento, o SUDS era 2, e ele declarou que os dois precisavam acertar essa conversa de uma vez. A CP mudou para: "Posso ficar bem". Seu corpo estava relaxado e encerrei essa fase com ele. Quando já estavam no sofá, ele disse que havia dito o que gostaria de falar para Nanci e o que ainda queria fazer era pedir desculpas e dar a ela o espaço para que falasse tudo o que precisasse sobre o assalto, antes que os dois deixassem isso no passado.

O que se seguiu foi um emocionado abraço do casal, com ela declarando que ele estava perdoado, que o amava mais agora e que entendia melhor os seus cuidados constantes com os pais. Eu também me emocionei; precisei respirar fundo e me centrar para prosseguir, mas antes disse o quanto os admirava naquele momento pela capacidade de ambos de se reconectarem com amor. Lembrei-os de que eram muito jovens e tinham muito a ser vivido.

Usei o restante do tempo para explorar com eles as mudanças necessárias e incluir o que haviam elaborado nesse curto tempo de intensa psicoterapia. Eu gostaria muito de poder fazer mais sessões com o casal para fortalecer os resultados alcançados e processar mais algumas lembranças antigas dos dois, que se relacionavam com queixas no casamento, mas eles se despediram e foram embora. Pedi que me dessem notícias e, uma vez mais, precisei confiar que as sessões que fizemos iriam possibilitar que Tadeu e Nanci incluíssem novas interações em seu relacionamento, o que resultaria em uma dança conjugal mais flexível.

Dois meses depois, Nanci escreveu uma breve mensagem me dizendo que estavam bem, preparando-se para uma viagem de férias e agradeceu novamente o tempo de psicoterapia.

Com esse casal, não foi possível explorar mais amplamente as dinâmicas interacionais nem mesmo a história do relacionamento e de cada um deles devido ao pouco tempo disponível. No entanto, priorizei o que se apresentou como principal a ser enfrentado na busca por mudança conjugal, embora o tempo todo outros temas também estiveram presentes em minhas lentes de trabalho.

O número reduzido de sessões feitas nesse caso pesou na escolha para a apresentação neste livro, devido aos resultados alcançados com o modelo de trabalho descrito, ainda que com a limitação do tempo de psicoterapia.

O ciclo de vulnerabilidade que estava se fortalecendo foi desmontado com o processamento das memórias precoces de ambos, e o trauma do assalto foi superado. A comunicação entre eles foi restabelecida, agora com maior intimidade, já que que cada um conhecia um pouco mais da história das dores do outro. As fronteiras do subsistema conjugal foram reforçadas, com a volta da conexão do casal e consequente enfraquecimento da triangulação de Nanci com as filhas e de Tadeu com sua atividade profissional. Eles voltaram a participar da rede social, e a confiabilidade de ambos no casamento foi fortalecida. As relações de poder também se modificaram, na medida em que o "poder com" e o "poder para" aumentaram, com consequente decréscimo do "poder sobre". Assim, a intimidade do casal se fortaleceu e espero que o contrato conjugal tenha sido atualizado ao ser atingido por essas mudanças.

Se houvesse mais tempo, eu teria focado no contrato conjugal dos dois e suas necessidades de adaptação com vistas ao futuro. Também gostaria de acompanhá-los para certificar-me de que as mudanças conseguidas na terapia estavam se refletindo e repetindo na vida, fortalecendo circuitos cerebrais de interações funcionais para a dança conjugal de Tadeu e Nanci.

Fechamento do capítulo

Com Celso e Moema, foram nove sessões conjuntas de casal, mais cinco individuais com Celso e seis com Moema, em um total de 19 sessões. Os encontros conjuntos eram impregnados de limites de ordem prática por eles percebidos quanto à situação financeira e à impossibilidade de mudança para outra cidade ou, então, de adaptação na cidade em que residem. As sessões com Moema aconteceram de forma mais amena, uma vez que ela já havia feito outras psicoterapias e aderia às intervenções com certa tranquilidade. Já as sessões de Celso foram mais difíceis em razão dos cuidados extras demandados por seu transtorno bipolar e as dificuldades de autopercepção.

Além dos aspectos já comentados, a psicoterapia desse casal foi complexa pela cronicidade dos problemas, em razão do longo tempo pelo qual cada um deles tem vivenciado as consequências dos traumas precoces que experienciaram.

Celso cresceu em um ambiente desfavorável no tocante à discriminação e ao manejo de emoções. Ficou carente de aceitação incondicional e da vivência de conexão emocional, que são a base para a formação de apego seguro. Quando já adolescente e com atuação baseada no apego inseguro, não houve mudança em seu contexto que pudesse encaminhá-lo ao desenvolvimento das habilidades necessárias para vivências mais saudáveis. Ele revelou-se um adolescente com escassa inteligência emocional, desadaptado e solitário. Perdeu a mãe no final da adolescência, quem era sua maior referência. Em seguida, casou-se e tornou-se pai sem o preparo necessário.

Moema criou-se em um ambiente que não lhe deu acolhimento e segurança. Sem ter recebido o suporte necessário, ela precisou fornecer esse suporte aos irmãos. Saiu de casa no início da adolescência e seguiu procurando, em relacionamentos românticos, o que deveria ter vivenciado na família.

Tanto nas sessões conjuntas quanto nas individuais, lidamos com esses temas até quando o tempo de terapia permitiu.

No final de nosso processo, eles já estavam colocando limites nos filhos, após terem negociado esse tema entre si. As viagens de Moema estão mais reduzidas porque ela assim o deseja e, quando acontecem, ela demonstra desejo de voltar para o marido, sua casa e sua vida, como declarou. As viagens são encaradas por Celso como algo natural. Entre eles, os limites agora são negociados com mais possibilidade de acordos, com o ciúme de Celso bem amenizado. Também já estavam recebendo amigos em casa, o que revela uma vida mais de acordo com a fase de seu ciclo vital. A ampliação da rede social tende a facilitar mudanças e enriquecer a vida de ambos, além de favorecer a adaptação na cidade.

Com Tadeu e Nanci, foram 13 horas de sessões conjuntas de casal, incluindo as sessões de terapia EMDR. Ambos se envolveram intensamente no trabalho. Fizemos sessões duplas com duas horas de duração. O trauma do assalto vivenciado pelos dois ecoou em todos os níveis da relação do casal e conectou-se com vivências traumáticas específicas de cada um deles, provenientes de fases anteriores da vida.

Nanci precisou lidar com o luto do irmão, que faleceu ainda criança, ao mesmo tempo em que a mãe entrou em depressão e o pai ficou mais distante, para tentar poupar a filha da convivência com o seu sofrimento pela perda do filho mais novo. Em ressonância a esse movimento familiar, ela "encapsulou" a culpa que julgou ter em relação à morte do seu irmão, sem chegar a elaborar o sofrimento daquela fase da vida.

Tadeu cresceu com um sentimento de inadequação, de "ser um peso" aos pais e de "carregar um peso", com a crença de que deveria recompensar os pais por terem cuidado dele.

O tratamento intensivo desse casal desconectou e processou as memórias traumáticas precoces individuais de cada um, o suficiente para que se libertassem de velhas culpas e pudessem lidar com o trauma do assalto sem ficarem presos a cadeias antigas de memórias traumáticas infantis. Assim, superaram o trauma do assalto e se reconectaram como casal. Nanci voltou a sentir-se ouvida por Tadeu, que voltou a aproximar-se da esposa.

Todos os elementos citados, frutos das vivências infantis, adolescentes e adultas de cada uma dessas quatro pessoas, se conectaram com as bases genéticas, com as idiossincrasias socioculturais, as resiliências pessoais e familiares, suas vivências românticas prévias e outras partes das histórias de cada um deles, o que favorece a atração romântica entre Celso e Moema e entre Tadeu e Nanci.

Mas, parte do que os uniu, com a evolução do ciclo de vida, no caso de Celso e Moema, ou com estressores verticais – o assalto –, no caso de Tadeu e Nanci, enrijeceu os encaixes da relação conjugal e fez com que os dois casais precisassem trabalhar com as dificuldades que os levaram aos desacordos e ao sofrimento que os encaminharam para a psicoterapia.

Certamente, o tempo de psicoterapia com ambos os casais não foi o ideal, conforme já relatei. Não houve tempo para acompanhá-los no ajuste de seus novos passos e no refinamento de novas narrativas de suas histórias pelo tempo que eu gostaria de seguir com eles. Se possível, após a última fase de sessões conjuntas, eu voltaria a trabalhar individualmente com cada um deles para dar um novo salto em seu fortalecimento e sua integração intrapsíquica. Na sequência, faria uma fase a mais de casal.

No entanto, o pouco tempo disponível com os dois casais foi um dos critérios que me levou a selecionar esses processos de psicoterapia que relatei. Assim, pretendo demonstrar como o modelo de tratamento que adoto se mostra útil, ainda que com essa limitação. Afinal, precisamos fazer o melhor que pudermos no tempo em que um casal permanece conosco em psicoterapia.

Capítulo 9 - O Psicoterapeuta de Casal

"Mais do que tudo, a construção do terapeuta passa pela integração de sua vida com seu trabalho, de sua mente com seu coração, da ciência com a arte, da lógica com a poesia."
Luiz Carlos Prado

A função de terapeuta de casal nasceu com o aconselhamento conjugal e evoluiu ao longo do tempo, conforme foram ocorrendo várias mudanças nessa forma de psicoterapia, como observado no capítulo que aborda o histórico. O terapeuta que exercia esse papel, como um especialista intervencionista, foi necessariamente ampliando o alcance do seu campo de observação e compreensão e alterando a prática clínica. O próprio terapeuta, inclusive, foi se tornando ele próprio parte integrante do processo psicoterápico.

Na atualidade, o exercício da função de psicoterapeuta de casal demanda a compreensão do relacionamento conjugal e de cada um dos membros desse subsistema de maneira ampla e complexa, o que inclui aspectos intrapsíquicos, intergeracionais, interacionais e socioculturais dos dois cônjuges. A identidade cultural do casal, suas crenças e seus modos de vida devem ser observados de forma respeitosa, com as peculiaridades que lhe são próprias.

O psicoterapeuta precisa de um mapa como referência para não se perder na pluralidade de ideias existentes. Mas, ao mesmo tempo, necessita flexibilizar-se e evitar a cristalização do trabalho em um modelo único, que deixe de lado visões que poderiam ser mais adequadas em determinados momentos da psicoterapia para diferentes pessoas.

Mais importante do que os problemas que os casais apresentam são os impedimentos que carregam para resolvê-los; é nisso que precisamos nos concentrar. Ao psicoterapeuta de casal, é requerida uma postura clínica mais ativa do que em terapias individuais, concentrada nas intervenções com cada membro do casal e também voltada para as sessões conjuntas. É preciso alternar entre sessões individuais e conjuntas nos momentos adequados, com cuidado quanto aos limites necessários em relação ao material intrapsíquico de cada um deles, que é conectado às dinâmicas relacionais do par.

Tal atuação exige dos clínicos uma postura científica atualizada, que considere os conhecimentos produzidos no campo, para que se chegue aos melhores resultados possíveis em cada caso que se atua. Prado (2002, p. 21) reforça a importância dos estudos continuados:

A tarefa do terapeuta, desafio que permanece presente durante toda a vida, é estar constantemente aberto às diferentes formas de fazer terapia, enriquecendo sempre sua bagagem com a imensa e criativa diversidade de teorias e técnicas que possam ser integradas.

Nas sessões, deve haver abertura constante que favoreça a ampliação do contexto da história de cada par, com atenção às resiliências do casal. O processo terapêutico inclui a busca por informações, pelas melhores estratégias de atuação, pela intenção na sintonia com cada um dos membros do casal, com atenção aos momentos em que precisamos mudar o foco do trabalho para individual, casal, intergeracional ou sociocultural. Também precisamos estar atentos ao que deve ser tratado em sessões conjuntas ou individuais. Outra necessidade com a qual lidamos é a promoção de situações que favoreçam o fortalecimento das mudanças já alcançadas no consultório fora do *setting* psicoterápico. Precisamos ser criativos, pois repetir o que não está funcionando não ajuda e ainda pode prejudicar o processo.

A psicoterapia só acontece em um espaço que ofereça o suporte emocional necessário de segurança, confiabilidade e flexibilidade, que vai funcionar como um pano de fundo para que o processo ocorra. A própria interação com o clínico já é por si só terapêutica, na medida em que o profissional permanece disponível e compreensivo sem julgar, abandonar ou provocar culpa, o que permite experiências reparadoras, de conexão e confiança.

O vínculo psicoterápico é uma forma de ligação humana com características que o tornam único. Mergulhamos no mundo interior de pessoas que até então nem ao menos conhecíamos, com movimentos respeitosos, por vezes nadando lado a lado, em outras apontando possibilidades, liderando ou abrindo espaço. Em outros momentos, retemos elementos até que a pessoa possa dar conta de lidar com eles, fazendo o luto do que é preciso, refinando emoções e processando memórias, sempre rumo a uma maior integração da pessoa consigo própria e com os demais. Repentinamente, precisamos mudar o foco da atenção e ampliar a visão para o entorno dos clientes. Em outros momentos, sondamos gerações anteriores da família na busca por conexões com o mundo intrapsíquico de cada um deles. Ao mesmo tempo, mantemos atenção em nós mesmos, aos sinais advindos de nosso mundo interior, que nos capacitam a sermos clínicos conectados e intuitivos.

Afinal, o relacionamento entre terapeuta e clientes deve cultivar segurança, validação, superação, sempre em estado de sintonização terapêutica. Precisamos conhecer teorias, dominar técnicas, mas, ao tocar uma alma humana, ser apenas outra alma humana, como preconiza a conhecida frase de Jung.

O psicoterapeuta pode representar uma tela de projeção e possibilitar que relacionamentos anteriores sejam revividos. Assim, é possível ampliar a reescrita dos *scripts* neurais criptografados no cérebro durante a infância. (SCHORE apud GOLEMAN, 2006).

Os membros de um casal que chega aos nossos consultórios aprenderam a administrar seus sentimentos a partir de uma base de segurança oferecida por seus cuidadores principais. Quando a base formada pelos cuidadores não foi segura o suficiente, ainda assim cada um pode ter usufruído de cuidados reparadores encontrados em amigos ou parceiros amorosos ao longo do tempo. Mas, quando isso também não acontece, a psicoterapia pode oferecer aos dois adultos conexão e confiança, que são os ingredientes ativos para esse "conserto" emocional. (GOLEMAN, 2006).

Pessoas com apego ansioso requerem mais apoio e afeto tanto do terapeuta quanto do seu parceiro durante a psicoterapia. A tendência dos clientes com apego evitativo é minimizar para o terapeuta as suas próprias dificuldades e também as enfrentadas por seu companheiro. Em relação aos casais que envolvem o estilo de apego desorganizado, o clínico precisa identificar os ciclos problemáticos vivenciados por ambos e abrir caminhos para reestruturar expectativas e modelos negativos de funcionamento, relacionados com o estilo de apego desorganizado, como comentam Schachner, Shaver e Mikulinger (2012), a partir de pesquisas.

O terapeuta participa na psicoterapia também como pessoa, pois envolve sua autorregulação e seu estilo de apego no processo. Interagimos com os clientes conforme necessitem, intervindo ou acolhendo mais, de acordo com o que percebemos ser pertinente em cada momento. Com seus próprios circuitos cerebrais, o terapeuta pode favorecer alteração nos circuitos cerebrais dos clientes, o que possibilita mudança nos estilos preferenciais de apego, forjados na infância dos membros do casal. De certa forma, nós incorporamos partes do outro em nossa cabeça para que ele possa assimilar partes nossas em sua vida.

Ao atendermos um casal, podemos ter disparadores ativados por aspectos relacionais ou mesmo individuais de um deles, o que torna o processo bem desafiador em algumas situações. Esse fato torna preponderante o desenvolvimento de um trabalho interno do terapeuta, que participa de uma dança psiconeurobiológica a três, conforme apontam cientistas como Bergmann e Goleman.

Se a pessoa do terapeuta é um alvo importante de atenção no processo psicoterápico, há sempre o risco de que suas questões repercutam negativamente nos atendimentos. Em trabalho sobre esse tema, Cramer (2006, p. ix) comenta a importância de o terapeuta revisitar sua história da família de origem para ampliar a compreensão das vivências e apropriar-se de suas próprias resiliências:

Os aportes efetuados por estudiosos de Gênero e Cultura reforçam a importância do terapeuta desenvolver autorreflexibilidade, a fim de que conteúdos de sua história de vida, passada e presente, não venham a repercutir negativamente no atendimento prestado a seus clientes.

Prado (2002, p. 21) também enfatiza a necessidade do trabalho com a pessoa do terapeuta: "Mais do que tudo, a construção do terapeuta passa pela integração de sua vida com seu trabalho, de sua mente com seu coração, da ciência com a arte, da lógica com a poesia". E acrescenta:

> [...] uma das integrações importantes do ser humano é a que ocorre entre os nossos dois hemisférios cerebrais. O esquerdo tradicionalmente é mais conectado com a linguagem verbal e o raciocínio lógico, enquanto o direito, mais conectado com a imaginação, a criatividade, as metáforas e a poesia. (PRADO, 2002, p. 19).

Fish (2017) fala na necessidade de autocuidados do psicoterapeuta, que lida o tempo todo com a dor dos outros e que, de certa forma, precisa "manter a pele fina" para engajar-se constantemente com seus clientes, ainda que tenha parte de sua energia física, emocional, intelectual, sexual e espiritual drenada nesse processo. A autora observa que os efeitos dessa atividade podem ser tanto positivos quanto negativos em nossa própria vida e que, para que haja equilíbrio e ganho pessoal, é preciso sentir que a profissão nos traz boas coisas, como apego, conexão humana e autoestima. Fish indica como recursos a serem buscados pelo clínico: olhar honestamente para si mesmo, ser criativo e cultivar bom humor, iniciativa, flexibilidade, fé e apoio social.

Outro recurso requerido ao psicoterapeuta é uma boa janela de tolerância para estresse, que precisa suportar as variações dos clientes, os quais, ao saírem dos limites de sua zona de resiliência, deixam de apresentar prontidão para a psicoterapia. Nesse caso, cabe ao clínico corregular seus clientes. Algumas pessoas, nessa situação, tendem para a hipoatividade e, por isso, fogem do contato com seus sentimentos; já outras tendem para a hiperatividade e se inundam facilmente de emoção. Clientes hipoativos parecem não se afetar com o que acontece no consultório e podem gerar uma sensação de incompetência em seus psicoterapeutas, e os hiperativos fogem da terapia com facilidade. Mas, as reações de hipoatividade podem repentinamente ir para o polo oposto, ou o inverso, o que reflete os estilos de apego do cliente.

O terapeuta necessita estar atento à sua própria janela de tolerância emocional para não perder o centro com facilidade. Os clientes precisam de seu terapeuta em estado de engajamento, que é o estado que favorece os processos de cura, por envolverem autorregulação e corregulação.

Quando trabalha em sua zona de resiliência, o clínico permanece esperançoso, perspicaz e disposto a evoluir; fora dela, a tendência é ir para os polos. Nesse caso, em vez de manifestar esperança, por exemplo, age com otimismo exagerado ou com cinismo sobre si próprio e os outros. Como não pode ser perspicaz, mostra-se crítico ou ingênuo. Fora da zona de resiliência, o clínico estaciona em sua evolução pessoal, por julgar que não precisa ou que não é capaz de progredir. (FISH, 2017).

Para sermos bons profissionais, é preciso empatia, "entrando e saindo" da pele de cada um dos membros do casal, ampliando e reduzindo o foco de nossa atenção. Isso gera um estresse por empatia, que não deve ser acumulado. Além de autoconhecimento, precisamos buscar estudos continuados. A participação em grupos de estudos e o hábito de fazer supervisão também podem representar atitudes de autocuidado. Ajuda muito se tivermos clareza quanto às posições pessoais no tocante às principais questões características do relacionamento de um casal, na medida do possível, sem exigir demais de nós mesmos; afinal, somos todos aprendizes na vida.

O terapeuta de casal pode sentir-se sufocado pelas dinâmicas dos dois cônjuges, até mesmo meio paralisado. Sem desenvolver uma distância funcional do par, o risco de ser puxado para interações trianguladas com o casal é grande, já que muitas pessoas chegam ao consultório com o desejo de serem confirmadas na posição de vítimas do outro, que seria seu algoz.

Em situações assim, o clínico pode ficar preso ao conteúdo sem conseguir ampliar a compreensão para além do conflito dos dois, e a terapia não progride. O terapeuta também fica impossibilitado de perceber que ele próprio está bloqueando o processo com o seu impasse como terapeuta, o que acaba fortalecendo o impasse do casal. Esse fato evidencia a importância da supervisão e da participação em grupos de estudo.

A fim de diminuir esses riscos, o psicoterapeuta conjugal deve acrescentar aptidões às suas lentes clínicas, para que possa lidar com os aspectos intrapsíquicos dos dois indivíduos e com a relação conjugal, além das outras dimensões com as quais se conecta ao tratar de um casal. O acolhimento dos clientes é duplo, com cuidados para que os dois se sintam ouvidos e validados, conforme já descrito anteriormente. Devemos passar confiança e imparcialidade para um casal, cujos membros geralmente buscam validação de sua posição pessoal, cada um esperando que o terapeuta concorde que ele está certo, que está com a razão e que o outro está errado. Lembro de um casal que atendi em que o homem, ao final da primeira sessão, me perguntou, espantado, se eu não faria um painel com a separação do que cada um dos cônjuges fazia de certo ou errado, para que a verdade ficasse clara.

Em uma reflexão sobre o que os casais esperam ouvir dos especialistas no assunto, Bauman (2004, p. 9) discorre:

> O que esperam ouvir deles é algo como a solução do problema da quadratura do círculo: comer o bolo e ao mesmo tempo conservá-lo; desfrutar das doces delícias de um relacionamento evitando, simultaneamente, seus momentos mais amargos e penosos; forçar uma relação a permitir sem desautorizar, possibilitar sem invalidar, satisfazer sem oprimir...

A intuição pode nos sugerir posturas clínicas que por vezes se insinuam sem que saibamos como justificar tais escolhas. Sobre isso, Paulsen (2015) comenta: "Talvez tenha a ver com neurônios espelho ou com batata quente. É como o pássaro que escuta, olha e espera pelo que está abaixo da água".

As decisões clínicas são apoiadas também na percepção de nossas reações fisiológicas sutis. Segundo Goleman (2013), tais decisões refletem a soma das experiências que já vivemos. Contudo, a percepção desses sinais com maior precisão requer autoconsciência.

O psicoterapeuta é quem lidera o casal rumo a interações e posições mais funcionais e satisfatórias em seu relacionamento e na vida, portanto precisa estar atento aos focos de sua atenção. A atenção é direcionada pela emoção, que resulta do entusiasmo pela profissão que abraçamos.

Siegel (2016, p. 6, grifos do autor) traduz muito bem essa questão:

> Nossa tarefa não é fazer alguma coisa **para** aqueles com quem trabalhamos, mas trabalhar **com** eles para que seu desejo natural por bem-estar seja liberado. Encontrar formas criativas para liberar esse instinto humano em direção à saúde e ao bem-estar é a alegria e o desafio da nossa profissão.

O líder precisa exercitar foco triplo de atenção para obter melhores resultados. O foco de atenção interna abarca os processos internos cognitivos, emocionais e sensoriais de si próprio. O foco no outro abrange os processos dos outros com seus relacionamentos. Já o terceiro foco, externo, é o foco sistêmico. (GOLEMAN, 2013). Dependemos de autorregulação para mantermos a flexibilidade que nos permite mudar e ajustar o foco sempre que seja preciso.

As dificuldades dos casais ativam os estilos de apego do psicoterapeuta, desafiam sua inteligência emocional, forçam-no a reviver memórias implícitas e explícitas provenientes da sua família de origem ou de relacionamento conjugal do presente ou passado, assim como de outros contextos de sua experiência de vida.

As crenças e os traumas apresentados por nossos clientes podem nos colocar face a face com memórias traumáticas que por vezes nem sabíamos existir.

A maior parte dos clínicos está satisfeita com seu trabalho e não se arrepende da profissão escolhida. Estudos constatam a convicção dos psicoterapeutas de que, por intermédio do trabalho, tornaram-se pessoas mais sábias e mais conscientes. (SCHWARTZ; FLOWERS, 2008). Os autores concluem que: "[...] enquanto lutamos com as exigências da carreira que escolhemos, nunca devemos perder de vista os enormes benefícios e privilégios que acompanham a participação no trabalho terapêutico". (SCHWARTZ; FLOWERS, 2008, p. 151).

Ser psicoterapeuta nos oferece a oportunidade de fazer diferença positiva na vida de muitas pessoas e aproveitar o que cada uma delas nos apresenta como desafios para crescer, amadurecer e nos tornarmos seres humanos melhores, mas só podemos desempenhar um bom trabalho se estivermos saudáveis. Para nos mantermos saudáveis, devemos cuidar do cuidador que sustenta a atuação do psicoterapeuta.

Assim como ocorre com os casais que atendemos, nossos circuitos cerebrais são modificados em decorrência das nossas próprias vivências como psicoterapeutas. Essa relação singular entre clientes e psicoterapeuta carrega o potencial de nos emocionar, amadurecer e incrementar a felicidade pessoal.

Capítulo 10 – Reencontro com Martin e Jennifer

"O passado não pode ser alterado; apenas a interpretação e a maneira de olhar para ele, e isso também muda com o passar do tempo."
Milton Erickson

Por falar em tempo, um casal recém-desembarcado do túnel do tempo espera por psicoterapia desde o primeiro capítulo deste livro!

Para atendimento do casal Martin e Jennifer, vou me ater somente às queixas que eles apresentaram para diferentes clínicos desde a década de 1950 (*vide* histórico).

Jennifer deixou recado para mim e pediu retorno do telefonema; gostaria de marcar um horário de atendimento para ela e seu marido Martin. Ao falarmos ao telefone, ouvi uma voz que revelava certa desesperança e esgotamento. Jennifer comentou estar cansada de assumir sozinha a responsabilidade pelos filhos e os cuidados da casa. Contou que estava pensando em uma possível separação, já que não via sentido em manter-se em um casamento no qual não recebia nenhuma atenção do marido e se achava injustiçada pelas cobranças dele. Disse que ambos estavam de acordo quanto a tentarem uma terapia de casal. Combinamos o primeiro encontro.

Quando os vi na sala de espera, havia um bom espaço entre os dois no sofá, e cada um estava absorto na tela de seu telefone celular.

Tomei as primeiras providências, conforme o modelo de trabalho adotado, já descrito no texto.

Jennifer foi a primeira a falar e repetiu o que havia dito ao telefone. Acrescentou que, depois de passar o dia todo cuidando dos filhos de um e três anos e dos afazeres da casa, esperava que o marido lhe desse um mínimo de atenção, mas que, ao contrário, ele pedia que ela o deixasse em paz para descansar e mais tarde reclamava por ela impedir os avanços sexuais que ele fazia.

A pele clara de Martin ficou instantaneamente vermelha. Quando eu consegui conter o discurso que Jennifer teimava em prosseguir e dei voz a ele, ele respirou fundo e disse que uma palavra poderia traduzir como ele estava. A palavra era "injustiça".

Contou que, desde que Alice nasceu, não teve mais nenhum momento de relaxamento com a esposa, só recebia queixas e não sabia mais o que fazer. Afinal, os dois tinham decidido juntos que, até o filho Davi completar três anos, Jennifer iria permanecer em casa e tomar conta das duas crianças. Acrescentou que ele mantinha sua parte no combinado, mas ela só fazia reclamar e, ainda por cima, não queria mais fazer sexo com ele.

Jennifer foi criada por uma mãe abnegada, que se dedicou totalmente às duas filhas e abriu mão de sua profissão, embora gostasse muito de ser cabeleireira. Porém, quando as filhas cresceram e começaram a sair mais com as amigas, ela reclamava bastante, queria que lhe retribuíssem a atenção, agora que já não precisavam mais dela. Seu pai era calado, pouco conversava com a mãe. A irmã mais velha de Jennifer saiu cedo de casa para morar em outra cidade quando passou em um concurso público, aos 18 anos. Dali em diante, manteve pouco contato com a família.

Jennifer permaneceu bem ligada à mãe até casar-se aos 27 anos com Martin. Ele, na época com 29, encantou-se com a dedicação que ela demonstrava pela mãe e no trabalho como enfermeira. Jennifer viu nele qualidades que apreciava, por ser trabalhador e responsável.

Até o nascimento de Alice, Jennifer se manteve trabalhando como enfermeira e cuidando dos afazeres da casa sem sentir-se sobrecarregada. Martin trabalha em uma gráfica e sempre teve carga horária maior do que a dela, por isso, chegava em casa mais tarde. Jennifer aproveitava o horário em que estava em casa sozinha para conversar por Skype com sua mãe e organizar o que fosse preciso em casa para mais tarde jantar tranquila e poder conversar com Martin.

Martin cresceu como filho único e teve poucos amigos. Na sua família, não costumavam receber amigos ou familiares em casa e seus pais sempre o desencorajaram a cultivar amizades. O pai e a mãe trabalhavam muito e nos finais de semana costumavam ficar em casa, descansando, lendo e assistindo televisão.

Nos primeiros anos de casado, Martin se sentia cuidado por Jennifer e gostava de ser recebido por ela com alegria ao chegar do trabalho. Já não se sentia tão solitário como antes de conhecê-la. Ele não compreendia como ela pôde tornar-se tão "injusta e reclamona". Achava que, de certa forma, tinha aberto mão da esposa em prol da família e ficou sem atenção e abandonado. Logo que os dois filhos nasceram, tanto um quanto o outro, Martin achou que, no começo, enquanto eram muito pequenos, era melhor deixar que Jennifer cuidasse, afinal ela era enfermeira e sabia como agir. Ele não tinha registros de ser cuidado por seu pai quando criança, somente lembranças de passeios quando já adolescente.

Explorei com eles o que trouxeram das famílias de origem para o casamento. Jennifer carregava dívidas de lealdade com a mãe e se ressentia por não ter tempo de falar com ela todos os dias. Além disso, estava em conflito quanto à decisão de parar de trabalhar até que o filho mais novo completasse três anos. Gostava de sua profissão, que reforçava a autoestima, e estava aborrecida com a permanência o dia todo em casa, meio isolada do mundo e deprimida. Por outro lado, sentia-se compelida a abrir mão do que queria para dar muita atenção aos filhos. Jennifer carregava um modelo de mãe com dedicação absoluta, sem espaço para vida própria. Esse modelo a frustrava, embora amasse tanto os filhos e desejasse lhes dar o melhor de si. Havia também a preocupação com a pouca atenção que dirigia à mãe, o que resultava em culpa, depois de tudo o que a mãe tinha feito por ela.

Esperava que Martin a compreendesse e compensasse pela frustração que vivia. Sentia raiva pelo afastamento dele, que, segundo sua percepção, só se aproximava dela para servir-se sexualmente.

Quanto a Martin, ele cresceu isolado e solitário, e seu trabalho o deixava sozinho a maior parte do tempo. Quando conheceu Jennifer, foi tocado por seu jeito de demonstrar afeto de maneira aberta e autêntica, e isso o fez sentir-se conectado com uma mulher calorosa e gentil, que se importava com ele a ponto de dividirem a vida, o que dava a Martin novo ânimo.

Porém, com a chegada dos filhos, ela deixou de voltar-se para ele e dirigiu todo o afeto para as crianças, o que inaugurou um processo de triangulação com Alice e o marido. Na verdade, ela já vivia a experiência da triangulação com seus pais desde criança. Martin passou a vê-la como egoísta por só pensar em seus próprios desejos e deixá-lo de fora da sua vida amorosa.

As posições de cada um deles foram ficando cada vez mais polarizadas, o que aumentou o afastamento e as emoções negativas de ambos.

Conversamos sobre a fase do ciclo de vida da família, com tantas exigências de cuidados das crianças e afazeres no dia a dia. Focamos também no modelo de pai incorporado por Martin a partir da relação distante que vivenciou com seu pai e no modelo de mãe carregado por Jennifer.

Frente à ameaça de Jennifer quanto a um possível pedido de separação, propus que fizéssemos algumas sessões individuais com cada um deles, para que criassem um espaço para elaborarem questões intrapsíquicas que poderiam ampliar as possibilidades de comunicação do casal. Como era previsível, os dois decidiram que ela iria iniciar o trabalho e Martin o faria em seguida.

Jennifer fez cinco sessões individuais, nas quais processou memórias relacionadas com a mãe no tocante à lealdade e culpa. A partir da terceira sessão, começou a relatar alívio, com a liberação de fortes emoções contraditórias relativas aos cuidados recebidos da mãe.

Fizemos mais duas sessões de casal, nas quais Jennifer já se mostrou mais aberta a Martin, olhando em seus olhos e contando, ainda que superficialmente, o que havia vivenciado nas sessões individuais.

Passamos para as sessões individuais com Martin, que processou várias memórias de solidão quando criança e adolescente. Em sua quarta e quinta sessões, processou memórias de solidão no casamento e do afastamento dos filhos.

Quando chegaram na sessão de casal que veio a seguir, Jennifer já sabia como haviam transcorrido as sessões individuais dele, e os dois estavam conversando mais. Decidiram fazer mais algumas sessões individuais, já que ela queria rever a relação com o pai e Martin gostaria de continuar processando outras memórias da infância e adolescência. Realizamos mais duas sessões individuais com Jennifer e três com Martin. Depois, fizemos cinco sessões conjuntas, usadas basicamente para rever o contrato conjugal, com divisão de tarefas em casa, aproximação de Martin dos seus filhos, criação de um espaço para o casal, ajuste das relações de cada um deles com as respectivas famílias de origem e volta de Jennifer ao trabalho. No início, ela iria trabalhar apenas duas horas por dia e deixaria os filhos, nesse horário, em um hotelzinho para crianças.

Encerramos o processo de psicoterapia por ser essa a decisão do casal, embora eu desejasse acompanhá-los por mais algum tempo, enquanto incluíam as mudanças que começavam a fazer em suas vidas, até que as novas interações conjugais estivessem mais fortalecidas. No entanto, precisei confiar que o processo de mudança iniciado iria seguir. Na última sessão, os dois saíram conversando sobre o restaurante em que iriam jantar antes de voltarem para casa.

==============

Depois de muito tempo de convivência com este texto enquanto o estive tecendo, cortando, relacionando e refinando, chegou o momento de deixá-lo partir...

Quem escreve sabe que nunca se termina um texto. Afinal, as palavras são mutantes e nos surpreendem com seu sentido alterado simplesmente porque mudamos um pouquinho seu lugar no texto. Assim como as palavras mudam de acordo com o contexto, as ideias não são lineares. É preciso rodeá-las, compreendê-las e dançar com elas.

Espero que você, leitor, tenha dançado com algumas das ideias que aparecem em **Casal em Foco** e que, assim, a leitura tenha valido a pena!

Referências

ABRAÃO, Elias. **O primado da esperança**. Curitiba: AgenDarte, 2016.

AMEN, Daniel G. **Transforme seu cérebro, transforme sua vida**: um programa revolucionário para vencer a ansiedade, a depressão, a obsessividade, a raiva e a impulsividade. São Paulo: Mercuryo, 2000.

AMERICAN PSYCHIATRIC ASSOCIATION. **Manual diagnóstico e estatístico de transtornos mentais**: DSM-5. Porto Alegre: Artmed, 2015.

ANCONA-LOPES, Marília. In: BRUSCAGIN, Claudia et al. **Religiosidade e psicoterapia**. São Paulo: Roca, 2008. Cap. 1-7.

ANDERSON, Harlene; GOOLISHIAN, Harold. In: MCNAME, Sheila; GERGEN, Kenneth J. **A terapia como construção social**. Porto Alegre: Artes Médicas, 1998. Cap. 2, 34-50.

ANDOLFI, Maurizio (Org.). **A crise do casal**: uma perspectiva sistêmico-relacional. Porto Alegre: Artmed, 2002.

_____. **Por trás da máscara familiar**. Porto Alegre: Artes Médicas, 1984.

ANGELO, Claudio. In: ANDOLFI, Maurizio; ANGELO, Claudio; SACCU, Carmine (Orgs.). **O casal em crise**. São Paulo: Summus, 1995. p. 47-57.

ANTON, Iara L. Camaratta. **A escolha do cônjuge**: um entendimento sistêmico e psicodinâmico. 2. ed. Porto Alegre: Artmed, 2012.

ARNSTEIN, Marilise. Marital therapy, EMDR, Herman's model of recovery from trauma: the journey of one woman and her family. **Family Therapy**, v. 17, n. 4, 1996, p. 212-224.

AYLMER, C. Robert. In: CARTER, Betty; MCGOLDRICK, Monica. **As mudanças do ciclo de vida familiar**: uma estrutura para a terapia familiar. 2. ed. Porto Alegre: Artes Médicas, 1995.

BAITA, Sandra. Transtornos disociativos, apego desorganizado y abuso sexual infantil: implicancias para las prácticas de intervención. **Revista Iberoamericana de Psicotraumatología y Disociación**, Buenos Aires, v. 3, n. 2, 2012, p. 1-25.

BAPTISTA NETO, Francisco; OSORIO, Luiz Carlos. **Adolescentes**: o desafio de entender e conviver. Florianópolis: Insular, 2011.

BARRET, Mary Jo; FISH, Linda Stone. Trauma, desenvolvimento complexo: cura dos relacionamentos e do cérebro. **Workshop Internacional – Edição Especial**. Londrina (PR), Faculdade Teológica Sul-Americana, 2017.

_____. **Treating complex trauma**: a relational blueprint for collaboration and change. Nova Iorque: Taylor & Francis, 2014.

BASTARD, Mariana Guerra. **Do berço ao túmulo**: a teoria do apego de John Bowlby e os estudos de apego em adultos. 2013. 113 f. Dissertação de Mestrado – Pontifícia Universidade Católica do Rio de Janeiro. Rio de Janeiro, 2013.

BAUMAN, Zygmunt. **Amor líquido**: sobre a fragilidade dos laços humanos. Rio de Janeiro: Zahar, 2004.

BERGMANN, Uri. **A neurobiologia do processamento de informação e seus transtornos**: implicações para a terapia EMDR e outras psicoterapias. Brasília: TraumaClinic, 2014.

BERHOUD, Cristina M. Esper. In: CERVENY, Ceneide Maria de Oliveira; BERHOUD, Cristina M. Esper. **Visitando a família ao longo do ciclo vital**. 2. ed. São Paulo: Casa do Psicólogo, 2004. p. 61-84.

BOWLBY, John. **Apego**: psicologia e pedagogia. 2. ed. São Paulo: Martins Fontes, 1990. v. 1. (Apego e Perda).

_____. **Formação e rompimento dos laços afetivos**. 4. ed. São Paulo: Martins Fontes, 2006.

BRANDEN, Nathaniel. **Auto-estima e os seus seis pilares**. 5. ed. São Paulo: Saraiva, 2000.

BRANDT, Jack O. In: CARTER, Betty; MCGOLDRICK, Monica. **As mudanças no ciclo de vida familiar**: uma estrutura para a terapia familiar. 2. ed. Porto Alegre: Artes Médicas, 1995. p. 206-221.

BRIGGS, Dorothy Corkille. **A auto-estima do seu filho**. São Paulo: Martins Fontes, 2000.

BRUSCAGIN, Claudia et al. **Religiosidade e psicoterapia**. São Paulo: Roca, 2008.

CALIL, Vera L. Lamanno. **Terapia familiar e de casal**. São Paulo: Summus, 1987.

CALILÉ, Philippe. In: ANDOLFI, Maurizio; ANGELO, Claudio; SACCU, Carmine. Org. **O Casal Em Crise**. São Pailo: Sumus, 1995. Cap. Terapia de Casal do Ponto de Vista Sistêmico: Uma Perspectiva em Curso, 133-143.

CARNEVARO, Alfredo. In: ANDOLFI, Maurizio; ANGELO, Claudio; SACCU, Carmine (Orgs.). **O casal em crise**. São Paulo: Summus, 1995. p. 79-98.

CARTER, Betty; MCGOLDRICK, Monica. **As mudanças no ciclo de vida familiar**: uma estrutura para a terapia familiar. 2. ed. Porto Alegre: Artes Médicas, 1995.

CARR-GREGG, Michael; SHALE, Erin. **Criando adolescentes**: para pais e mães de verdade! 3. ed. São Paulo: Fundamento Educacional, 2015.

CARRIERE, Rolf. **Curar traumas, curar a humanidade**. In: TED, Groningen, 2013. Disponível em: <http://www.youtube.com/watch?v=CcXqcQecRXo&list=PLsRNoUx8w3rP1VF9 Sj7XBixT4tRwV5Znx>. Acesso em: 25 jul. 2016.

CARVALHO, Esly Regina Souza de. **Curando a galera que mora lá dentro**: como o EMDR e as novas terapias de reprocessamento podem curar nossos papéis internos. 2. ed. São Paulo: Reino Editorial, 2012.

CASELLATO, Gabriela. Bullying escolar: onde mora o perigo? Uma reflexão com base na Teoria do Apego sobre a dinâmica agressor/agredido. **O Mundo da Saúde**, São Paulo, n. 36, 2012, p. 41-48.

CERBASI, Gustavo. Casamento e finanças: dinheiro a dois rende mais. **Gazeta do Povo**, Curitiba, 2017, ano 99, n. 31, p. 14.

CERVENY, Ceneide Maria de Oliveira; BERTHOUD, Cristiana M. Esper. **Visitando a família ao longo do ciclo vital**. 2. ed. São Paulo: Casa do Psicólogo, 2004.

CIGOLI, Vittorio. In: ANDOLFI, Maurizio. (Org.). **A crise do casal**: uma perspectiva sistêmico-relacional. Porto Alegre: Artmed, 2002. p. 171-200.

COBB, Rebecca J.; BRADBURY, Thomas N. In: JOHNSON, Susan M.; WHIFFEN, Valerie. **Os processos do apego na terapia de casal e família**. São Paulo: Roca, 2012. p. 246-266.

COURT, Pedro Morandé. In: PETRINI, João Carlos; CAVALCANTI, Vanessa R. Simon. (Orgs.). **Família, sociedade e subjetividades**: uma perspectiva multidisciplinar. Petrópolis, RJ: Vozes, 2005. p. 13-28.

CRAMER, Carla T. **Ecos da vida:** a construção do terapeuta de famílias: a prática clínica sob a lente das vivências na família de origem. 2006. Dissertação de Mestrado – Pontifícia Universidade Católica de São Paulo. São Paulo, 2006.

DIAMOND, Guy S.; RICHARD, S. Stern. In: JOHNSON, Susan M.; WHIFFEN, Valerie E. **Os processos do apego na terapia de casal e família**. São Paulo: Roca, 2012. p. 182-201.

ERREBO, Nancy; SOMMERS-FLANAGAN, Rita. In: SHAPIRO, Francie; KASLOW, Florence W.; MAXFIELD, Louise. **EMDR e terapia familiar**. Brasília: TraumaClinic, 2016. p. 169-184.

FEILER, Bruce. **The secrets of happy families**: improve your mornings, tell your family history, fight smarter, go out and play, and much more. Nova Iorque: Harper Collins, 2013.

FÉRES-CARNEIRO, Terezinha; DINIZ-NETO, Orestes. De onde viemos? Uma revisão histórico-conceitual da psicoterapia de casal. **Psicologia: Teoria e Pesquisa**, Rio de Janeiro, v. 24, out.-dez. 2008, p. 487-496.

_____. Psicoterapia de casal: modelos e perspectivas. **Aletheia**, n. 27 (I), jan.-jun. 2008, p. 173-187.

FISHBANE, Mona DeKoven. **Loving with the brain in mind**: neurolobiology & couple therapy. Nova Iorque: W. W. Norton & Company, 2013.

_____. Promover el empoderamiento relacional en terapia de pareja. **Family Process**, v. 50, 2011, p. 337-355.

_____. Wired to connect: neuroscience, relationships, and therapy. **Family Process**, v. 46, 2007, p. 395-412.

FISHER, Helen. **Why we love, why we cheat**. In: TED, 2006.

_____. **Technology hasn't changed love**. In: TED, 2016.

FORAN, Heather; WHISMAN, Mark. A.; BEACH, Steven R. H. La relación de pareja conflictiva en el DSM-5. **Family Process**, v. 54, 2015, p. 1-17.

FRAZZETTO, Giovanni. **Alegria, culpa, raiva, amor**: o que a neurociência explica - e não explica – sobre nossas emoções e como lidar com elas. Rio de Janeiro: Agir, 2014.

FREE the mind. Direção: Phie Ambo. 79 min. Dinamarca, 2012.

FRUGGERI, Laura. In: MCNAME, Sheila; GERGEN, Kenneth J. **A terapia como construção social**. Porto Alegre: Artes Médicas, 1998. p. 51-65.

GARDNER, Howard. **Inteligência:** um conceito reformulado. Rio de Janeiro: Objetiva, 2001.

GUERIN, Philip et al. **Triángulos relacionales**: el a-b-c de la psicoterapia. Buenos Aires: Amorrortu, 2000.

GOLEMAN, Daniel. **Foco**: a atenção e seu papel fundamental para o sucesso. Rio de Janeiro: Objetiva, 2014.

_____. **Inteligência emocional**: a teoria revolucionária que redefine o que é ser inteligente. Rio de Janeiro: Objetiva, 1995.

_____. **Inteligência social**: o poder das relações humanas. Rio de Janeiro: Elsevier, 2006.

_____. **O cérebro e a inteligência emocional**: novas perspectivas. Rio de Janeiro: Objetiva, 2012.

GOLEMAN, Daniel; SIEGEL, Daniel J. **Bether parents, bether spouses, bether people**: transcribed from the wired to connect audio series [e-book]. Northampton, MA: More Than Sound LLC, 2012.

GOMIDE, Paula Inez Cunha. **Pais presentes, pais ausentes**: regras e limites. 13. ed. Petrópolis, RJ: Vozes, 2014.

GONZALEZ, Anabel. **Transtornos dissociativos**. Brasília: TraumaClinic, 2015.

GOTTMAN, John; DECLAIRE, Joan. **Inteligência emocional**: e a arte de educar nossos filhos. Rio de Janeiro: Objetiva, 2001.

GOTTMAN, John; SILVER, Nan. **Siete reglas de oro para vivir em pareja**: um estudio exhaustivo sobre las relaciones e la convivência. Barcelona: Pinguin Random House, 2000.

_____. **O que faz o amor durar?** Como construir confiança e evitar traição. Rio de Janeiro: Objetiva, 2014.

GRAND, David; GOLDBERG, Alan. **O cérebro no esporte**: superando os bloqueios e a ansiedade de *performance*. Brasília: TraumaClinic, 2011.

GUIMARÃES, Cleide M. B. **Até que o dinheiro nos separe**: a questão financeira nos relacionamentos. São Paulo: Saraiva, 2010.

GURMAN, Alan S.; FRANKEL, Peter. The history of couple therapy: a millennial review. **Family Process**, v. 41(2), 2002, p. 199-260.

HAPPY. Direção: Roko Belic. Produção: Roko Belic, Frances Reid, Eiji Han Shimizu. 2011.

HAZAN, Cindy. In: JOHNSON, Susan M.; WHIFFEN, Valerie E. **Os processos do apego na terapia de casal e família**. São Paulo: Roca, 2012. p. 40-60.

HERCULANO-HOUZEL, Suzana. **O cérebro adolescente**: a neurociência da transformação da criança em adulto [e-book]. [s.l.]: Amazon, 2013.

_____. **O cérebro nosso de cada dia**: descobertas da neurociência sobre a vida cotidiana. 8. ed. Rio de Janeiro: Vieira & Lent, 2007.

HOFFMAN, Lynn. In: MCNAME, Sheila; GERGEN, Kenneth J. **A terapia como construção social**. Porto Alegre: Artes Médicas, 1998. p. 13-33.

IZQUIERDO, Iván. **Memória**. Porto Alegre: Artmed, 2011.

JAY, Meg. **A idade decisiva**: descubra por que a fase dos 20 aos 30 anos vai definir seu futuro e como tirar melhor proveito dela. Rio de Janeiro: Sextante, 2014.

JELLOUSCHEK, Hans. **Sêmele, Zeus e Hera**: o papel da amante no triângulo amoroso. São Paulo: Cultrix, 1987.

JOHNSON, Susan M. **Emotionally focused couple therapy with trauma survivors**: strengthening attachment bonds. Nova Iorque: Guilford, 2002.

_____. In: JOHNSON, Susan M.; WHIFFEN, Valerie E. **Os processos do apego na terapia de casal e família**. São Paulo: Roca, 2012. p. 3-16.

KASLOW, Florence W. In: SHAPIRO, Francie; KASLOW, Florence W.; MAXFIELD, Louise. **EMDR e terapia familiar**. Brasília: TraumaClinic, 2016. p. 40-68.

KANDEL, Eric R. et al. **Princípios de neurociências**. 5. ed. Porto Alegre: AMGH, 2014.

KLOHNEN, E. C.; MENDELSON, G. A. Partner selection for personality characteristics: a couple-centered approach. **Personality and Social Psychology Bulletin,** n. 24, 1998, p. 268-278.

KNIPE, James. Caixa de ferramentas EMDR. **Seminário Métodos de Tratamento de TEPT Complexo e Dissociação dentro do Modelo de Terapia PAI - Processamento Adaptativo de Informação**. Brasília, jun. 2016.

KNUDSON-MARTIN, Carman. Por qué es importante el poder: crear una base de apoyo mutuo en las relaciones de pareja. **Family Process**, v. 1, 2013, p. 1-16.

KOESDAM, Wilhelmina. In: SHAPIRO, Francie; KASLOW, Florence W.; MAXFIELD, Louise. **EMDR e terapia familiar**. Brasília: TraumaClinic, 2016. p. 185-198.

KOLK, Bessel van der. Trauma, development and healing. **Psychoterapy.net**. Disponível em: <http://www.psychotherapy.net/interview/bessel-van-der-kolk-trauma>. Acesso em: 2 set. 2016.

KÖNIG, Karl. **Irmãos e irmãs**. 2. ed. São Paulo: Antroposófica, 2003.

LALIOTIS, Deany. Arte e ciência do EMDR. **III Congresso Brasileiro de EMDR**. São Paulo, 30 out. 2015 a 2 nov. 2015.

LEBOW, Jay. Couple therapy and family therapy. **Family Process**, v. 52(1), 2013, p. 1-4.

LEDOUX, Joseph. **O cérebro emocional**: os misteriosos alicerces da vida emocional [e-book]. Rio de Janeiro: Objetiva, 2011.

LEVINE, Amir; HELLER, Raquel S. F. **Apegados**: um guia prático e agradável para estabelecer relacionamentos românticos recompensadores. Ribeirão Preto: Novo Conceito, 2013.

LEVINE, Peter A. **Uma voz sem palavras**: como o corpo libera o trauma e restaura o bem-estar. São Paulo: Summus, 2012.

LOPES, Gerson. Quando propor orientação sexual? Quando indicar aconselhamento sexual? Quando encaminhar para terapia sexual, casal, individual, psiquiatra, fisioterapeuta e outros? **1° COSEX - Congresso On-Line de Sexualidade para Profissionais da Saúde**. São Paulo, jan. 2017.

MAGALHÃES, Naiara; CAMARGO, José Alberto de. **Não é coisa da sua cabeça**: o que você precisa saber sobre ansiedade, depressão e outros transtornos emocionais que atingem uma em cada três pessoas. Belo Horizonte: Gutenberg, 2012.

MALDONADO, Maria Tereza; NAHOUM, Jean Claude; DICKSTEIN, Júlio. **Nós estamos grávidos**. 5. ed. Rio de Janeiro: Block, 1984.

MANFIELD, Philip. **Recursos diádicos**: criando uma base para processamento de trauma. Curitiba: Associação Brasileira de EMDR, 2014.

MARCONDES FILHO, Juarez. **Vivendo a excelência**: o cultivo do fruto do espírito. Londrina: Descoberta, 2007.

MATARAZZO, Maria Helena. **Namorantes**. São Paulo: Mandarim, 2001.

MCGOLDRICK, Monica. In: CARTER, Betty; MCGOLDRICK, Monica. **As mudanças no ciclo de vida familiar**: uma estrutura para a terapia familiar. 2. ed. Porto Alegre: Artes Médicas, 1995. p. 184-205.

MENGHI, Paolo. In: ANDOLFI, Maurizio; ANGELO, Claudio; SACCU, Carmine. (Orgs.). **O casal em crise**. São Paulo: Summus, 1995. p. 58-66.

MINUCHIN, Salvador; NICHOLS, Michael. **A cura da família**: histórias de renovação e esperança contadas pela terapia familiar. Porto Alegre: Artes Médicas, 1995.

MINUCHIN, Salvador. **Famílias**: funcionamento e tratamento. Porto Alegre: Artes Médicas, 1988.

_____. In: NICHOLS, Michael P.; SCHWARTZ, Richard C. **Terapia familiar**: conceitos e métodos. 7. ed. Porto Alegre: Artmed, 2007.

MISCHEL, Walter. **O teste do marshmallow**: por que a força de vontade é a chave do sucesso. Rio de Janeiro: Objetiva, 2014.

MLODINOW, Leonard. **Subliminar**: como o inconsciente influencia nossas vidas. Rio de Janeiro: Zahar, 2013.

MONTEIRO, André. **Memória** [curso on-line]. Disponível em: <http://espacodamente.com.br>. Acesso em: 6 out. 2016.

_____. **Teoria da regulação e transmissão transgeracional de traumas** [curso on-line]. Disponível em: <http://espacodamente.com.br>. Acesso em: 18 ago. 2016.

_____. **Teoria do apego** [curso on-line]. Disponível em: <http://espacodamente.com.br>. Acesso em: 26 set. 2016.

MORETTI, Marlene M.; HOLLAND, Roy. In: JOHNSON, Susan M.; WHIFFEN, Valerie E. **Os processos do apego na terapia de casal e família**. São Paulo: Roca, 2012. p. 223-245.

MOSES, Mark D. In: SHAPIRO, Francine; KASLOW, Florence W.; MAXFIELD, Louise. **EMDR e terapia familiar**. Brasília: TraumaClinic, 2016. p. 123-140.

NAJMANOVICH, Denise. **El juego de los vínculos**: subjetividad y redes: figuras em mutación. Buenos Aires: Biblos, 2005.

NAVARRO, Patricia Novo et al. 25 anõs de Eye Movement Desensitization and Reprocessing: protocolo de aplicación, hipótesis de funcionamiento y revisión sistemática de su eficácia em el transtorno por estrés pós-traumático. **Psiquiatr Salud Ment**. Barcelona, 2016. Disponível em: <http://apps.elsevier.es/watermark/ctl_servlet?_f=10&pident_articulo=0&pident_usuario=0&pcontactid=&pident_revista=286&ty=0&accion=L&or

igen=zonadelectura&web=www.elsevier.es&lan=es&fichero=S1888-9891(16)00019-7.pdf&eop=1&early=si>. Acesso em: 8 maio 2017.

NICHOLS, Michael P.; SCHWARTZ, Richard C. **Terapia familiar**: conceitos e métodos. 7. ed. Porto Alegre: Artmed, 2007.

NICOLELIS, Miguel. É verdade que um lado do cérebro cuida da razão, e o outro, da emoção? **Super Interessante**, Editora Abril, n. 354, 2015, p. 6-22.

NORICKS, Jay. **A experiência do parto por meio da terapia das partes** [e-book]. Brasília: TraumaClinic, 2016.

OLIVEIRA, Adriana Leonidas; CERVENY, Ceneide M. de Oliveira. In: CERVENY, Ceneide M. de Oliveira; BERTHOUD, Cristiana M. Esper. **Visitando a família ao longo do ciclo vital**. São Paulo: Casa do Psicólogo, 2002.

OMER, Haim. **Autoridade sem violência**: o resgate da voz dos pais. Belo Horizonte: Artesã, 2002.

ORGANIZAÇÃO MUNDIAL DA SAÚDE. **Classificação de transtornos mentais e de comportamento**: CID-10: descrições clínicas e diretrizes diagnósticas. Porto Alegre: Artmed, 1993.

PAIVA, Geraldo José. Prefácio. In: BRUSCAGIN, Claudia et al. **Religiosidade e psicoterapia**. São Paulo: Roca, 2008.

PASALE, Ana M. de. In: LESCANO, Rubén (Org.). **Trauma e EMDR**: uma nova abordagem terapêutica. Brasília: Nova Temática, 2007. p. 109-128.

PAUL, Annie Murphy. **What we learn before we're born**. In: TED, 2011. Disponível em: <https://www.ted.com/talks/annie_murphy_paul_what_we_learn_before_we_re_born>. Acesso em: 16 jan. 2017.

PAULSEN, Sandra. Como a história é contada de forma não-verbal. **III Congresso Brasileiro de EMDR**, São Paulo, 2015.

PEREL, Esther. **O segredo do desejo em um relacionamento duradouro**. In: TED, 2013. Disponível em: <http://www.ted.com/talks/lang/pt-br/esther_perel_the_secret_to_desire_in_a_long_term_relationship.html>. Acesso em: 4 jan. 2017.

PEREL, Esther. **Sexo no cativeiro**: driblando as armadilhas do casamento. Rio de Janeiro: Objetiva, 2009.

PERES, Júlio. In: TEIXEIRA, Evilázio F.; MÜLLER, Marisa C.; SILVA, Juliana Dors Tigre. (Org.). **Espiritualidade e qualidade de vida**. Porto Alegre: Edipucs, 2004. p. 147-161. Disponível em: <http://www.pucrs.br/edipucrs/digitalizacao>. Acesso em: 18 jan. 2017.

PETRINI, João Carlos; CAVALCANTI, Vanessa R. S. (Orgs.). **Família, sociedade e subjetividades**: uma perspectiva multidisciplinar. Petrópolis, RJ: Vozes, 2015.

PITKEATHLEY, Jill; EMERSON, David. **Ser hijo único**: manual de supervivencia. Barcelona: Paidos,1998.

PITTMAN, Frank. Uma teoria de la crisis familiar: ideas acerca del stress y de los obstáculos. **Sistemas Familiares**, ano 5, n. 1, abr. 1989.

PORTAL, Leda Lísia F. In: TEIXEIRA, Evilázio F.; MÜLLER, Marisa C.; SILVA, Juliana Dors Tigre. (Org.). **Espiritualidade e qualidade de vida**. Porto Alegre: Edipucs, 2004. p. 68-78. Disponível em: <http://www.pucrs.br/edipucrs/digitalizacao>. Acesso em: 18 jan. 2017.

PRADO, Luiz Carlos. **O ser terapeuta**. Porto Alegre: UFRGS, 2002.

PUVIANI, Vanna. **O casal em todas as cores**: desenhando o amor que nasce, cresce e cura. Belo Horizonte: Artesã, 2014.

REZENDE, Rodrigo. Inteligência. **Super Interessante**, Editora Abril, n. 354, nov. 2015, p. 11-14.

ROBER, Peter. Dibujos como expresión de la relación em terapia de pareja. **Family Process**, v. 48, 2009, p. 191-207.

ROSSET, Solange Maria. **Brigas na família e no casal**: aprendendo a brigar de forma elegante e construtiva. Belo Horizonte: Artesã, 2016.

_____. **O casal nosso de cada dia**. 3. ed. Belo Horizonte: Artesã, 2014.

SANDBERG, Jonathan G.; BRADFORD, Angela B.; BROWN, Andrew P. Differentiating between attachment styles and behaviors and their association with marital quality. **Family Process**, 2015, p. 1-14.

SATIR, Virginia. **Vivir para amar**: encontrando los tesoros de tu mundo interior. 2. ed. Cidade do México: Pax México, 2005.

SCAER, Robert. **The trauma spectrum**: hidden wounds and human resiliency. Nova Iorque: Quebecor World Fairfield, 2005.

SCHACHNER, Dory A.; SHAVER, Phillip R.; MIKULINGER, Mario. In: JOHNSON, Susan M.; WHIFFEN, Valerie E. **Os processos do apego na terapia de casal e família**. São Paulo: Roca, 2012. p. 17-39.

SCHWARTZ, Bernard; FLOWERS, John. **Como falhar na relação?** Os 50 erros que os terapeutas mais cometem. São Paulo: Casa do Psicólogo, 2008.

SCORPIN, Paula. Tentação. **Super Interessante**, Editora Abril, n. 354, nov. 2015, p. 35-40.

SHAPIRO, Francine. **EMDR**: dessensibilização e reprocessamento através de movimentos oculares: Eye Movement Desensitization and Reprocessing: princípios básicos, protocolos e procedimentos. 2. ed. Brasília: Nova Temática, 2007.

_____. **Getting past your past**: take control of your life with self-help techniques from EMDR therapy. Nova Iorque: Rodale, 2012.

_____. Francine Shapiro on the evolution of EMDR therapy. **Psychotherapy.net**. Disponível em: <http://www.psychotherapy.net/interview/francine-shapiro-emdr>. Acesso em: 2 set. 2016.

SHAPIRO, Francine; KASLOW, Florence W.; MAXFIELD, Louise. **EMDR e terapia familiar**. Brasília: TraumaClinic, 2016.

SCHEINKMAN, Michele. A abordagem multinível: um mapa de caminhos para a terapia de casais. **Family Process**, v. 47, 2008, p. 197-213.

_____. Beyond the trauma of betrayal: reconsidering affairs in couple therapy. **Family Process**, v. 44, 2005, p. 227-244.

SCHEINKMAN, Michele; FISHBANE, Mona D. El ciclo de la vulnerabilidad: trabajando con impasses en terapia de pareja. **Family Process**, v. 43, 2004, p. 279-299.

SCHEINKMAN, Michele; WERNEK, Denise. Desactivar los celos en las relaciones de pareja: un enfoque de múltiples dimensiones. **Family Process**, v. 49, n. 4, 2010, p. 486-504.

SIEGEL, Daniel J. **O poder da visão mental**: um caminho para o bem-estar. Rio de Janeiro: BestSeller, 2012.

_____. Apego. In: SHAPIRO, Francine; KASLOW, Florence W.; MAXFIELD, Louise. **EMDR e terapia familiar**. Brasília: TraumaClinic, 2016. p. 3-7.

_____. Prólogo. In: SHAPIRO, Francine; KASLOW, Florence W.; MAXFIELD, Louise. **EMDR e terapia familiar**. Brasília: TraumaClinic, 2016.

_____. **Tormenta cerebral**: el poder y el propósito del cérebro adolescente [e-book]. [s.l.]: Alba, 2014.

SILVA, Isabela M.; MENEZES, Clarissa C.; LOPES, Rita de Cássia S. Em busca da "cara-metade": motivações para a escolha do cônjuge. **Estudos de Psicologia**, Campinas, n. 27, 2010, p. 383-391.

SILVA, Susana; MAIA, Ângela. **Versão portuguesa do Family ACE Questionnaire (Questionário da História de Adversidade na Infância)**. Braga: Psiquilibrios, 2008. Disponível em: <http://hdl.handle.net/1822/11323>. Acesso em: 7 ago. 2016.

SILVERSTEIN, Olga; RASHBAUM, Beth. **A coragem de criar grandes homens**: uma nova maneira de educar os filhos. Rio de Janeiro: Rosa dos Tempos, 1997.

SIMON, Robert M. In: CARTER, Betty; MACGOLDRICK, Monica. **As mudanças no ciclo de vida familiar**: uma estrutura para a terapia familiar. Porto Alegre: Artes Médicas, 1995. p. 97-104.

SLUZKI, C. **A rede social na prática sistêmica**: alternativas terapêuticas. São Paulo: Casa do Psicólogo, 1997.

SOUZA, Anna Maria Nunes de. **A família e seu espaço**. Rio de Janeiro: Agir, 1985.

STICKGOLD, Robert. Sono, memória e sonhos: um mecanismo para EMDR? **III Congresso Ibero-Americano de EMDR**, San José - Costa Rica, 31 out. a 3 nov. 2013.

STIRBULOV, Sandra; LAVIANO, Rosemeire. **A arte de educar em família**: os desafios de ser pai e mãe nos dias de hoje [e-book]. São Paulo: All Print, 2015.

TALAN, Beverly S. In: SHAPIRO, Francine; KASLOW, Florence W.; MAXFIELD, Louise. **EMDR e terapia familiar**. Brasília: TraumaClinic, 2016. p. 157-165.

TAVORA, Mônica Teles. Contrato emocional e código de ética: pilares da reconstrução conjugal. **Psico**, Porto Alegre, PUC-RS, v. 40, jan./mar. 2009, p. 50-57.

VARELA, Dráuzio. **Para que serve uma relação?** Disponível em: <http://www.mulherdeclasse.com.br/ParaQueServeUmaRelacao.htm>. Acesso em: 10 jul. 2017.

VASCONCELLOS, Maria José Esteves de. **Pensamento sistêmico**: o novo paradigma da ciência. Campinas: Papirus, 2002.

WAGNER, Adriana; TRONCO, Cristina; ARMANI, Amanda B. **Desafios psicossociais da família contemporânea**: pesquisas e reflexões. Porto Alegre: Artmed, 2011.

WALDINGER, Robert. **O que faz de uma vida uma vida boa? Lições do mais longo estudo sobre felicidade**. In: TED, 2015. Disponível em: <http://www.ted.com/talks/robert_waldinger_what_makes_a_good_life_lessons_from_the_longest_study_on_happiness?language=en>. Acesso em: 9 out. 2016.

WALSH, Froma. In: ANDOLFI, Maurizio. (Org.). **A crise do casal**: uma perspectiva sistêmico-relacional. Porto Alegre: Artmed, 2002. p. 13-27.

_____. **Fortalecendo a resiliência familiar**. São Paulo: Roca, 2005.

WESSLMENN, Debra. In: SHAPIRO, Francine; KASLOW, Florence W.; MAXFIELD, Louise. **EMDR e terapia familiar**. Brasília: TraumaClinic, 2016. p. 99-109.

WHIFFEN, Valerie E. In: JOHNSON, Susan M.; WHIFFEN, Valerie E. **Os processos do apego na terapia de casal e família**. São Paulo: Roca, 2012. p. 303-322 e p. 367-376.

WILE, Daniel B. Opening the circle of pursuit and distance. **Family Process**, v. 52, 2013, p. 19-32.

Sobre a Autora

A autora é psicóloga formada pela Universidade Federal do Paraná (UFPR). Mestre em Psicologia Clínica pela Pontifícia Universidade Católica de São Paulo (PUC-SP) e especialista em Psicoterapia Familiar Sistêmica, de Casal e Infantil. Terapeuta, Supervisora e Facilitadora em Terapia EMDR. Membro da Diretoria da Associação Brasileira de EMDR (2012-2015). Tem atuado na clínica há mais de 30 anos, em paralelo com outras atividades pertinentes à profissão. Foi coordenadora do setor de Psicologia Clínica do Tribunal de Justiça do Paraná por mais de dez anos e é coautora de livros psicopedagógicos para pré-escola, entre outras atuações na área.

Mais Livros da TraumaClinic Edições

Leia mais sobre nossos livros em nosso site **www.traumaclinicedicoes.com.br**

Oferecemos desconto para aquisição em quantidade para livros impressos

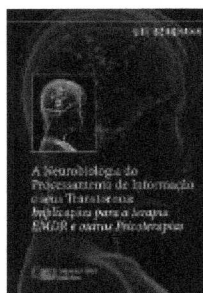

A Neurobiologia do Processamento de Informação e seus Transtornos
Uri Bergmann, Ph.D.

A Revolução EMDR
Tal Croitoru

Brainspotting
David Grand, Ph.D.

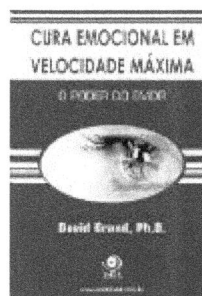

Cura Emocional em Velocidade Máxima
David Grand, Ph.D.

**Curando A Galera
Que Mora Lá Dentro**
Esly Carvalho, Ph.D.

**Cure Seu Cérebro,
Cure Seu Corpo**
Esly Carvalho, Ph.D.

**Definindo e
Redefinindo EMDR**
David Grand, Ph.D.

**Deixando O Seu
Passado no Passado**
Francine Shapiro, Ph.D.

Dia Ruim... Vai Embora
Ana Gómez

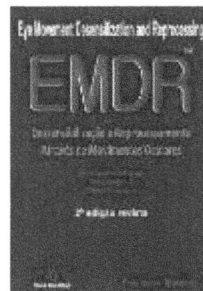

**EMDR: Princípios
Básicos, Protocolos e
Procedimentos**
Francine Shapiro, Ph.D.

EMDR e Terapia Familiar
Francine Shapiro, Ph.D.

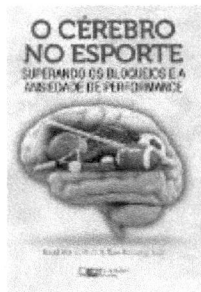

O Cérebro no Esporte
David Grand, Ph.D.

O Gêmeo Solitário
Peter Bourquin e
Carmen Cortés

O Mensageiro EMDR
Tal Croitoru

Resolva Seu Passado
Esly Carvalho, Ph.D.

Ruptura e Reparação
Esly Carvalho, Ph.D.

Saindo Dessa
Esly Carvalho, Ph.D.

**Terapia EMDR e
Abordagens Auxiliares
com Crianças**
Ana Gómez

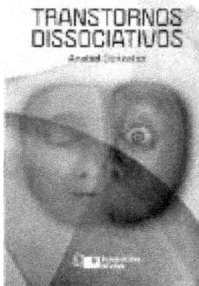

Transtornos Dissociativos
Anabel Gonzalez

Trauma e Pós-parto
Jay Noricks, Ph.D.

Casal em Foco
Silvana Ricci Salomoni

Para conhecer mais o material da TraumaClinic Edições visite nosso site: www.traumaclinicedicoes.com.br

Para receber mais notícias e aviso de promoções do nosso material, inscreva-se aqui: http://bit.ly/2wEzW2j

www.ingramcontent.com/pod-product-compliance
Lightning Source LLC
Chambersburg PA
CBHW081357270326
41930CB00015B/3329